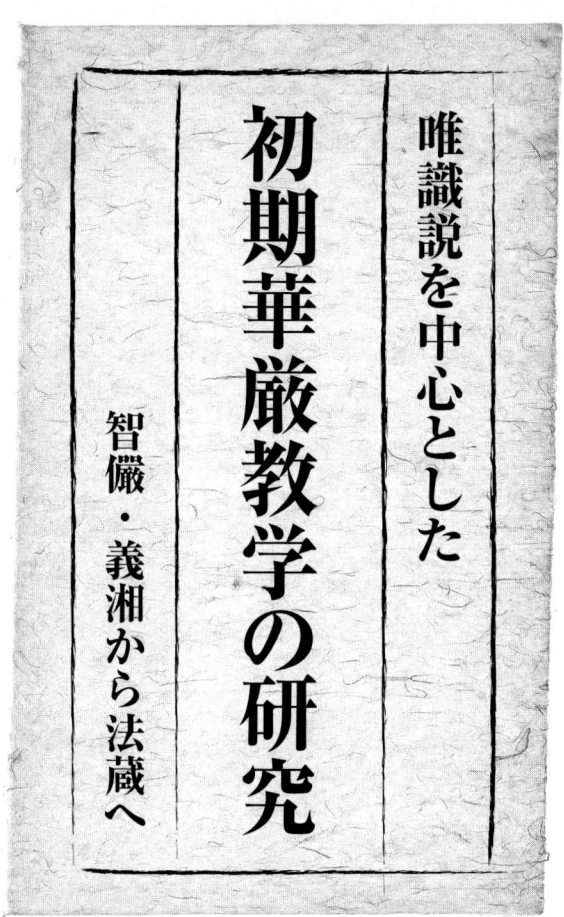

唯識説を中心とした

初期華厳教学の研究

智儼・義湘から法蔵へ

大竹 晋

大蔵出版

五年目のまえがき

かつて筑波大学の大学院生であった筆者は、二十四歳から二十六歳までの二年間に、華厳教学（華厳宗の教理）について、次のような十本の論文を書いた。

① 散逸部分を中心とした法蔵『密厳経疏』の研究──現行本の偽撰を証明し、地論宗文献と結論す──（『宗教学・比較思想学論集』創刊号、一九九八年十二月、十九─三十一頁、筑波大学宗教学・比較思想学研究会）

② 如心偈を事事無礙とみる解釈のこと（『印度学仏教学研究』第四十七巻第一号、一九九八年十二月、二三三頁─二三五頁、日本印度学仏教学会）

③ 「理理相即」と「理理円融」──「花厳止観」論攷──（『哲学・思想論叢』第十七号、一九九九年一月、二十三─三十四頁、筑波大学哲学・思想学会）

④ 「本覚の都」考（『日本文化研究』第十号、一九九九年三月、六十三─七十六頁、筑波大学大学院博士課程・日本文化学際カリキュラム紀要）

⑤ 著者問題を中心とした『華厳経関脈義記』『金剛般若波羅蜜経略疏』の研究──法蔵・智儼の真撰ならざることを証明し、併せて撰述の背景に言及す──（『宗教学・比較思想学論集』第二号、一九九九年七月、十三─二十四頁、筑波大学宗教学・比較思想学研究会）

⑥ 華厳の三性説──「行三性」と「解三性」──（『宗教研究』第三二三号、一九九九年十二月、七十七─一〇〇頁、日本宗教学会）

i　五年目のまえがき

⑦ 無性性（niḥsvabhāvatā）から事事無礙まで——真諦三蔵と初期別教一乗の教学——（『印度学仏教学研究』第四十八巻第二号、二〇〇〇年三月、五九一—五九三頁、日本印度学仏教学会）

⑧ 摂論学者 智儼 （『哲学・思想論叢』第十八号、二〇〇〇年一月、四十九—六十頁、筑波大学哲学・思想学会）

⑨ 新羅義湘の唯識説（『韓国仏教学セミナー』第八号、二〇〇〇年七月、三三七—三五九頁、山喜房仏書林）

⑩ 因の哲学——初期華厳教学の論理構造——（『南都仏教』第七十九号、二〇〇〇年十月、四十四—六十六頁、南都仏教研究会）

これら十本を書き終わった時、筆者は自らの研究主題を、華厳教学から、華厳教学の前史、たとえば、インドにおける『華厳経』の形成や、インドの唯識派や、来中インド僧や、『大乗起信論』の形成へと移した。華厳教学について書きたいことを書き終わったからであって、それ以来、一本の論文も華厳教学について書いていない。偶然ながら、十という数は華厳教学においては完全性の象徴と見なされるので、これ以上、華厳教学について論文を書こうとも思っていない。

筆者はその後、⑥⑦⑧⑨⑩の五つの構成を改め、大幅な増補と訂正とともに、それらを博士論文『唯識説を中心とした初期華厳教学の研究』へと一体化し、二十七歳の時に、それを大学院に提出した。博士論文と五つの論文との対応関係は次のとおりである。

序　論 ………………………………… 書き下ろし
第一部 ………………………………… 書き下ろし
第二部 ………………………………… ⑧の一部を用いて書き下ろし
第三部
　第一章　阿頼耶識説と相即相入 ……… ⑧の一部を用いて書き下ろし

博士論文は二〇〇一年の年末に審査を通過し、筆者は二〇〇二年一月に博士号（文学）を授与された。本書はその博士論文の更なる推敲版であり、付論として①③⑤の改訂版をも伴っている。なお、②④は日本の明恵上人高弁の華厳教学を扱った論文であるので、中国の華厳教学を扱う本書のうちに収録されなかった。②は小編ながらも完結した内容を有しているので、筆者はこれ以上それを改訂する気持ちを持っていない。④は最近、フランスのフレデリック・ジラール先生によって、同先生の論文において詳細に紹介され、補足されているので、筆者はこれ以上④を補足する必要を感じていない（Frédéric Girard, Note sur l'expression 《capitale de l'éveil foncier》(hongaku no miyako 本覺の都)：la Naissance dans la Terre pure est-elle un 《retour》?, Bulletin de l'École française d'Extrême-Orient, École française d'Extrême-Orient, n°. 92, 2006)。

結　論……………………………………書き下ろし
第五章　華厳の断惑説……………………⑨⑩の一部を用いて書き下ろし
第四章　華厳の因果説……………………⑨⑩の一部を用いて書き下ろし
第三章　華厳の縁起説……………………⑨⑩の一部を用いて書き下ろし
第二章　華厳の三性説……………………⑦⑧の一部を用いて⑥に加筆

博士号を授与されたのち、筆者は上述のとおり華厳教学の研究を止め、別の研究を始めた。その研究の間、博士論文はほとんど忘却されていたが、このたび、書肆大蔵出版のお勧めによって、実に五年を経て出版されることになった。五年ぶりに読み返すと、ほとんど他人の論文を査読するような印象を受けた。もともと、筆者の博士論文は学資の払底が危惧されるという経済的制約と、指導教官であった竹村牧男先生のご退官が目前に迫るという時間的制約の中で、相当な精神的重圧を受けつつ書いたものであるので、今読み返すと、論旨展開の余裕のなさと、文章表現の拙速さとが目についた。そして、それゆえに、今、他人の論文を査読するように読み返してみると、得心する箇所と、

そうでない箇所とがあった。そこで、今回の出版に際しては、論文の論旨展開と文章表現とに、かなり手を入れた。ただし、筆者はこの五年間、華厳教学の研究を止めていたので、論文の論旨そのものに新たな変化はない。引用文献も二〇〇一年現在の出版物の範囲内にとどまる。

手を入れた結果、旧稿①③⑤⑥⑦⑧⑨⑩と、本書との間には論旨展開や文章表現の点においてかなりの隔たりが生じたが、その隔たりについてはいちいち記さなかった。読者諸賢が旧稿と本書とを読み較べて、旧稿から削除された部分や、旧稿から変化した部分を見つけた場合には、そうした部分に関して筆者が意見を改めたと判断していただきたい。読者諸賢が華厳教学に対する筆者の見解に言及してくださる場合には、今後は本書を定本としてくださると幸いである。ちなみに、本書末尾の英文要旨は筆者が書き下ろし、唯識派（特に真諦）の研究者であるニュージーランドのマイケル・ラディチ（Michael Radich）氏に補正していただいたものである。本書を含め日本語による中国仏教研究書は特殊な漢語を多用することによって読者の容易な理解を阻みがちであるが、この英文要旨は漢語をすべて英語に書き換えて記述することによって、筆者が考える初期華厳教学の論理をかなり判りやすく紹介している。華厳教学の諸概念を最適の英語によって表現するために、筆者とともに何度も討論を重ねてくださったラディチ氏に御礼申し上げる。

さて、筆者は本書の結論の「四　本研究以降の展望」において次のように書いている。筆者は今後、本研究を踏まえ、三つの研究を行ないたいと考えている。一つは中国仏教文献のうちに伝えられるインド僧の説をインド仏教史のうちへと還元する研究。一つは本研究で扱った初期華厳教学に先行する、インドと中央アジアにおける華厳思想の研究。もう一つは本研究で扱った初期華厳教学に続く、奈良朝と平安朝とにおける日本華厳教学の研究である。

ここからは、博士号を授与されてのちの五年間において筆者がこの三つの研究をどのように行なってきたかを書いてみたい。

まず、第一の「中国仏教文献のうちに伝えられるインド僧の説をインド仏教史のうちへと還元する研究」に関して言えば、この五年間における最大の進展は、博士号を授与されてから二年目に、遊学のために筑波大学の所在地である茨城から京都へと移住し、次の年から始まった、船山徹先生を班長とする京都大学人文科学研究所「真諦三蔵とその時代」研究班の班員となったことである。真諦は摂論宗の祖であり、筆者は筑波大学にいた頃から彼の著作の佚文を収集していたが、船山先生もやはりそうした佚文を収集中であったので、研究班はそれらの佚文を整理し、解読と佚文の増補とを進めている。この研究班は現在も進行中であるが（二〇〇五年度から二〇一〇年度まで）、終了の暁にはまとまった成果を提示できると考えられる。

このように研究班の一員として真諦の研究を行なう一方で、筆者は個人として菩提留支の研究をも開始した。菩提留支は地論宗の祖であるが、若干の著作の佚文が残存し、また、講義録『金剛仙論』の全体が現存する。筆者はそれらの佚文を整理して論文のかたちで公表し、さらに竹村先生をお手伝いして、大蔵出版の新国訳大蔵経のうちの二冊として『金剛仙論』の訓読・注解を公刊した（二〇〇三─二〇〇四年）。なお、竹村先生は早くから、真諦訳と言われる『大乗起信論』はじつは菩提留支の周辺において造られたのではないかというご見解を提示しておられたが、筆者は菩提留支の研究を続ける過程において、それを裏づける多くの例を新たに見出だしたので、それをいくつかの論文のかたちで公表してもみた。このような菩提留支の研究については、いずれまとまった成果を提示する機会を持ちたい。

第二の「本研究で扱った初期華厳教学に先行する、インドと中央アジアとにおける華厳思想の研究」に関して言えば、筆者はまず、『華厳経』の成立史について、今後の自説展開の基盤となる次の論文を書いた。

Susumu Ōtake, On the Origin and Early Development of the *Buddhāvataṃsakasūtra*, in: Robert M. Gimello and

これはもともと、国際華厳会議 (Huayan/Huaŏm/Kegon Conference, 27 May, 2004, at Eötvös Loránd University, Budapest) の席上において読まれたペーパーが母体となっている。『華厳経』の成立史についての筆者の自説はほぼ固まっているので、今後おいおいそれを英語によって発表していきたいと考えている。

さらに、筆者は、大蔵出版の新国訳大蔵経のうちの二冊として、『十地経』(『華厳経』十地品) に対するヴァスバンドゥの注釈『十地経論』の、菩提留支訳の訓読・注解を公刊した (二〇〇五—二〇〇六年)。その他にも、若干の論文において、インド仏教の論における『華厳経』の引用例を収集し解説しているが、こうした『華厳経』研究についても、いずれまとまった成果を提示する機会を持ちたい。

第三の「本研究で扱った初期華厳教学に続く、奈良朝と平安朝とにおける日本華厳教学の研究」に関して言えば、筆者はその研究のために平安朝の華厳宗における私記の佚文を収集していたが、韓国の金天鶴先生が同様の研究を企画しておられるのを知ったので、自らの研究を取り止め、それらの佚文をすべて金先生にお譲りした。金先生による、奈良朝と平安朝とにおける日本華厳教学の研究 (東京大学博士論文) はいずれ出版される予定である。

なお、五年間、華厳教学の研究を止めたのち、本書の出版の準備のために改めて華厳教学文献を読み直して、筆者が新たにかき立てられたのは、法蔵の弟子、静法寺慧苑に対する関心であった。筆者は本書の序論において次のように書いている。

慧苑の教学は中期華厳教学に残存した真諦訳『摂大乗論釈』の色彩、より直接には摂論宗の唯識説を抹消し、『華厳経』理解に『究竟一乗宝性論』『大乗起信論』などの地論宗系の経論を全面的に用いる。慧苑を批判しつつも慧苑の教学の支配下にある澄観の教学や、澄観を継承した宗密の教学もそれと同じ傾向を持つ。このような、

五年目のまえがき　　vi

実質的に地論宗へと回帰した慧苑と澄観と宗密との教学を、本研究は後期華厳教学と呼ぶ。慧苑の教学に対するこうした見かたまたは華厳教学史の上では妥当であると思うが、今の筆者は、中国仏教史の上ではまた別の見かたもあると思うようになっている。それは、慧苑が顕著な脱中国化の傾向を有しており、その点において澄観や宗密と異なるという見かたである。慧苑の『続華厳経略疏刊定記』を読んですぐ判るのは、経文を解釈する際に、慧苑がしばしば梵語の音写や直訳を提示して実叉難陀訳の不備を批判し、『華厳経』をあくまでインドの文脈に即して理解しようとしていることである（そして、筆者がそれらの梵語の音写や直訳を比較したところでは、慧苑の梵語の知識はかなり正確である）。このことは、慧苑が自己の四教判で『華厳経』の梵文断片や蔵訳と想を迷真異執教と呼んで、仏教との無関係を主張していることと無関係でない。慧苑はインドの仏教と中国の土着思想との帰一するところが同じであるというような、伝統的な漢人僧の陥りやすい三教一致的な発想を峻拒するのである。上述のような慧苑の姿勢は現代の仏教学者にかなり近いと言えるので、仏教学者の末席をけがす筆者はその点において慧苑に対する関心をかき立てられているのである。

さて、以上がこの五年間における筆者の研究の状況であったが、ここからは筆者が本書以降において行ないたいと考えている研究について述べてみよう。

まず、すでに始まっている研究としては、漢文でのみ残る釈経論の翻訳研究が挙げられる。大きなものとしては、大蔵出版の新国訳大蔵経のうちの一冊として、『大宝積経論』の訓読・注解を公刊する予定であるし、同じ新国訳大蔵経のうちの一冊として、小さな釈経論をいくつか収録した巻を公刊する予定もある。新国訳大蔵経のシリーズには入らないが、菩提留支訳としてのみ残る『弥勒菩薩所問経論』（全十巻）は、声聞乗の経を活用して大乗の経を注釈する論であって、インドにおける大乗と声聞乗との関係について何らかの示唆を与えると思われる文献であるので、

vii　五年目のまえがき

これの研究の準備も進めている。漢訳仏典については、これからもさまざまな注釈研究を行なう予定である。その他、現時点において、いずれ書籍にまとめたい研究としては次のようなものがある。

1 蔵文和訳『華厳経』

従来出版されてきた『華厳経』の近代語全訳（日本語・英語・独語）は仏駄跋陀羅訳か実叉難陀訳かのいずれかの漢訳に基づいている。しかし、漢字の曖昧さと漢文の難しさとが災いして、西蔵訳から知られる経の原意にくらべると、それらの近代語全訳はかなり原意をはずれた訳になっている。筆者は西蔵訳に基づきつつ、諸漢訳と、梵文断片と、慧苑によって提示された梵語の音写や直訳と、その他利用できるかぎりの資料とを総合的に利用して、わかりやすい『華厳経』の現代日本語訳を提示してみたい。なお、これと併せて西蔵訳『十地経論』の現代日本語訳の企画も進行していることを付言しておく。

2 華厳思想（概説書）

『華厳経』に対する現代の仏教学者の理解は、漢訳『華厳経』に基づいており、それゆえに、漢訳『華厳経』そのものに対する理解として不正確であることが多い。また、華厳教学に対する現代の仏教学者の理解は、西洋哲学のものの見かたを持ち込んだ近代日本の哲学者たち（京都学派など）の華厳教学理解に多かれ少なかれ影響されていて、華厳教学そのものに対する理解として不正確であることが多い。さらに、華厳宗以外の諸宗における華厳教学の理解は、まだ行き届かないところが多い。筆者は『華厳経』の形成から近代日本の哲学者たちに至る華厳思想の流れをたどり直し、本書『唯識説を中心とした初期華厳教学の研究』を補完する、初期華厳教学のみならぬ華厳思想全体

五年目のまえがき　viii

に対する見取り図を提示してみたい。

3　摂論宗の研究

筆者は摂論宗の諸文献について、かなりの量の佚文を収集している。それらの佚文と、現存の摂論宗の諸文献とに基づいて、本書『唯識説を中心とした初期華厳教学の研究』と同じような形式の研究を行ないたい。それは、本書が扱った時代より少し前の時代の唯識思想を扱う研究として、筆者が構築する広義の唯識思想史の一環をなすものとなるはずである（なお、摂論宗よりも前の時代の唯識思想については、前述の、人文科学研究所において行なわれている真諦の研究がそれを扱うことになるであろう）。

4　菩提留支の研究

菩提留支の著作や、菩提留支の講義録や、菩提留支訳の釈経論や、『大乗起信論』について書かれた旧稿を増補し、さらにこれまで書かれなかった歴史的記述をも加えて、菩提留支と彼の活躍した北魏の時代とを立体的に提示したい。

5　『成唯識論』の研究

『成唯識論』は世親『唯識三十頌』に対する複数のインド人の注釈を玄奘が揉訳したものであると伝えられ、インドにおいて直接合致する文献を持たないばかりか、著名なインド仏教文献のうちに辿りにくい説も多く含むという事情から、従来、インド仏教の文脈において十分に検討されず、むしろ中国仏教の文脈において多く検討されるという傾向にあった。しかるに、幸いなことに、西蔵大蔵経のうちには *Viṃśatikvyarthapiṇḍavyākhyā* のように、『成唯識論』と同じような説が多と同時期の成立と思われる未研究のインド仏教文献がいくつか現存し、その中には『成唯識論』

ix　五年目のまえがき

く含まれているのである。筆者はそれらの文献と『成唯識論』との比較研究にもとづいて、『成唯識論』のどこまでがインド仏教に還元でき、どこからが中国仏教の所産と言わざるを得ないかについて、可能な限り肉薄してみたい。

6　仏のなりかた

インド仏教は声聞乗と大乗とに分かれ、大乗は中観と瑜伽師（唯識派）とに分かれる。大乗は声聞乗と異なって、仏になることを標榜するが、中観は仏のなりかたについて具体的なことをほとんど示してくれない。インド仏教において、仏のなりかたを微に入り細に入り、最初から最後まで具体的に規定したのは瑜伽師なのであり、仏のなりかたの記述という見地から瑜伽師の体系を把握し直す必要がある。しかも、瑜伽師ものちになると、仏のなりかたに触れなくなる。ゆえに、無著、世親から護法あたりまでの瑜伽師の記述としてとして把握し直されるべきである。筆者はこうした問題意識から、瑜伽師の体系の概説書を書いてみたい。これにちなんで言えば、筆者は近年出版された瑜伽師の体系の概説書が、どれも『成唯識論』によって纏められた瑜伽師の体系を祖述したものにすぎず、書き手自身によって瑜伽師の文献群を広く渉猟した上で書かれたものでないことに不満を持っていた。ゆえに、筆者は自ら瑜伽師の文献群を広く渉猟した上で、こんにち読んでも面白い、仏になるためのハウツー（how to）本を書いてみたい。

以上のように、行ないたい研究はまだまだある。一学究として、良い研究を行なっていきたいということだけを願っている。

最後になったが、触れておきたいのは本書の題名についてである。筆者はもともと自らの博士論文において、深浦正文博士の『唯識学研究』をモデルとして、初期華厳教学の世界観の俯瞰を行ないたいと思っていた。しかし、いざそれを始めると、その世界観の中に見られる、諸師の間の相違の大きさのほうが気になり始めた。そのため、途中から水野弘元博士の『パーリ仏教を中心とした仏教の心識論』をモデルとして、その世界観の中に見られる、諸師の間の相違の大きさとの、両方を書くことにした。博士論文の題名『唯識説を中心とした初期華厳教学の研究』は水野弘元博士の御著の題名に倣いつつ、坂本幸男博士の『華厳教学の研究』をも念頭において、名づけられたものである。

機縁が熟せず上梓を見おくっていた博士論文をようやく出版できるのみならず、稚拙な点が多く心中秘かに恥じていた旧稿①③⑤を全面的に改稿して博士論文に追補できるようにもなったのは、ひとえに大蔵出版の皆様のご好意のおかげである。とりわけ、本書の刊行を企画し、筆者にご慫慂くださった編集部の井上敏光氏と、本書の直接の担当者兼最初の読者として常に筆者と二人三脚を組み、しばしば出される筆者からの無理難題にも粘り強くつきあって遂にこんにちの刊行を可能ならしめた同じく編集部の米森俊輔氏とに心から御礼申し上げる次第である。

平成十九年五月二十日

大竹　晋

付　本書における訓読の形式

本書における訓読の形式は『成唯識論』に対する平安時代の真興の訓読に範をとっている（本書が『成唯識論』を引用する場合には、すべて真興の訓読によった）。真興の訓読は、たとえば「A云、」「B云」という漢文に対し、「A云はく、」「B」といふ」という訓読を与える点において、こんにち一般に行なわれている訓読の形式といささか異なる（こんにち一般に行なわれている訓読の形式によれば、最後の「いふ」は付けられないであろう）。ただし、「A云はく、」「B」といふ」という訓読は、たとえば『日本書紀』に対する平安時代の訓読においても現われるので、平安時代においてはごく普通の訓読であった。平安時代の訓読は得てして言葉をおぎない、和文としてのなめらかさに配慮する傾向があるが、むしろ、そうした訓読の形式のほうが、翻訳の形式として、筆者には好ましく感じられる。そうした訓読の形式は、こんにちの日本人が漢文仏典をなめらかな現代日本語に訳す時にも参考となるであろう。ゆえに筆者は（筆者が平安時代人でない以上、完全な踏襲は不可能であるにせよ）できるだけ真興の訓読の形式を踏襲することにした（但し、真興の訓読も、たとえば動詞「為」を「す」とも「なす」とも訓むなど、不統一な部分を有する。本書においては、「なす」に統一するなど、適宜編修を加えた）。結果として、本書における『十地経論』の訓読は、筆者が先に公表した新国訳大蔵経の『十地経論』の訓読とやや異なることになったが、そのことについては前もってご了解をいただきたい。

唯識説を中心とした初期華厳教学の研究──智儼・義湘から法蔵へ──目次

五年目のまえがき ………………………………………… i

序　論 ……………………………………………………… 1

一　はじめに　1／二　華厳教学史の時代区分　2／三　初期華厳教学の先行研究　4／四　本研究における考究方法　10／五　本研究の構成　14／六　本研究における論述方法　17／七　本研究からの小乗・頓教の除外　19／八　おわりに　20／付　本研究において用いられる華厳教学文献　21

第一部　大乗始教・大乗終教・別教一乗の構造

第一章　始教・終教・別教の関係 ………………………… 27

一　はじめに　28／二　五教判の成立　29／三　唯識説としての始教・終教　33／四　始教・終教・別教の識の数　39／五　始教・終教・別教の識の体　42／六　始教・終教・別教の唯識説における始教・終教の唯識説の完成　46／七　おわりに　51

第二章　始教・終教・別教における行位 ………………… 55

一　はじめに　55／二　智儼・義湘・法蔵における行位　55／三　智儼・法蔵における不退　57／四　智儼における浄土　63／五　法蔵における浄土　70／六　おわりに　74

xiii

第三章　始教・終教・別教における種姓 ……………………… 78
　一　はじめに　78／二　智儼における種姓　79／三　法蔵における種姓　85／四　おわりに　90

第四章　始教・終教・別教における生死 …………………………… 95
　一　はじめに　95／二　智儼における二種生死の規定　97／三　智儼における始教の分段生死　101／四　法蔵における始教の二種生死　108／五　智儼における終教の二種生死　113／六　法蔵における終教の分段生死　118／七　智儼における別教の分段生死　120／八　法蔵における別教の分段生死　122

第五章　始教・終教から別教への廻入 ……………………………… 125
　一　はじめに　125／二　智儼・義湘・法蔵における廻入の原則　125／三　智儼における一闡提の廻入　128／四　智儼・法蔵における二乗の廻入　133／五　智儼・義湘・法蔵における菩薩の廻入　137／六　おわりに　144

第二部　大乗始教・大乗終教の論理 ………………………………… 149

第一章　始教の阿頼耶識と終教の阿頼耶識 ………………………… 150
　一　はじめに　150／二　智儼における始教の阿頼耶識　151／三　法蔵における始教の阿頼耶識　165／四　おわりに　169

第二章　始教の末那識と終教の末那識 ……………………………… 172
　一　はじめに　172／二　智儼における始教の末那識と終教の末那識　172／三　法蔵における始教の末那識と終教の末那識　184／四　おわりに　192

xiv

第三部　別教一乗の論理

第三章　始教の意識と終教の意識
一　はじめに 196／二　智儼における始教の意識と終教の意識 196／三　法蔵における始教の意識と終教の意識 205／四　おわりに 207

第四章　始教の心所と終教の心所
一　はじめに 210／二　智儼における始教の心所と終教の心所 210／三　法蔵における始教の心所と終教の心所 221／四　おわりに 224

第一章　阿頼耶識説と相即相入——『華厳経』明難品と『摂大乗論』
一　はじめに 230／二　智儼における『華厳経』明難品と『摂大乗論』231／三　義湘における『華厳経』明難品と『摂大乗論』251／四　法蔵における『華厳経』明難品と『摂大乗論』258／五　おわりに 260

第二章　華厳の三性説——「行三性」と「解三性」
一　はじめに 264／二　真諦の三性説 265／三　智儼の三性説 268／四　義湘の三性説 278／五　法蔵の三性説 283／六　おわりに 290

第三章　華厳の縁起説——因の六義
一　はじめに 294／二　縁起における因・縁・果 296／三　智儼における因の六義 298／四　義湘における因の六義 312／五　法蔵における因の六義 317／六　おわりに 328

第四章　華厳の因果説——性起説と中観派の因果説 ……………………………… 331
　一　はじめに 331／二　智儼の因果説 333 α 智儼の真如説 333 β 智儼の因果説 345／三　義湘の因果説 359 α 義湘の真如説 359 β 義湘の因果説 360／四　法蔵の因果説 365 α 法蔵の真如説 366 β 法蔵の因果説 373／五　おわりに 384

第五章　華厳の断惑説——「行唯識」と「解唯識」—— ……………………………… 389
　一　はじめに 389／二　智儼の断惑説 390／三　義湘の断惑説 407／四　法蔵の断惑説 415／五　おわりに 420

結　論 ……………………………………………………………………………………… 425
　一　はじめに 425／二　中国仏教史的見地における初期華厳教学 434／三　通仏教的見地における初期華厳教学 436／四　本研究以降の展望 437／五　おわりに 439

付論一　「理理相即」と「理理円融」——『華厳止観釈』論攷—— ……………………………… 441
　一　はじめに 441／二　『華厳止観釈』について 442／三　「理理相即」の検討 449／四　「理理円融」の検討 456／五　おわりに 459

付論二　『華厳経関脈義記』の著者問題 ……………………………………………… 461
　一　はじめに 461／二　元暁撰述説の検討 462／三　「関中」の検討 463／四　「師」「古尊徳」の検討 465／五　おわりに 467

xvi

付論三 『金剛般若波羅蜜経略疏』の著者問題 ……………………………… 470
　一 はじめに 470／二 「統法師」の検討 471／三 おわりに 475

付論四 『大乗密厳経疏』の著者問題 ……………………………………… 477
　一 はじめに 477／二 問題の所在 477／三 教判 481／四 心識説 488／五 三
　性説 491／六 おわりに 494／付録 その他の逸文 496

略号表・引用文献目録 ……………………………………………………… 501

索　引 ………………………………………………………………………… 512

OUTLINE OF THE PRESENT STUDY ……………………………… (9–25) 530

TABLE OF CONTENTS ……………………………………………… (3–7) 536

序論

一 はじめに

インド起源の大乗経典『華厳経』に基づきアジア各地に起こった思想を広く華厳思想と呼ぶのに対し、中国に起こったいわゆる華厳宗の思想を華厳教学と称するのがこんにちの日本の習わしである。本研究もその慣例に従うとともに、教会としての華厳宗と、教理としての華厳教学とを厳密に区別するところから論を始めたい。インド大乗仏教に中観と唯識との二大学派があるうち、中国の人々は隋末までに菩提留支訳『十地経論』や真諦訳『摂大乗論釈』など により唯識派の思想である唯識説を受容し、地論宗や摂論宗という学派を成立させていたが、唐代において華厳宗はこれらの学派の唯識説を継承し、加えて玄奘の弟子たちである法相宗や西来の僧からも唯識説を吸収して、華厳教学を形成した。本研究はこうした華厳教学の初期の様相をインドの唯識派の唯識説や中国の地論宗・摂論宗・法相宗の唯識説と比較しながら考究し、インドから中国に至る唯識思想史の中に位置づけようと試みるものである。すなわち、華厳宗という教会およびその教会史の研究ではない。本章においてはその導入として、初期という言葉の定義、唯識説という言葉の範囲など、基礎的なことがらを明確にする。

二　華厳教学史の時代的区分

　華厳宗という教会の初祖は伝説的な神異僧、杜順（6-7c）であったと伝承される。ただし、華厳教学という教理に関して言えば、その事実上の創始者は、杜順の弟子であり、後世華厳宗第二祖（602-668）であったと考えられる。智儼の門下には二人の高名な弟子が出た。すなわち、朝鮮半島から留学し、後世朝鮮華厳宗初祖と見なされた義湘（625-702）と、賢首大師と称せられ、後世華厳宗第三祖と見なされた法蔵（643-712）とである。法蔵は華厳宗を後世賢首宗と呼ばしめるほどの大幅な教理的整備を華厳教学に及ぼした。その門下には文超・慧苑（いずれも 8C 頃）らが出た。

　慧苑の門下には法銑が出、法銑の門下には後世華厳宗第四祖と見なされた澄観（738-839）が出、澄観の門下には後世華厳宗第五祖と見なされた宗密（780-841）が出た。

　中国華厳宗は宋末の混乱とともに事実上終焉する。また朝鮮華厳宗も李氏朝鮮の廃仏他ならない。奈良朝において創始された日本華厳宗は東大寺を中心に現在まで存続している。中国・朝鮮華厳宗の影響のもと、道宣『続高僧伝』巻二十五に「『華厳』『摂論』尋常講説す」（T50：654a）と伝えられる智儼の教学は、『華厳経』十地品の注釈『十地経論』に基づく地論宗の神秘的な『華厳経』理解を、『摂大乗論釈』に基づく摂論宗の精緻な唯識説によって裏づけたものであり、従前の中国華厳思想と智儼の教学とを隔てる点は真諦訳『摂大乗論釈』の重視に他ならない。智儼の生前に主著『華厳一乗法界図』を書いた義湘の教学、および智儼の没後ほどなく『五教章』を書いた若年の法蔵の教学も、智儼ほどでないにせよ真諦訳『摂大乗論釈』の影響下にある。このような、地論宗と摂論宗との交叉点から生じた智儼と義湘と法蔵との教学を、本研究は初期華厳教学と呼ぶ。

一方、法蔵の教学はのちに初期華厳教学とは異なる展開を呈することとなった。壮年から晩年にかけての法蔵の教学は智儼の教学ほど真諦訳『摂大乗論釈』を重視せず、地論宗の『華厳経』理解に回帰するとともに、地論宗と密接な関係のある『大乗起信論』の教理を『華厳経』理解に活用する傾向を持つ。後世最もよく知られた華厳教学はこの頃の法蔵の教学であり、文超の教学もそれと同じ傾向を持つ。このような、智儼の教学を脱摂論宗化・再地論宗化した法蔵と文超との教学を、本研究は中期華厳教学と呼ぶ。

法蔵の弟子の中でも、慧苑の教学は中期華厳教学に残存した真諦訳『摂大乗論釈』の色彩、より直接には摂論宗の唯識説を抹消し、『華厳経』理解に『究竟一乗宝性論』『大乗起信論』などの地論宗系の経論を全面的に用いる。慧苑を批判しつつも慧苑の教学の支配下にある澄観の教学や、澄観を継承した宗密の教学もそれと同じ傾向を持つ。このような、実質的に地論宗へと回帰した慧苑と澄観と宗密との教学を、本研究は後期華厳教学と呼ぶ。

本研究はこのうち初期華厳教学を対象領域として選択する。しかし実際には、中期華厳教学に位置する法蔵の著作、具体的には『五教章』を除く法蔵の全著作をも射程に入れて論述する。これは、中期華厳教学においても初期華厳教学と共通する思想が少なくないという理由と、中期華厳教学との比較によって初期華厳教学をより鮮明に描写したいという理由との、二つの理由によるものである。初期華厳教学と認める著作としては、原則として、智儼と義湘との全著作、法蔵の『五教章』のみと規定する。

華厳教学は『華厳経』を尊び、次のような次第に深まりゆく五教によって一切仏教を把握する。

小乗（部派仏教の経論）
始教（大乗の入門の経論）
終教（大乗の完成の経論）
頓教（禅宗の所依の経論）

3　序論

円教（『華厳経』）

円教は前四教すべての要素を含み、『華厳経』独自の教である別教をも含む。本研究は円教を包括的に研究するものであって、円教に含まれる前四教と別教とを対象領域として選択する。ただし小乗は唯識を説かず、頓教は唯識を説くも不立文字であって詳しい教理を述べないので、実際には始教と終教と別教とを対象領域として選択する。

しかるに一方で、本研究の目的はこれら三教における唯識説の要素を抽出し考察することにはなく、初期華厳教学全体を唯識説として理解することにある。なぜなら筆者の見るところ、初期華厳教学は唯識説の一つであり、その根本にあるのは小乗から円教までの段階によって、完成された唯識説へと修行者を導こうという意図であって、唯識説という繋がり以外には五教を結びつけるものは何もなかったからである。

三　初期華厳教学の先行研究

こうした見解を筆者が抱くに至った理由を述べるには先行研究を振り返る必要がある。以下においては代表的な先行研究を挙げてみる。

【近代以前】

まず中世には初期華厳教学の著作に注釈を書いた者として朝鮮の均如（923-973）や日本の寿霊（8c頃）や凝然（1240-1321）らが存する。彼等は法相唯識に精通し、また今は失われた初期華厳教学の著作を多く引いて、初期華厳教学の理解に努めている。ただし、のちの朝鮮や中国における解釈によって初期華厳教学を理解しようと試みる傾向、あるいは、のちの朝鮮や中国における解釈と初期華厳教学とを会通しようと試みる傾向があり、その点において注意

を要する。

また近世には日本の各宗に華厳教学研究者が続出した。その中でも鳳潭(1654/1659-1738)とその弟子である覚洲鳩(?-1756)や、また解釈から初期華厳教学を解放しようとした。鳳潭に異を唱えた普寂(1707-1781)は復古を提唱し、のちの朝鮮や中国における解釈から初期華厳教学を解放しようとした。鳳潭に『成唯識論述記証録』二十巻があり、覚洲に「鳩の書入れ」なる『成唯識論』の注および『成唯識論述記東海集顕伝』十巻があり、普寂に『成唯識論略疏』五巻および『唯識述記纂解』十四巻があることから判るとおり、彼等は法相唯識にも精通し初期華厳教学と法相唯識との比較をよく行なっている。

[近代]

鳳潭や普寂らの復古を唱えた先鋭的な研究に対しては、初期華厳教学と澄観や宗密の教学とを会通する伝統的な研究からの反論もあり、そうした伝統的な研究は京都を中心に近代においても継承される。とりわけ活躍したのは龍谷大学の湯次了栄、亀谷教信、高峯了洲らである。代表的な著作に次のようなものがある。

湯次了栄 [1914] 『華厳大系』(法林館)
湯次了栄 [1932] 『華厳五教章講義』(東方書院)
亀谷教信 [1944] 『縁起の構造』(全人社)
亀谷教信 [1949] 『華厳学』(百華苑)
高峯了洲 [1942] 『華厳思想史』(興教書院)
高峯了洲 [1964] 『華厳孔目章解説』(南都仏教研究会)
高峯了洲 [1975] 『華厳論集』(国書刊行会)

序論　5

彼等の研究は概して伝統的な華厳教学に立脚しており、文献の扱いについてはやや歴史意識が希薄である。こうした伝統的な研究は日本の精神文化の保存という点で今後も継承されることが期待される。なお大谷大学の佐々木月樵や、その甥である山田亮賢は華厳教学を踏まえつつも、むしろそれを助けとして『華厳経』の内容そのものに学ぼうとする求道的な研究を行なった。親鸞の『華厳経』重視を継承した独特の学風と言えようが、それだけに華厳教学に対する歴史意識がやはりやや希薄であることは否めない。山田の門下には鍵主了敬らが出て今に至る。

歴史意識を加味しての初期華厳教学研究はむしろ東京を中心に近代仏教学とともに始まった。それらの担い手に多く唯識学者がいたことは見逃せない。日本仏教は伝統的に法相唯識を基礎に置いており、仏教研究者は必ず法相唯識を学んでいた。また華厳教学は法相唯識の知識があれば理解しやすいので、法相唯識を学んだ者には華厳教学を学ぶ者が多かった。この傾向が近代においても持続したのである。

まず中国仏教史学者であり、法相唯識に造詣の深かった東京大学（当時、帝国大学。以下、大学とのみ表記する）の常盤大定は、印度哲学第三講座を担当、教会史研究の面において華厳宗の祖統に関し多くの発言をした。その成果は、

常盤大定［1938］『支那仏教の研究』（春秋社）

に纏められている。常盤はまた教理研究の面においても、

常盤大定［1930］『仏性の研究』（丙午出版社）

の中で法蔵の種姓説を唐代仏教の種姓説と関連づけ、初期華厳教学を唐代の唯識説の流れにおいて捉える歴史的な視点を提示した。

唯識学者であり宗教学者であった東北大学の鈴木宗忠は、常盤の発言を受け、

鈴木宗忠［1934］『原始華厳哲学の研究』（大東出版社）

を著して初期華厳教学の著作の著者問題やテキスト問題を論じた。

常盤の弟子であり唯識学者であった東京大学の結城令聞は、常盤を承けて教会史研究の面において華厳宗の祖統に関し多くの発言をしつつ、大学院において法蔵の著作を講じ、教理研究の面においても初期華厳教学に関し多くの発言をした。その成果は、

結城令聞［1999］『結城令聞著作選集　第二巻　華厳思想』（春秋社）

に纏められている。

日本仏教史学者であり、とりわけ法相唯識の根本聖典である『成唯識論』を好んだ東京大学の島地大等は、常盤の同僚として印度哲学第二講座を担当、法蔵の著作を講じた（学士であった坂本幸男、大学生であった結城令聞が参加）。島地に師事した立正大学の坂本幸男は、

坂本幸男［1936-1940］『華厳経探玄記』一〜四（大東出版社、国訳一切経・和漢撰述部・経疏部六〜九）

坂本幸男［1956］『華厳教学の研究』（平楽寺書店）

を著し、法相唯識の知識を生かして教理研究の面において豊かな成果を収めた。その他の成果は、

坂本幸男［1980］『大乗仏教の研究』（大東出版社）

に纏められている。

諸宗に造詣が深く、島地にも師事した大正大学の石井教道は、

石井教道［1964］『華厳教学発達史』（中央公論事業出版）

において初期華厳教学と澄観・宗密の教学とを区別すべきことを主張した。

唯識学者であった高野山大学の田中順照は、

田中順照［1968］『空観と唯識観』（永田文昌堂）

に収められた数章において初期華厳教学に関し深い哲学的理解を示した。

【現代】

結城令聞に師事した鎌田茂雄は、

鎌田茂雄［1965］『中国華厳思想史の研究』（東京大学東洋文化研究所）を著し、華厳教学の発生と展開とを澄観を中心に社会史的に扱った。鎌田の華厳教学関連の著書は多く、それらは華厳教学という教理の研究よりも華厳宗という教会の研究に重点を置くが、指導教官であった結城令聞の影響が強い前掲書のみは初期華厳教学について幾つかの唯識学的検討を見せている。法蔵に対する批判的見解は弟子の吉津宜英に受け継がれる。

木村清孝は、

木村清孝［1977］『初期中国華厳思想の研究』（春秋社）(6)を著し、初期華厳教学に先行する中国華厳思想、および智儼を扱った。木村は華厳教学に限らず中国華厳思想を広く扱い、その後の研究は、

木村清孝［1992］『中国華厳思想史』（平楽寺書店）(7)に纏められている。

吉津宜英は、

吉津宜英［1985］『華厳禅の思想史的研究』（大東出版社）(8)
吉津宜英［1991］『華厳一乗思想の研究』（大東出版社）(9)
を著し、おもに智儼の教判との比較を通じて法蔵の教判の批判を行なった。吉津は法蔵の教判が智儼の教判と異なり五教の間の通底を欠き、別教一乗のみの優越をうたっていることを指摘している。

石井公成は、

石井公成［1996］『華厳思想の研究』（春秋社）を著し、従来用いられることの少なかった敦煌地論宗文献・初期禅宗文献・朝鮮仏教文献を用いて初期華厳教学を含む華厳思想を広く扱い、画期的な成果をあげた。

筆者は未だ研究対象を初期華厳教学に定めずただ漠然と華厳教学研究を志していた頃、これら近代以前・近代・現代の華厳教学研究を耽読した。その中でも熱心に読んだのは寿霊や凝然や鳳潭や普寂の著書であった。これにより華厳教学の概要も摑め、また華厳教学と法相唯識との違いに興味が湧いて、基の『成唯識論述記』や慧沼の『成唯識論了義燈』などに直参するようになった。唐代唯識を扱った結城令聞の戦前の論考を読み、唐代のさまざまな唯識説の違いに関心をそそられたこともあり、梵語や蔵語の習得にも努め、華厳教学や法相唯識が用いるインドの唯識派の文献をインド仏教の文脈において読むことも心がけた。坂本幸男［1956］の論考「智儼教学における唯識説」がそうした筆者の関心に方向づけを与えた。この論考は従来難解さのゆえに充分読まれてこなかった智儼の著作のうちに唯識説の要素が多く含まれることを、例証を挙げつつ指摘したものである。筆者は坂本が指摘したような唯識説の要素を、結城が研究したような唐代のさまざまな唯識説の中に跡づけたいと考えた。つまり筆者の研究は現代の唯識派の唯識説とも対比しつつ、インドから中国への唯識説の展開の中に跡づけたいと考えた。筆者はむしろ法相と華厳とを兼学する古い学者たちの系譜の末尾に連なっている。

にもかかわらず、筆者が華厳教学における唯識説の研究という坂本幸男に見られるような姿勢ではなく、唯識説としての初期華厳教学の研究という新たな姿勢を見出だしたのには、現代の学者からの強い示唆があるのである。筆者は坂本幸男により智儼の唯識説への関心を惹起されたのち、木村清孝により智儼への関心をさらに増大せられ、石井は坂本幸男により智儼の唯識説への関心を

公成により智儼をいかに研究するかの新たな目を開かれた。そして吉津宜英により智儼の教学が法蔵の教学と異なり五教の間の通底を有していると考えるようになった。これら先達の示唆を参考に智儼の著作を精読した結果、筆者は智儼が創設した初期華厳教学は本質的に唯識説であり、五教の繋がりにより修行者を完成された唯識説へと導くものであるとの確信を得たのである。

四　本研究における考究方法

筆者の確信は簡潔に言えば次の二点に基づく。

まず一つには唯識説の範囲は広いという点である。従来は唯識説と言えばインド唯識や法相唯識に代表される狭義の唯識説のみが考えられ、それと華厳教学との相違が主張されてきた。しかし華厳教学の誕生した時代にあってはそうではなかった。唯識説を採用するのは地論宗も摂論宗も華厳宗も同じであり、当時の仏教は心外無法を前提するかぎりすべて唯識説であった。華厳教学も自己が唯識説であるという自覚を有しており、別教の総括である十重唯識（仏教における唯識説を十に纏めたもの）の最高位に自己を当てている。唯識説をインド唯識や法相唯識に限定し、唯識説と華厳教学とが別であるように見るのは、華厳宗と法相宗とを対置する後代の日本仏教の伝統に基づく先入見に他ならない。後述のように、筆者は法相宗のみならず地論宗・摂論宗を含めた隋唐諸宗の唯識説を研究するうちに、初期華厳教学は同時代の唯識説と同じ地平にインドと中国とを貫通する唯識説の地平において論ずべきものという考えを深くした。筆者が言う唯識説は狭義の唯識説ではなく広義の唯識説であり、初期華厳教学は隋唐において展開した広義の唯識説の一つである。

序論　10

もう一つには五教を繋ぐものが唯識説以外にあり得ないという点である。智儼は五教の間に通底を認め、小乗・始教・終教・頓教が段階的に円教の一部を受け持ち、円教がすべてを完成することを説いたが、具体的な例としては唯識説に関わるものしか挙げていない。識のみなることを知らない小乗から、識の空なることを知る始教に至り、さらには識の真如如来蔵なることを知る終教に至り、ついには識の無礙なることを知る円教に至るという考えは初期華厳教学において極めて顕著である（この考えにおいては唯識説ならざる小乗説や中観説も唯識説に至る階梯として位置づけられる）。これ以外には五教を繋ぐものは何もないのであって、智儼が創設した初期華厳教学に一貫した五教の繋がりがあるとすれば、それは唯識説によるのである。

以上の二点により筆者が初期華厳教学を唯識説と見なす理由が理解されたと考える。

近代以前や近代の研究は法相唯識の知識において優れるが、華厳宗と法相宗とを対置する日本仏教の伝統に惑わされ、さらには地論宗・摂論宗と華厳宗との関係に暗かったので、地論宗・摂論宗・法相宗・華厳宗の教理が隋唐の当時においては同じ唯識説の地平に存したという視点を持つことができなかった。また当然ながら、五教を繋ぐものが唯識説であると考えることもできなかった。筆者は現代の研究により、こうした先入見を打破すべきと気づくことができた。

現代の研究は華厳教学を特別視せず、中国華厳思想の中で理解する視座を示しているが、かえって唯識説のような通仏教的な視座を失い、中国華厳思想の視座（それは仏教思想の視座というよりも中国思想の視座に他ならない）を把握した上で華厳教学という教理を研究する立場は殻の中に後退している憾みがある。その結果、通仏教的な教理を踏まえた上で華厳教学という教理を研究する立場は減少し、むしろ華厳宗という教会を研究する立場に優れた成果が現われることとなった。また、たとえ教理の研究があったとしても、インド以来の仏教教理における華厳教学の位置（小乗の阿毘達磨と大乗の中観・唯識と華厳教学とがいかなる関係にあるのか）を把握しようと試みるのではなく、法数の異動（十玄門のうち何が減って何が増えたかなど）

や教判を研究するのが主流となっているようである。筆者は近代以前や近代の研究に学ぶことによって、(中国思想研究の一環としての華厳教学研究の成果に敬意を表し、それを摂取しつつも) 通仏教的視座に立った研究を復興させるべきと考えるようになった。

このようにして筆者の研究は近代以前・近代・現代のいずれの研究の長所にも学び、初期華厳教学をインドと中国とを貫通する唯識説の地平において論ずるものとして方向づけられたのである。なお従来の研究が初期華厳教学を唯識説の一つと見なかったのには、さらに大きな理由もあったと考えられる。それは華厳教学の術語のうち重要なものが唯識説の術語とかけ離れていることであって、例えば理や事という術語がそれである。周知のように、華厳教学は『華厳経』のうちに説かれる事と事との間の無礙を重視し、後期華厳教学の澄観や宗密らの説明によって言えば、理事無礙から事事無礙が起こると説く。現代的に言えば、複数の事象とその背後に存する唯一の真理との合一を前提として、事象の間の無礙が起こると説くのである。このように言ってしまえば、論理的裏づけのない神秘主義そのものであり、そうした神秘主義を排除する法相唯識と相容れるものではない。ゆえに近代法相宗の重鎮、佐伯良謙から「分ったような分らぬような学問」と言われてしまう。

即ち唯識系内に在っては、旧訳の地論・摂論の思想、又唯識系外に在っては、印度の三論思想、支那発達の華厳・天台等の思想は何れも皆是れ之に属するものである。こう云う思想は、或は思想としての価値は有ろうけれども、学問価値としては実は無いと云って善いのである。是れが即ち唯識思想中、特に法相宗教学の大生命の存するところである。

佐伯と同様の見解は、こんにちにおいてすら、潜在的に存するものと考えられる。確かに澄観や宗密の後期華厳教学や、それに依拠して造られた日本の伝統的な華厳教学に対しては、

こうした感想もあるいは妥当であるかもしれない。後期華厳教学や日本の伝統的な華厳教学は神秘主義であり、その術語の語義において確かに曖昧な所がある。ありていに言えば対応する梵語がないのである。理と事との無礙にせよ、理とは何か、事とは何かという仏教語上の定義がないのであって、それが華厳教学全体を中国思想的、特に老荘的と見る中国思想研究者の見解にも繫がっていた。

しかし初期華厳教学はそうでなかった。後に詳しく扱うとおり、理と事との無礙は真諦訳の三性説における真実無性性を指しており、諸法が有性（分別性・依他性）でも無性（無相性・無生性）でもないことであった。また事と事との無礙はインドの唯識派の種子説や中観派の因果説に基づくのであり、事は種子と現行との両方である。事は有為法、理は無為法なのである（真諦訳においては分別性と依他性とが有為法と規定される。有為法はいわゆる事象であって種子と現行とによって構成される）。初期華厳教学はインド唯識や法相唯識と同一の基盤に立って論理を展開していた。そもそも初期華厳教学の理論面を代表する二人のうち、智儼は西域系であった可能性が高く、法蔵はサマルカンド系であって、両者とも老荘的思考が血肉となっておらず、[14] また、後期華厳教学に属する慧苑ですらも教判において老荘を峻拒する態度を示していたのであって、華厳教学に老荘的思考を加えて神秘主義化したのは澄観や宗密なのである。

このように、初期華厳教学に対する伝統的な誤解は華厳教学の教理が唯識説の術語によって説明されて来なかったことから生じており、それが初期華厳教学を唯識説の一つと見ない傾向にも繫がっていた。筆者は本研究において初期華厳教学を唯識説の術語によって説明し、そうした誤解を取り除きたいと思う。

なお筆者は現代の唯識学者、袴谷憲昭が唯識説に対する智儼の理解について次のように述べたのを忘れることができない。

華厳宗の智儼（六〇二─六六八）は歿年を異にするだけで玄奘とはまったくの同世代であり、法常や僧弁につい

て学んだ点でも同じところがあるがその生き方は玄奘とは別であった。彼の唯識説に対する理解には透徹したものがあり、しかもサンスクリット語にも精通していたらしいから、玄奘の訳場に列しても有能な人だったに違いないが、有能な人がすべて玄奘の訳場に集ったのでないことは当然のことながら忘れてはいけない。袴谷はこれは華厳教学に対する佐伯の評価とは異なって、智儼の初期華厳教学に対する非常に高い評価である。智儼の理解に対するこうした評価はおそらく変えていないのち唯識説自体に対し批判的な見解を採るようになったが、智儼の理解に対するこうした評価はおそらく変えていないであろう。筆者はこの袴谷の言葉に励まされること大であり、袴谷の言うような智儼の「透徹した」理解を、で き得るかぎり明晰に紹介しようと試みたのである。

前述の結城や田中のような一部の唯識研究者を除き、華厳教学研究者と唯識研究者との間に近年ほとんど越境的交流がないことを、筆者は常々残念に思ってきた。また、唯識研究者が阿毘達磨研究者や中観研究者のような他の分野の研究者と常に接触を有しているのに対し、近年の華厳教学研究者が孤立的傾向を有していることを、残念に思ってきた。初期華厳教学の祖師たちが常に唯識学者と接触していた以上、初期華厳教学研究者には唯識学の知識が不可欠であるにもかかわらず、近年の華厳教学研究者は必ずしもそうした方向に向かっていない。その意味では、現代の初期華厳教学研究は、常に法相唯識と接触していた伝統的な日本華厳教学の学僧たちよりも、後退しているとすら言える。本研究はその点を考慮して、未来に行なわれるべき広義の唯識思想史建設のために、初期華厳教学研究のほうから唯識研究のほうへと歩み寄ろうと試みるものである。

五　本研究の構成

近年の華厳教学研究は、教判や法数の異動の研究が主となり、厳密な意味での教理の研究は必ずしも盛況ではなか

ったが、本研究はインド仏教までを視野に入れ、インド以来の仏教教理（小乗の阿毘達磨や大乗の中観・唯識）の文脈に則して初期華厳教学の教理を理解することに努める。具体的に言えば、初期華厳教学を、一定の世界観を持った一個の唯識説（その中においては唯識説ならざる小乗説や中観説も唯識説に至る階梯として位置づけられる）として読み、検討する。

本研究は次のような構成を持つ。

序論

第一部　大乗始教・大乗終教・別教一乗の構造

　第一章　始教・終教・別教の関係
　第二章　始教・終教・別教における行位
　第三章　始教・終教・別教における種姓
　第四章　始教・終教・別教における生死
　第五章　始教・終教から別教への迴入

第二部　大乗始教・大乗終教の論理

　第一章　始教の阿頼耶識と終教の阿頼耶識
　第二章　始教の末那識と終教の末那識
　第三章　始教の意識と終教の意識
　第四章　始教の心所と終教の心所

第三部　別教一乗の論理

　第一章　阿頼耶識説と相即相入──『華厳経』明難品と『摂大乗論』──

15　序論

第二章　華厳の三性説　――「行三性」と「解三性」――
第三章　華厳の縁起説　――因の六義――
第四章　華厳の因果説　――性起説と中観派の因果説――
第五章　華厳の断惑説　――「行唯識」と「解唯識」――

結論

　この構成から明らかなように、本研究は始めに第一部において始教と終教と別教とを纏めて扱い、第二部において始教と終教との両方を扱い、第三部において別教のみを扱う。

　第一部においては、まず第一章において始教と終教と別教との唯識説の関係を検討し、別教の唯識説が始教と終教との唯識説が説く八識と同一の八識を説くことによってのみ始教・終教の唯識説を完成させることを論証する。これによって初期華厳教学全体を唯識説として理解してよいことが判明する。またその際に、始教と終教との内容をめぐり、智儼と法蔵との間に相違があることをも指摘する。次に第二章以下においては実際の修行に即して、凡夫から始教や終教へ、智儼と法蔵との間に相違があることをも指摘する。次に第二章以下においては実際の修行に即して、凡夫から始教や終教へ、始教や終教から別教へという連結を確認し、始教と終教との唯識説を完成させる別教の唯識説へと、修行者がいかにして進むかを解明する。

　第二部においては始教と終教との唯識説を比較検討する。先に述べたとおり、始教と終教との唯識説は後に続く別教の唯識説の基礎となる。唯識説の八識のうち重要なのは阿頼耶識と末那識と意識と、それらに相応する心所とであるので、それらを四章に分けて扱う。第一部第一章において判明したとおり、智儼と法蔵との間には始教と終教とに対する理解の相違があるので、この第二部においてそれを改めて確認する。具体的に言えば、智儼が始教と終教との二つを摂め、始教は方便によって間接的に真実を説き、終教は直接的に真実を説くと見なすのに対し、法蔵が『成唯識論』と『大乗起信論』とに二教を分割し、始教は方便のみを説いて真実を説かず、終教

序論　16

が真実を説くと見なすのを確認する。

第三部においては別教の唯識説を検討する。第一部第一章において判明したとおり、別教の唯識説は始教と終教との唯識説が説く八識と同一の八識を説くものであり、ただ無尽を説く点でのみ始教と終教との唯識説と異なるので、この第三部においてその無尽を説く別教の独自の論理を解明する。中において第一章は『華厳経』明難品に対する初期華厳教学の解釈と『摂大乗論』との関係を扱いつつ始教と終教との唯識説が別教の唯識説においていかに利用されるかを論じ、また第二・第三・第四・第五章は始教と終教との唯識説を論ずる。その際には智儼の論理が多く『摂大乗論』に基づくのに対し、法蔵の論理が多く『大乗起信論』に基づくことが証明されるはずである。

なお結論においては全体を総括し、唯識思想史における初期華厳教学の位置づけと、智儼・義湘・法蔵のそれぞれの特色とを結論する。

六　本研究における論述方法

上記の構成をもつ本研究は、祖師たちの間の相異に留意しつつも、祖師たちの間に共通する、一定の世界観をもった一個の唯識説としての初期華厳教学を、明らかにしようと試みるものである。しかし、その研究の随所において、インド唯識や法相唯識との比較や、地論宗や摂論宗との関係の指摘をも十分に行ない、インド唯識から旧訳唯識と新訳唯識とを経て初期華厳教学に至る、唯識説の展開を把握できるように心がけた。平川彰が言うとおり、「中国や日本の仏教は、インド仏教を受けついで成立したものであるから、インド仏教と密接な関係がある。故に中国仏教や日本仏教の研究には、常にインド仏教を考慮し、インド仏教との関連のもとに研究する必要がある」[16]からである。イン

ドの経論の漢訳を引用する場合には、梵文や蔵訳が存する場合必ずそれを並記し、訓読もそれによって行なった。経論の原意と、中国における理解との間に生ずるずれも、これで明確になったのである。

華厳宗は論宗ではなく経宗であるので、『成唯識論』に基づく法相宗におけるような体系的な唯識説の論述を有しているわけではない。筆者は断片的に示された華厳宗の唯識説を、法相唯識における唯識説の論述として編成しようと試みた。その際には恣意的な操作を避け、あくまで著作を相互に比較し論理的繋がりを見出だした上で編成するようにした。

第一部・第二部・第三部とも智儼・義湘・法蔵という祖師別に論を進めている（第二部は義湘を除く。資料が現存しないからである）。その際は智儼の唯識説を基本とし、それに対する義湘と法蔵との唯識説の異同を述べることにした。智儼の唯識説を確定することが重要となったのである。智儼の唯識説には大きく分けて、『華厳経』、旧訳特に真諦訳の経論、摂論宗や地論宗の著作、新訳つまり玄奘訳の経論、の四つの源泉がある。しかも智儼は摂論宗や地論宗の影響を受けつつ、旧訳や新訳の経論に独自の解釈を加えて自己の唯識説を形成しているので、どこまでが旧訳や新訳の経論の説そのままで、どこからが智儼独自の説であるかを明確にする必要がある。そのために梵・蔵の資料を用いた旧訳や新訳の経論の解明と、朝鮮華厳教学文献所引の佚文を用いた智儼の経論の散逸著作の解明とを同時的に行なった。そのためには摂論宗や地論宗の説の解明と、敦煌文献や佚文を用いた後世の日本の注釈などをあてにせず、あくまで当時の仏教学のありさまに即して、晩年の智儼が講義し、義湘と法蔵とに伝えたままの始教や終教や別教を再現することに努めたのである。その際明らかになったのは智儼における摂論宗の影響の強さである。摂論宗の影響は始教や終教のみならず別教にも及んでいる。石井公成は初期華厳教学と地論宗との結びつきの強さを論証したが、筆者はそれに加え摂論宗との結びつきの強さをも論証したことになり、初期華厳教学を支える地論と摂論との二本柱の研究が揃ったことになる。また、『成唯識論了義燈』などの同時代資料によ

序論　18

り、智儼の唯識説と円測ら同時代人の唯識説との類似点も明らかとなった。そこに浮かび上がるのは唯識説と隔絶した華厳教学ではなく、唯識説の一つとしての華厳教学である。智儼はおそらく自分が華厳教学という特別なものを設立したとは思っていなかったであろう。彼はただ『華厳経』のうちに完全な唯識説が説かれていると考え、唯識学者の一人として自己の信じる唯識説を述べたのである。

そうした智儼の唯識説の再構成の後に、同様の作業を義湘と法蔵との唯識説についても行ない、智儼の唯識説を彼等が継承した際の展開と断絶とを論じた。その際明らかになったのは石井公成が指摘したとおり義湘に地論宗的教養が強く見られ、法蔵に『大乗起信論』への依存が強く見られることであり、また吉津宜英が指摘したとおり法蔵がいわば五教各別説を採り、五教の繋がりを強調しないことである。従来の華厳教学研究は五教の繋がりを意識せず、別教を他と隔絶した教と見なしてきたが、それは法蔵の姿勢によるのであり、翻っては、唯識説を始教のみと見なし、別教を唯識説と見なさない日本仏教の伝統的見解も、この法蔵の姿勢に起因すると考えられる。筆者は本研究においてまずは智儼の観点に立ち返り、始教と終教との体系を別教と同様に広く考察したのである。

七　本研究からの小乗・頓教の除外

頓教も唯識を説くので頓教の体系を考察することも可能であるが、頓教は不立文字の禅宗の所依であるので文字資料が少なすぎ、体系というほどのものにならないので省いた。小乗と頓教とを省いて華厳教学を理解するのは不十分とも思われよう。とりわけ石井公成により初期禅宗が初期華厳教学に与えた脅威が明かされた今となっては、頓教を無視して初期華厳教学を語ることは批判されるかもしれない。しかし教学とは何より独自の解釈である。初期華厳教学は小乗の教理についてはほとんど小乗の論の名を指示するに留まり、頓教の教理についてもまず禅宗の所依の経論

の名を指示するに留まる。言葉の厳密な意味において、初期華厳教学は小乗や頓教に対し独自の解釈を加えていない（石井公成によれば、禅宗を意図的に無視する）。これは例えば始教が法相宗の教理と同じでなく法相宗の所依の経論に独自の解釈を加えたものであるのとは相違するところである。ゆえに独自の解釈としての初期華厳教学を考察するということは実は始教・終教・円教を考察することに他ならない。始教の唯識説は唯識を知らない小乗を吸引するために小乗の説を含み、また頓教の唯識説は終教の唯識説に同じであるので、初期華厳教学は事実上三教も、やはり小乗と禅宗とを省いたものだったのである（三教における頓教は五教における頓教と別である）。初期禅宗が初期華厳教学に脅威を与えたにせよ、それによって初期華厳教学の論理構造が変化したわけではない。ゆえに少なくとも独自の解釈によって示される論理構造を考える上では、小乗と頓教とを省いても許されると考えるのである。

八　おわりに

本研究には類似の先行研究が乏しいので、筆者はかなりの点において原資料のみからの出発を余儀なくされた。ゆえに、至らぬ点があるのは勿論である。常盤大定が『仏性の研究』の序文において述べた言葉は筆者の思う所と同じであるので、引き写して結びの言葉としたい。

此の研究につきては寡聞にして先人の行跡を知らず、殆んど全部に通じて独自の研鑽に属するを以て、恐らくは各方面に亘りて、未了欠陥多かるべし。大方の指示を得て、之が完成を期せんとする意切なり。

付　本研究において用いられる華厳教学文献

本研究において用いられる華厳教学文献について簡単に述べる。その他の文献については巻末を、略号については巻頭を見られたい。

智儼

① 『華厳経捜玄記』（正しくは『大方広仏華厳経捜玄分斉通智方軌』）五巻
② 『摂大乗論無性釈論疏』四巻
③ 『五十要問答』二巻
④ 『孔目章』（正しくは『華厳経内章門等雑孔目』）四巻
⑤ 『華厳一乗十玄門』一巻

①は『華厳経』の注釈であって、智儼二十七歳の時の著。②は無性造『摂大乗釈』の複注であって、散逸して佚文が残る。凝然『五教章通路記』巻二十四所引の佚文（T72: 476bc）は『成唯識論』（659末に訳了）を引くので、五十九歳（660）以降の作であることが知られる。③はおそらく『摂大乗論無性釈論疏』の後に著された問答形式の著作、④は『五十要問答』の後に著された智儼のおそらく最晩年の著作であって、ともに『華厳経』の要所にちなみ仏教の要語についての華厳教学の理解を示す。⑤は智儼が師の杜順の説を纏めたと言われる著作を持つ。石井公成は地論宗『華厳経』の要綱として説く十玄門を解説し、法蔵『五教章』十玄縁起無礙法門義と似る箇所を持つ。著者問題が存するので本研究においては参考にするに留める。

なお智儼の著作として朝鮮半島に『金剛般若波羅蜜経略疏』二巻が伝えられ、現存するが、これは智儼の作でない

と推測されるので本研究においてはこれを用いない。詳しくは付論三を見よ。

義湘
① 『華厳一乗法界図』一巻
② 『道身章』（『一乗問答』）二巻
③ 『智通記』（『錐穴問答』）二巻
④ 『華厳経問答』二巻

①は智儼の最晩年に義湘が著した、義湘の現存唯一の著作[21]。②は義湘の弟子、道身が、③は義湘の弟子、智通がそれぞれ義湘との問答を筆録したもの。散逸して佚文が残る。④は法蔵の著作として日本においてのみ伝承されていたが、石井公成により②③との平行箇所が指摘され、義湘の弟子が義湘との問答を筆録したものと判明した[22]。

法蔵
① 『五教章』（正しくは『華厳一乗教義分斉章』）三巻
② 『華厳経明法品内立三宝章』二巻
③ 『華厳経旨帰』一巻
④ 『華厳経探玄記』二十巻
⑤ 『大乗起信論義記』五巻
⑥ 『大乗起信論別記』一巻
⑦ 『入楞伽心玄義』一巻

序論　22

⑧『大乗密厳経疏』巻数不明
⑨『大乗法界無差別論疏』一巻
⑩『十二門論宗致義記』二巻

①は法蔵の最初期の著作であり華厳教学の綱要書。テキストには奈良時代に輸入された和本と鎌倉時代に輸入された宋本とがあって字句が相違する。本研究においては和本を用いるが、それは和本のほうが古形を示しているからである。詳しくは結城令聞［1999］の一連の論考を見よ。②は『華厳経』の要所にちなみ仏教の要語についての華厳教学の理解を示す。③は『華厳経』の概論。④は法蔵が後半生を費やした『華厳経』の注釈書。巻一は概論であって③に言及する。⑤⑥は『大乗起信論』の注釈書。④と共通する思想が多い。本研究においては⑤⑥を終教について言及する。⑤⑥は四宗判を用い五教判によらないが、法蔵自身が文中（T44: 267b; 275a）において始教・終教という言葉を用い、『大乗起信論』を終教と見なすからである。⑦は『入楞伽経』の注釈書。概論のみに留まり未完成。⑧は『大乗密厳経』の注釈書。散逸して佚文が残る。ちなみに法蔵の作として伝わる現存の『大乗密厳経疏』四巻（巻一を欠く）は法蔵の作でないと推測されるので本研究においてはこれを用いない。詳しくは付論四を見よ。⑨は『大乗法界無差別論』の注釈書。⑧に言及する。⑩は『十二門論』の注釈書。

なお法蔵の著作として日本に『華厳経関脈義記』一巻が伝えられるが、これは法蔵の著作でないと推測されるので本研究においてはこれを用いない。詳しくは付論二を見よ。

注

(1) 木村清孝 [1975：序文 i]。石井公成 [1996：はしがき iii]。なお、本研究においては、華厳宗という言葉を、智儼とその弟子たちの教会を指す言葉として用いるが、これはこんにちの日本の華厳経の宗旨を尊ぶ教会を指すものである。華厳宗という言葉は、もともとの中国の習わしにおいては、華厳経の宗旨を尊ぶ教会を指す言葉であって、華厳経の宗旨を尊ぶ教会を指す言葉ではない。

(2) ほとんど伝説的人物である杜順が果たして初祖たり得るかについて、近世以降論争が絶えなかったが、後世の人々が初祖とした以上それは成立し得ると解釈し、ただ現存の杜順の著作を真撰と認めがたいことから、華厳教学の創始者は智儼に求めるべきであると結論した。その後の研究者もその立場を踏襲するようである。本研究も同じ立場を採る。木村清孝 [1975] 第二篇第一章「杜順から智儼へ」は研究史を纏めた上で、祖統説は後世の発案であるから、後世の人々が初祖とした以上それは成立し得ると解釈し、ただ現存の杜順の著作を真撰と認めがたいことから、華厳教学の創始者は智儼に求めるべきであると結論した。その後の研究者もその立場を踏襲するようである。本研究も同じ立場を採る。

(3) 鎌田茂雄によれば、結城はいかにも唯識学者らしく、『五教章』を講ずる際に巻上からは講義せず、心識説や種姓説を扱う巻下（所詮差別）から講義した。結城 [1999：602]。

(4) 島地大等 [1918：50] 国訳『成唯識論』解題に「余本論を好む」等とある。この国訳は深浦正文の補佐を得て南都伝統の明詮導本の訓みを再現したものであって、のちの新導『成唯識論』の原型とも言うべきものである。

(5) 島地は大正十一年度に『五教章』演習を行ない、大正十四・十五年度に『華厳経探玄記』評釈を行なった。花山信勝によれば『華厳経探玄記』の講義は毎週四時間、火曜午後と金曜午前とに行なわれ、四十回百時間あまり、昭和二年三月六日日曜日正午、島地の自宅において満講した。この時の一同の感激は花山信勝「恩師島地大等先生『華厳経探玄記』満講記念日」（白井成允 [1933：96-97]）に綴られている。坂本幸男 [1936] の凡例の末尾に「昭和十二年三月六日 島地先生探玄記満講記念日」とあるのもまさしくこの日を指す。

(6) 書評は吉津宜英 [1978]。

(7) 書評は柴田泰 [1993]。

(8) 書評は石井修道 [1985]、一色順心 [1985]。

(9) 書評は池田魯参 [1992]、織田顕祐 [1993]。

(10) 書評は奥野光賢 [1996]、織田顕祐 [1996]。

(11) ただし、唯心迴転善成門は法蔵『華厳経探玄記』[1965：553] は「唯心迴転善成門が新十玄においてなくなったことは、法蔵の華厳が、如来蔵自性清浄心を主となす起信論的な思想を脱却して、果上門の法門に徹して、絶対的立場にたってこれを論じたからである。この立場からすれば、現実の事はすべて絶対的個物となり、この現実の個物を除いて、真理はありえないとした。いわば現象の背後に形而上学的な実体を設定することを、全く拒否した態度である。この立場の徹底転善成門が新十玄においてなくなったことは、法蔵の華厳が、如来蔵自性清浄心を主となす起信論的な思想を脱却して、果上門の法門に徹して、絶対的立場にたってこれを論じたからである。この立場からすれば、現実の事はすべて絶対的個物となり、この現実の個物を除いて、真理はありえないとした。いわば現象の背後に形而上学的な実体を設定することを、全く拒否した態度である。この立場の徹底

が、如来蔵心というような、理的な、実体的な感じをもつものが否定された結果、唯心迴転善成門が消滅した」と理解し、吉津宜英[1991：364]は「一般に法蔵の華厳教学において心識の解釈が厳しく限定されるのは、彼が唯識思想を厳しく批判したことの反映と思われる。その一例が智儼の華厳教学の十玄門から法蔵の『五教章』のそれまでは十玄門の一つに組み入れられていた「唯心迴転善成門」が『探玄記』の新しい十玄門では除かれたということを指摘することができよう」と理解する。両者ともに法蔵が唯識説を低く見た結果、唯心迴転善成門を削除したと理解するが、こうした理解には再考の余地がある。そもそも十玄門は、智儼・義湘・法蔵いずれにおいても、一乗と三乗との違いを示すものと規定され、十玄門を具するのは一乗、具せざるのは三乗とされる。しかるに唯心迴転善成門は唯識説であって一乗のみならず唯識説の中に別教を含めている以上、一乗もやはり唯識説なのである。こうした問題については本研究第一部第一章において詳しく論ずる。その際には、法蔵が「起信論的な思想を脱却し」た結果、一乗が唯識説でないという理由からではあるまい。唯心迴転善成門が十重唯識の中に別教を含めている以上、一乗もやはり唯識説なのである。こうした問題については本研究第一部第一章において詳しく論ずる。その際には、法蔵が「起信論的な思想を脱却し」た結果、一乗が唯識説でないという理由からであって、一乗と三乗との違いを示すものとしてふさわしくない。唯心迴転善成門が削除されたのはおそらくそうした思想を持たないことも判明するはずである。

(12) とりわけ石井公成 [1996] は従来の研究が「華厳教学を中国思想史のうちに位置づけることができずにいる」(石井公成 [1996：13]) ことを問題とし、華厳教学の中国思想としての位置の明確化を試みた。
(13) 佐伯良謙 [1991：352]。
(14) 石井公成 [1996：335-338；359]。智儼が漢文を正しく書けておらず、そこからも西域系と推測しうることを本人から口頭で伺った。
(15) 桑山正進・袴谷憲昭 [1981：335]。
(16) 平川彰 [1991：はしがきi]。
(17) 石井公成 [1996：252, n.54]。
(18) 常盤大定 [1930：4-5]。
(19) 『華厳経捜玄記』以前の智儼に著作があったかは判然としない。ただし同書巻三上に「四空定義、広如別章」(T35：57a)、巻五上に「広験諸教、有二知識。一人、二法。……広如別章」(T35：90ab) とある「別章」は智儼の自著とも思われ、そうであれば『華厳経捜玄記』以前にすでに著作があったことになる。
(20) 石井公成 [1996]「一乗十玄門」の諸問題」。
(21) 『華厳一乗法界図』は渦巻き状の図のかたちに記された詩偈とその釈文とによって構成されているが、石井公成 [1996：220] はもともと詩偈のみが『華厳一乗法界図』であって、釈文は『法界図章』『法界図記』等と呼ばれていたと考証し、また、当時佚文のみが

知られていた杜順『旋復頌』についても「わざわざ旋復というからには、渦巻き状に記されていたのではないだろうか」「法蔵の弟子である静法寺慧苑がその注釈と思われる『華厳旋復章』(佚)を著していることは、先の『法界図章』という名称について考えるうえで役に立とう」と述べる。しかるに房山石窟において現存が確認された『旋復頌』の完本は渦巻き状に記されておらず、また澄観『華厳経随疏演義鈔』巻八十九によれば『華厳旋復章』も『華厳経』入法界品の善知衆芸童子が説く四十二字門(梵語アルファベットの呪術的解釈)を説明したものであって、『旋復頌』の注釈ではない。澄観が「又〈梵我切〉字別訳為旋復字」と言うことから考えて旋復は四十二字のうち叉 (kṣa) 字の別名であるらしいが、詳しいことは不明である。澄観は「静法有章名為『旋復』。六門分別。一釈名、二体性、三建立、四釈相、五利益、六問答」(T36: 688c) と伝えるが、慧苑『華厳経略疏刊定記』巻一が第七顕義分斉に「弁相」「問答」の二つを分け、「弁相」において十玄門に言及していたのであろう。梵語アルファベットが一文字に多義を含むのを、慧苑は法界の無尽縁起の象徴と見、『華厳旋復章』において十玄門を説いた後、「第二問答者、具如別行『旋復章』説」(SZ3: 593c) と述べるのは『華厳旋復章』の「六問答」を指示したと見てよいであろう。智儼『孔目章』融会三乗決顕明一乗之妙趣に「文中以悉曇字音、会成無尽故也」(T45: 586a) とあるとおり、梵語アルファベットと華厳教学は深い関係にある。なお永超『東域伝燈目録』が『旋復章』を十巻と記載するのは多すぎる気がしないでもない。

(22) 石井公成 [1996]「『華厳経問答』の諸問題」。

第一部 大乗始教・大乗終教・別教一乗の構造

第一章　始教・終教・別教の関係

一　はじめに

華厳教学が一切仏教を階層化する際に用いる五教判は、①小乗（部派仏教の経論）・②始教（大乗の入門の経論）・③終教（大乗の完成の経論）・④頓教（禅宗の所依の経論）・⑤円教（『華厳経』）という組織を持つ。法蔵『華厳経探玄記』巻十三（T35: 346c-347c）が十重唯識（仏教における唯識説を十種に纏めたもの）を説いて始教・終教・頓教・別教に配当することから知られるとおり、五教判のうち小乗を除く始教・終教・頓教・円教（別教）は唯識説を採る。

本章においては、それらの唯識説の関係を検討し、それらが同一の識を別々の角度から説くものであることを証明し、初期華厳教学を一貫した唯識説の体系と見る本研究の基本的姿勢を明らかにする。ただし、頓教は不立文字の禅宗の所依であって文字資料が少なすぎるので、実際には考察から除外される。考察の順序としては、まず始教の唯識説と終教の唯識説との関係を論じ、その後に、それらと別教の唯識説との関係を論ずることにする。

それによって明らかとなるのは、序論において述べたとおり、初期華厳教学における始教と終教との関係や、終教と別教との関係が同一の識を別々の角度から説くものであるという事実と、それにもかかわらず、始教と終教との関係や、終教と別教との関係をめぐって智儼と法蔵との間に重大な相違が生じ、それが初期華厳教学を終焉させるという事実である。この二つの事実こそが、今後の本研究の視点を規定するであろう。

二　五教判の成立

智儼は『華厳経捜玄記』巻一上（T35：13c）において、地論宗の教判である漸教・頓教・円教の三教判を用いる。従来の研究はそれに基づいて、五教は華厳教学の出発点である『華厳経捜玄記』において初めて登場し、明確に五教が現われるのは智儼『五十要問答』においてであると見なしてきた。一方、智儼は『華厳経捜玄記』巻一下（T35：27c）においてa声聞辟支仏・b初教・c直進初心・d直進熟教・e廻心熟教・f頓教・g普賢位の七名を出す。実はこの七名は『五十要問答』『孔目章』において五教の別名としてよく用いられるものであって、『華厳経捜玄記』の時点においてすでに五教判は事実上成立していたと考えられるので、まずそれを論じたい。

まず始教から見る。智儼『五十要問答』諸経部類差別義に次のようにある。

『金剛般若』は是れ三乗始教なり。初に愚法の声聞に会するが故に。義意は文に在り。『維摩』と『仁王』と『勝天王』と『迦葉』との等きは直進菩薩の為に説けり。

『金剛般若』是三乗始教。初会愚法声聞故。義意在文。『維摩』『思益』『仁王』『勝天王』『迦葉』『仏蔵』等為直進菩薩説。（T45：523b）

ここでは三乗始教と直進菩薩とが分けられている。智儼『孔目章』道品章に「直進は廻心と共に俱に声聞に異なる。何を以っての故に。道品即ち空なるが故に」（T45：555a）とあり、智儼『孔目章』菩薩章に「直進と廻心との二菩薩は其の体即ち空なり」（T45：583b）とあるとおり、ここで挙げられる経は皆な空を説く大乗経典であるが、それを小乗の声聞を聴衆として空を説く教と、大乗の菩薩を聴衆として空を説く教とに分けるのである。前者は小乗の声聞を

大乗に迴心させるために説かれ、後者は初めから大乗に直進するためのために説かれる。ゆえに始教には迴心教と直進教とが存する。七名のうち、b初教は智儼『華厳経捜玄記』巻一下に「声聞と縁覚との迴心して大乗に入るは初教の処に於いてなり」（T35：27c）とあるので始教の迴心教に該当する。c直進初心とd直進熟教とは始教の直進教に該当する。cとdとの違いについては後述する。

次に終教を見る。終教は智儼『孔目章』盧舎那仏品中雲集文末普賢文中立一乗三乗義章において「熟教の中の終教」（T45：537b）と呼ばれ、また、一切諸法勝音菩薩偈首立転法輪章において「熟教の終義」（T45：538c）と呼ばれており、これは七名のうちのe迴心熟教に相当する。智儼が言う熟教にはd直進熟教とe迴心熟教とがあり、前者は始教の直進教、後者は終教なのである。智儼『五十要問答』諸経部類差別義に次のようにある。

『涅槃経』等と及び『大品経』とは三乗終教なり。根熟の声聞の為に説くが故に。

『涅槃経』等及『大品経』三乗終教。為根熟声聞説故。（T45：523b）

すなわち、智儼における終教は小乗から大乗に迴心し終えた「根熟の声聞」のための教なのであって、ゆえにe迴心熟教とも呼ばれるのである。智儼『華厳経捜玄記』巻二上・巻二下は十住・十行・十迴向（これら菩薩の階位については本研究第一部第二章を見よ）において断ぜられる惑を順に「究竟一乗宝性論」において説かれる四障のうち第二・第三・第四に配当し（十信は『華厳経』において説かれないので言及されない）、「若し三乗熟教をいはば所断は外道我執なり」（T35：33c）「三乗に准ぜば独覚捨大悲障を除く」（T35：42c）と説くので、三乗熟教（小乗の声聞乗と縁覚乗とから大乗へと迴心し終えた者のためのd直進熟教を指すのでない）と三乗熟教とが同じ意味として用いられていることから菩薩乗にいる者のためのd直進熟教を指すのでない）と三乗熟教とが同じ意味として用いられていることが知られる。『華厳経捜玄記』の時点では初めから大乗を直進する菩薩は始教における終教の対象とならない。

第1部　大乗始教・大乗終教・別教一乗の構造　　30

さて先には始教の直進教にc直進初心とd直進熟教(始教の直進教)と今のe廻心熟教(終教)との違いは何か。また先のd直進熟教(始教の直進教)と今のe廻心熟教(終教)との違いは何か。これについて智儼『孔目章』三種仏性章に次のようにある。

如来蔵差別為直進菩薩説故不約位論。其差別仏性之義為根熟声聞説。声聞見増。今順彼見故説差別。(T45：549c)

また、智儼『五十要問答』普敬認悪義にも次のようにある。

又験経文、如来蔵為直進菩薩機説。仏性為淳熟声聞機説。(T45：534c)

ここでは如来蔵が直進の菩薩のための説、つまり始教の直進教と見なされている。ここでの始教の直進教は空を説く教でなく、如来蔵を説く教であり、おそらく始教の直進教にc直進初心とd直進熟教とがあるうち、c直進初心が直進の菩薩のために如来蔵を説く教なのである。「地論宗南道派では如来蔵思想を空思想の上位に位置付ける」[3]ので、空を説く教と如来蔵を説く教とはc直進初心とd直進熟教として「初」「熟」の区別をされているものと考えられる。

如来蔵は初めから大乗にいるd直進熟教(始教の直進教)の菩薩のために説かれ、仏性は小乗から大乗に廻心し終えたe廻心熟教(終教)の「根熟の声聞」「淳熟の声聞」のために説かれる。如来蔵も仏性も衆生の内なる真如に他ならないが、声聞は多くの見(分析的見解)に慣れているので、その見に合わせてe廻心熟教(終教)はさまざまな仏性を説き、また直進の菩薩はそうした見を持たないのでd直進熟教(始教の直進教)は一なる如来蔵を説くので

ある。ただしd直進熟教（始教の直進教）とe廻心熟教（終教）とが同じく真如を説くものであり近い関係にあることは、智儼『華厳経捜玄記』巻一下が「直進熟教及び廻心熟教とは……」（T35：27c）と述べて両者を並置することから知られる。

注意すべきはf頓教である。智儼『華厳経捜玄記』が用いる地論宗の三教判における頓教は大乗に初めからいる菩薩のための教であり、後の五教判における頓教が禅宗の所依の経論を指すのと同一でない。地論宗の三教判における頓教はc直進初心とd直進熟教とに他ならないが、智儼はその他にも、地論宗の三教判における頓教の中に、もう一つf頓教を立てるのである。それはなぜか。智儼『孔目章』第八会入法界品初弁廻心章（T45：583c）が『華厳経』入法界品における舎利弗の一乗への入信を「初教已去乃至頓教及び終教との已下にも在りて初教等にも通ず」と説くことから判るとおり、五教判における頓教は頓教とも呼ばれるが、智儼『華厳経捜玄記』巻四下（T35：82b）は廻心・直進・頓悟が初めて一乗に入る時用いる定を次のように区別する。

廻心 …… 非至定や初禅定など
直進 …… 光得意言定
頓悟 …… 意言無分別定

この場合の頓悟とはf頓教であろうが、頓悟について用いられる「無分別」という言葉に注目したい。頓悟が通観（見道）を「一無分別智定」と表現し、「頓悟の義と同じことを得」と規定することから判るとおり、五教判の頓教つまり禅宗の所依の経論についてもよく用いられる言葉である。しかも同じ梵行品初明通観章において通観は「若し方便に依らば、即ち尋思と及び如実唯識意言との等きに順ず」と言われるのであって、尋思とは光得意言が通観（見道）を「一無分別智定」と表現し、「頓悟の義と同じことを得」と規定することから判るとおり、五教判の頓教つまり禅宗の所依の経論についてもよく用いられる言葉である。しかも同じ梵行品初明通観章において通観は「若し方便に依らば、即ち尋思と及び如実唯識意言との等きに順ず」と言われるのであって、尋思とは光得意言

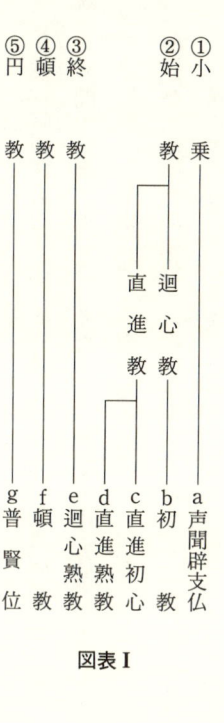

を始めとする四尋思であり、如実唯識意言とは意言無分別定である。すなわち、『華厳経捜玄記』において言われる頓悟は、『孔目章』において言われる五教判のうちの頓教と、極めて近いのである。もし『華厳経捜玄記』において言われる頓悟を五教判において言われる頓教とほぼ同義と見なし得るならば、f頓教は無分別を重んずる教、たとえば『楞伽経』などであったと見なしてよいであろう。智儼は地論宗の三教判における広義の頓教の中にもう一つ無分別を重んずる狭義のf頓教を考えていた。後になって同じく無分別を重んじて『楞伽経』などを所依とする禅宗が台頭した時、その狭義のf頓教が禅宗の所依の経論に配当され、五教判のうちの頓教として独立したのではなかろうか。七名を後の五教判に配当すると次のようになる。

① 小乗 ── a 声聞辟支仏
② 始教 ┬ b 初進初心
       └ 迴心教 ── c 直進初心
③ 終教 ┬ d 直進熟教
       └ 直進教 ── e 迴心熟教
④ 頓教 ── f 頓教
⑤ 円教 ── g 普賢位

図表Ⅰ

以上、『華厳経捜玄記』の時点においてすでに事実上、五教判における始教・終教・頓教が説かれており、五教判の思想は華厳教学誕生時にまで遡ることを確認した。

三 唯識説としての始教・終教

次に始教と終教とが唯識説としていかに表現されるかを確認する。周知のとおり、唯識説においては、小乗にお

ても説かれる眼識・耳識・鼻識・舌識・身識・意識の六識に、末那識・阿頼耶識の二識を加えた八識が説かれる。それらの詳細は後に譲り、今は概要のみを把握する。

まず始教の迴心教を確認する。智儼『五十要問答』心意識義に次のようにある。

故に『無性摂論』に云はく、「今異熟頼耶を立つるも此れ亦た傷つくる無しといふ。既に傷つくる無しと知んぬ、故に権立と知る。迴心の声聞の未だ法空に達せざるものの為に、権に異熟の相を挙げ漸やく小乗を引く。

故に『無性摂論』云、「今立異熟頼耶此亦無傷」。既知無傷、故知権立。為迴心声聞未達法空、権挙異熟相漸引小乗。(T45：522c)

また、智儼『五十要問答』心意識義に次のようにある。

これは、阿頼耶識を生滅の異熟識と説く『摂大乗論無性釈』を、生滅の六識しか知らない声聞に生滅の阿頼耶識を説き、声聞を大乗に迴心させるための、始教の迴心教と見なしたものである。

仮使ひ『瑜伽』の後分に「頼耶識起こらば必ず二識は相応す」と導ふも、此れは初めて起こる時に拠り、後の相続に拠らず。位に約して説くに由る。直進の菩薩の義は不起を正義と為すに当たり、迴心は起を正義と為すが故に。

仮使『瑜伽』後分導「頼耶識起必二識相応」者、此拠初起時、不拠後相続。由約位説。直進菩薩義当不起為正義、迴心者起為正義故。(T45：523a)

これは、阿頼耶識と末那識とが必ず並起するという『瑜伽師地論』と『成唯識論』の護法の説とを、六識しか知らない声聞に阿頼耶識と末那識とを教え、大乗に迴心させるための、始教の迴心教と見なしたものである。

さらに、先に確認したとおり、始教の迴心教は空を説くのであった。ゆえに法蔵『五教章』心識差別は『解深密経』心意識相品（『瑜伽師地論』摂決択分中菩薩地においても引かれる）を「薫等は悉く皆な空に即すと説く」ものと主

張する。

若し始教に依らば、阿頼耶に於いて但だ一分の生滅の義を得るのみ。真理に於いて未だ融通すること能はず但だ凝然として諸法と作らずと説くのみなるを以って、故に縁起生滅の事の中に就きて頼耶を建立し、業等の種に従ひて体の而も生ずるを弁じ、異熟報識を諸法の依と為し、方便をもって漸漸に真理に引向す。故に熏等は悉く皆な空に即すと説く。『解深密経』に云ふが如し、「若し菩薩、内に於いて、外に於いて、蔵住を見ず熏習を見ず阿頼耶を見ず阿頼耶識を見ず、阿陀那を見ず阿陀那識を見ず、是れを善巧なる菩薩と名づく。如来は此れに斉しく一切の心意識の秘密善巧を建立したまふ」といふ。『瑜伽』の中も亦た此の説に同じ。

若依始教、於阿頼耶但得一分生滅之義。以於真理未能融通但説凝然不作諸法、故就縁起生滅事中建立頼耶、従業等種弁体而生、異熟報識為諸法依、方便漸漸引向真理。故説熏等悉皆即空。如『解深密経』云、「若菩薩、於内於外、不見蔵住不見熏習、不見阿頼耶不見阿頼耶識、不見阿陀那不見阿陀那識、若能如是知者、是名善巧菩薩。如来斉此建立一切心意識秘密善巧」。『瑜伽』中亦同此説。(Wu 321)

すなわち、始教の迴心教は八識を空と説くのである。後世の日本華厳教学は始教を、空を説く教えとしての相始教と、八識を説く教えとに分けているが(少なくとも凝然までは、このような分けかたを用いていない。しかし湯次了栄はこれを用い、鎌田茂雄らもそれを踏襲する)、そのような区別は初期華厳教学には存在しなかった。始教の迴心教はあくまで空を説くのであって、八識であろうが何であろうが、すべて空と説くのである。

次に始教の直進教を確認する。

今『起信論』は直進の菩薩の縁起相即を識り無生に会するものの為に、故に別なる説を作せり。

今『起信論』為直進菩薩識縁起相即会無生、故作別説。(T45:522c)

先に確認したとおり、始教の直進教は如来蔵を説くのであった。ゆえに阿頼耶識を無生(不生不滅)の如来蔵と説

く『大乗起信論』も始教の直進教と見なされるのである。

しかるに法蔵は『大乗起信論』を終教と見なす。法蔵『五教章』心識差別に次のようにある。

若依終教、於此頼耶得理事通融二分義。故『論』云、「不生不滅与生滅和合非一非異名阿黎耶識」。(Wu 323)

若し終教に依らば、此の頼耶に於いて理事通融の二分の義を得。故に『論』に云はく、「不生不滅と生滅と和合し一にも非ず異にも非ざるを阿黎耶識と名づく」といふ。

ここで、智儼における終教を確認したい。先の智儼『五十要問答』諸経部類差別義には次のようにあった。

『論』とは『大乗起信論』(T32:576b)である。『大乗起信論』を終教と見なすのは法蔵が智儼と大きく異なる点である。

『涅槃経』等と及び『大品経』とは三乗終教なり。根熟の声聞の為に説くが故に。

『涅槃経』等及『大品経』三乗終教。為根熟声聞説故。(T45:523b)

また智儼『五十要問答』衆生作仏義には次のようにある。

若し三乗終教に依らば、則ち一切の有情衆生は皆な悉く成仏す。『涅槃経』に説くが如し。他の聖の智、本有仏性と及び行性とを顕はしたまへるに由るが故に。其の草木等を除く。

若依三乗終教、則一切有情衆生皆悉成仏。由他聖智顕本有仏性及行性故。除其草木等。如『涅槃経』説。(T45:519c)

すなわち、智儼における終教は、『涅槃経』や『大品般若経』のような、大乗に廻心し終わった声聞のための教であった。智儼における終教は、始教の廻心教によって大乗に廻心し終わった声聞をさらに教化する教であり、始教の廻心教と終教とは繋がりあっている。このことを端的に示すのが智儼における『摂大乗論』の扱いである。智儼『摂大乗論無性釈論疏』巻一（順高『起信論本疏聴集記』巻三本所引）に次のようにある（丸数字は筆者が挿入）。

此の『論』の中には①〔心〕数の分斉の多少を明かさず、又た②小乗の入道方便に約して以って道品と理事と因果とを明かし……

このうち、②「小乗の入道方便に約して以って道品と理事と因果とを明かし」とあるのは、智儼『孔目章』道品章によれば、始教の迴心教を意味する。

迴心道品為引愚法小乗故名同小乗。（T45:554c）

迴心の道品は愚法小乗を引かんが為の故に名は小乗に同ず。

先には『摂大乗論無性釈』が始教の迴心教と見なされていたが、『摂大乗論』そのものも始教の迴心教なのである。その一方で、①「〔心〕数の分斉の多少を明かさず」（〔心〕数とは心所を指す）とあるのは、智儼『孔目章』明難品初立唯識章によれば、熟教を意味する。

問ふ。『摂論』は何が故に心所有法を明かさずして、但だ四使が与めに相応すとのみいふ。答ふ。『摂論』の教興るは其の熟教に在り。之を知る所以は、下の『論』の智差別の文は十二甚深を挙げ甚深なる義は声聞に共ならずが顕はすが如し。当に知るべし教高くして是れ初教に非ず。若し心数を立つるならば、即ち妨ぐる所有り。

問。『摂論』教興在其熟教。所以知之、如下『論』智差別文挙十二甚深顕甚深義不共声聞。当知教高非是初教。若立心数、即有所妨。於道無益故不明之。（T45:546b）

ここでは『摂論』が心所を明かさないことを理由として熟教と見なされている。熟教にはd直進熟教（始教の直進教）とe迴心熟教（終教）とがあったが、ここで言われる熟教がe迴心熟教つまり終教であることは、『五十要問答』心数及心所有法義が『摂大乗論』所出の十一識を終教と見なした上で心所を説明することから明らかである。

37　第1章　始教・終教・別教の関係

若し三乗終教に約して論ぜば、則ち頼耶と六識との等きは皆な具さに一切の〔心〕所有法を起こす。唯一識、十一識を成ずるに由るが故に。

若約三乗終教論、則頼耶六識等具起一切所有法。由唯一識成十一識故。(T45:525c)

つまり、先には『摂大乗論』は始教の迴心教と見なされていたが、法蔵はそれを終教と見なすのである。智儼においては始教の迴心教と終教とはともに声聞を相手にする教であるので通じあっている。智儼においては、始教の迴心教が声聞を大乗へと迴心させ、迴心し終えた声聞を終教が教化するという順調な移行が智儼においては考えられており、それが一なる『摂大乗論』の中に始教の迴心教と終教の二教を認めることとして現われているのである。

しかるに法蔵は『大乗起信論』を終教と見なす。『大乗起信論』は大乗へと迴心し終えた声聞のための教でないので智儼によって始教の直進教と見なされたが、法蔵はそれを終教と見なすのである。智儼においては始教の迴心教と直進教との間に厳然たる区別があり、始教の迴心教と終教との間に厳然たる区別がなかったが、智儼においては終教の迴心教のみが法蔵においては終教となり、智儼における始教の迴心教と終教との間に厳然たる区別を言うようになり、ゆえに法蔵は後になるほど始教と終教との間に厳然たる区別を言わなくなる。図示すると次のようになる。

【智儼】
始教の直進教 ―― 『大乗起信論』
始教の迴心教 × 『摂大乗論』
終　　　教 　　 『瑜伽師地論』
　　　　　　　　『成唯識論』など

【法蔵】
　　　　　　始　教
　　　　×
　　　　　　終　教

図表Ⅱ

智儼においては始教の迴心教と終教とが『摂大乗論』において通底し、つまり始教と終教との間に順調な通路が見

られた。しかるに法蔵においては始教と終教とは分断される。そして文超の中期華厳教学における始教と終教との概念は忘れ去られていくのである。法蔵は『大乗起信論』を始教から独立させ、新たな終教の概念を作り上げたと言えようが、法蔵による『大乗起信論』の重視は後述のとおり別教にまで及ぶ。初期華厳教学は法蔵の『大乗起信論』重視をもって終焉し、華厳教学は大きな区切りを得て、中期・後期へと突入するのである。

四 始教・終教・別教の識の数

智儼と法蔵との間に違いはあったが、ともかくは始教も終教も阿頼耶識を始めとする八識を立てて唯識説を採るのであった。続いてはその始教や終教の識の数が別教の識の数といかなる関係を持つかを確認する。智儼『孔目章』明難品初立唯識章（T45:543ab）は識の数の立てかたに八種を挙げる。

一……『十地経論』の第一義清浄心
三……『摂大乗論』の唯量・唯二・種種と心・意・識
八……八識
九……八識と阿摩羅識
十……『華厳経』十地品の十心
十一……『摂大乗論』の十一識
四……真諦訳『摂大乗論釈』の似根識・似塵識・似我識・似識識

無量……『華厳経』十地品の無量百千種心差別相

十と無量との他はすべて八識とその延長とである。これについては同じ『孔目章』明難品初立唯識章（T45：547b）に、唯三識・唯一識・唯八識・唯九識・唯十一識・唯四識は三乗の唯識であって別教であると説かれているので、別教の識の数は十もしくは無量であることが知られる。『孔目章』三宝義章（T45：533b）に「十を説く所以は、無量を顕はさむと欲するが故なり」とあるとおり、十は無量の象徴であるので、無量こそが別教の識の数である。

ただしこれは、識の数をただ一のみ、ただ八のみ、ただ九のみ、ただ十一のみ、ただ四のみに固定する見解を三乗と見なしたまでであって、八識や九識が一乗でないという意味ではない。『孔目章』明難品初立唯識章（T45：546c）は末那識について始教と終教との見解を挙げた後、「若し円教をいはば、……」と説き、円教にも末那識（つまり八識説や九識説）を認めている。ここで言われる円教は、始教や終教とは別の教としての別教である。別教は末那識など識の存在を否定せず、ただ、識の立てかたを幾つかに限定する見解を否定するだけである。法蔵『華厳経探玄記』巻十六（T35：410c）は、円教の識相応の智を「即ち理にして即ち智、即ち王にして即ち数、或ひは開き或ひは合す。前の〔始終頓の〕三説と相離せざるを以っての故に。無障無礙にして十智を具するが故に」と説く。円教においては始教や終教と同じ心王と心所と（王・数）(4)すなわち八識が認められ、その上で、それらの心王と心所とが開合して、無量となると説かれるのである。『五教章』仏果義相（Wu 485）に「十を説く所以は、無尽を顕はさむと欲するが故なり」とあり、法蔵にとっても十は無量の象徴である。

一方で、別教の識の数は十や無量のみならず、唯一とも説かれる。智儼『五十要問答』心意識義（T45：523a）に、

唯一……『華厳経』性起品の唯一心

とあり、法蔵『五教章』心識差別（Wu 328）にも、

唯一……『華厳経』性起品の唯一法界性起心

とある。智儼が円教（別教）に末那識を認め、法蔵が円教（別教）に心王と心所とを認める以上、この唯一心も八識と別にあるものではなく、八識体一の阿頼耶識と見るべきと考えられる。実際に、『十地経論』において説かれる十の十二縁起観のうち、第二の一心所摂観の一心を、智儼『華厳経捜玄記』巻三下（T35：64b）や義湘の語録『華厳経問答』巻上（T45：605b）は阿頼耶識（阿梨耶識）と見なすが、その十の十二縁起観は、智儼『孔目章』第六地縁生章問答（T45：568D）や義湘『華厳一乗法界図』（T45：712bc）によれば、別教一乗の説である。別教一乗も阿頼耶識を説くのである。もちろん単なる凡夫の阿頼耶識とは同じでない、性起心としての阿頼耶識である。この阿頼耶識は唯一心であるが、実際にはその中における心的要素は八識を始めとしてさまざまに開合され得る。それが十もしくは無量の心であると推測したい。この推測を裏づけるのが、義湘の法孫である神琳が入唐し、融順（未詳）に華厳教学を学んだ時の逸話である（『法界図記叢随録』巻下一所引）。

『古記』に云はく。

林徳、唐に入りたまひて、融順和尚に逢ひたてまつることを得て、問ひたまひて云はく、「一乗の中にして黎耶と言ふは何ぞや」といひたまひき。順の日たまひしく、「一切諸法は皆な黎耶を以って本と為す。広くは則ち無量なるも、略せば則ち五つ有り。謂はく、一には白浄無記識。〈善と悪と無記との〉三性の種を持す。二には阿摩羅識。恒沙の徳を持す。三には性起識。十普法を持す。四には法界安立識。〈器と衆生と智正覚との〉三種世間法を持す。五には法界因陀羅識。無尽の因陀羅尼法を持す。法界を全ふするの有為にして法界を全ふするの無為なるが故に『黎耶は善等の三性と及び無為と共に集起す』と云ふ」とのたまひき。

『古記』云。林徳入唐、得逢融順和尚、問云、「一乗中言黎耶者何耶」。順曰、「一切諸法皆以黎耶為本。広則

無量、略則有五。謂一白浄無記識。持三性種。二阿摩羅識。持恒沙徳。三性起識。持十普法。四法界安立識。持三種世間法。五法界因陀羅尼識。持無尽因陀羅尼法。全法界之有為全法界之無為故云『黎耶共善等三性及無為集起』」。（T45：747a）。

一乗に五種の阿頼耶識（黎耶）があるうち第三は性起識であって、唐の華厳教学において唯一心（性起心）が阿頼耶識と見なされていたことが知られる。

このように、別教の唯一心（性起心）は八識体一の阿頼耶識であって、十もしくは無量の心もこの唯一心（性起心）のうちの心理的要素をさまざまに開合したものであると考えられる。別教は八識を否定するのではなく、識の立てかたを八識のみと規定する不自由な見解を否定するのである。

五　始教・終教・別教の識の体

さて、この識の体（実質）は何であろうか。智儼『孔目章』明難品初立唯識章に次のようにある。知ることを得る所以は、『勝鬘経』に云はく、「如来蔵法有るに由りて衆苦を種ゑ、乃至涅槃を楽ひ求む」等といふ。故に知ることを得。

　三出体者、究竟用如来蔵為体。所以得知、『勝鬘経』云、「由有如来蔵法種衆苦、乃至楽求涅槃」等。故得知也。（T45：543b）

ここでは次のような『勝鬘経』の文を引いて、如来蔵が識の究竟の体であることが言われている。世尊よ、如来蔵に依るが故に生死有り、如来蔵に依るが故に涅槃を証す。世尊よ、若し如来蔵無くば、苦を厭ふことも涅槃を楽ひ求むることも得ざらむ。

この『勝鬘経』の文の後半は真諦訳『摂大乗論釈』巻一においても引かれる。

世尊、依如来蔵故有生死、依如来蔵故証涅槃。世尊、若無如来蔵者、不得厭苦楽求涅槃。(T12: 222b)

世尊、若し如来蔵有るに非ずば、苦に於いて厭悪無く、涅槃に於いて欲も楽も願も無からむ。

世尊、若如来蔵非有、於苦無厭悪、於涅槃無欲楽願。(T31: 157a)

tathāgatagarbhaś ced Bhagavan na syān na syād duḥkhe 'pi nirvin na nirvāṇa icchā prārthanā praṇidhir vā.

(RGV 36, 1-2)

真諦訳『摂大乗論釈』はこの文に基づいて阿頼耶識が「解を以って性と為す」(如来蔵である解性を性質とする)と見なす。『勝鬘経』そのものは識を如来蔵の体と見なさない。『勝鬘経』を用いて如来蔵を識の体と見なすのは真諦訳『摂大乗論釈』によるのである。

さて、ここで問題となるのが智儼にとっては如来蔵という言葉である。この言葉は智儼にとっては終教の用語であった。智儼が言う始教の直進教や迴心教や、法蔵が言う始教の用語、法蔵にとっては終教の用語であった。智儼が言う始教の迴心教や、法蔵が言う始教の直進教や迴心教は如来蔵を説かないが、それらの教が説く識の体も如来蔵なのであろうか。また、別教が説く識の体も如来蔵なのであろうか。

まず、智儼が言う始教の迴心教や、法蔵が言う始教の直進教や迴心教は異熟識であるが、この異熟識の属性は如来蔵と見なされる。智儼『孔目章』明難品初立唯識章が阿頼耶識の属性である無記を、果報(vipāka. 異熟)有ること無しと説く(T45: 544c)と述べることから判るとおり、「果報に体無く識を用いて体と為す。故に果報に究竟の実の無記の義の属性ではなく如来蔵の属性であると解釈して「果報に体無く識を用いて体と為す。故に『無性摂論』に云はく、『今異熟頼耶を立つるも此れ亦た傷つくる無し』といふ。既に傷つくる無しと知んぬ、故に権立と知る」(T45: 522c) とあったことから判るとおり、始教は異熟識を説きながらも、異熟識が権立であって如来蔵が異熟識の

次に、識の体が如来蔵であるのは一見して別教の識には該当しないようにも見える。しかし如来蔵が識の「究竟」の体と見なされる以上、別教の識の体も如来蔵と見なされるべきである。著者問題があるにせよ、智儼の作と伝えられる『華厳一乗十玄門』（T45：518b）は十玄門（『華厳経』の要綱を十に纏めたもの）の第九唯心廻転善成門において別教の識を「如来蔵性清浄真心」と表現する。義湘の語録と思われる『華厳経問答』巻上（T45：599b）も、遠くは初教、正しくは熟教の終からは、一切法は「一如来真識」の作であると表現する。熟教の終（智儼が説く「熟教の中の終教」「熟教の終義」であって終教を指す）からには別教の識も如来蔵の縁起無礙法門義（Wu 296）も十玄門の第九唯心廻転善成門において別教の識を「一如来蔵」と表現し、「但だ性起徳を具するが故に三乗に異なるのみ」と注記する。如来蔵とは性起までを含む広い言葉なのである。このことは法蔵『華厳経探玄記』巻十三（T35：347bc）は十重唯識（仏教における唯識説を十に纏めたもの）の最高位、帝網無礙唯識を別教の唯識と規定し、識の「如来蔵法性」の作用を説くのである。これによって、識の「究竟」の体を如来蔵と見なした智儼から義湘や法蔵に至るまで、一貫して始教と終教と別教との識の体が如来蔵と見なされていたことが知られる。

さらに検討すべきものに法蔵の考案した如来蔵縁起という言葉がある。この言葉は後世において別教の性起と区別される終教の縁起の代名詞と目されるに至ったが、果たしてそれが法蔵の真意であったかは疑問である。法蔵『大乗起信論義記』巻上（T44：243b）『法界無差別論疏』（T44：61c）は「現今当流の一切の経論」を次の四宗に分ける。

① 随相法執宗 ……… 小乗
② 真空無相宗 ……… 『般若』等の経・『中論』等の論
③ 唯識法相宗 ……… 『深密』等の経・『瑜伽』等の論

④の如来蔵縁起宗……『楞伽』との等き経・『起信』と『宝性』との等き論

れないと見るのが従来の見解であった。このような見解は四宗が「現今当流の一切の経論」を含む（つまり『華厳経』をも含む）と説かれるのと明らかに矛盾する。ところで法蔵は『入楞伽心玄義』（T39：426b）においてこの四宗に対応する次のような四宗を説く。

① 有相宗……小乗
② 無相宗……『般若』等の経・『中論』等の論
③ 法相宗……『深密』等の経・『瑜伽』等の論
④ 実相宗……『楞伽』と『密厳』との等き経・『起信』と『宝性』との等き論

そして法蔵はこの四宗について次のように述べる。

若し此の『〔入楞伽〕』経の宗と及び通とに依らば、諸教の種類は相収して或ひは四或ひは五なり。今は且らく四を弁ず。

若依此『経』宗及通、諸教種類相収或四或五。今且弁四。（T39：426b）

諸教の種類は相収して四宗あるいは五宗となるが、今はとりあえず四宗を弁ずると言うのである。しかし『華厳経』の宗が別立されるのは明らかであろう。そこに『華厳経』の宗を④の実相宗に含めて四宗を弁ずることも可能なのである。実際に、法蔵『大乗起信論義記』巻下末（T44：275a）は『大乗起信論』の説く衆生心の用大としての仏を『華厳経』の性起の内容と見なすのであって、法蔵はむしろ『華厳経』と『大乗起信論』とを近づける方向に向かっているのである。法蔵の弟子の慧苑は五教判を廃止して四教

判を立て、如来蔵思想である第四真具分満教のうちに『華厳経』『大乗起信論』などを摂めたが、それはまさしく法蔵の傾向を徹底させた結果に他ならない。如来蔵縁起宗が『華厳経』を含まないと見なす従来の見解は的外れである。法蔵が言う如来蔵は性起までを含む広義の言葉なのであり、とりわけ『華厳経』の性起の内容として『大乗起信論』の用大が考えられているのである。智儼が始教と終教と別教との間に同じ程度の通底を考えるのに対し、法蔵は始教と終教との間の通底を断ち切り、終教と別教との間の通底を強調したと言ってよい。

以上のとおり、始教と終教と別教との識の体はともに如来蔵なのであった。始教と終教とが説く識と同一の識を別教も説くのである。

六　別教の唯識説における始教・終教の唯識説の完成

智儼『孔目章』明難品初立唯識章に次のようにある。

又た如来蔵は不染にして而も染なり。此れに拠りて即ち是れ生死の体なり。染にして而も不染なり。此れに拠りて生死は即ち是れ涅槃なり。更に異なる法無し。

又如来蔵不染而染。拠此即是生死体。染而不染。拠此生死即是涅槃。更無異法。（T45：543b）

ここでは如来蔵に次の二義が言われている。

①不染にして而も染 ……　生死の体
②染にして而も不染 ……　生死は即ち涅槃

①は煩悩に染まらないがやはり染まっているという意味であり、②は煩悩に染まっているがやはり染まっていないという意味である。①②は『勝鬘経』の次の文による。

二法の了知す可きこと難きもの有り。謂はく自性清浄心は了知す可きこと難し。彼の心にして煩悩の為に染せらるるも亦た了知す可きこと難し。

有二法難可了知。謂自性清浄心難可了知。彼心為煩悩所染亦難可了知。(T12：222b)

このうち①を生死の体と規定する根拠は先の『勝鬘経』のうちに見られない。②を生死は即ち涅槃と規定する典拠は真諦訳『摂大乗論釈』巻十三の、次のような文であると考えられる（釈の部分の蔵訳は散逸している）。

論に曰はく。生死と涅槃とに於いて 若し智、平等を起こさば

'khor ba dang ni mya ngan 'das | mtshungs par shes pa mnyam skye ba |

釈に曰はく。生死と涅槃とは並びに是れ分別の作す所にして同一の真如なり。無分別智を得るが若きは、此の平等を縁じて起こる。

論に曰はく。生死は即ち涅槃にして 二に此と彼と無きが故

de tshe de phyir de la ni |'khor nyid mya ngan 'das par 'gyur| (MSg VI\.3)

釈に曰はく。不浄品を生死と名づく。浄品を涅槃と名づく。生死の虚妄にして人法の二我無きは即ち是れ涅槃なり。無分別智を得て生死の無所有を見るは即ち是れ涅槃の無所有を見るなり。故に此と彼との異なり無し。

論曰。於生死涅槃 若智起平等 釈曰。生死涅槃並是分別所作同一真如。若得無分別智、縁此平等起。論曰。生死即涅槃 二無此彼故 釈曰。不浄品名生死。浄品名涅槃。生死虚妄無人法二我即是涅槃。得無分別智見生死無所有即是見涅槃無所有。故無此彼之異。(T31：249ab)

智儼『孔目章』融会三乗決顕明一乗之妙趣はこの文が「事に即して真を備ふる」ことを明かすと述べている。又た梁の『摂論』に「生死は即ち涅槃にして　二無く此と彼と無きが故に」と云ふは事に即して真を備ふるを明かさむと欲す。

又梁『摂論』云「生死即涅槃　無二無此彼故」者欲明即事備真矣。(T45: 586b)

『勝鬘経』は②を自性清浄心と表現するのみであるが、智儼は『摂大乗論釈』のうち無分別智を説く箇所に基づいて、②を無分別智が起これば事がそのまま真であるというふうに読み替えるのである。『孔目章』一乗之妙趣は三乗（始教・終教・頓教）の説が一乗の説を分け持ち持つきながら説明した箇所である。「事に即して真を備ふる」とは無分別智が起これば事がそのまま真（理）であって、事の他に真（理）はないという意味に他ならないが、これは智儼『孔目章』第八廻向真如章が別教の真如、すなわち無分別智の認識対象を次のように定義するうちの、「理と事とを円通し」に等しい。

理と事とを円通し無尽を統含する因陀羅と及び微細との等きなり。

円通理事統含無尽因陀羅及微細等。(T45: 558c)

智儼は別教の真如を『勝鬘経』や『摂大乗論釈』が分け持っていると考えるのである。真諦訳『摂大乗論釈』が言うとおり、②つまり「事に即して真を備ふる」ことや「理と事とを円通」することは無分別智を起こしてのみ初めて知られるものであって、凡夫に知られるものではない。ゆえに智儼『孔目章』明難品初立唯識章は凡夫の世界である識を①のみと規定する。

識者即ち是れ不染にして而も染なる門ぞ。如来蔵の一義なり。

識者即是不染而染、染而不染門。如来蔵之一義也。(T45: 545c)

①不染にして而も染、②染にして而も不染を分け、前者を識と規定するこのような考えは、智儼が古くから有して

いたものであって、以下に図示するとおり、智儼『華厳経捜玄記』巻三下（T35: 62c-63a）が「法界縁起」を浄門と染門とに分け、後者を識と規定する考えとまったく同一である。

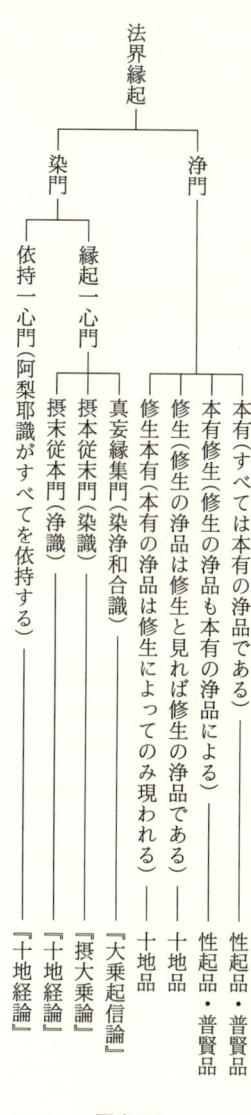

```
                            ┌ 性起品・普賢品
              ┌ 本有（すべては本有の浄品である）
              ├ 本有修生（修生の浄品も本有の浄品による）─ 性起品・普賢品
        ┌ 浄門 ┼ 修生（修生の浄品は修生と見れば修生の浄品である）─ 十地品
        │     ├ 修生本有（本有の浄品は修生によってのみ現われる）─ 十地品
法界縁起 ┤     └ 真妄縁集門（染浄和合識）─『大乗起信論』
        │     ┌ 摂本従末門（染識）─『摂大乗論』
        └ 染門 ┤ 縁起一心門
              │ ┌ 摂末従本門（浄識）─『十地経論』
              └ ┤
                └ 依持一心門（阿梨耶識がすべてを依持する）─『十地経論』
```

図表 III

先に述べたとおり、染にして而も染なる識は「生死の体」であって、それは無分別智を起こすことによって①不染にして而も不染なる「生死即ち涅槃」の状態へと回転せしめられる。今の「法界縁起」で言えば、染門は浄門へと回転せしめられるのである。法蔵『華厳経探玄記』巻十三（T35: 344b）は智儼の「法界縁起」の染門と浄門とに新たに染浄合説門を加え、その中において翻染現浄門・以浄応染門・会染即浄門・染尽浄泯門の四門を立てているが、前三門は染現門を浄門へと回転せしめること、最後の染尽浄泯門は染がなくなれば浄もなくなることであって、先の「生死は即ち涅槃にして 二に此と彼と無きが故に」という状態に相当する。この法蔵の説は智儼の意図を正しく敷衍したものと考えてよい。

さて、無分別智が起これば「事に即して真を備ふる」ことはすでに始教と終教とにおいて説かれていた。「事に即して真を備ふる」ことは如来蔵の二義のひとつ、②染にして而も不染であり、如来蔵が始教と終教と別教との唯識の

49　第1章　始教・終教・別教の関係

体であるのなのどう、「事に即して真を備ふる」ことは始教と終教とにおいて説かれていて当然である。それならば別教は始教と終教とどう異なるのか。別教は始教と終教とをどう完成するのか。それは無尽を説くという点において異なり、無尽を説くという点において完成するのである。別教の真如は「理と事とを円通し無尽を統合する因陀羅及び微細との等きなり」と定義されていた。『勝鬘経』や『摂大乗論釈』は無分別智が起これば「事に即して真を備ふる」こと、つまり、「理と事とを円通」することを説くのみであって、未だ「無尽を統合する」ことを説いていない。「無尽」とは事と事との無尽の相即相入を指すのであって、相即相入とは事の領域に含まれる一々が互いに主（唯一主）となり伴（唯一主に従属する随伴者）となりあうことであるが、智儼はまさしくこの点のみによって『摂大乗論』『摂大乗論無性釈論疏』巻一（順高『起信論本疏聴集記』巻三本所引）は円教がまさしくこの点のみによって『摂大乗論』と異なると主張する。

又た此の『論』の下の文は甚深惣讃の語を説くと雖も、而も主と伴との等き具教の義無し、故に一乗円教の摂むる所に非ず。

又此『論』下文雖説甚深惣讃之語、而無主伴等具教之義、故非一乗円教所摂。（DBZ92：135b）

このことは法蔵『五教章』縁起因門六義法においても同じである。

若し三乗の頼耶識の如来蔵の法無我の因の中をいはば、六義の名と義と有るも而も主と伴とは未だ具せず。若し一乗の普賢の円因の中をいはば、主と伴とを具足し無尽の縁起方に究竟す。

若三乗頼耶識如来蔵法無我因中、有六義名義而主伴未具。若一乗普賢円因中、具足主伴無尽縁起方究竟也。

(Wu 245)

別教はただ一つ無尽（主と伴とを具足すること）を説くという点によってのみ始教や終教と異なるのであり、「事に即して真を備ふる」こと、つまり「理と事とを円通」すること、において無尽の相即相入を説くことこそが別教の

纏めれば、①不染にして而も染て「法界縁起」の染門である識を、②染にして而も不染であり「法界縁起」の浄門である状態に回転せしめるのが始教と終教と別教との共通の目的であり、そこにおいて無尽を説くのが別教のみの特徴である。ここで思い出されるのは、若き日の智儼が地論宗の初期の指導者である慧光（468-537）の『華厳経疏』に「別教一乗無尽縁起」と書いてあるのを見て「稍ぽ殊軫を開」いたという法蔵『華厳経伝記』巻三（T51:163c）の記述であろう。『華厳経』の特徴を無尽を説くことに求めるのは智儼が慧光から学んだ見解であったと思われる。

七　おわりに

以上の検討によって確認されたのは次のことがらである。

まず、始教と終教と別教とはいずれも唯識説であり、いずれも八識（とその延長）を説き、いずれも如来蔵を識の体と見なす。このことが示すのは、別教は始教と終教とが説く識と同一の識を説くという事実である。

次に、始教と終教と別教とはただ一つ、無尽を説くことによって始教と終教とが説く識と同一の識が説く識と同一である一方で、無尽を説くことによって別教へと至り、完成された唯識説を学ぶかという研究は、第一部の残りの章において、始教や終教の菩薩がいかに別教という接続を具体的に明らかにする。論述は行位・種姓・生死・迴入の順に行なわれ、そのうち種姓は先の「法界縁起」の浄門の本有修生に相当する。

次に、智儼が始教と終教とを一なる『成唯識論』、終教を『大乗起信論』（これは智儼によれば始教の直進教である）というふうに分け、始教と終教とを

51　第1章　始教・終教・別教の関係

間の通底を断ち切る。このことが示すのは、始教と終教との概念をめぐって智儼と法蔵との間に変化が生じ、その変化が初期華厳教学を終焉させ中期・後期華厳教学を開始させるという事実である。ゆえに本研究は、第二部において始教と終教との唯識説を検討し、その中で、始教を『成唯識論』、終教を『大乗起信論』と見なす法蔵の説へといかに変化していくかを具体的に明らかにする。論述は阿頼耶識・末那識・意識・心所の順に行なわれ、それらは先の「法界縁起」の染門に相当する。

また、智儼が始教・終教・別教の間の通底を守りつつも、『大乗起信論』により終教と別教との通底を認めるのに対し、法蔵は上述のように始教と終教との通底を断ち切り、かわって『大乗起信論』を用いて終教と別教との通底を強調する。このことが示すのは、無尽を説くという別教の特徴を守りつつも、法蔵が『大乗起信論』に摂める智儼の説が、始教を『成唯識論』、終教を『大乗起信論』と見なす法蔵の説へといかに変化していくかを具体的に明らかにする。ゆえに本研究は、第三部において無尽を説く別教独自の唯識説を検討し、その中で、智儼や義湘の説が『大乗起信論』を『華厳経』に結びつける法蔵の説へといかに変化していくかを具体的に明らかにする。論述は総説としての阿頼耶識説と相即相入、および別説としての三性説・縁起説・因果説・断惑説の順に行なわれ、それらは先の「法界縁起」の浄門に相当する。すなわち、先には「生死は即ち涅槃にして 二に此と彼と無きが故に」という『摂大乗論釈』の説が「事に即して真を備ふる」ことと解釈されるので、それは「法界縁起」の浄門に相当することを確認したが、その『摂大乗論釈』の説は三性説に立脚するものであるので、別説においてはまず三性説を検討し、そののち、三性説を基盤とする縁起説と因果説と断惑説とを検討する。総説においては始教と終教との唯識説が別教の無尽の唯識説としていかに完成されるかを検討する。

注

(1) ただし、『大品経』は空を説く経（すなわち始教）でもあるので、智儼『孔目章』賢聖善知識章（T45：584b）は『大品経』の曇無竭（Dharmodgata）菩薩を熟教の直進教と始教の二つに配している。

(2) 智儼『華厳経捜玄記』に五教の名称のいくつかが見られることは吉津宜英［1985：21］や石井公成［1996：104-105］によっても触れられているが、詳しく検討されるには至っていない。

(3) 青木隆［2000：184］。

(4) 始教・終教の心所については本研究第二部第四章を見よ。

(5) これは、智儼『孔目章』性起品明性起章（T45：580c）において性起の起こる場として説かれる「離分別菩提心」と同じものと考えられる。『離分別菩提心』は「大解大行」つまり別教の解行位（十信満から十地満まで。菩薩の階位については本研究第一部第二章を見よ）の心と規定されるが、智儼『華厳経捜玄記』巻四下（T35：79c）や法蔵『五教章』十玄縁起無礙法門義（Wu 299）が性起の起こる場として「大解大行大見聞心」を説くことから考えて、実には別教の見聞位（凡夫から十信まで）の心も含むようである。

(6) この「因陀羅尼」という言葉は日本所伝の義湘『華厳一乗法界図』においても出、石井公成［1996：236］はこれが「因陀羅網」の無理な合成語であって、梵語に通じた智儼の許すところではないと推測し、義湘が『華厳一乗法界図』執筆に際し智儼の教えを受けた可能性を否定した。それに対し、金知見［1997］はこの言葉が朝鮮所伝の『華厳一乗法界図』に出ないと指摘し、日本所伝の誤りにすぎないと主張した。しかるに「因陀羅尼」という言葉は今の文のとおり朝鮮所伝の『法界図記叢随録』においても出るので、日本所伝の誤りが日本において発生した言葉なのではない。この言葉は義湘に遡るかどうか判らないにせよ、朝鮮において発生した言葉なのであろう。

(7) 智儼『華厳経捜玄記』巻一下（T35：28）の文である。坂本幸男［1956：432］。

(8) 石井公成［1996：92］は性起品の性起説と十地品の如来蔵説とに対する智儼の姿勢について「慧遠の教学に引きずられている面がある法蔵は、性起を、「衆生心中如来之蔵性起功徳」とも称しており、また如来蔵系の経論をもちいて性起を説明することがある。つまり、法蔵は性起こそが真実の如来蔵であるとして、他の如来蔵説との異同を説くのであるが、智儼の場合は、性起と如来蔵とを時にはやや強引と思われるまでに峻別し、如来蔵が持つ煩悩とかかわる面を捨象して衆生心中に果徳としての如来智そのものを見出そうとするのである」と述べる。法蔵についての見解は後に見るように妥当であるが、智儼が性起と如来蔵とを峻別したかは疑問である。智儼はむしろ、如来蔵を唯浄の性起として説く性起品と、如来蔵を煩悩との関わりにおいて説く十地品との、経文の説相の違いを峻別したのであって、性起と如来蔵との違いを峻別したのではないように思える。

(9) 代表的な見解として吉津宜英 [1991] がある。「如来蔵縁起宗にも真如随縁は知っているが、いまだ法界縁起の具徳の世界を知らない人々の立場という一種の批判が込められていると考えても不合理でないように思う」(吉津宜英 [1991：524])。『起信論義記』も二重の意図を担った文献なのである。第一の役割は『起信論』の如来蔵縁起宗が、第三宗の唯識法相宗よりも格段に高い教理思想を持っているということの直接的証明であり、第二にはそのくらい高い内容を持った『起信論』でありながらも、『華厳経』の法門にはるかに及ばないという間接的証明である」(吉津宜英 [1991：611])。
(10) 順高『起信論本疏聴集記』巻三末 (DBZ92：139c-140a)
(11) 平川彰 [1989] (平川彰 [1991：113-115]) にこの四門の検討があり、参考になった。
(12) なお、主伴を具足することは法蔵以降の華厳教学において特に重視される。法蔵『華厳経探玄記』巻一は教体の最高位として第十主伴円備門を立てる (T35：119c-120a)、十玄門の締めくくりとして第十主伴円明具徳門を立てる (T35：123b、法蔵『五教章』十玄縁起無礙法門義はこの門を有しない)。また法蔵の弟子の文超『自防遺忘集』は十観を説く中において第九主伴円融観と第十果海平等観を立てるが、澄観によれば第十は十観すべての総説らしいから、第九主伴円融観が最高位となる (澄観『華厳経随疏演義鈔』巻三十五所引、T36：271a)。杜順に仮託される『法界観門』の色空章十門止観の最高位が第十主伴円備門であることは、『法界観門』が法蔵以後の作であることの証拠となろう。

第二章　始教・終教・別教における行位

一　はじめに

前章においては始教と終教と別教との関係を検討し、それらが同一の識を別々の角度から説くものであって、別教は無尽を説く点で始教と終教とを完成すると結論した。ただ、始教や終教の菩薩がいかにしてそうした別教に至るかという道のりは未だ明らかでないので、本章以下の四章においてはそれを検討する。本章ではまず基礎として、始教と終教と別教とにおける行位（修行階梯）を確認する。

二　智儼・義湘・法蔵における行位

『華厳経』は十住・十行・十廻向・十地といった菩薩の行位を説いている。インドの通念においては、それらは並行的に存在する行位であり、第十住・第十行・第十廻向・第十地のいずれも仏位に至るものである。しかるに中国の疑経『菩薩瓔珞本業経』は『華厳経』の十住・十行・十廻向・十地をこの順番によって深まりゆく一つながりの行位として理解し、十地の後に等覚・妙覚を加えて菩薩の四十二位説を立てた。十住の前に準備段階として十信をも説くので、五十二位説とも呼ばれる。真諦訳『摂大乗論釈』のようなインドの唯識派の文献が漢訳される

図表 I

始教の迴心教	始教の直進教		終教	別教
智儼・法蔵とも『摩訶般若波羅蜜経』の共の十地（五十位に当たるものを含む)[2]	【智儼】『菩薩瓔珞本業経』の四十二位[3]	【法蔵】真諦訳『摂大乗論釈』の五十位[4]	智儼・法蔵とも『菩薩瓔珞本業経』の四十二位[5]	智儼・義湘・法蔵とも三位[6]
①乾慧地 ②性　　地 ③八人地		十　信[7]		見　聞　位
	十　住	十　住	十　住	解　行　位
	十　行	十　行	十　行	
	十迴向	十迴向	十迴向	
		四善根[8]		
④見　　地 ⑤薄　　地 ⑥離欲地 ⑨菩薩地	十　地	十　地	十　地	証果海位
	等　覚		等　覚	
⑦已作地 ⑧辟支仏地 ⑩仏　地	妙　覚	〔仏　地〕	妙　覚	

際にそれを採り入れたこともあって、四十二位説や五十二位説は中国仏教の通念となり、初期華厳教学もまたその通念に従う。始教と終教と別教との行位を比較して図示すると前頁の図表のとおりである[9]。いずれの教も四十二位説や五十二位説の枠組みのうちにあるが、別教のみは特殊であって、『華厳経』の説相に基づき五十位を三位に摂める。この三位は法蔵によれば三生であって、第一生の見聞位つまり十信において別教を見聞し、第二生の解行位において十住から十地までを経過し、第三生の証果海位つまり十地満において成仏する。これを三生成仏と呼ぶ[10]。小乗も義湘も法蔵も別教における等覚と妙覚との存在を否定する。なお智儼も義湘も法蔵も別教における等覚と妙覚との存在を否定する（『阿毘達磨大毘婆沙論』巻百一。T27：525b）。初期華厳教学の理解によれば、仏教を学ぶ者は五教のいずれかにより発心し修行する。そして別教以外の四教により発心し修行した者もいずれは別教に入って修行し成仏する。これを迴入と呼ぶ。この迴入によって始教や終教は別教へと連結するのである。迴入の詳細については本研究第一部第五章において触れる。

三　智儼・法蔵における不退

行位に従って修行する者も、ある段階に至らないうちは不安定であって、退くことがあり得る。退くことがなくなった段階を不退と呼ぶ。それでは不退はいかなる理由に基づくのか。始教の不退については、智儼も法蔵も[12]『仏性論』巻一の次のような文によって、不退を十迴向〔の初迴向〕と規定する。

一に声聞は苦忍より以上に即ち仏性を得、
二に独覚は世法より以上に即ち仏性を得。

三に菩薩は十迴向より以上是れ不退の時にして仏性を得。一声聞従苦忍以上即得仏性。二独覚従世法以上即得仏性。三者菩薩十迴向以上是不退時得於仏性。(T31: 787c)

この文においては仏性を得る段階が述べられている。一は小乗の説一切有部が見道直前の苦法智忍において異生性（凡夫性）を捨て聖者になると説くのに一致する（『阿毘達磨倶舎論』賢聖品。T29: 121b. AKBh 350, 8）。ゆえに『仏性論』は聖者になるのを「仏性を得」と呼んでいることが知られる。しかるに三は通常のインドの唯識派が初地見道において異生性（凡夫性）を捨て聖者になると説くのに一致しない。いずれにせよ、始教において、不退とは、聖者となるゆえに異生（凡夫）へと退かなくなることなのである。

終教の不退については、智儼も法蔵も真諦訳『摂大乗論』巻四および『大乗起信論』信成就発心の以下のような文によって、不退を十信満あるいは十住（十解）に入った時と規定する。

十信以還は是れ凡夫、十解以上は是れ聖人なり。(T31: 177c)

十信以還是是凡夫、十解以上是聖人。

菩薩は是の心を発するが故に則ち少分のみ法身を見ることを得。

菩薩発是心故則得少分見於法身。(T32: 581a)

真諦訳『摂大乗論釈』は『摂大乗論』(MSg I.57) に出る浄心 (bzang po'i sems) つまり真如を証する智である無分別智と相応する無漏の意識を〔初地見道の心ではなく〕十解の心であると注釈する際に、上記のように述べる。また『大乗起信論』は信の成就する時に少分のみ法身を見得ると述べるが、法身とは真如の別名である。つまりこれらは『大乗起信論』は初地見道より前の段階において真如をわずかながら証し、聖者となり得ると説くものであるともに初地見道において のみ真如を証し、聖者となると説くのに一致しない。いずれにせよ、これは通常のインドの唯識派が初地見道において のみ真如を証し、聖者となると説くのに一致しない。いずれにせよ、終教は通常のイ

も、不退とは、聖者となるゆえに異生（凡夫）へと退かなくなることなのである。中国仏教においては、異生（凡夫）へと退くという意味の退よりもさらに広義の退がしばしば説かれ、智儼『華厳経捜玄記』は、それら広義の退のうち、四退・三退・五退を紹介している。そのうち四退は巻二上に次のようにある。

退に四種有り。
一には位。
二には行。
三には念。
四には応得不得なり。

智儼はこれらを説明しない。ただし最初の三つは吉蔵『法華義疏』巻一において旧説として紹介されているので、少なくとも旧に吉蔵以前の説であったことが知られる。

但だ旧に三種の不退有りと明かす。一には位不退、二には行不退、三には念不退なり。三つの不退を釈することは同じからず、凡そ四説有り。

退有四種。一位。二行。三念。四応得不得。（T35：34b）

一には云はく、十住の前六心は仮解未だ立たざるをもって、菩提心より退し、二乗と為る。七心以上に仮解已に立つを名づけて菩薩と為し、独り性地を成ず。此れは位退を免がる。二には行退にして、初地より六地に至る此の中の諸の人に行を習すること時として進まざること有るを名づけて行退と為す。七地ならば則ち此の行退無し。第七の一地に或ひは愛習を起こし猶ほ功用有るを名づけて念退と為す。八地已上に無功用道に入るをもって、永へに三退無し、故に不退転と名づくるなり。

第2章　始教・終教・別教における行位

次に三退は巻三下に次のようにある。

汎く退を論ぜば三有り。
一には得退。謂はく先に得しぬる所を後に還して退失す。
二には未得退。謂はく勝進に於いて退住して入らず。
三には習行退。先に多行を習ひて同じく成りて在るのみ。

これは『阿毘達磨倶舎釈論』巻十八の次の説に当たると考えられる。

汎論退者有三。一者得退。謂先所得後還退失。二未得退。謂於勝進退住不入。三習行退。先習多行同成在已。

(T35：49b)

二には云はく、外凡と六心とを名づけて位退と為す。
三には云はく、習種性を位不退と名づく。道種性の解行純熟を行不退と謂ふ。初地已上に無生忍を得るをもって、復たびは心を生じ念を動ぜざるを念不退と名づく。
四には有る人の言はく、四種の不退有り。十信と十住とは是れ信不退なり。十行は是れ位不退なり。十廻向は是れ行不退なり。十地は是れ念不退なり。

但旧明有三種不退。一位不退、二行不退、三念不退。釈三不退不同、凡有四説。一云、十住前六心仮解未立、退菩提心、為二乗。七心以上仮解已立名為菩薩、独成性地。此免位退。二者行退、八地已上入無功用道、永無三退、故名不退転也。二云、外凡六心名為位退。七心已上称位不退。余二不異前釈也。三云、習種性名位不退。道種性解行純熟謂行不退。初地已上得無生忍、不復生心動念名念不退也。四有人言、有四種不退。十信十住是信不退。十行是位不退。十廻向是行不退。十地是念不退。(T34：461bc)

偈に曰はく。

退堕に三種有り　已得と未得と用とぞ

釈に曰はく。

已得退とは人の已に得たる功徳より退堕するが若し。未得退とは人の得応き功徳を得ること能はざるが若し。受用退とは人の得しぬる所の功徳を現前せざらしむるが若し。

偈曰。退堕有三種　已得未得用　釈曰。已得退者若人従已得功徳退堕。未得退者若人不能得応得功徳。受用退者若人所得功徳不令現前。(T29：282a)

parihāṇis tridhā jñeyā prāptāprāptopabhogataḥ.
prāpta-parihāṇir yadi pratilabdhāt guṇāt parihīyate. aprāpta-parihāṇir yadi prāptaṃ guṇaṃ na prāpnoti. upabhoga-parihāṇir yadi prāpta-guṇaṃ na sammukhī-karoti. (AKBh 377, 18-22)

この文によって、四退のうちの応得不得退が三退のうちの未得退であると推測できる。

次に五退は巻三下に次のようにある。

彼の三退は広く分かれて五と為る。初の得退に就きて義に随ひて三を分かつ。

一には是れ滅退。謂はく外の凡夫の所有の善根は彼の邪見の為に断滅せらるるが故に。

二には是れ失退。善趣の人は信未だ成ぜずば、退失して二乗心を起こす容可し。舎利弗等が退滅して一闡提と作らずと雖も、而も菩提心は復たびは顕はるること能はざるが如し。

三には是れ廃退。種性已上に、或る時に暫らく煩悩の業跡を起こし、其の習する所を廃して現前せざらしむを名づけて廃退と為す。

此の三種を以って余の二退に通じ、合して説きて五と為す。

彼三退広分為五。就初得退随義分三。一是滅退。謂外凡夫所有善根為彼邪見所断滅故。二是失退。善趣之人信未成者、容可退失起二乗心。如舎利弗等雖不退滅作一闡提、而菩提心不復能顕。三是廃退。種性已上、或時暫起煩悩業跡、廃其所習不令現前名為廃退。以此三種通余二退、合説為五。(T35:49b)

以上の四退・三退・五退はおおむね次のように重なる。

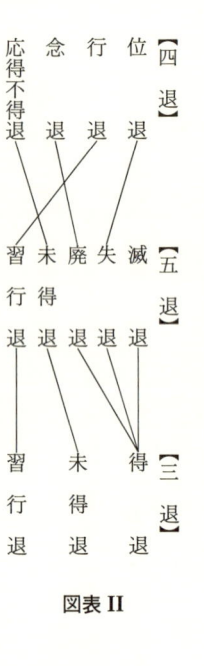

【四退】　【五退】　【三退】
位退　　 滅退　　 退
行退　　 失退　　 得
念退　　 廃退　　 未得退
応得不得退 未得退　 習行退
　　　　 習行退

図表 II

さて、これらについて智儼『華厳経捜玄記』巻二上は次のように説く。

若し一乗通教に約せば、十住位に入らば即ち四退等は皆な無し。

若約一乗通教、入十住位即四退等皆無。(T35:34b)

一乗通教とは地論宗の教判である三乗別教・通教・通宗のうちの通教である。地論宗の通教と通宗とはともに『華厳経』の行位を三乗である『菩薩瓔珞本業経』の行位を用い、ただその内容のみが異なる。ゆえに今の一乗通教はおそらく一乗である『華厳経』の行位を三乗である『菩薩瓔珞本業経』の行位と同様に理解する立場（つまり、三生成仏などを考えない立場）であると思われる。この一乗通教においては十住が不退である。なぜ十住が不退であるかといえば、終教の場合と同じく、十住において真如を証するからなのであるが、詳しくは本研究第三部第四章に譲る。また、巻三下は次のように説く。

若し此の『経』に依らば、〔十〕信行と及び〔十〕解位との已去は但だ未得退有るのみ。余は並びに無し。此れは一相に約す。若し普賢の自体に約せば、並びに諸の退無し。

又若依此『経』、信行及解位已去但有未得退。余者並無也。此約一相也。若約普賢自体、並無諸退。(T35：49c)

ここでは十解位（十住位）からは未得退のみがあるという「普賢の自体」とが挙げられている。このうち『華厳経』は先の一乗通宗と、同じものと見たい。そして「普賢の自体」は一乗通教とは別の『華厳経』本来の教えであり、『華厳経捜玄記』巻一下（T35：32a）が『華厳経』を賛していう一乗通宗も地論宗の教判における三乗別教・通教・通宗のうちの通宗であるが、のちの華厳教学の五教判における別教一乗に該当する。ゆえに別教そのものとしては退という概念がなく、別教を終教と同様に見るならば十住が不退となるが、このことは法蔵『華厳経探玄記』巻四によっても確かめられる。

円〔教〕を以って終〔教〕に同じ、故に〔十住〕位に入る已後を方に説きて不退の信と為す。

以円同終、故入位已後方説為不退信也。(T35：176b)

纏めれば、始教の不退は十迴向、終教の不退は（終教と同様に見れば）十住である。

四 智儼における浄土

インドの唯識派によれば、不退に達した十地の菩薩はこの釈迦牟尼仏の娑婆世界から他の仏の浄土へと行くことができる。『孔目章』寿命品内明往生義（T45：577b）も、浄土に行く者を始教では十迴向、終教では十住の、それぞれ不退の菩薩と規定する。やや傍論となるが、不退にちなみ、始教と終教との浄土について言及したい。阿弥陀仏の極楽浄土がよい例であるように、浄土は仏道修行を助ける重要な要素であって、始教と終教との菩薩が別教に進む際にも浄土が助けとなるからである。浄土と仏身とは密接な関係があるので、まずは始教と終教との仏身について確認する。始教と終教との仏身はいず

れもインドの唯識派の三身説の範囲内にある。

まず始教の迴心教の仏を、『孔目章』如来相海品相海章（T45：580a）は『摂大乗論』によって三身と規定する。

化　身　（凡夫や二乗や未だ不退に達しない菩薩を教化する身）
報　身　（不退に達した菩薩を教化する身）
法　身　（真如そのものとしての身）

次に始教の直進教の仏を、『孔目章』如来相海品相海章（T45：580a）は真諦訳『摂大乗論釈』によって四身と規定する。

自性身　「通一の体」
法　身　「差別の徳」
報　身
化　身

法身と自性身とは本来いずれも真如であって凡夫と仏との因果二位に共通するものである。真諦訳『摂大乗論釈』巻十三も「此が中に自性身といふは是れ諸の如来の法身ぞ」（T31：249c）と述べて両者を同視する。しかるに巻一は「若し自性身を離るるならば法身は成ぜず。譬へば眼識は眼根を離れて成ぜざるが如し。知る応し此の二は能依なり所依なるに由るが故に諸の如来の法身全般に相応することを得」（T31：155c）と述べて両者を区別する。これは『摂大乗論』が法身という語を特に果位の仏身全般の意味でも用いるからであり、巻一が「若し自性身を離るるならば法身は成ぜず」というのも、因果二位に通ずる真如がなければ果位の仏身全般を成じ得ないという意味として理解しなければならない。ゆえに智儼は自性身を因果二位に共通する「通一の体」と規定し、法身を果位のみの「差別の徳」と規定するのである。

次に終教の仏を、『孔目章』如来相海品相海章（T45：580a）は『菩薩瓔珞本業経』（T24：1015c）によって二身と規

先には自性身が因果二位に共通し、因位の自性身と果位の応身(報身の別名)および化身とはともに法身に依拠している。以上の二身と三身とは結局三身の開合であり、異なるわけではない。この三身にはそれぞれ固有の国土、つまり仏土が存するが、化身である釈迦牟尼仏の娑婆世界などは穢土であって浄土でないので、報身と法身とに浄土が存することになる。智儼は始教と終教とを通じて四浄土を立てる。『華厳経捜玄記』巻一下に次のようにある。

凡そ三乗に依るに浄土に四種有り。
一には性、
二には報、
三には事、
四には化なり。
知る可し。

また、『孔目章』十種浄土章に次のようにある。

凡依三乗浄土有四種。一性、二報、三事、四化。可知。(T35：23b)

三乗の義に依るに別の浄土有り。略して準ずるに四有り。
一には化浄土。謂はく諸方の有らゆる浄土を化現するぞ。
二には事浄土。謂はく諸方の浄土にして衆宝の成ずる所ぞ。

定する。

自性法身仏
応化法身仏

三には実報浄土。謂はく諸の理と行との等きの成ずる所ぞ。謂はく三空を門と為し諸の度の等きを出入の路と為すなり。

四には法性浄土。謂はゆる真如ぞ。依三乗義有別浄土。略準有四。一化浄土。謂化現諸方所有浄土。二事浄土。三実報浄土。謂諸理行等所成。四法性浄土。所謂真如。謂以「依無住本立一切法」を以ってなり。

(T45：541a)

また、『孔目章』寿命品内明往生義に次のようにある。

若し三乗に依らば、西方浄土は是れ実報の処なり。
一には法性土、
二には事浄土、
三には実報土、
四には化浄土なり。化とは是れ報〔身〕の化するなり。化身の化するに非ず。中に於いて有る所の仏と及び土田と菩薩と眷属とは『摂論』の如し。
若依三乗、西方浄土是実報処。通成四土。一法性土。二事浄土。三実報土。四化浄土。化者是報化也。非化身化。於中所有仏及土田菩薩眷属如『摂論』。(T45：576c)

これら四浄土は凝然『維摩経疏菴羅記』巻七 (DBZ5：194b) によれば智儼の師である摂論宗の法常の説である。纏めれば次のようになる。

① 化　浄　土　……　報身が化現した浄土
② 事　浄　土　……　報身が不退に達した菩薩を教化する、衆宝の成ずる所の浄土

③ 実報浄土（実報土）……報身が自ら受用する、理と行との成ずる所の浄土
④ 法性浄土（法性土）……法身である真如

インドの唯識派『成唯識論』は変化土・他受用土・自受用土・法性土の四仏土を立て、後半三つは法常や智儼の説く世界（娑婆世界など）を含めないので、法常や智儼の①は報身による一時的な神変を教化する世界（娑婆世界など）であるので、法常や智儼の①と一致しない。法常や智儼が説くのはあくまで四浄土であって穢土（娑婆世界など）を含む。なお、吉蔵『法華統略』巻六（SZ27・523a）によれば摂論宗はもともと法性浄土を立てず、実際に、凝然『維摩経疏菴羅記』巻七（DBZ5・194a）によれば摂論宗の道基『摂大乗義章』巻十四（T25・851b）は法身に必ず「所依の土」ありとと②③④と同じであるが、変化土は化身が凡夫や二乗や未だ不退に達しない菩薩を教化する世界（娑婆世界など）であていた。

摂論宗の伝統説は道基の二浄土のほうであって四浄土はおそらく地論宗の影響を受けたものであろうことが推測されているが、地論宗の祖である菩提留支の『金剛仙論』巻七（T25・851b）は法身に必ず「所依の土」ありと強調しているので、その推測は妥当であろう。智儼はそうした地論系摂論宗の説を受け継ぐのである。

さて上において紹介した『孔目章』寿命品内明往生義に「西方浄土は是れ実報の処なり」とあるのは阿弥陀仏の極楽浄土が実報土であることを指す。『五十要問答』他方仏成化義に次のようにある。

依三乗教、十方浄土所有諸仏並是実報。無有変化。（T45・520a）

これは有名な『摂大乗論』(MSg II.31a) の別時意 (kālāntarābhiprāya) 説によるものである。インドの唯識派によれば、極楽浄土は実報土（他受用土）であって未だ不退を得ない凡夫が往生できる場所ではない。ゆえに彼らは経文に「凡夫が極楽浄土に往生する」とあるのは凡夫が今すぐ往生するという意趣ではなく、別の時に往生するという意趣、すなわち別時意であると主張する。智儼もその主張によって極楽浄土を実報土と規定

第2章 始教・終教・別教における行位

別時意について『孔目章』寿命品内明往生義に次のようにある。

大きく『経』に準依するに、多善根を成じ、現生の中に準じて、一生の作す所の相続大善根多少の等きは、即ち正因と為る。別時意に非ず。斯れを降りて已下は是れ別時意にして、一生に生じ彼に至りて不退を得しむといふ。前後有りと雖も、仍ち不退を取りて以って大宗と為す。此れより已後に展転増勝し、無辺の仏土に生じ、普賢界に至りて、還た彼の蓮華蔵世界海に来入し、起化の用を成ず。

大凖依『経』、成多善根、凖現生中、一生所作相続大善根多少等者、即為正因。非別時意。降斯已下是別時意、令生西方至彼得不退。雖有前後、仍取不退以為大宗。従此已後展転増勝、生無辺仏土、至普賢界、還来入彼蓮華蔵世界海、成起化之用。(T45: 577bc)

ここで言われている『経』は『仏説阿弥陀経』に次のようにあるのを指す。

舎利弗、不可以少善根福徳因縁得生彼国。(T12: 347b)

舎利弗よ、少善根福徳因縁を以っては彼の国に生ずることを得可からず。

nāvaramātrakeṇa Śāriputra kuśalamūlenāmitāyuṣas tathāgatasya buddha-kṣetre sattvā upapadyante. (SmSV 96, 9-11)

智儼によれば、〔前生において〕多善根を成じつつも、なおかつ現生における「一生の作す所の相続大善根多少」(一生のうちに作られる多少の連続的な大善根)こそが極楽浄土に生ずる正因となる。「一生の作す所の相続大善根多少」によって不退を得、それから極楽浄土に生ずるのであれば、それは別時意でない。「一生の作す所の相続大善根多少」がないのに西方の極楽浄土に生じ、それから不退を得ると説くならば、それは実は別時意である。この二つは異なるも、別時意でないほうは極楽往生する前に不退を得るので、ともに「不

第1部 大乗始教・大乗終教・別教一乗の構造　　68

退を取りて以って大宗と為す」と言われる。
　また、先の文に「此れより已後に展転増勝し、無辺の仏刹に生じ、普賢界に至りて」とあるのは『華厳経』寿命品によるものである。同品によれば、娑婆世界釈迦牟尼仏刹の一劫は安楽世界阿弥陀仏刹の一日一夜、安楽世界阿弥陀仏刹の一劫は聖服幢世界金剛如来仏刹の一日一夜、等々と無辺の世界が存し、最後の勝蓮華蔵世界賢首仏刹においては普賢などの大菩薩が充満していると言われる。その後「還た彼の蓮華蔵世界海に来入し、起化の用を成ず」とあるのは『無量寿経憂波提舎』（T26:233a）によるものである。このように、阿弥陀浄土は三乗の不退の菩薩が生ずる実報土と規定されつつも、一方では、普賢らの大菩薩が充満する勝蓮華蔵世界海賢首仏刹に至り、さらに『華厳経』世間浄眼品や盧舎那仏品や入法界品において説かれる仏土である蓮華蔵世界海に来入するための出発点とも規定されるのであって、三乗の阿弥陀浄土は一乗の世界海の始まりである。『孔目章』寿命品内明往生義に次のようにある。

　若し一乗に依らば、阿弥陀土は世界海に摂めらるるものに属す。何を以っての故に。近く初機を引きて教境なる真実仏国の円融不可説なるに信を成ぜしめむが為の故に。

　若依一乗、阿弥陀土属世界海摂。何以故。為近引初機成信教境真実仏国円融不可説故。（T45:576c）

世界海とは『華厳経』盧舎那仏品において説かれる仏土であって、阿弥陀浄土はそこに属する。なぜなら、そこにおいて「初機」の者が「真実仏国の円融不可説なる」に信を成ずるからである。「初機」の者とは三乗から一乗へ廻入する者である。「真実仏国の円融不可説なる」とは『華厳経』十地品において説かれる仏土であって、『孔目章』十種浄土章によって世界海とは別の一乗の浄土と規定されている。

　一乗の浄土は一即是多、多即是一なり。具さには『地論』に広く釈するが如し。……（一乗の）浄土と世界海とも亦た別にして同じからず。若し世界海をいはば即ち時の中に在りて彼の衆生の見聞処に同ず。

　一乗浄土一即是多多即是一。具如『地論』広釈。……浄土与世界海亦別不同。若世界海即在時中同彼衆生見

一乗の浄土は『十地経論』巻三において説かれるとおり円融不可説であるが、世界海は衆生の見聞する場所と同じである。「初機」の者は世界海の中にある阿弥陀浄土において一乗の浄土の存在を信ずるに至る。『華厳経』において説かれる仏土として、『華厳経捜玄記』巻一下（T35：23b）は、

1　盧舎那仏品において説かれる世界海
2　名号品において説かれる国土海

の二種を挙げ、また、

3　入法界品の瞿夷（Gopī）のくだりにおいて説かれる十世界

を挙げているが、『孔目章』説分内浄土因縁文初立十世界章は13および、先の、

4　世間浄眼品・盧舎那仏品・入法界品において説かれる蓮華蔵世界海

の三つをすべて世界海と規定している。よって別教の仏土は世界海と国土海との二つのみとなるが、『孔目章』十種浄土章は名号品の解説であるので、十地品において説かれる円融不可説なる一乗の浄土は名号品において説かれる国土海と同一視されていると推測される（これは弟子の法蔵の記述によって裏づけられる。後述）。

以上、始教・終教の阿弥陀浄土は別教に趣く菩薩を助ける役割を担うのである。『華厳経伝記』巻三によれば智儼自身「吾が此の幻軀は縁に従ひ無性なり。今当に暫らく浄方に往き後に蓮華蔵世界に遊ぶべし。汝等も我れに随ひ亦た此の志を同じくせよ」（T51：163c）と言い残して示寂した。

五　法蔵における浄土

法蔵においても、仏身を確認し、そののち浄土を確認する。まず始教の仏を、『五教章』仏身開合（Wu 502–504）はa二身（法身・生身）、あるいはc四身（法身・自受用身・他受用身・化身）と規定する。a二身とc四身とは『仏地経論』に拠るものであってb三身の言い換えである。図示すれば次のようになる。

```
a生身 ───────────────┬─ c化身
                    └─ c他受用身 ─┬─ b化身
a法身 ──┬─ c自受用身 ─┘          └─ b報身（受用身）
        └─ c法身 ─────────────────── b法身
```

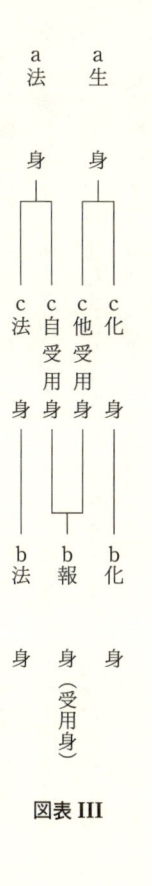

図表III

『華厳経明法品内立三宝章』巻上（T45: 614a）も始教の仏を三身と規定する。また終教の仏を、『五教章』仏身開合（Wu 502–504）はa二身（自性法身・応化法身）、あるいはd四身（如如仏・智慧仏・功徳仏・応化仏）と規定する。智儼によればc四身は始教の直進教の仏であったが、法蔵によれば終教の仏である。d四身は基『大乗法苑義林章』三身義林の『楞伽阿跋多羅宝経』解釈を引き写したものである[27]。すべて三身の言い換えであることに変わりない。図示すれば次のようになる。

```
a自性法身 ─┬─ b法身 ─┬─ c自性身 ── d如如仏
           │         ├─ c法身 ──── d智慧仏
           │         └─ c報身 ──── d功徳仏
a応化法身 ─┴─ b応身 ──┐
           └─ b化身 ──┴─ c化身 ──── d応化仏
```

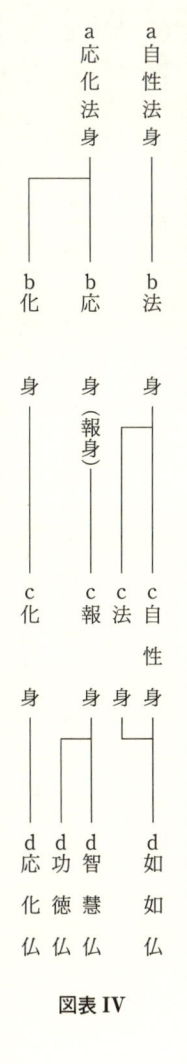

図表IV

『五教章』仏身開合（Wu 498）・『華厳経明法品内立三宝章』巻上・巻下（T45: 614a; 621bc）・『華厳経探玄記』巻

さて『華厳経探玄記』巻三（T35：158a）は始教・終教を通じて六浄土を立てる。

七・巻十六（T35：240b；410b）などは終教の法身が真如と智慧とを含むと規定するが、真如は法身を指し、智慧は応身・化身を起こす法身の智慧を指すので、真如と智慧とはa自性法身とa応化法身とに等しい。

〈仏の自住の処〉
① 法性土 …… 真如
② 実徳土 …… 妙行の成ずる所の浄土にして自受用土
③ 色相土 …… 勝宝の成ずる所の浄土にして自受用土
〈仏の摂化の処〉
④ 化身土 …… 釈迦牟尼仏の娑婆や余仏の余方
⑤ 変染土 …… 化現の浄土
⑥ 他受用土

これは智儼の四浄土を自住の処と摂化の処とに開いたものである。智儼が言う②事浄土は自住の処の浄土であって代りに⑥他受用土を開いている。智儼が言う①化浄土は法蔵が言う③色相土は自受用土であって代りに⑥他受用土を開いている。智儼が言う②化浄土は他受用土であったが、法蔵が言う③色相土は自受用土であり、法蔵が言う④化身土と同じでない。凝然『維摩経疏菴羅記』巻七（DBZ 5：194a）によれば、摂論宗に道基らの二浄土説と法常らの四浄土説とが存するうち、二浄土説の化浄土は長時相続の土であり、四浄土説の化浄土は一時暫変の土であった。智儼は四浄土説を採るので化浄土は一時暫変の土であるが、法蔵は二浄土説の長時相続の土をも採り入れたのである。ちなみに法相唯識は長時相続の土と一時暫変の土とをともに変化土に摂める（基『大乗法苑義林章』仏土章。T45：370c）。往生し得る者が不退の菩薩であるのは智儼の場合と同

じである。

なお『華厳経』において説かれる仏土を、『五教章』摂化分斉（Wu 495）は次のように区分し、一乗の世界と規定する。

〈国土海（円融自在）〉
名号品において説かれる国土海

〈世界海〉
1 世間浄眼品や盧舎那仏品において説かれる華蔵世界海
2 入法界品の瞿夷（Gopī）のくだりにおいて説かれる十世界
3 盧舎那仏品において説かれる世界海

『華厳経探玄記』巻三（T35:158a）もこれに等しい。

〈果分（不可説）〉
名号品において説かれる国土海

〈摂化の処〉
1 盧舎那仏品において説かれる世界海
2 入法界品の瞿夷（Gopī）のくだりにおいて説かれる十世界
3 世間浄眼品や盧舎那仏品や入法界品において説かれる蓮華蔵世界海

これらは先の智儼の説を承けたものである。しかるに智儼が三乗から一乗への迴入において極楽浄土が果たす役割を詳述したのに対し、法蔵はまったくそれを説かない。三乗がどう一乗に至るかという問題意識が法蔵には乏しく、ただ平行的に三乗と一乗との相違を述べるに留まるのである。これは法蔵の特徴であるので、今後もしばしば指摘する。

73　第2章　始教・終教・別教における行位

以上によって、始教と終教と別教との行位と、不退の時と、浄土とを検討し終えた。次章以下の三章においてはこれらを踏まえ、さらに他の問題の検討を進める。

六　おわりに

注

（1）　水野弘元［1984］。なお疑経『菩薩瓔珞本業経』『仁王般若経』『梵網経』は十住・十行・十廻向の「三十心」を立てる点で一致するので、相互の関係が検討されている。船山徹［1992］。

（2）　共の十地とは①乾慧地・②性地・③八人地・④見地・⑤薄地・⑥離欲地・⑦已作地・⑧辟支仏地・⑨菩薩地・⑩仏地であって、①乾慧地から⑥離欲地までは声聞と菩薩とに共通の因位、⑦已作地は声聞の果位、⑧辟支仏地は辟支仏の果位、⑨菩薩地は仏の果位である。それなのにわざわざ⑨菩薩地を別に説き、⑨菩薩地と⑩仏地とを声聞の⑦已作地や辟支仏地の⑧上に置くのはなぜかと言えば、大乗に迴心させるためであることを理解させ、声聞や辟支仏に菩薩や仏の存在を教え、声聞や辟支仏では不足であるのだという。法蔵『五教章』行位差別（Wu 364）。

（3）　智儼『五十要問答』賢聖義（T45：524a）、智儼『孔目章』賢聖善知識章（T45：584b）。

（4）　法蔵『五教章』行位差別（Wu 366）。

（5）　智儼『五十要問答』賢聖義（T45：524a）、智儼『孔目章』賢聖善知識章（T45：584b）、法蔵『五教章』行位差別（Wu 372-373）。正確に言えば法蔵は『菩薩瓔珞本業経』を四十位と見なすが、これは菩薩位のみを述べたのであって、実際には等覚と妙覚とをも認めていたと見て間違いない。

（6）　智儼『孔目章』盧舎那仏品中雲集文末普賢文中立一乗三乗義章「解行分」「証分」（T45：537b）、『孔目章』請分中転依章「解行位」

(7) 法蔵は始教の直進教に十信を立てるが、これは法相唯識が十信を立てず十信を十住に摂めるのと相違する。基『妙法蓮華経玄賛』巻七本「四決択分善根即第十迴向摂」（T45: 562b）、『孔目章』請分未証教二大章「見聞」「解行」「証義」（T45: 562b）、『孔目章』釈四十五知識文中意章「見聞位」（T45: 585c）、義湘の語録『智通記』（『法界図記叢髄録』巻下一所引）「見聞等三位」（T45: 751b）、義湘の語録『華厳経問答』巻十八「見聞位」「解行位」「証入位」（T45: 612b）、法蔵『五教章』行位差別「見聞位」「解行位」「証果海位」（Wu 380）、法蔵『華厳経探玄記』巻十三「見聞位」（T35: 454a）。

(8) 法蔵は始教の直進教の四善根を第十迴向の後と見なすが、これは法相唯識が四善根を第十迴向のうちに含めるのと相違する。基『妙法蓮華経玄賛』巻七本「十信即是初発心住摂」（T34: 783a）、「設有聖教言四十心、当知即拠総別説也。理実三十」（T45: 450c）。三十とは十住・十行・十迴向を指す。慧沼『成唯識論了義燈』巻七末「十信定是十住所摂」（T43: 792c）、智周『大乗入道次第』「前二十九心全・第三十少分、而属資糧。三十少分、属後加行」（T45: 450c）。なお後述するとおり、智儼は四善根を十信・十住・十行・十迴向に配する摂論宗の説を採っていた。法蔵が採る説は凝然『五教章通路記』巻三十八（T72: 511ab）が新羅の玄隆の著によって紹介する古来の二説のうち、第一説であって、これもまた摂論宗の説であったらしい。第二説は智儼が採る説である。

(9) 細かく言えばこの他にも、智儼『孔目章』請分中転依章（T45: 562a）も三生成仏を説く。

(10) 著者問題のある著作ながら、智儼の作とも伝えられる『華厳一乗十玄門』（T45: 518a）。

(11) 智儼『華厳経捜玄記』巻四上（T35: 73b）、義湘の語録『華厳経問答』巻下（T45: 607c）、法蔵『華厳経探玄記』巻十五（T35: 380a）。

(12) 智儼『五十要問答』（T45: 534b）、智儼『孔目章』普敬認悪義（T45: 577b）、法蔵『五教章』行位差別（Wu 369）、法蔵『華厳経探玄記』巻十四（T35: 366c）。

(13) 唯識派においては自在力を得る第八地も不退と呼ばれ、「究竟一乗宝性論」は両方の不退を用いている。高崎直道［1989: 232(24, n.5), 237(29, n.2)］。

(14) 智儼『孔目章』賢聖善知識章「信位終心」（T45: 584b）、『孔目章』賢聖善知識章（T45: 584b）、『孔目章』寿命品内妙往生義（T45: 584b）、『孔目章』十住章「十住」（T45: 550a）、『孔目章』寿命品内妙往生義

第2章　始教・終教・別教における行位

(15)「十解已上」(T45: 577b)、法蔵『五教章』行位差別「十住位」(Wu 374)、法蔵『華厳経探玄記』巻四「信満入住」(T35: 176b)、「華厳経探玄記」巻十四「入十住已去」(T35: 366c-367a)。

(16)『菩薩瓔珞本業経』(T24: 1014c)とある。

(17)代表的研究として青木隆 [1996]、船山徹 [2000: 140-144]がある。

(18)一乗通宗を説くこの箇所は他の箇所と著しく異なる美文で綴られているので、吉蔵が紹介する四説のうち第一説のみを紹介する。

(19)慧均『大乗四論玄義』巻二 (SZ46: 562c) も吉蔵が紹介する四説のうち第一説のみを紹介する。

(20)長尾雅人 [1987: 319]「法身なる語はその意味で用いられると共に、自性身にふさわしくないようなこととも規定することなどである。」法蔵『華厳経明法品内立三宝章』巻下はこれを文字通り三身のうちの法身のものと解釈し、「一相即如、故帰理法身。二智所現、故属智法身。三当相是功徳法、故名為法身」(T45: 621c)という三つの解釈を挙げる。

(21)『維摩経』に「従無住本立一切法。apratiṣṭhāna-mūla-pratiṣṭhitāḥ sarvadharmāḥ.」(T14: 547c. ŚŚ 264, 8-9)とある。

(22)望月信亨 [1942: 154]。

(23)袴谷憲昭 [1999]に簡単な研究史および『摂大乗論』の別時意説の還梵とが載る。

(24)浄土家は極楽浄土と蓮華蔵世界海とを同一と見るが (木村清孝 [1989: 636])、智儼のように分けて見るのが『無量寿経憂波提舎』の原意である (袴谷憲昭 [1999])。

(25)「一切仏土、一仏土。sarva-kṣetraika-kṣetra-sarva-kṣetra-samavasaraṇa……」(T26: 139c. DBhS 20, 14)。

(26)なおここで用いた資料の他にも、二次資料であるが『浮石寺円融国師碑』(朝鮮総督府 [1919: 271])に義湘の談話として智儼の阿弥陀仏説が引かれる。望月信亨 [1942: 211]。

(27)法蔵『五教章』仏身開合「三亦於報身内、福智分二故有四。如『楞伽経』云、一応化仏、二功徳仏、三智慧仏、四如如仏。此約終

教説」(Wu 504)。基『大乗法苑義林章』三身義林「『楞伽経』説、一応化仏、二功徳仏、三智慧仏、四如如仏。初是化身、次二受用身。福慧異故、分成二種。後是法身」(T45: 362a)。原文は「云何為化仏。云何報生仏。云何如如仏。云何智慧仏。kena nirmāṇikā buddhāḥ kena buddhā vipākajāḥ | tathatā-jñāna-buddhā vai kathaṃ kena vadāhi me‖」(T16: 481b, LAS 28, 5–6)。梵文には変化仏・異熟仏・真如智慧仏の三仏しか説かれていない。

77　第2章　始教・終教・別教における行位

第三章 始教・終教・別教における種姓

一 はじめに

前章においては始教と終教と別教との行位を確認した。本章においてはこれらの行位に入る者について検討する。インドの唯識派は仏教に発心する者に種姓（gotra. 家柄）があると説く。図示すれば次のようになる。

```
            ┌ 無種姓（一闡提）
種 姓 ─────┤
            │        ┌ 三 乗 ┌ 二 乗 ┌ 声聞乗種姓（小乗）
            └ 有種姓 ┤        │        └ 独覚乗種姓（小乗）
                     │        └ 菩薩乗種姓（大乗）
                     └ 不定種姓
```

図表 I

無種姓の者はもとより仏教と無縁の者であり、一闡提（icchantika）と呼ばれる。有種姓の者にも声聞乗種姓・独覚乗種姓・菩薩乗種姓の三乗の者と、未だ種姓の確定していない不定種姓の者とがあり、成仏し得るのは菩薩乗種姓の者（不定種姓から菩薩乗種姓となった者を含む）のみである。初期華厳教学は無種姓の者も有種姓となり得ると主張し、また声聞乗種姓や独覚乗種姓の者も菩薩乗種姓の者となり得ると主張する。つまり一切が有種姓となり得、一切が成仏し得る。智儼や法蔵は唯識派の種姓説に則りながらもそれを独自に読み替えて華厳教学の種姓説を主張するので、それを扱うことにする。

二　智儼における種姓

唯識派によれば、そもそも種姓には先天的な面と後天的な面とがある。声聞と独覚と菩薩とはそれぞれの修行に応じてそれぞれの習所成種姓（後天的に生じた種姓）を成ずる。本性住種姓（先天的に備わる種姓）を有し、それぞれの修行に応じてそれぞれの習所成種姓（後天的に生じた種姓）を成ずる。本性住種姓と習所成種姓とは、三乗それぞれの果に対し、順に因（直接原因）と縁（間接原因）との関係にある。『瑜伽師地論』本地分中菩薩地種姓品は菩薩の種姓を次のように定義する。

云何なるをか種姓とする。略して二種有り。
一には本性住種姓、
二には習所成種姓なり。
本性住種姓とは、謂はく菩薩の六処殊勝は是の如き相有り無始世より展転して伝来し法爾として得る所ぞ。是れを習所成種姓と名づく。習所成種姓とは、先に善根を串習して得る所ぞ。是れを習所成種姓と名づく。

云何種姓。略有二種。一本性住種姓、二習所成種姓。本性住種姓者、謂菩薩六処殊勝有如是相従無始世展転伝来法爾所得。是名本性住種姓。習所成種姓者、先串習善根所得。是名習所成種姓。(T30: 478c)

tatra gotraṃ katamat. samāsato gotraṃ dvividhaṃ prakṛtisthaṃ samudānītaṃ ca. tatra prakṛtisthaṃ gotraṃ yad bodhisattvānāṃ ṣaḍ-āyatana-viśeṣaḥ sa tādṛśaḥ paramparāgato 'nādikāliko dharmatā-pratilabdhaḥ. tatra samudānītaṃ gotraṃ yat pūrva-kuśala-mūlābhyāsāt pratilabdham. (BoBh 3, 6)

法相唯識はこの文に基づいて、本性住種姓を本有（本来已有）の性、習所成種姓を修生（修習所生）の性と理解する。それについて『孔目章』第三会十住品内本分首種性章に次のようにある。

第3章　始教・終教・別教における種姓

亦た解する者有り、性種性は是れ本有の性なり、習種性は是れ修生の性なりといふ。此れは仏法の楽ふ所に非ず。何を以っての故に。夫れ種性を論ずるは因と縁との門に順じて説く。若し法性の外に修生有らば、縁起は増す可し。是の故に修生と説くことを得ず。故に今は性種性を本有と為すことを得ず。又た習種性を修生とすることを得ず。何を以っての故に。

亦有解者、性種性是本有性、習種性是修生性。此非仏法所楽。夫論種性者順因縁門説。豈容不対因縁而説種性。故今性種性不得為本有。又習種性不得修生。何以故。若法性外修生者、縁起可増。是故不得説修生。(T45:549c-550a)

性種性とは本性住種姓、習種性とは習所成種姓である。智儼の理解によれば、本性住種姓を修生の性というふうに分けるのは「此れは仏法の楽ふ所に非ず」。なぜなら種姓を論ずるのは「因と縁との門」に順じて説くからである。「此れは仏法の楽ふ所に非ず」とは『十地経論』巻八が以下のような四句分別を挙げて縁起生により無因生を批判した際の言葉である。

a ……他の作すに非ず。〔他の〕縁生ずるが故に。
b ……自の作すに非ず。自の因生ずるが故に。
c ……二の作すに非ず。但だ生ずることに随順するのみなるが故に。知者無きが故に、作時に住せざるが故に。
d ……非他作。……非自作。縁生故。……非二作。但随順生故。無知者故。作時不住故。……非無因作。……随順有故。……(T26:170b)

rang gi rgyud [corr. ; rgyud P] las byung ba'i srid pa'i yan lag rnams gzhan gyis ma byas pa dang | rkyen las byung ba'i phyir bdag nyid kyis ma byas pa ……|bya ba'i dus na mi gnas pas byed pa med pa'i phyir skye ba tsam dang 'brel pa'i phyir gnyi gas ma byas pa ...... | srid pa'i lugs dang mthun pa'i phyir rgyu med pa las 'byung ba 'ang ma yin pa ...... | (DBhV <P>Ng1257a3-6)

智儼が種姓について述べた時、脳裏にあったのはこの四句分別であった。詳しくは本研究第二部第三章において扱うが、『華厳経捜玄記』巻三下（T35: 66c-67b）はこの四句分別を、因と縁とがあるにせよ、因が欠ければ果が生じない以上、因のみが果を生ずると見うるし、縁が欠ければ果が生じない以上、縁のみが果を生ずると見うるのであって、因と縁との二つが協力して果を生ずるのではないと理解する。ゆえに、「因のみか縁のみかに果を生ずる力を認める立場を指す。果を生ずる力は、因である習所成種姓の力のみであるとも見うるというのが智儼の考えである。習所成種姓の力のみが果を生ずると見る場合、本性住種姓の力はまったく習所成種姓の力のみが果を生ずると見る場合、本性住種姓の体に備わるものであるが、そもそも力は本性住種姓の体の中に含まれることになる。ゆえに本性住種姓を本有と見なすことはできない。また、本性住種姓の体は本有である習所成種姓の体の中に含まれることになる。ゆえに習所成種姓を修生と見なすことはできない。智儼はこれを纏めて「故に今は性種姓を本有と為すことを得ず」又た習種性を修生とすることを得ず」と言うのである。

『華厳経捜玄記』巻三上に次のようにある。

「若し法性の外に修生有らば、縁起は増す可し。是の故に修生と説くことを得ず」とあるうち、法性とは本性住種姓である六処殊勝（六入殊勝）[3]を指す。『華厳経捜玄記』巻三上に次のようにある。

一には法性生なり。六入殊勝無始法爾なり。（T35: 49c）

一には法性生。六入殊勝無始法爾。

智儼は本性住種姓を法性（真如）と理解しているのである（『究竟一乗宝性論』に基づく理解。このことは弟子の法蔵

第3章 始教・終教・別教における種姓

によって裏づけられる。後述）。習所成種姓の体が本性住種姓の体の中に含まれていると見る場合、本性住種姓以外の修習所成種姓があるならば、習所成種姓がもう一つ増えてしまう。智儼はこれを纏めて「若し法性の外に修生有らば、縁起は増す可し。是の故に修生と説くことを得ず」と言うのである。

さて、習所成種姓は「先に善根を串習して得る所」であるから、善根を串習するまであり得ない。そして本性住種姓の体が習所成種姓の体の中に含まれていると見る場合には、本性住種姓も善根を串習するまであり得ないはずである。ゆえに『五十要問答』普敬認悪義は本性住種姓・習所成種姓が同時に成立すると説く。

此の二性は同じく信解浄心の処に於いて説くが故に、相由して成ずるが故なり。

此之二性同於信解浄心処説故、相由成故也。（T45：534c）

「信解浄心の処」とは弟子の法蔵『五教章』断惑分斉に「梁の『摂論』に云はく、『十解以後に出世の浄心を得ず』」（Wu 431）とあるとおり、十住（十解）を指すのである。すなわち、二性が「信解浄心の処」において成るとは、真諦訳『摂大乗論釈』巻三・巻四が、十住（十解）において聞熏習と解性（真如）とが和合すると説くのを指す（他の諸訳にない部分）。

本識の功能の漸やく減り聞熏習等の次第に漸やく増すに由りて、凡夫依を捨て聖人依を作す。聖人依とは、聞熏習と解性との和合、此れを以って依と為す。一切の聖道は皆な此れに依りて生ず。

由本識功能漸減聞熏習等次第漸増、捨凡夫依作聖人依。聖人依者、聞熏習与解性和合、以此為依。一切聖道皆依此生。（T31：175a）

菩薩に二種有り。謂はく凡夫と聖人とぞ。十信以還は是れ凡夫、十解以上は是れ聖人なり。今は凡夫依を転じて聖人依を作すといふを明かさむと欲ふ。

菩薩有二種。謂凡夫聖人。十信以還是凡夫、十解以上是聖人。今欲明転凡夫依作聖人依。(T31:177c)

「聖人依を作す」とはいわゆる転依であって、聞熏習によって増大せられた本性住種姓が現行して無分別智となることによって、染から浄へと所依が転換することであるから(これはふつう十地の初地から始まる。十住から始まると説く真諦訳『摂大乗論釈』は異例である)、十住において聞熏習と解性とが和合して聖人依を作すというのも、聞熏習によって増大せられた解性が現行して無分別智となることに他ならない。

解性は本性住種姓であるが、聞熏習が増大することは習所成種姓と習所成種姓との同時成立を意味しない。しかるに智儼はこの文を本性住種姓と習所成種姓との同時成立の証拠と見なすのである。また、和合は解性と聞熏習との同時成立を意味しない。

このように、智儼によれば、十住において習所成種姓が成立して初めて本性住種姓があったと言えるのであって、十住に至らぬうちは習所成種姓が成立して初めて本性住種姓があったと言えるのであって、十住に至らぬうちは本性住種姓がないので成仏の可能性はまったくない。十住に至らぬうちは一闡提と同じである。このことは『五十要問答』衆生作仏義にはっきり述べられている。

若し三乗始教に依らば、則ち半ば成仏し半ば成仏せず。若し直進及び回心との二人、修行して十千劫を満じ堪任地に住せば、並びに皆成仏す。若し未だ此の位に至らずば、則ち一闡提迦の位と同じ。此の如き人等は並びに成仏せず。此れは位を指す語なり。

若依三乗始教、則半成仏半不成仏。若直進及回心二人修行満十千劫住堪任地者、並皆成仏。若未至此位、則与一闡底迦位同。如此人等並不成仏。此指位語。(T45:519c)

始教の直進教と迴心教とは成仏する者と成仏せざる者との違いを説くが、それは十千劫を満じて堪任地に入るか否かの違いであり、成仏と不成仏とは「位を指す語」にすぎない。堪任地に住した者はすべて成仏し、未だ住しない者

は一闡底迦の位と同じである。十千劫とは『菩薩瓔珞本業経』『仁王般若経』『大乗起信論』に出るものであって、信心が成就して十住に入るまでにかかる時間である。また堪任地とは『瑜伽師地論』本地分中菩薩地種姓品において説かれる菩薩の種姓が無上正等菩提を証する上で「堪任する所」あるのを指す。これは『瑜伽師地論』本地分中菩薩地地品において説かれる菩薩の七地のうち第一の種姓地に該当するが、十千劫が十住に入るまでの時間である以上、智儼は種姓地を十住と見ていたことになろう。実際に、智儼『孔目章』七士夫趣章は『菩薩地持経』つまり『瑜伽師地論』本地分中菩薩地において説かれる種姓地を十住満までと見なすのと異なる点である。遁倫『瑜伽論記』巻十一下によれば、円測は種姓地を十住満までと見なす説を持ち、後者の根拠は智儼と同じく真諦訳『摂大乗論釈』巻四であった。しからば種姓地を十住満までと見なす説は智儼と円測との共通の師である摂論宗の法常の説であったかもしれない。

本性住種姓がないので成仏できない無種姓の者がいると説くインドの唯識派の文献、つまり始教は、智儼によれば、修行して十住に至らない者には習所成種姓がなく、ゆえに習所成種姓と不可分の本性住種姓もないので成仏できないと説いているにすぎない。唯識派の文献を永遠に成仏できないかのように見るのは、智儼によれば浅薄な見かたである。智儼は唯識派の文献、つまり始教を批判するのではなく、始教を浅薄に理解する者（法相唯識）を批判するのである。始教そのものは、修行をせず従って習所成種姓を成じない者は本性住種姓をも欠いており、一闡提に同じであるという点である。また注意すべきは、智儼は一切成仏を認めながらも、修行しなければ永遠に成仏しないと断言して修行の必要性を強く主張するのである。

三　法蔵における種姓

智儼の説においては始教と終教とが区別されていなかったが、法蔵は智儼の説を始教と終教とに分けて説く。『五教章』種性差別の始教の箇所に次のようにある。

其の有種性とは、『瑜伽論』に云ふが如し、「種性に略して二種有り。一には本性住、二には習所成なり。本性住とは、謂はく諸の菩薩の六処殊勝は是の如き相有り無始世より展転し伝来し法爾として得る所ぞ。習所成とは、謂はく先に善根を串習して得る所ぞ」といふ。此が中に本性といふは即ち内の六処の中の意処⑩を殊勝と為す。即ち頼耶識の中の本覚の解性を摂めて種性と為す。故に梁の『摂論』に云はく、「聞熏習は阿梨耶識の中の解性と和合し、一切の聖人は此れを以って因と為す⑪」といひつ。即ち性・習の二法を具して一の種性を成ぜず。亦た性を先と為し習を後と為すとも説く可からず。然るに『瑜伽』に既に云はく、「種性を具する者方に能く発心す」といふ。是の故に此の二は縁起して二ならず、修に約して説きて習種と為す可しといふ可し。然るに二の義有りて而も二の事無し。故に知ることを得上の『摂論』の如し、「二の義の和合を一の因と為す」といふ。

其の有種性者、如『瑜伽論』云、「種性略有二種。一本性住、二習所成。本性住者、謂諸菩薩六処殊勝有如是相、従無始世展転伝来法爾所得。習所成者、謂先串習善根所得」。此中本性即内六処中意処為殊勝。即摂頼耶識中本覚解性為種性。故梁『摂論』云、「聞熏習与阿梨耶識中解性和合、一切聖人以此為因」。然『瑜伽』既云、「具種性者方能発心」。即知具性習二法成一種性。是故此二縁起不二、隨闕不成。亦不可説性為先習為後。然有二義而無二事。如上『摂論』、「二義和合為一因」。但可位至堪任以去、方可約本説有性種、約修説為習種。

因」。故得知也。(Wu 335-336)

これは先の智儼の説に同じである。「種性を具する者方に能く発心す」とは『瑜伽師地論』本地分中菩薩地発心品に次のようにあるのを指す。

謂はく諸の菩薩の種姓具足といふ、是れを第一の初発心の因と名づく。

謂諸菩薩種姓具足、是名第一初発心因。(T30：481b)

gotra-saṃpad bodhisattvasya prathamo hetuḥ cittasyotpattaye. (BoBh 15, 11-12)

法蔵はこの種姓具足 (gotra-saṃpad) を、二種姓が備わることと理解するのである。『華厳経』浄行品 (T9：430b)「因力具足」(rgyu'i stobs can. *hetubalavat. BAS〈P〉Y1227a5) とあるのを次のように注釈しており、今の『五教章』種性差別に同じである。

一に「因力」とは、梁の『摂論』に云ふが如し、「多聞熏習は阿梨耶識の中の解性と和合し、一切の聖人は此れを以って因と為す」といふ。則ち是れ性・習の二種姓の備はるが故に「具足」と云ふ。

一「因力」者、如梁『摂論』云、「多聞熏習与阿梨耶識中解性和合、一切聖人以此為因」。則是性習二種姓備故云「具足」。(T35：185a)

もっとも、この種姓具足の理解には疑問を呈せざるを得ない。なぜなら『瑜伽師地論』本地分中菩薩地発心品は後に次のように説いているからである。

諸の菩薩の六処殊勝の無始世より展転して伝来し法爾として得る所なるが若き、当に知るべし是れを種姓具足と名づく。

若諸菩薩六処殊勝従無始世展転伝来法爾所得、当知是名種姓具足。(T30：481b)

tatra gotra-saṃpad bodhisattvasya dharmatā-pratilabdhaiva veditavyā. (BoBh 15, 18-19)

第1部　大乗始教・大乗終教・別教一乗の構造　　86

『瑜伽師地論』の原意において、種姓具足は本性住種姓が発心以前から無始法爾に備わることであって、発心の際に二種姓が備わることではない。しかしこの文を証拠として法蔵は二種姓の同時成立を主張する。

さらに『五教章』種姓差別の終教の箇所に次のようにある。

又『宝性論』に「及び彼の真如性と」と云ふは、「『六根聚経』に説くが如く、『六根は是の如く無始より来るを以っての故に、六処の衆生数の中に約し、彼が畢竟じて諸法の体なり」といふが故に」といふ。解して云はく、真如は一切法に通ずるも今は非情を簡去するを以っての故に、畢竟じて諸法の体なり」といふが故に、以って性種性と為す。此れは『瑜伽』に説く所と同じ。但だ彼は始教に約し、理を以って事に従へて麁相を取りて、以って性種性を明かす。『地持』に云はく、「種性の麁相を我れは已に略して説きつ」といふ。此の謂なり。『宝性論』の中は此の終教に約し、事を以って理に従へて深く細かくして性種を明かす。又『起信』の中には真如の体・相の二大を以っての故に、是の故に三大内外に熏を説く。熏の力を以っての故に、無明の尽くる時に冥合して不二唯一の真如なり。

又『宝性論』云「及彼真如性」者、「如『六根聚経』説、『六根如是従無始来畢竟諸体』故」。解云。以真如通一切法今簡去非情故、約六処衆生数中、取彼畢竟真如理、以為性種性。此与『瑜伽』所説名同。但彼約始教、以理従事麁相而説故、約事中明性種性。『地持』云、「種性麁相我已略説」。此之謂也。『宝性論』中約此終教、以事従理深細而説故、就真如明性種性。……其習種亦従真如所成。故『摂論』云、「多聞熏習従最清浄法界所流」等。又『起信』中以真如体相二大為内熏因、真如用大為外熏縁。以与無明染法合故、是故三大内外説熏。以熏力故、無明尽時冥合不二唯一真如也。(Wu 354-356)

これも先の智儼の説に同じである。よく知られているように、先の『瑜伽師地論』の本性住種姓の定義は『究竟一乗宝性論』巻三の偈、

　仏法と相離せざると　及び彼の真如性と
　法体の虚妄ならざると　自性の本来浄となり

　仏法不相離　及彼真如性　法体不虚妄　自性本来浄（T31：835b）

buddhadharmāvinirbhāgas tadgotrasya tathāgamaḥ |
amṛṣāmoṣadharmitvaṃ ādiprakṛtiśāntatā || (RGV 55, 12-13)

の第二句の釈に、

「及び彼の真如性と」とは、此の義に依るが故に『六根聚経』に言はく、「世尊よ、六根は是の如く無始より来かた畢竟じて究竟せる諸法の体なり」といふが故に。

「及此真如性」者、依此義故『六根聚経』言、「世尊、六根如是従無始来畢竟究竟諸法体」故。（T31：835bc）

tad-gotrasya prakṛter acintya-prakāra-samudagamārthaḥ. yam adhikṛtyoktam—ṣaḍ-āyatana-viśeṣaḥ sa tādṛśaḥ paramparāgato 'nādi-kāliko dharmatā-pratilabdha iti. (RGV 55, 15-17)

とある『六根聚経』の文と同じであるので、法蔵は本性住種姓は実は真如であって、『瑜伽師地論』は麁相を説いたにすぎないと解釈する。「種性の麁相を我れは已に略して説きつ」とは『菩薩地持経』巻一つまり『瑜伽師地論』本地分中菩薩地種姓品に次のようにあるのを指す。

是れ菩薩の種性の麁相なりと我れは已に略して説きつ。諸余の実義は唯だ仏世尊のみ能く決定して知りたまふ。

是菩薩種性麁相我已略説。諸余実義唯仏世尊能決定知。（T30：889b）

法蔵は『瑜伽師地論』が本性住種姓と規定する六処殊勝と『究竟一乗宝性論』が真如と規定する六根とは等しく真如であり、そのことを『瑜伽師地論』自身が認めていると主張するのである。なお『華厳経探玄記』巻五にも次のようにあって今の『五教章』種性差別と同じである。

tānīmāni bodhisattvasyaudārikāṇy anumānikāni gotra-liṅgāni veditavyāni. bhūtārtha-niścaye tu Buddha eva Bhagavantaḥ pratyakṣa-darśinaḥ. (BoBh 9, 24-26)

性種に二門有り。
一には有為無常門に就く。『瑜伽』に云ふが如し、「六処殊勝は無始より展転し法爾として得る所なり」と云云ふ。
二には無為常住門に約す。『宝性論』に云ふが如し、「真如性とは『六根聚経』の中に説くが如し」と云云ふ。
性種有二門。一就有為無常門。如『瑜伽』云、「六処殊勝無始展転法爾所得」云云。二約無為常住門。如『宝性論』云、「真如性者如『六根聚経』中説」云云。習性有無者、一約護月唯本性。二勝軍唯習姓。三護法俱二。四如縁起俱離。(T35：197a)

一には護月に約せば唯だ本性のみ。
二には勝軍は唯だ習姓のみ。
三には護法は俱つながら二なり。
四には縁起の如きは俱つながら離る。

習性の有無とは、
「四には縁起の如きは俱つながら離る」とあるのは智儼の説を指し、本性住種姓（法性）と習所成種姓（修生）とが縁起関係（一方があれば他方もあり、一方

習所成種姓の有無の説明のうち、一から三は『成唯識論』の説であるが、

89　第3章　始教・終教・別教における種姓

がなければ他方もない関係）にある以上、発心せず習所成種姓がないうちは本性住種姓もなく、発心して習所成種姓があるならば本性住種姓もあるという意味である。ゆえに本性住種姓と習所成種姓との縁起関係は有と無とを俱つながら離れるのである。

四 おわりに

結局のところ、智儼や法蔵の解釈によれば、インドの唯識派の文献、つまり始教が無種姓の衆生を立てるのは、十住に至らない者には習所成種姓がなく、ゆえに習所成種姓の本性住種姓もないという意味にすぎない。詳しく言えば、菩薩の行を習い菩薩の習所成種姓を成ずる者は菩薩の本性住種姓を成ずる者は声聞の行を習い菩薩の習所成種姓を成ずる途中ならば不定種姓を得、独覚の行を習い独覚の習所成種姓を成ずる者は独覚の本性住種姓を得る。声聞や独覚の行を習い声聞の習所成種姓を成ずる者は声聞の本性住種姓を得る。未だ習所成種姓を成ずる者も迴心して菩薩の行を習い菩薩の習所成種姓を得るならば菩薩の本性住種姓を得るのであって、固定的な三乗の本性住種姓なるものは存在しない。こうした法蔵の説は唐の仏性論争に解決を与えたものとして評価されているが、⑬しかし上来見て来たように法蔵は智儼に依っており、唐の仏性論争に解決を与えた功績は智儼にこそ帰せられるべきである。

さて、最後に述べておきたいのは発心と種姓との関係である。発心とはそもそも本性住種姓によってこそ起こるものであるが、智儼や法蔵が言うように習所成種姓を成じないうちは本性住種姓もないのであろうか。ここで注目すべきなのが、第一部第一章で見た「法界縁起」の浄門である。浄門においては本有・本有修生・修生・修生本有の四位が分けられた。そのうち修生本有について智儼『華厳経捜玄記』巻三下に次のよう

第1部 大乗始教・大乗終教・別教一乗の構造

修生本有とは、其の如来蔵の性は隠れて諸纏に在り、凡夫は即ち迷ひ、処して而も覚せず。若し迷へる時に対せば、名づけて有と為さず。故に『無相論』に云はく、「若し有らば見る応し」といふ。今無分別智を得て始めて法身の纏に在りしを顕はし浄を成す。先に有力なること無く彼の無法に同ず。今用を成ずることを得て本先に無かりしに異なる。故に名づけて本有と為すと説く可からざるを説きて修浄と為す。

修生本有者、其如来蔵性隠在諸纏、凡夫即迷処而不覚。若対迷時、不名為有。故『無相論』云、「若有応見」。又依『摂論』云、「有得不得見不見」等也。今得無分別智始顕法身在纏成浄。先無有力同彼無法。今得成用異本先無。故不可説名為本有説為修浄。(T35:63a)

ここでは如来蔵が「若し迷へる時に対せば、名づけて有と為さず」と説かれており、今の本性住種姓(智儼によれば如来蔵)の話とまったく同じである。そして智儼『五十要問答』仏転依義はこれら四位について「一乗教に依るに、本有と及び本有修生と、修生と及び修生本有との四位は常然たり。広くは『疏』に説くが如し」(T45:521b)と述べる。つまり、四位は常然である以上、本有でもある。智儼『孔目章』明難品初立唯識章(T45:543b)が「如来蔵有るに由りて衆苦を種る、乃至涅槃を楽ひ求む」という『勝鬘経』の文を引くことから判るとおり、発心はやはり本性住種姓(如来蔵)があることによって起こるのである。

以上のように、智儼や法蔵の種姓説は『十地経論』の四句に基づき、本性住種姓と習所成種姓との縁起関係を主張するものであった。

注

(1) たとえば、蔵訳にのみ存する『摂大乗論』所知依品の注釈 *Vivṛtagūḍhārthapiṇḍavyākhyā* は習所成種姓を rkyen gyis yang dag par blangs pa (*pratyayaparigṛhīta, 縁所摂) と呼ぶ。山部能宜 [1992 : 94]。

(2) 「此非仏法所楽」。de dag la yod de de mi 'dod do」(T26 : 170bc, DBhV〈P〉Ngi257b1)。

(3) 六処殊勝とは原語によれば特殊な (内の) 六処 (眼・耳・鼻・舌・身・意) であり、六処の種子のことである。本地分は『瑜伽師地論』の中でも古層に属し、阿頼耶識を説かない。山部能宜 [2000] は『阿毘達磨倶舎論』において経量部の説と呼ばれるものの大半が『瑜伽師地論』の中に見出だされるという事実を踏まえ、経量部の色心互薫説が阿頼耶識説導入以前の唯識派の説であった可能性を示唆し、その色心互薫説の例のひとつとして今の六処殊勝を挙げている。色心互薫説とは、たとえば無心定にある者の心の種子が無心の間は色根によって保持されるという説である (阿頼耶識説導入以後においては、無心定にある者の心の種子は阿頼耶識が保持すると説かれる)。『瑜伽師地論』摂事分において六処全体 (色と心との双方) が六処の種子を保つと説かれることを指摘し、今の六処殊勝も「同じ方向で理解してよいであろう」と述べる。

(4) 解性は真諦訳『摂大乗論釈』特有の用語であり、その意味については二説がある。上田義文 [1958 : 247] は「解性は無為の真如智 (理智不二の法身) を意味していると考えられる」「真如たる「性」が「解」即ち智の働を発揮するのは聞薫習たる無分別智との境地不二が成立して已後のことである。このように考えてくるならば、解性を在纏位の法身と見なさず、果位 (聖人) の法身と見なすのが適当な説ではないことが考えられる」と説く。これは解性が如来蔵であることを認めないので、解性を因位の法身と見なす上田義文 [1958 : 245] は「界以解為性」(T31 : 156c) を、「界は以って解して性と為す」と訓むべきでなく、解を以って性と為す」と訓まない。それに対し田中順照 [1968 : 215] は「学者の解するように「以って解して性と為す」と訓むべきであろう」と説く。これは解性を因位の法身である如来蔵と見なす説である。田中順照 [1968] の説を妥当と見たい。真諦三蔵云。在因之時、智慧種子、多聞薫習、漸々増長、至転依位、契理、体同真如、称為真如。若分別者、智種転成無分別智、理顕名道後真如」(DBZ15 : 68b) とある。この文によれば、因位の智慧種子は多聞薫習によって漸々として増長され、転じて無分別智を成ずるが、この文を説く先の『摂大乗論釈』巻三の文「由本識功能漸減聞薫習等次第漸増、捨凡夫作聖人依。聖人依者、聞薫習与解性和合、以此為依。一切聖道皆依此生」(T31 : 175a) と符合するようである。その場合、解性は智慧種子に相当し、無分別智は聞薫習与解性和合、果位の無分別智のために種子となるのである。おそらく、解性の

第1部 大乗始教・大乗終教・別教一乗の構造   92

(5) 順に、「是信想菩薩於十千劫行十戒法当入十住心」（T24：1021b）「雖以十千劫行十正道、発三菩提心乃当入習忍位」（T8：831b）順つまり本性住種姓を如来蔵的に理解したものとして十分理解され得ると筆者は考える。

(6) 漢訳には「以諸菩薩自乗種姓為所依止故、為建立故、有所堪任。有大勢力能証無上正等菩提」（T30：478b）とあるも、梵文には iha bodhisattvo gotraṃ niśritya pratiṣṭhāpayitavyo bhavati, pratibalo 'nuttarāṃ samyak-saṃbodhim abhisaṃboddhum (BoBh〈D〉1, 8-10) とあって、「有所堪任」に当たる言葉はない。なお BoBh はこの箇所梵文欠落。

(7) 「七地者如」『地持論』説。一者種性地。二者解行地。三者浄心地。四者行跡地。即初地。即二地至七地。五者決定地。即八地。六者決定行地。即九地。七者畢竟地。即十地如来地。以同果倶究竟、合名畢竟地（T45：557c）。

(8) 「測云。菩薩応衆多善法於彼現行等者、有両解。初云。十住已前菩薩名住種姓住。約未発心前。於福分善根中所応現行者、依彼亦有能現行義。若已発心、則不現行。二云。十住菩薩亦名種姓。於所応善法者、則有漏六波羅蜜。若依前解、与『摂論』少不同。『摂論』約三僧祇分為三位五人。依此三位五人、為十二住。彼種姓住據発心。此云種姓是未発心故不相当。三蔵勘梵本『摂論』、今無十二住文。故不須会釈」『摂大乗論』亦是住文、験知真諦三蔵所翻謬」（T42：563c-564a）。

(9) 法蔵『大乗起信論義記』巻下末が『大乗起信論』の信成就発心と解行発心とを「解行発心者位在十迴向、兼取十行」（T44：278a）と注釈するのも、種姓地を十住満までと見なし解行地を十行・十迴向と見なす前々注の智儼の説に基づく。

(10) 法蔵は六処殊勝を第六意処のうちの殊勝なる阿頼耶識と見なすのである。しかるに、先にも述べたとおり、六処殊勝の六処は第六ではなく六処すべてを指しており、山部能宜［2000：137］によれば、六処殊勝は「身心の総体たる六処のある特定の状態のことを種姓＝種子と呼ぶということである」。ただし、阿頼耶識説導入以後であれば、無始時来の種子を無間断に保つものは確かに阿頼耶識以外にありえない。遁倫『瑜伽論記』巻八下（T42：487b）の景師の所伝によれば、玄奘も六処殊勝を意処（阿頼耶識）と見なす説と、内の六処と見なす説との両方を有していた。

(11) 解性を無分別智の現行と見る上田義文［1958：252］はここで「阿頼耶識中解性」と表現するのを問題視するが、先に述べたとおり、解性は無分別智の種子であり阿頼耶識中に備わる本有無漏種子を如来蔵的に理解したものであると見てよい。

(12) 代表的研究として山部能宜［1989］、山部能宜［1992］がある。

第3章　始教・終教・別教における種姓

(13) 常盤大定［1930］第十二章「賢首大師法蔵の約位五性説」。
(14) 『三無性論』巻上（T31 : 870c）。石井公成［1996 : 104］の指摘による。
(15) 『摂大乗論』巻中（T31 : 121c. MSg II.32D）。木村清孝［1975 : 515-516］の指摘による。

第四章　始教・終教・別教における生死

一　はじめに

前章においては、初期華厳教学の種姓説がインドの唯識派の種姓説を独自に読み替え、無種姓や声聞乗種姓から菩薩種姓への移行を保証するのを確認した。本章においては、その菩薩が成仏に至るまでに用いる身について検討する。

唯識派は仏道を修行するための所依として二種の生死を考える。ひとつは分段生死（*pariccchinnā cyutiḥ. 中国においては主に変易身と呼称される）であり、期限ある身と命とによって分段されない不思議な生死である。唯識派は修行が進むにつれ分段生死が変易生死に改転すると説く。『成唯識論』巻八は次のように定義する。

一には分段生死。謂はく諸の有漏の善と不善との業が、煩悩障の縁の助くる勢力に由りて、感ずる所の三界の麁なる異熟果ぞ。身と命とに短と長とあり、因と縁との力に由りて定まる斉限有るが故に分段と名づく。二には不思議変易生死。謂はく諸の無漏の有分別の業が、所知障の縁の助くる勢力に由りて、感ずる所の殊勝の細なる異熟果ぞ。悲と願との力に由りて、身と命とを改転し定まる斉限無し。故に変易と名づく。無漏の定と願とに正しく資感せられて妙用測り難し。そへに不思議と名づく。

一分段生死。謂諸有漏善不善業、由煩悩障縁助勢力、所感三界麁異熟果。身命短長、随因縁力有定斉限故名分段。二不思議変易生死。謂諸無漏有分別業、由所知障縁助勢力、所感殊勝細異熟果。由悲願力、改転身命無定斉限。故名変易。無漏定願正所資感妙用難測。名不思議。(Si 363-364)

簡単に纏めれば次図のようである。

	因（直接原因）	縁（間接原因）
分段生死	善・悪の有漏業	煩悩障
変易生死	有分別の無漏業	所知障

図表Ⅰ

業とは意識相応の思の心所であり、有漏・無漏とは煩悩の漏泄の有無である。煩悩障や所知障はともに煩悩と随煩悩との心所一切であって、煩悩障は個我に対する煩悩、所知障は法に対する煩悩である（これら心所については本研究第二部第四章に譲る）。三界（欲界・色界・無色界）における生死に関わるのは煩悩障であって、二乗は煩悩障のみを断じて生死を離脱する。菩薩は煩悩障と所知障との両方を断ずる。

唯識説においては分段生死も変易生死もつまるところ阿頼耶識のうちに現出するものに他ならない。唯識説において有為法（事象）は現行（顕在的活動状態）と種子（潜在的形成能力）とに二分されるが、転生の際、阿頼耶識は善・悪（白紙状態）であって微劣であるので、無記の阿頼耶識は善・悪・異熟習気。等流習気）は善・悪でなく無記（名言種子。等流習気）は善・悪でなく無記（名言種子。等流習気）は善・悪でなく無記の助けを借りて現行する。この時、善・悪の有漏業の種子は意識相応の善・悪の有漏業の因に近い働きをするので、阿頼耶識は善・悪が無記へと異なって熟した異熟識と呼ばれる。阿頼耶識が善・悪が無記へと異なって熟した異熟識に他ならず、ゆえに『成唯識論』は分段の有漏業だからである。分段生死は善・悪の有漏業だからである。

第1部　大乗始教・大乗終教・別教一乗の構造　　96

生死を「麁なる異熟果」と呼んでいる。厳密に言えば、分段生死の実の因は阿頼耶識の無記の種子であり、善・悪の有漏業の種子は煩悩障に同じく縁である。

変易生死の因が有分別の無漏業と言われるのは、善・悪の有漏業と煩悩障とが断ぜられ、これ以上転生できなくなった際、既存の分段生死を延長する働きをするのが意識相応の有分別の無漏業だからである。変易生死は無漏（＝善）によって改転された無記の異熟識に他ならず、ゆえに『成唯識論』は変易生死を「細なる異熟果」と呼んでいる。厳密に言えば、変易生死の実の因は阿頼耶識の無記の種子であり、有分別の無漏業は所知障に同じく縁である。

しかも『成唯識論』が「身と命とを改転し定まれる斉限無し」と言うように、変易生死は「身と命とに短と長とある」分段生死を延長したものであって、分段生死以外に変易生死があるわけでない。なぜなら、二乗が所知障を断ぜず煩悩障を断ずるのみで生死を離脱することから判るとおり、生死に直接関与するのは煩悩障であって所知障でなく、変易生死といえども、煩悩障を縁とする分段生死に基づかざるを得ないからである。

二 智儼における二種生死の規定

インドの唯識派が分段生死と変易生死との間に差を認めないのとはまったく異なる理由からであるが、智儼もまた分段生死と変易生死との間に差を認めず、変易生死を分段生死の細相と規定する。『孔目章』生稠林章に次のようにある。

　変易生死は只だ是れ分段の細相のみ。之を知る所以は、中陰は本より立てて分段身と為し生の方便を求む、故に中陰を立つ。『十住経』に説くが如し、「中陰の身乃至菩提涅槃にも亦た中陰有り。但だ微細にして漸やく深きのみ。唯だ仏のみの境界なり」といふ。此の文証に拠りて、当に知るべし変易生死は只だ是れ分段の細相を其の変

易と為す。……其の陰は大分、受けて七日を経るを一限と為す。中に於いては不定なり。或ひは一日・二日・三日・四日、乃至劫を経る。仏亦た中に於いて出世し教化し般涅槃に入りたまふ。『十住経』に説くが如し。又梁の『摂論』の如し、「仏は二十年の中を中陰の身に処したまふ」といふ。又た『地論』の如し、「其の中陰の身は亦た業を造ることを得て其の熏習有り」といふ。

変易生死只是分段細相。所以知之、中陰本立為分段身求生方便、故立中陰。如『十住経』説、「中陰之身乃至菩提涅槃亦有中陰。但微細漸深。唯仏境界」。拠此文証、当知変易生死只是分段細相為其変易……其陰大分受経七日為一限。於中不定。或一日二日三日四日、乃至経劫。仏亦於中出世教化入般涅槃。如『十住経』説。又如梁『摂論』、「仏二十年中処中陰身」。又『地論』、「其中陰身亦得造業有其熏習」。(T45：574a)

ここでは①『十住断結経』②『摂大乗論釈』③『十地経論』が引かれ、死と生と（死有と生有と）の中間にある中陰（中有）が、実には菩薩が修行する微細な分段生死であり、変易生死に同じであると説かれている。弥勒菩薩らが登場する大乗経典であるが、同じ竺仏念訳『十住断結経』として、仏が無色界の中陰に入り無色界の中陰の衆生を教化するという内容の経である。

まず①竺仏念訳『十住断結経』は仏が中陰に入り中陰の衆生を教化するという内容の経である。同じ竺仏念訳として、仏が無色界の中陰に入り無色界の中陰の衆生を教化するという内容の『中陰経』があって、そちらは基『成唯識論述記』巻七末（T43：498c）において小乗の大衆部の経と見なされている。

すなわち、中陰は微細な色根を有するので、本来、無色界に存しないはずであるが、『異部宗輪論』によれば大衆部は無色界に微細な色を認めるので、無色界の中陰の衆生を教化すると説く『中陰経』を、基は無色界の中陰の衆生を教化する大乗経典と見なすのである。しかるに同じ『異部宗輪論』によれば大衆部は中陰を説かないので、基の見かたは怪しい。

ただし慧沼『成唯識論了義燈』巻五末（T43：767a）は大衆部の末部が中陰を説いたと会通するが、信ずるには値しまい。『中陰経』を大衆部の経とする見かたは法相唯識の通例であって、基『大乗法苑義林章』諸蔵章（T

45：276b）や慧沼『成唯識論了義燈』巻一本（T43：668ab）や遁倫『瑜伽論記』巻一上（T42：323ab）にも出る。

変易生死は manomayātmabhāva（意成身）とも呼ばれるが、これは「元来、三界中の無色界の存在を、肉体を有せず、ただ意識のみより成る身として manomaya（意成）、manomaya とよんだものと思われる」。中陰も古くから意識のみより成る身として manomaya と呼ばれていた（『阿毘達磨倶舎論』世間品。T29：55b, AKBh 153, 13-14）。『中陰経』が説く無色界の中陰の衆生は原文では manomaya であって無色界の衆生を指していたかもしれない。ただし『十住断結経』が説く中陰の衆生は無色界に限定されていないので、無色界の衆生を指していたかもしれない。同経における中陰の原語が manomaya であったとすれば、確かに智儼のように『十住断結経』がインド撰述であって、manomayātmabhāva つまり変易生死と見るべきかもしれない。しかしその場合、『十住断結経』が説く中陰は死と生との中間にある中陰と意味が異なる。智儼は『十住断結経』が説く中陰を死と生との中間にある中陰と同一視し、中陰を変易生死に等しい微細な分段生死と理解するが、これは厳密に言えば混同である。

次に②真諦訳『摂大乗論釈』巻十三に次のようにある。

化身は但だ色形を以ってのみ体と為す。現じたまへる所の色形は先には兜率陀天の中に住したまひ、後には人の中に生じたまふ。先に二十年中陰の生を受けたまふが故に退と言ふ。後に釈迦の家に於いて生を受けたまふ。

化身但以色形為体。所現色形先住兜率陀天中、後生人中。先二十年受中陰生故言退。後於釈迦家受生。（T31：250a）

化身である釈迦仏が釈迦族の王家に生まれる前に二十年間中陰にいたということの説（他の諸訳に存しない）については、法蔵『華厳経探玄記』巻十七により真諦の自釈が知られる。

何が故に梁の『摂論』に化身は二十年中陰の中に在りと明かす。答ふ。真諦三蔵の『金光明疏』の中に釈して云はく、「小乗の別部の師有りて云はく、『父母の受生し竟るを聴待したまふが故に二十年を中陰に在したまふ」」

といふ。何故梁『摂論』明化身二十年在中陰中。答。真諦三蔵『金光明疏』中釈云、「有小乗別部師云、『聴待父母受生竟故二十年在中陰』」。(T35：437c)

説一切有部の『阿毘達磨大毘婆沙論』巻七十(T27：361b)によれば、世友は中陰の限度を七日と主張し、設摩達多は四十九日と主張し、大徳(旧訳には仏陀提婆とある)は定限なしと主張した。今の真諦が伝える説はいかなる部派のものか不明である。ここでの中陰も死と生との中間にある中陰であるが、智儼はそれを釈迦牟尼仏が釈迦族の王家に生まれる前に菩薩として修行していた時の微細な分段生死と見なし、変易生死と同じと見なすのであった。

次に『十地経』の文「後有有習気」(punarbhava-gamanādhivāsitatā. DBhS 159, 11) について③『十地経論』巻十一に次のようにある。

・六に中陰熏差別とは、『経』の如し、「後有有習気」といふが故に。

六中陰熏差別、如『経』、「後有有習気」故。(T26：189a)

経文の「後有有習気」は「復有への移行によって熏習されていること」という意味であるが、智儼はおそらく『阿毘達磨集論』巻三に次のようにある

bar ma do'i srid pa'i bag chags kyi bye brag gis ston pa ni gang gi phyir | **yang srid par 'gro bas lhag par bsgos pa nyid** ces gsungs pa'o | (DBhV ⟨P⟩Ngi299b6-7)

『雑集論』の如きはその引用が二十三回以上に及び、時にその引用文が数頁に渉ることすらも多々ある」という智儼の傾向から推測すれば、智儼はおそらく『阿毘達磨集論』巻三に次のようにある「後有有習気」を、中陰において造られた業の習気と推測したと推測される。

のに従って、今の「後有有習気」を、中陰において造られた業の習気と見なしたのに従って、今の「後有有習気」を、中陰において造られた業の習気と見なしたと推測される。

中有の中に住し亦た能く諸業を集む。先の串習力の引く所の善等の思の現行するが故に。

住中有中亦能集諸業。先串習力所引善等思現行故。(T31：676a)

tatrasthaś ca karmopacinoti. (AS 31, 26)

なお、梵文には「先の串習力の引く所の善等の思の現行するが故に」という文はないが、「善等の思」とは意識相応の思の心所であって、分段生死の因となる善悪の有漏業である。ここでの中陰も死と生との中間にある中陰であるが、智儼はそれを修行のための微細な分段生死と見なし、変易生死に同じと見なすのであった。

以上、智儼は分段生死と変易生死との間に差を認めず、変易生死を分段生死の細なるものと規定する。このことは後に見るように廻入を考える上で重要となる。

三 智儼における始教の分段生死

始教の廻心教について『孔目章』初明十地品十地章に次のようにある。

最後の分段身の上に即ち其の仏を成ず。

　　最後分段身上即成其仏。此約化身。若約報、分段身後即成其仏。（T45：560c）

これは仏の化身は〔常人と同じ肉体であって〕優れた肉体であって〕菩薩の分段生死の後に得られると説いたものである。

また始教の直進教について次のようにある。

十信位等より乃至歓喜地等より十地を満足せる已外に即ち其の仏を成ず。此れは仏の境界の分段身と同じに非ざるに由るが故に。

　　従十信位等乃至従歓喜地等満足十地已外即成其仏。此由仏境界分段身非同菩薩地分段身故。（T45：560c）

これは仏〔の化身〕も菩薩も分段生死であるにせよ、その実質は必ずしも等しくないと説いたものである。いずれにせよ智儼は始教の迴心教においても直進教においても菩薩は分段生死のみと見なすのである。始教である『成唯識論』やそれに依拠する法相唯識においては第八地から変易生死であるのに、なぜ智儼は十地満まで分段生死と見なすのか。その理由は現存の智儼の著作においては明らかではなく、その理由を知るためには法蔵『五教章』を俟たねばならない。

四　法蔵における始教の分段生死

始教の迴心教について『五教章』修行所依身に次のようにある。

　若し始教の中をいはば、声聞を迴せんが為に、亦た分段にして究竟に至ると説く。仏身も亦た爾なり。然も是れ化にして実に非ず。

　若始教中、為迴声聞、亦説分段至究竟。仏身亦爾。然是化非実也。(Wu 400)

これは迴心教における仏の化身の成仏は菩薩の分段生死のまま得られるという智儼の説を踏襲し、迴心教においては声聞を迴心させるために声聞の理解し得る分段生死のみで成仏すると説いたものである。

また始教の直進教について次のようにある。

　若し直進の中をいはば、二説有り。
　一には寄して十地の中の有功用・無功用と麁・細との二位の差別の相を顕さむが為の故に、即ち七地以還に分段有り八地以上に変易有りと説く。
　二には実報に就く。即ち分段にして金剛以還に至ると説く。十地の中に煩悩障の種を未だ永へに断ぜず故らに留

ここでは二種生死をめぐり二説が挙げられている。ひとつは第八地からをも必ず変易生死と規定する法相唯識の説（基『成唯識論述記』第八末。T43:536c）であって、これは仮の説である。もうひとつは十地満の金剛喩定までをも分段生死と規定する智儼の説であって、これは実の説である。『十住経』は智儼によっても引かれていた。法相唯識は第八地からをも必ず変易生死と見なすのに、なぜ始教は第八地からをも分段生死と見なすのか。これについて次の問答がある。

問ふ。八地以上の一切の菩薩は煩悩障を永へに伏して行ぜず。無漏智の果の恒に相続するを以つての故に。阿羅漢の如し。既に現の惑無し。何ぞ更めて分段身を受くることを得むや。答ふ。若し是れ凡夫ならば、即ち現の惑を以って業を潤ほし生を受く。聖人は爾らず。但だ惑の種を留めて用ひて以って生を受く。故に『雑集論』に云はく、「一切の聖人は皆な随眠の力を以つての故に生を結び相続す」といふ。又た梁の『摂論』に云はく、「凡夫は現の潤ほしに異なるが故に彼が種子を留む。二乗に異なるが故に永へに上心を伏す。彼れ復た種を留む。如何ぞ分段身を受けざらむや。若し言はまく「八地以上は智障を縁と為し変易を受く」といはば、留むる所の惑の種は即便ち無用ならむ。何ぞ此の第八地の初めに於いて永へに一切の煩悩の種を害せざらむや。彼既に爾らず。此れ云何ぞ然らむ。

問。八地以上一切菩薩於煩悩障永伏不行。以無漏智果恒相続故。如阿羅漢。既無現惑。何得更受分段身耶。

めて金剛に至るを以つての故に。既に惑障有り。何ぞ分段の身を受けざることを得むや。『十住経』の中に「十地已還に中陰有り」といふは是れ此の義なり。

若し直進中、有二説。一為寄顕十地之中有功用無功用麁細二位差別相故、即説七地以還有分段八地以上有変易。二就実報即説分段至金剛以還。以十地中煩悩障種未永断故留至金剛故。既有惑障。何得不受分段之身。『十住経』中「十地已還有中陰」者是此義也。（Wu 400）

答。若是凡夫、即以現惑潤業受生。聖人不爾。但留惑種用以受生。故『雑集論』云、「一切聖人皆以随眠力故結生相続」。又梁『摂論』云、「異凡夫故永伏上心。異二乗故留彼種子」。解云。聖非現潤。何不受分段身耶。若言「八地以上智障為縁受変易」者、所留惑種即便無用。何不於此第八地初永害一切煩悩種耶。彼既不爾。此云何然。(Wu 400–401)

ここでは①『阿毘達磨雑集論』と②真諦訳『摂大乗論釈』とを引いて、聖人、つまり十地の菩薩が煩悩障の種子を縁として分段生死を受けると説かれている。先に述べたとおり、唯識説によれば有為法(事象)は現行(顕在的活動状態)と種子(潜在的形成能力)とに二分されるので、煩悩障にも現行と種子とがある。しかも煩悩障には分別起(後天的)と倶生起(先天的)との二つがあるので、纏めれば、分別起の現行と種子、倶生起の現行と種子があることになる。菩薩によるそれらの伏(現行の滅を伏と呼ぶ)・断(種子の滅を断と呼ぶ)は次のとおりである。

分別起の現行の伏 …… 地 前(十住・十行・十迴向)
分別起の種子の断 …… 初 地(見道)
倶生起の現行の伏 …… 第八地(修道)
倶生起の種子の断 …… 第十地(修道)

分別起の現行は邪師や邪教や邪思惟によるので地前においてたやすく伏され、分別起の種子は初地の見道、すなわち初めて普遍的真理である真如を見る段階において断ぜられる。また倶生起の煩悩障の現行は第八地から常に無漏を因とし煩悩障の種子を縁として受けるものであった。ゆえに法蔵は始教の菩薩に第八地からも倶生起の煩悩障の種子を縁として第八地からも分段生死を受けると主張するのである。基『成唯識論述記』巻八末(T43: 538b)は第七地までの菩薩の分段生死は煩悩障の現行を縁として受けるものである。

薩は「必ず現惑を仮」りて分段生死を受け、第八地からの菩薩は煩悩障の現行がないので分段生死を受けないと説く、水しかるに法蔵は「聖は現の潤ほすに非ず」と説く。「潤ほす」とは煩悩障が縁として有漏業を助けることであり、水が種を潤おし発芽させるのに喩えて潤生と呼ぶ。

まず①『阿毘達磨雑集論』巻五に次のようにある。

已離欲の聖者は対治の力強きが故に、未だ永へに断ぜずと雖も、然も此の愛は復たびは現行せず。彼は随眠の勢力に由りて生をして相続せしむ。

已離欲聖者対治力強故、雖未永断、然此愛不復現行。彼由随眠勢力令生相続。(T31:714c)

vītarāgāṇāṃ tv āryāṇāṃ pratipakṣasya balīyāstvān naivāsau samudācaraty aprahīṇāpi satī, tad-anuśaya-vaśena tu teṣāṃ pratisaṃdhiḥ. (ASBh 39, 18–20)

法蔵は「一切の聖人」と言い換えているが、これは実際には声聞の已離欲の聖者について述べたものである。三界(欲界・色界・無色界)の煩悩障にそれぞれ分別起・倶生起の二つがあるうち、声聞による伏・断は次のとおりである。

三界の分別起の現行の伏 ……………… 道前
三界の分別起の種子の断 ……………… 見道
欲界の倶生起の上中品の現行の伏、種子の断 …… 修道 → 預流
欲界の倶生起の下品の現行の伏、種子の断 …… 修道 → 一来
色界と無色界との倶生起の現行の伏、種子の断 …… 修道 → 不還
三界の分別起の倶生起の煩悩障の種子を断ずるのは菩薩の場合も同じであるが(菩薩は分別起の所知障の種子も断ずる)、見道において分別起の煩悩障の種子を断ずるのはそのあと三界の倶生起の現行・種子を一部ずつ伏・断していく点に特徴がある。しかるに今問題となっている已離欲の聖者のみは欲界を厭う気持ちが強いので、見道より前において三界の分別起の現行のみならず

欲界の倶生起の現行をも伏し、見道において三界の分別起の種子のみならず欲界の倶生起をも断じ、預流と一来とを超越して直接に不還となる。分段生死の縁となる煩悩障のうち、主体であるのは三界の倶生起の下品の貪欲であり、これを愛と呼ぶ。已離欲の聖者は見道において欲界の倶生起の種子を断ずるほど退治力が強いので、色界と無色界との愛の現行せず、愛の種子（随眠）を縁として分断生死を受けるのは声聞の已離欲の聖者のみである。『阿毘達磨雑集論』(T43：538b) は菩薩の聖者が煩悩障の種子を縁として分断生死を受け、「凡夫と二乗とは現と及び種とをもて生を潤ほす」と説くと同じからず」と説く。法蔵の解釈は妥当なものとは言い難い。

次に②真諦訳『摂大乗論釈』巻十四に次のようにある。

論に曰く。欲に依りて出離を得。

釈に曰はく。諸の菩薩は永へに上心の欲を除き但だ随眠の欲を得て成仏す。何を以っての故に。若し此の随眠の欲を留めずば、則ち凡夫と異ならず。

論曰。依欲得出離。釈曰。由諸菩薩永除上心欲但留随眠欲故、諸菩薩得出離成仏。何以故。若不除上心欲、則同二乗涅槃。若不除上心欲、則与凡夫不異。(T31：259c)

'dod chags nyid kyis byung ba yin｜zhes bya ba ni gang gi phyir 'dod chags kyi kun nas dkris pa spangs pas 'dod chags kyi bag la nyal dag ma bzung ba'i phyir gang 'di ma bzung ba nyid kyis des na nyan thos bzhin du mya ngan las 'da' 'bar 'gyur bas so｜(MSgBh ⟨D⟩R1183a2-3, ⟨P⟩Li222b7-8)

ここでは菩薩（の聖者）は随眠の欲を留めて成仏するのであって、もし随眠の欲がなければ二乗の涅槃と同じであ

り、もし上心の欲がなければ凡夫と同じであると言われている(「若し上心の欲を除かずば、則ち凡夫と異ならず」は他の諸訳に存しない)。随眠の欲とは貪欲の種子、上心の欲とは貪欲の現行である。ゆえに法蔵はこの文を、菩薩の聖者は煩悩障の現行を伏し煩悩障の種子を残すと雖も、煩悩障の種子を縁として分段生死を受けると理解するのである。しかしこの文の原意は、菩薩の聖者は煩悩障の現行を伏し分段生死の種子を残す点で凡夫と異なり、煩悩障の種子を縁として変易生死を受けるというものである。ゆえに菩薩の聖者の変易生死は煩悩障の現行を伏する点で凡夫と異なり、二乗の涅槃は煩悩障の種子を断じ尽して残さない。法蔵がこの文を分段生死の説明と理解したのは、真諦訳『摂大乗論釈』がこの文に続けて『無上依経』の文「此の惑は能く生死をして相続せしめ善根と相応す、衆生を成熟せむがために、是の故に我は今之を摂めて留む応し」(T31:260a)等を引くからであろうが(他の諸訳にない部分)、実はこの文は『究竟一乗宝性論』から取られたものであって、同論においては変易生死を説明する文となっている。法蔵の解釈は妥当なものとは言い難い。

先に述べたとおり、法相唯識においては菩薩の分段生死は煩悩障の現行を縁とし、菩薩の変易生死は所知障を縁とする。第八地以上は常に無漏智が働くようになるので煩悩障の現行は伏され、所知障を縁として必ず変易生死を受ける。法蔵が聖者の分段生死は煩悩障の種子を縁とすると解釈するのは法相唯識から見て許されないが、ともかく法蔵は煩悩障の種子があるかぎり始教の十地の菩薩は分段生死を受けると説くのであった。のちの『華厳経探玄記』巻十一にも十地の果である十王に関し次のようにある。

若し初教に約せば、未だ分段を離れず、是れ実報なる応し。

若約初教、未離分段、応是実報。(T35:315a)

一方、煩悩障の種子を断じ尽した阿羅漢・独覚のうち、始教に迴心する者については地前から変易生死が認められ

る。阿羅漢・独覚は業が無漏であり、煩悩障がまったくないので、もはや無漏業を因とし所知障を縁として変易生死を受けるのである。『五教章』修行所依身に次のようにある。

若し迴向菩提の声聞の已に煩悩を断じつる者に約せば、彼は即ち所知障を以って変易身を受け諸位に通ず可し。

若約迴向菩提声聞已断煩悩者、彼即可以所知障受変易身通諸位也。(T45：491b)

法相唯識においては阿羅漢からの迴心は必ず変易生死と規定され、預流や一来や不還からの迴心は分段生死または変易生死と規定される（基『成唯識論述記』巻八末。T43：536c)。しかし始教においては阿羅漢からの迴心にのみ変易生死を認めるようである。

五　智儼における終教の二種生死

終教の二種生死について『孔目章』盧舎那仏品中雲集文末普賢文中立一乗三乗義章に次のようにある。

若し熟教の仏をいはば、則ち前の〔始教の〕義に同じからず。初地已前に分段死有り、先に無漏を得し者は兼ねて変易死有り。十地の満ぜる後に方に始めて成仏す。

若熟教仏、則不同前義。初地已前有分段死、先得無漏者兼有変易死。初地已上窮第十地有変易死。十地満後方始成仏。(T45：537c)

これによって終教（熟教）の所依身が地前は分段生死、地上は変易生死であることが知られる。これに関連して『孔目章』生稠林章に次のようにある。

変易生死の本の教の興こりの意は、仏法の漸漸に甚遠となることを顕はさむが為に、変易死は分段の後に在りといふことを将ねて其の終教の漸漸に甚深となることを顕はす。

変易生死本教興意、為顕仏法漸漸甚遠、将変易死在分段後顕其終教漸漸甚深。(T45:574a)

先に見たとおり、変易生死は分段生死の細相であって両者は本質的に変わりないが、今は分段生死の他に変易生死を説くことによって、分段生死のみを説く始教よりも終教のほうが甚深であることを示すのである。言い換えれば、変易生死を説くことには終教を際立たせるという程度の意味しかない。

「先に無漏を得し者」とは小乗の聖者（預流・一来・不還・阿羅漢・独覚）から終教に廻心した者である。聖者はみな無漏を得ているので、無漏業を因として地前においても変易生死を受ける。小乗の聖者から変易生死を受け大乗に廻心する者についてはインド大乗仏教に諸説がある。

『勝鬘経』　　　あらゆる阿羅漢・独覚

『瑜伽師地論』摂決択分中有余依及無余依二地　……不定種姓の阿羅漢

『顕揚聖教論』　　不定種姓の阿羅漢

『大乗荘厳経論安慧釈』　不定種姓の預流・一来・不還

『成唯識論』　　不定種姓の預流・一来・不還・阿羅漢・独覚

いま智儼は「先に無漏を得し者」と言うので、終教においてはあらゆる預流・一来・不還・阿羅漢・独覚に変易生死が認められるのである。先に確認したとおり智儼は種姓が変化し得ると見るので、言わばあらゆる二乗が不定種姓であって、見道以上であれば変易生死を受け大乗に廻心し得る。

さて『孔目章』三界章は分段生死と変易生死とをそれぞれ二つに分ける。
一には繋業分段三界なり。
二には不繋業分段三界なり。
三には余習変易三界なり。

四には不捨世間変易三界なり。

一者繋業分段三界。二者不繋業分段三界。三者余習変易三界。四者不捨世間変易三界。(T45：554ab)

説明はないが、これは吉蔵『勝鬘宝窟』巻中末に出る「有る人」の説とほぼ同一である。

有る人の言はく。

分段に二種有り。

一には繋業分段なり。下の二界は五陰を用って体と為す。上界は則ち四陰を用って体と為す。

若し不繋業分段をいはば、苦と楽との等き受を用って体と為す。

変易に亦た二種有り。

一には自報変易なり。

若し為物変易をいはば、身に依りて化を起こし、色陰を用って体と為す。

無漏の五陰を用って体と為す。

有人言。分段有二種。一者繋業分段。下二界用五陰為体。上界則用四陰為体。若不繋業分段、用苦楽等受為体。変易亦有二種。一自報変易。用無漏五陰為体。若為物変易、依身起化、用色陰為体。此唯拠仏一人也。(T37：48c)

繋業分段と不繋業分段とは『大乗起信論』における信成就発心の菩薩の説明「亦た業繋に非ず。大願自在力有るを以っての故に」(T32：581a)による。つまり、中国において信成就発心は十住と見なされるので、業に繋がれ自らの意思にかかわらず受ける分断生死と、業に繋がれず大願自在力によって受ける分段生死とである。なお「有る人」は凡夫から十住までの分段生死となり、不繋業分段は十行から十迴向までの分段生死となる。不繋業分段は凡夫の体を苦・楽などの受と規定するのは、真諦訳『仏性論』巻三(T31：803a)が凡夫の麁苦(分段生死)を捨受(苦・楽でない感受)と規定するのによっており、「有苦・楽という感受」と規定し、聖人の細苦(変易生死)を捨受(苦・楽でない感受)と規定する

る人」は摂論宗でないかと考えられる。

興味ぶかいのは余習変易である。インドの唯識派によれば変易生死は所知障を縁として受けるものである。しかるに智儼が言う終教においては煩悩障も所知障も初地に種子を断じてしまい、地上には習気しか残らない。たとえば『孔目章』摂生戒中明四倒章に次のようにある。

若し終教に拠らば、地前にて上心を伏し、初地にて種子を滅し、第十地已還に漸やく習気を滅し、仏地にて永へに断ず。

また、『孔目章』請分中転依章に次のようにある。

若し熟教に約せば、地前にて随ひて伏し、初地にて頓みに断じ、二地已去に其の習気を断ず。

若約熟教、地前随伏、初地頓断、二地已去断其習気。（T45：562ab）

つまり、智儼は変易生死を、習気を縁として受けるものと考えていたのであり、ゆえに余習変易という表現を用いたのである。

智儼が言う習気とは、種子を断じた後にも漂う気配のことである。インドの唯識派においては種子と習気とを同じものとして用いる立場と、区別して用いる立場との二つがあったが、いずれにせよ唯識派の経論においては煩悩障も所知障も倶生起の種子は第十地満（金剛喩定の無間道）まで残るので、智儼から見れば、種子を断じた後の習気を言わないに等しい。智儼は『孔目章』摂生戒中明四倒章において、種子について「若し初教に依らば第十地に断ず。習気を分かたず」(T45：565b) と述べ、その他の箇所においても始教の菩薩は第十地満まで種子を持つと述べている。

こうして見れば、聖人が煩悩障の種子を縁として分断生死を受けるという先の法蔵の説は、習気を縁として変易生死を受けるという今の智儼の説と表裏一体であって、もともと智儼の説であったと推測される。

若拠終教、地前伏上心、初地滅種子、第十地已還漸滅習気、仏地永断。(T45：565b)

また、余習変易は「有る人」の自報変易の説明においては無漏であったが、これは智儼の変易生死の説明においても同じである。『孔目章』生稠林章に次のようにある。

変易生死は是れ無流なり。（T45：574a）

また、『華厳経捜玄記』巻三上に次のようにある。

三には生滅変易法身なり。謂はゆる縁照の無漏の得る所ぞ。
三者生滅変易法身。所謂縁照無漏所得。（T35：49c）

これに対し『成唯識論』巻八は変易生死を有漏と規定する。

若し留むる所の身の有漏定・願に資助せらるる者を変易身に摂む。彼の境に非ざるが故に。無漏の定・願に資助せらるる者を分段身に摂む。異熟果に摂めらる。無漏の業に於いては是れ増上果なり。有る聖教の中に説きて無漏と為し三界を出でたりといふは助縁に随ひて説けり。
若所留身有漏定願所資助者分段身摂。二乗異生所知境故。無漏定願所資助者変易身摂。非彼境故。由此応知有聖教中説為無漏出三界者随助縁説。（Si：366）

変易生死性は有漏。異熟果摂。於無漏業是増上果。有る聖教とは、基『成唯識論述記』巻八末（T43：539a）によれば、『十地経論』である（ただし対応する箇所を見出だせない）。智儼はこの『成唯識論』の解釈に従わず、『十地経論』に従って）変易生死を無漏と規定するのである。

ただし一方で『孔目章』三界章は『成唯識論』に同じく余習変易と不捨世間変易とは三界に属すると説く。

問ふ。変易と及び不捨世間とは同じく無流法なり。何に因りてか三界に在る。答ふ。変易等の身は、慈悲の為なるが故に、世間に在り。

第1部　大乗始教・大乗終教・別教一乗の構造　　112

問。変易及不捨世間同無流法。因何在三界。答。変易等身、為慈悲故、在於世間。等流習気である自の無記の種子（名言種子。異熟習気）の助けを借りて現行した有漏の異熟識であるのである。ゆえにその阿頼耶識に現出する変易生死も有漏の異熟果である。

『成唯識論』によれば、阿頼耶識は、転生の際、有漏である自の無記の種子（名言種子。異熟習気）の助けを借りて現行した有漏の異熟識であるので、同じく有漏である意識相応の善・悪の業の種子（業種子。異熟習気）の助けを借りて現行した有漏の異熟識である。ゆえにその阿頼耶識に現出する変易生死も有漏の異熟果である。言われるにせよ、厳密に言えば、有漏である阿頼耶識の無記の種子を因とする縁である。その点では分段生死もまた、有漏業を因とし煩悩障を縁とする縁である。有漏業を因とし煩悩障を縁とすると言われるにせよ、厳密に言えば、無漏業は所知障を縁とし助けられた果）にすぎず、因はあくまで有漏である阿頼耶識の無記の種子であるので、有漏の三界に属する。変易生死は無漏業を因とし所知障を縁とすると言われるにせよ、無漏業は所知障と同じく縁である。つまり分段生死も変易生死も有漏の異熟果という点でまったく変わらない。変易生死は無漏業という縁（増上縁）が助けた増上果（増上縁によって助けられた果）にすぎず、因はあくまで有漏である阿頼耶識の無記の種子であるので、有漏の三界に属する。両者は変易生死が有漏の三界に属するという言いかたは同じながらも考えかたが相違する。

それに対し智儼によれば、変易生死は無漏とのみ規定されるにせよ、その変易生死は無漏でありつつ慈悲のゆえに有漏の三界に属する。

纏めれば、智儼にあっては終教の地前は分段生死、地上は変易生死であり、二乗の聖者から終教に迴心した者は地前から変易生死である。その変易生死は習気を縁として受けるものであり、無漏である。

六　法蔵における終教の二種生死

『五教章』修行所依身に次のようにある。

若し終教に依らば、地前にて惑を留めて分段身を受く。初地の中に於いて永へに一切の煩悩の使の種を断ず。亦

た彼が分別と倶生とを分かたず。所知障の中にても亦た一分の麁品なる正使を断ず。是の故に地上にて変易身を受け金剛位に至る。

若依終教、地前留惑受分段身。於初地中永断一切煩悩使種。亦不分彼分別倶生。所知障中亦断一分麁品正使。是故地上受変易身至金剛位。(Wu 409)

まずは分段生死を検討する。「地前にて惑を留めて分段身を受く」とは、煩悩障の種子を断ぜずに留め、その煩悩障の種子を縁として分段生死を受けるという意味であって、先に法蔵が「聖は現の潤ほすに非ず。彼れ復た種を留む。如何ぞ分段身を受けざらむや」と述べていたのと同じである。先に述べたとおり、法相唯識は菩薩が煩悩障の種子を断ぜずに留め、その煩悩障の種子を縁として分段生死を受けると説いており、法蔵と相違する。

これについての詳しい記述が『五教章』断惑分斉にある。

然も彼は地前の三賢位の中の初めにして即ち二乗地に堕せざるが故に、煩悩障に於いて自在に能く断ずるも、留めて故らに断ぜず。智障等を除かむが為の故に。……此の菩薩は唯だ智障を怖るるのみに非ず、煩悩障に於いて直だ怖れざるのみに非ず、対治をも修せず。然も煩悩障に於いて直だ怖れざるのみに非ず、対治をも修せず。

然彼地前三賢位中初即不堕二乗地故、於煩悩障自在能断、留故不断。為除智障等故。故修唯識真如等観、伏断彼障。然於煩悩障非直不怖、不修対治。亦乃故留助成勝行。(Wu 431)

以此菩薩唯怖智障、故修唯識真如等観、伏断彼障。然於煩悩障非直不怖、不修対治。亦乃故留助成勝行。

終教の菩薩はすでに三賢位（十住・十行・十迴向）の初め（不退の時である十住）において煩悩障の現行・種子を早く伏・断したいゆえに、煩悩障については、ただ現行を伏するだけで種子を断ぜず故意に留めておくのである。その煩悩障の種子を縁として地前に分段生死を受けるわけである。

さて所知障（智障とも呼ぶ）の現行・種子もこの時に一緒に断ずるので、故意に留めておいた煩悩障の種子を縁として地前に分段生死を受けるわけである。

さて所知障の種子は初地見道において断ずるので、故意に留めておいた煩悩障の種子もこの時に一緒に断ずる。

第1部　大乗始教・大乗終教・別教一乗の構造

『五教章』断惑分斉に次のようにある。

地前にて使の現を伏し、初地にて使種を断じ、地上にて習気を除き、仏地にて究竟して浄なり。
地前伏使現、初地断使種、地上除習気、仏地究竟浄。

実の如くある義は但だ一つのみの煩悩に麁有り細有り。見位断麁、修位断細。
如実義者但一煩悩有麁有細。見位断麁、修位断細。(Wu 431)

これは智儼の説であって、智儼は終教においては煩悩障・所知障とも初地に種子を断じてしまい地上には習気しか残らないことから、地上の変易生死は習気を縁として受けると考え、変易生死を余習変易と呼んでいた。法蔵もまたその余習変易の説を奉じていたことは、先の『五教章』修行所依身の文「所知障の中にて亦た一分の麁品なる正使を断ず。是の故に地上にて変易身を受け金剛位に至る」によって確認される。「一分の麁品なる正使」とは、上の『五教章』断惑分斉の引用に「見位にて麁を断じ、修位にて細を断ず」とあるとおり、終教が現行・種子の二分を麁と呼び、習気を細と呼ぶうちの種子である。

麁 ┬ ①現　行
　 └ ②種　子＝「一分の麁品なる正使」
細 ── 習　気

図表II

つまり『五教章』修行所依身は所知障の種子を断じた後の所知障の習気を縁として変易生死を受けると説くのであり、智儼の考えに等しい。

しかるに『五教章』の後の『華厳経探玄記』は明らかにこれと異なる。まず巻十に次のようにある（文中、惑・業・苦とは煩悩障・有漏業・分段生死の苦を指す）。

若し終教に約せば、初地にて亦た三界の分段及び惑・業・苦とを捨し、地上にて唯だ彼が所知障及び変易の

報とを断ずるのみ。其の煩悩障は地前にて漸やく伏し、初地にて断じ尽くす。所知障は地前にて亦た学びて伏し、初地にて一分を断じ、余は諸地に在りて各一分を断じ、仏地にて方に尽く。

若約終教、初地亦捨三界分段及惑業苦、地上唯断彼所知障及変易報。其煩悩障地前漸伏、初地断尽。所知障地前亦学伏、初地断一分、余在諸地各断一分、仏地方尽。(T35：301a)

また巻十一に次のようにある。

若し終教に依らば、梁の『摂論』等の如く、其の煩悩の種は初地にて永へに尽き、唯だ彼が習有るのみ。其の所知障の一分の麁は亦た初地にて尽き、余分と及び習とは諸地の中に於いて各別に正しく断ず。

若依終教、如梁『摂論』等、其煩悩種初地永尽、唯有彼習。其所知障一分麁者亦初地尽、余分及習於諸地中各別正断。(T35：316b)

これらを纏めると次のようになる。

	地前	地上
所知障	現行の伏(十住)	種子の断	一分の麁なる種子の断
煩悩障	現行の伏	種子の断	余分の種子の断 習気の捨

図表Ⅲ

『華厳経探玄記』は煩悩障については智儼と『五教章』とに同じであるが、地上に所知障の種子を残す点で智儼と『五教章』とに異なるのである。ここで『華厳経探玄記』と成立年代が重なる『大乗起信論義記』を検討する。同書巻下本は『大乗起信論』の説く執相応染を人執（煩悩障）と見なし、不断相応染を分別起の法執（所知障）と見なす。法蔵の説明に従いそれらの伏〔と断と捨〕を纏めると次のようになる（〔 〕内は推定）。

『大乗起信論』の説く執相応染を人執（煩悩障）と見なし、分別智相応染を修惑（倶生起）の法執（所知障）と見なす。

	十住	初地	地上
煩悩障	現行の伏	現行の伏（種子の断）	習気の捨
分別起の所知障		現行の伏（種子の断）	習気の捨
倶生起の所知障			第七地に現行の伏（それ以降に種子の断と習気の捨）

図表Ⅳ

これは『華厳経探玄記』に近い。『華厳経探玄記』における所知障の一分と余分とは順に『大乗起信論義記』における所知障の分別起と倶生起とであり、両者ともに所知障の余分すなわち倶生起の種子を地上に残す。法蔵の思想に変化が生じたのである。

実は『五教章』断惑分斉は断惑について十八の異説を挙げており、その第一説（Wu 439）は地前において煩悩障の現行を伏し、地上において所知障の現行を伏すというものである。これは真諦訳『摂大乗論釈』『仁王般若経』『菩薩瓔珞本業経』『大乗起信論』の説と見なされている。『五教章』が正義と判定するのは第十三説の後半（Wu 442-443）であって、煩悩障・所知障とも初地において麁（現行・種子）を伏・断し、地上において細（習気）を除くといううものである。これは『転識論』『摂大乗論無性釈』の説と見なされている。この正義は智儼の説でもあった。しかるに『華厳経探玄記』の頃の法蔵は第一の説のほうを正義と考えていたのである。それは、『華厳経探玄記』『大乗起信論義記』の説の合致からも知られるに『華厳経探玄記』『大乗起信論』を含む第一の説のほうを重視したからと考えられる。第一の説を採択した結果、変易生死を受ける際の縁は『大乗起信論』を重視しており、『大乗起信論』を含む第一の説に近くなったと言える。智儼や『五教章』は変易生死の縁を初地見道において二障の種子を断じた後の所知障の習気と規定したが、『華厳経探玄記』は地上に所知障の種子を認めるので、法相唯識と同様、変易生死の縁を所知障の習気と規定することになるからである。

第4章 始教・終教・別教における生死

なお『華厳経探玄記』巻六には次のようにある。

若し三乗の中の菩薩をいはば、地前は必ず是れ分段の身にして、地上に方に変易身有り。迴心の二乗た有ることを除く。

若三乗中菩薩、地前必是分段之身、地上方有変易身。除迴心二乗地前亦有。（T35：229b）

これは「迴心の二乗」の地前に変易生死を認める説であるが、この説は先に見たように智儼の説と等しい。纏めれば、法蔵にあっては終教の地前は分段生死、地上は変易生死であり、二乗の聖者から終教に迴心した者は地前から変易生死である。その変易生死は『五教章』においては所知障の習気を縁とし、『華厳経探玄記』においては所知障の種子を縁として受けるものである。『五教章』から『華厳経探玄記』への変化は『大乗起信論』の重視に基づくのであって、再三述べてきたような、法蔵による華厳教学の『大乗起信論』化を示しているのである。

七 智儼における別教の分段生死

『孔目章』盧舎那仏品中雲集文末普賢文中立一乗三乗義章に次のようにある。

若し彼の普賢の解行を証得する所依身をいはば、亦た彼の兜率天の中に在りて成ずることを得。諸の天子は三悪道より出で、彼の天の中に生じ無難の身を得、普賢の解行の法を成ず。此れ等の人は並びに是れ過去の多種の善根に由るが故に。亦た是れ変化の身なるに同じからず。何を以つての故に。『法華経』は彼を引きて速やかに希有の勝行と証とを成ぜしめ其の教勝れたるに由る。若し是れ変化ならば、即ち希有に非ず。若証得彼普賢解行所依身者、亦得在彼兜率天中成。諸天子身従三悪道出、生彼天中得無難身、成普賢解行法。

如『法華経』龍女身者義当即是留惑感彼同生之身。何以故。由『法華経』引彼速成希有勝行証其教勝。若是変化、即非希有。(T45: 537c)

『華厳経』提婆品においては、龍女が兜率天の天子たちが分段生死のまま解行位（十信満から十地まで）の法を得る。また、これらの人は「過去の多種の善根」によって分段生死を受けるための縁となる煩悩障を故意に留めて）同生の身（つまり、衆生と同じ分段生死）を受けて成仏する。つまり、分段生死による成仏は一乗の教の勝れていることを示すのであり、もしも変易生死（変化身は変易生死の異名）による成仏が可能なのであり、「変化の身なるに同じからず」。

智儼は先に、始教の所依身が分段生死のみを将ゐて其の終教の漸漸に甚深となるに教の勝れていることを顕はす」と述べていた。しかし今は逆に、変易生死すら用いず分段生死のみを用いて成仏することによって、一乗が終教より勝れていることを示すのである。ここでの一乗は別教である『華厳』と同教である『法華経』とを合わせた言いかたである。

別教の菩薩が分段生死によって成仏し得るのを「過去の多種の善根」のおかげと解釈するのは『華厳経』入法界品によるものである。『孔目章』第八会入法界品初弁廻心章に次のようにある。

下の経文の如し。大智の舎利弗と五百比丘廻心向文殊師利、並びに「宿種善根現」。
如是経文。大智舎利弗与五百比丘迴心向文殊師利、並言「宿種善根現」。(T45: 583c)

すでに本研究第一部第三章において確認したとおり、『瑜伽師地論』本地分中菩薩地種姓品は習所成種姓を「先に善根を串習して得る所」と定義していた。今ここで言われている「過去の多種の善根」「宿種の善根」は、習所成種姓と本性住種姓とは十住（十信満）において同時に成立し、その時初めて成仏が可能となるのであった。智儼によれば、習所成種姓であり「宿種の善根現ず」るからこそ、成仏が可能所成種姓なのである。今も同じであって、習所成種姓である「宿種の善根現ず」

119　第4章　始教・終教・別教における生死

能となるのである。

なお、著者問題のある著作であるが、『華厳一乗十玄門』はこうした「過去の多種の善根」「宿種の善根」を三乗における修行と明言している。

「久しく善根を修行せり」と言ふは、即ち三乗教に摂めらるるに在り。

言「久修行善根」者、即在三乗教摂。従三乗入一乗。(T45：518a)

これは智儼本人の学説と比較しても整合性があろう。別教の菩薩は過去に三乗において善根を積み、ようやく今、分段生死によって成仏できるのであって、前世においては小乗や始教や終教や頓教において修行を重ねているのである。言い換えれば、今現在の小さな修行がなければ将来別教に入ることもかなわないのである。別教の華麗さに隠されてこうした地道な修行の必要性は見失われがちであるが、智儼には将来別教に入るための今現在の地道な修行の必要性が強く意識されていたと思われる。こうして見るに智儼の別教の分段生死成仏と真言密教の即身成仏とは等しく速疾なる成仏を説きながらも何の共通点もないことが知られる。分段生死成仏は過去の善根により、即身成仏は現在の修法により、速疾に成仏するからである。

八 法蔵における別教の分段生死

『五教章』修行所依身に次のようにある。

若し円教に依らば、変易を説かず。但だ分段身のみをもって十地の離垢定の前に至る。彼の位に至りて普見の肉眼を得るを以って、故に是れ分段なりと知る。又た善財等の如きは分段身を以って因位を窮むるが故なり。問ふ。何が故に此が中には変易を説かざる。答ふ。世界性等[16]以上の身分の如きは甚極だ微細にして諸天を出過し変易に

同ず応じ。但だ此の教は生死の麁と細との相を分かたず総じて過患に就きて以って一際と為し信満の後に至りて頓みに彼に彼の際を翻ずるを以って、故に説かず。

若し依り円教、不説変易。但分段身至於十地離垢定前、以至彼位得普見肉眼、故知是分段也。又如善財等以上身分甚極微細出過諸天応同変易。但以此教不分生死麁細総就過患以為一際至信満後頓翻彼際、故不説也。(Wu 414)

これは智儼の説を承けたものであるが、過去の善根について何も言われていないのに注意すべきである。智儼が別教の菩薩の背後に過去の膨大な修行を見て今現在の自己の地道な修行の必要性に繋げるのに対し、法蔵は別教の菩薩の偉大さを説くのみであって今現在の自己の地道な修行の必要性に繋げない。そうしたことに対する関心が薄いので法蔵は雨乞いを行なうなどの密教的な修法に通じていたが、あるいは法蔵の分段生死成仏と真言密教の即身成仏とは近い所にあるかもしれない。実際に法蔵の分段生死成仏は澄観に受け継がれ、空海は真言宗を開宗する際に法蔵や澄観の華厳教学に大きく依拠し、華厳宗を顕教の最高位に置いたのであった。

『華厳経探玄記』巻六には次のようにある。

若し一乗の中をいはば、二説有り。若し摂方便をもって言はば、地前と地上とに倶に変易有り。一一の位は終に仏地に至るを以っての故に。若し自教に就きて言はば、倶に是れ分段なり。

若一乗中、有二説。若摂方便言、地前地上倶有変易。以一一位終至仏地故。若就自教言、倶是分段。(T35: 229b)

「摂方便」とは『五教章』建立乗に「二には摂方便に約す。謂はく彼の三乗等の法を総じて一乗の方便と為すが故に皆な一乗と名づく」(Wu 94)とあるとおり、三乗を一乗の方便と見る場合を指し、三乗の一一が最後には別教の仏地に至るという点において三乗の変易生死をも一乗に含める。一乗のみを言えば分段生死のみであって『五教章』

に同じである。

九　おわりに

 以上で始教と終教と別教との所依身を見終えたが、重要なのは分段生死と変易生死との間に本質的な差を認めないことである。終教の見かたにおいて変易生死であるものが、別教の見かたにおいて分段生死なのであって、見かたが違うのみで実質は同じ生死なのである。小乗の聖者が迴心して終教に入る場合、彼は地前から変易生死であるが、その彼がさらに迴心して別教に入る場合、彼は変易生死からまた分段生死となると考えられる（別教に変易生死があるとは決して説かれない）。そのようなことは法相唯識においてはあり得ないが、初期華厳教学においては分段生死と変易生死との間に差がないので、実は同じ分段生死であるとして解決されると推測したい。

注

(1) 深浦正文［1954:515］は「分段身を離れて別に変易身を感得するに非ず。ただ分段身の転改されたものが変易身というのである。これは、助縁たる所知障には煩悩障の如く発業潤生の作用がないから、分段身を畢って別に変易身を受くるという筈がないからである。このことは、余宗の分段身を畢って別に変易身を受けるとの説と大いに異なっている」と注意する。

(2) 高崎直道［1989:266］。

(3) 鳩摩羅什は『大乗大義章』巻下において「又『十住断結経』、未見此経」(T44:141c)と述べているから、鳩摩羅什が就学した北インドにおいてこの経は知られていなかった可能性が高い。

(4) 坂本幸男［1956:400］。

(5) 『成唯識論』巻七に「欲界惑種、二性繁雑、障定強故」(Si 309)とあるとおり、無色界と色界との煩悩障が無覆無記のみなのに対し欲界の煩悩障は不善と有覆無記とが繁雑してしぶといので、それを断じ得る不還の退治力は強いのである。なお『成唯識論』巻七に「然不還者、退治力強故、正潤生位、不起煩悩、但由種類、潤上地生」(Si 310)とあり、巻八に「不還潤生、愛雖不起、然如彼取、定有種故」(Si 357)とあるのは今の『阿毘達磨雑集論』によるものである。

(6) 法相唯識においては菩薩が第八地以上に残す種子は分段生死を受けるためのものではない。凝然『五教章通路記』巻四十三 (T72:548b) は小島先徳つまり真興『唯識義私記』を引いてこの点をめぐる華厳宗と法相宗との考え方の違いを明確化している。

(7) 『無上依経』の原文 (T16:469bc) よりも『究竟一乗宝性論』所引の『大集経』海慧菩薩品の文 'ye punas te saṃsāra-prabandhakāḥ kuśala-mūla-saṃprayuktāḥ kleśās teṣv asmābhiḥ sattva-paripākāya śleṣṭavyam. (RGV 50, 5-7) に近い。高崎直道［1989:293(86, n.4)］。

(8) 兵藤一夫［1993］による。

(9) 凝然『五教章通路記』巻四十三 (T72:545c) の指摘による。

(10) 山部能宜［1989］は『成唯識論』の種子新熏説に「種子既是習気異名」とあるのを先行文献を用いて検討し、種子と習気とを同一と見なすのが比較的新しい説であると結論する。なお法相唯識においても種子・習気を分ける。深浦正文［1954:668-671］。

(11) 『五十要問答』心意識義「又初回心菩薩、為留惑故、相随至金剛定断。直進者、習気至金剛前」(T45:523a)。『孔目章』煩悩行使行稠林章「若経論中依十地位顕別無明及二十二無明不論麁細者、如十一無明等、皆初教中直進教摂。何以故。為順十地終心頓断諸惑故」(T45:569c)。『孔目章』明難品初立唯識章「若拠初論教、十地終心捨阿頼耶。何以故。在第十地頓滅諸障故」(T45:547a)。

123　第4章　始教・終教・別教における生死

(12)『華厳経捜玄記』巻三上（T35：48a）は第六会の能治を「正無分別智及普賢性起智」と規定し、所治を「正使煩悩業報及性三障上心種子」と規定する。つまり十地においては正無分別智と業と報とによって正使煩悩と業とを治し、普賢菩薩行位においては普賢性起智によって性三障の上心と種子とを治すのである。正使煩悩と業とは煩悩障の種子（使は随眠の古訳であって、種子を指す）を縁として業として果報（分段生死）を受けることを十地において治す以上、これを十地においては十地の菩薩は煩悩障の種子を縁として分段生死を受けると考えていたのかもしれない。別教においては十地も分段生死であることを十地において治すと考える以上、智儼は皮煩悩を地前の惑、肉煩悩を見道の惑、心煩悩を修道の惑に配当したことが知られる。これは真諦訳『摂大乗論釈』『仏性論』の不浄地惑（初地から第七地までの惑）と浄地惑（第八地から第十地までの惑）とに配当するのと相違するが、『孔目章』煩悩行使行稠林章（T45：569c）・明難品初立唯識章（T45：546bc）はむしろ真諦訳『摂大乗論釈』のほうを仮の説としている。ちなみに普賢菩薩行位品において「若約一切惑体時、唯是皮肉心三惑也」（T35：79a）と述べる皮・肉・心の三障のうち肉煩悩を『仏性論』の見諦所滅惑に配当し、心煩悩によって顕現する無漏（無分別智）であって、『大乗起信論』に「従無始世来具無漏法」（T32：578b）とあるような本有の無漏（如来蔵）と区別して「縁照無漏」と言われているものと推測される。

(13)『大乗義章』二種生死義に「縁照無漏所得法身、神化無礙、能変能易故名変易」（T44：615c）とある。「縁照無漏」とはおそらく縁によって顕現する無漏（無分別智）であって、『大乗起信論』に「従無始世来具無漏法」（T32：578b）とあるような本有の無漏（如来蔵）と区別して「縁照無漏」と言われているものと推測される。

(14)慧遠『大乗義章』二種生死義に「縁照無漏所得法身、神化無礙、能変能易故名変易」（T44：615c）とある。

(15)『成唯識論』巻八に「亦名変化身。無漏定力転令異本、如変化故」（T44：267bc）「是法執分別不得現行……」（T44：267c）「……十解已去信根成就無有退失。……故於七地尽此惑也」（S1：364）とある。

(16)世界性等とは『華厳経』入法界品において説かれる十の世界を指す。本研究第一部第二章（浄土をめぐる箇所）を見よ。

(17)法蔵の伝記に神異的要素が多いことは吉津宜英［1991：99-129］によって指摘されている。

第1部 大乗始教・大乗終教・別教一乗の構造

第五章　始教・終教から別教への迴入

一　はじめに

本章においては始教や終教から別教への接続を検討する。すなわち、始教や終教における修行者が別教に参入する、いわゆる迴入について検討する。

二　智儼・義湘・法蔵における迴入の原則

智儼『孔目章』第八会入法界品初弁迴心章に次のようにある。

窮子一人に長者使を遣し方便をもって直を与ふる等の如きは、義は初教已去乃至頓教と及び終教との已下に当たる。舎利弗の迴心等の位の如きは、義当従人天及大衆部已去乃至初教。如舎利弗迴心等位、義当初教已去乃至頓教及終教已下。(T45：583c)

如窮子一人長者遣使方便与直等、義当従人天及大衆部已去乃至頓教及終教已下。(T45：583c)

『法華経』信解品の窮子は人天や小乗の大衆部や始教から『法華経』へと迴入し、『華厳経』入法界品の舎利弗は始教や頓教や終教から『華厳経』へと迴入する。ゆえに入法界品の舎利弗は大乗の菩薩であって小乗の声聞ではない。

125　第5章　始教・終教から別教への迴入

別教である『華厳経』に廻入するのは必ず大乗の菩薩である。智儼『孔目章』第八会入法界品初弁廻心章に次のようにある。

二に終義に約して廻心を弁ずとは、下の経文の如し、大智の舎利弗と五百の比丘とは廻心し文殊師利に向かひ、並びに「宿種の善根現ず」と言ふ。六千の比丘は久しく共に修行し実の眷属を成ずるを顕はす。舎利弗の身は仏法の中に在り義は聡明位に当たる。今挙げて廻と為すは即ち其の行終はりて智慧の相を具するを顕はす。今復た廻心し当に迴すべきの時に即ち十種の大法及び十眼と十耳との等き際みを得。具さには入法界の経文に在り。当に知るべし其の義は是れ終にして始に非ず。其の位は頓悟と熟教とに在り。義は初教等に通ず。

二約終義義弁廻心者、如下経文、大智舎利弗与五百比丘廻心向文殊師利、並言「宿種善根現」。六千比丘顕久共修行成実眷属。舎利弗身在仏法中義当聡明位。今挙為廻者即顕其行終具智慧相。今復廻心当廻之時即得十種大法及十眼十耳等際。具在入法界経文。当知其義是終非始。其位在頓悟熟教。義通初教等。（T45：583c）

舎利弗は〔智慧第一〕とされ、多くの大乗経典の聞き手とされるとおり「聡明位」「頓悟（頓教）や熟教（終教）にすでに廻心した菩薩なのであって、頓悟（頓教）や熟教（終教）や初教から別教へと「今復た廻心」するのである。智儼は二乗から別教への直入を許さない。別教に廻入するのは必ず菩薩からである。

義湘の語録『道身章』（均如『釈華厳教分記円通鈔』巻五所引）もこれに等しい。

『道身』に云はく。

此の機人は即ち菩薩なるが故に二乗の相無きのみ。而も実を言はば、有るは二乗より此の機熟の処に至り、有るは菩薩より此の機熟の処に至る。此れに因りて而も云はば、実には是れ菩薩なるも、前の二乗より来たるが故に二乗の名を加ふるのみ。〈已上〉

『道身』云。此機人即菩薩故無二乗相耳。而実言、有従二乗至此機熟処、有従菩薩至此機熟処。因此而云、

実是菩薩、従前二乗来故加二乗名耳。〈已上〉（K47：215c）

舎利弗は実には菩薩であるが、二乗から廻心した菩薩であるので、二乗として説かれたと見なされる。同じ考えは義湘の語録と思われる『華厳経問答』巻下においても出、そこにおいては舎利弗は法華会に至った菩薩と見なされる。

問ふ。漸教の相の中舎利弗等は法華会に至りて方に一乗に入る。入る所の一乗は即ち是れ華厳別教なり。既に別教に入りつといはば、何が故に此の文の中には同じく祇林に在りて而も盲聾の如く仏菩薩の現はす所の事を見聞せずといふ。答ふ。教義深きことを顕はさむと欲ふが為に、故に前の未だ入らざる時と及び愚法とに順ひて分ならずと説く。根欲の熟して分有るに約するが故に、同じく会に在りて後に法を聞く。此れ即ち一乗に廻入する相なり。

問。漸教相中舎利弗等法華会至方一乗入。所入一乗即是華厳別教。既入別教者、何故此文中同在祇林而如盲聾不見聞仏菩薩所現之事。答。為欲顕教義深、故順前未入時及愚法説不分。約根欲熟有分故、同在会後聞法。此即廻入一乗相。（T45：611c）

舎利弗は（始教か終教か頓教から）同教一乗である『法華経』を経て『華厳経』である別教一乗に廻入する。入法界品に舎利弗らが盲聾の如く仏菩薩の現わす所の事を見聞しなかったとあるのは、『華厳経』の教義が深いことを顕わすために、廻入せざる時（始教・終教・頓教）と愚法小乗とに約して「分ならず」と説いたのである。実には機根が熟していることに約せば、舎利弗らは「分有る」（「資格がある」）のであって後に別教一乗に廻入するのである。舎利弗を法華会に至った菩薩と見なすのは『法華経』『大集経』などに登場する舎利弗を菩薩と見なす真諦訳『摂大乗論釈』巻十五（他の諸訳にない部分。T31：265c）と関係するので、この見かたは真諦訳『摂大乗論釈』を重んずる智儼自身の見かたであったかもしれない。法蔵『華厳経探玄記』巻一も智儼や義湘の説に等しい。

第5章　始教・終教から別教への廻入

四に転為とは、謂はく諸の二乗は根の鈍なるを以っての故に要ず先に共教大乗に迴入し二乗の名を捨て菩薩の称を得、然る後に方に此の普賢の法に入るなり。……設ひ第八会に声聞有るも、寄して対して法を顕はさむが為に聾盲の如しと表はす。是れは所被に非ず。其の六千の比丘は是れ羅漢に非ず、故に当に知るべし一切の二乗は総じて頓みに普賢の法界に入ること無し。

四転為者、謂諸二乗以根鈍故要先迴入共教大乗捨二乗名得菩薩称、然後方入此普賢法。……設第八会有声聞者、為寄対顕法表如聾盲。非是所被。其六千比丘非是羅漢、故不相違。是故当知一切二乗総無頓入普賢法界。

（T35：117b）

以上のように、智儼・義湘・法蔵のいずれにおいても別教一乗に迴入するのはあくまで大乗の菩薩からである。ゆえに一闡提や二乗であれば、まず大乗の菩薩になってのち、別教一乗に迴入することになる。以下においては、一闡提と二乗と大乗の菩薩との順に、迴入の詳細を検討する。

三 智儼における一闡提の迴入

一闡提が救済され得ることについては本研究第一部第三章において確認した。『孔目章』第八会入法界品初弁迴心章に次のようにある。

初に未だ入らざるものに拠るとは、謂はく其の一闡提の位の相似修行ぞ。其の修行の人は人と法と義と文と解と

「其の六千の比丘は是れ羅漢に非ず、故に相違せず」とは智儼が舎利弗らを小乗の声聞とは見なさず、頓悟（頓教）や熟教（終教）や初教の菩薩と見なしていたのと同じである。同書巻十八（T35：442bc）はまた『華厳経不思議仏境界分』（T10：905b）によって舎利弗らを大菩薩の示現とも見なす。

第1部　大乗始教・大乗終教・別教一乗の構造　128

『孔目章』第八会入法界品初弁迴心章には次のようにある。

『問答』とは智儼『五十要問答』普敬認悪義（T45：532b-534c）を指す。そこにおいて智儼は普敬認悪を説く三階教の文献『対根起行法』から長大な引用をし、一闡提を救う手段としている。本研究第一部第二章において確認したとおり、智儼は未だ不退を得ない凡夫が浄土に往生することを否定し、浄土に往生する者を始教においては十迴向以上、終教においては十住以上の、それぞれ不退を得た菩薩と規定していたが、ここでは一闡提は如来が救って浄土に生ぜしめ、そののち不退を得て一乗に迴向すると言われている。この浄土は一闡提のための特殊な浄土なのであろう。

法具如『問答』中弁。極至生浄土得不退位、得常見仏即迴向一乗。（T45：583b）

初拠未入者、謂其一闡提位相似修行。其修行人具人法義文解行病乃至理事等、従其多劫修邪善因、後剋究竟無尽阿鼻地獄果等。如来大悲設法偏救。所有委曲具在経文。今略要問作普敬認悪法、会彼闡提令入一乗。其行と病乃至理と事との等きを具するも、其の多劫にて邪と善との因を修せるに従りて、後に究竟の無尽の阿鼻地獄果等を剋す。如来は大悲をもって法を設け偏へに救ふ。所有の委曲は具さに経文に在り。今要問を略して普敬認悪法等を作し、彼の闡提に会して一乗に入らしむ。其の法は具さには『問答』の中に弁ずるが如し。極むれば浄土に生ずるに至りて不退の位を得、常に仏を見たてまつることを得て即ち一乗に迴向す。

〔菩薩にして〕迴心し頓教と〔に〕迴向する者と有り。或ひは声聞にして〔始教の〕直進〔教〕と及び終教とに迴向する者有り。是の如き五乗の機性は上下不同なり、迴心も亦た別なり。是の如き義は之に準じて解す可し。

仍ち迴心の分斉は多種にして等しからず。或ひは闡提より声聞に入る者と、声聞より縁覚と及び初教〔の〕迴心〔教〕とに迴向する者と有り。或ひは声聞にして〔始教の〕直進〔教〕と及び終教とに迴向する者有り。或ひは

仍迴心分斉多種不等。或有従闡提入声聞者、従声聞迴向縁覚及初教者。或有声聞迴向直進及終教者。或有迴心向頓教及一乗者。如是五乗機性上下不同、迴心亦別。如是之義準之可解。（T45：583c-584a）

これによると、一闡提は浄土においてまず声聞となり、次に始教や終教へ廻入して菩薩となり、最後は別教一乗へ廻入して成仏すると考えられる。

一闡提についてさらに検討する。『五十要問答』衆生作仏義に次のようにある。

若し三乗終教に依らば、則ち一切の有情衆生は皆な悉く成仏す。他の聖の智、本有仏性と及び行性とを顕はしたまへるに由るが故に。其の草木等を除く。『涅槃経』に説くが如し。

若依三乗終教、則一切有情衆生皆悉成仏。由他聖智顕本有仏性及行性故。除其草木等。如『涅槃経』説。

（T45：519c）

「『涅槃経』に説くが如し」とは『五十要問答』普敬認悪義に出る次の四句分別を指す。括弧内が経文である（丸数字は筆者が挿入）。

『大乗涅槃経』の四句仏性は小乗義の中と及び初の廻心の人とに非ず。四句義を作すは即ち是れ頓教と終教との仏性と及び大般涅槃とにして、仍ち一乗別教の義に非ず。四句義とは、
①「或ひは仏性にして闡提人に有り善根人に無きもの有り」。謂はく行に約して性を弁ず。
②「或ひは仏性にして善根人に有り闡提人に無きもの有り」。謂はく位に約して性を弁ず。
③「或ひは仏性にして二人に俱に有るもの有り」。謂はく因に約して性を弁ず。
④「或ひは仏性にして二人に俱に無きもの有り」。果に約して性を弁ず。

『大乗涅槃経』四句仏性者非小乗義中及初迴心人。作四句義即是頓教終教仏性及大般涅槃、仍非一乗別教義也。四句義者、或有仏性闡提人有善根人無。謂約行弁性也。或有仏性善根人有闡提人無。謂約位弁性也。或有仏性二人俱有。謂約因弁性也。或有仏性二人俱無。約果弁性也。（T45：534b）

この中で目を惹くのは①において一闡提に行に約して仏性があると説かれることである。吉蔵『大乗玄論』巻三に

よれば、地論宗は仏性を理性と行性との二つに分けており、今、智儼が言う行に約しての仏性もそのうちの行性を指すと思われる。

但だ地論師の云はく。

> 仏性に二種有り。一は是れ理性、二は是れ行性なり。理は物造に非ず、故に本有と言ふ。行は修を籍りて成ず、故に始有と言ふ。

但地論師云。仏性有二種。一是理性、二是行性。理非物造、故言本有。行籍修成、故言始有。（T45：39b）

一闡提は善根を生じない（＝成じない）のに、どうして行性があると説かれるのか。この点について次の問答がある（文中の「行善性」は「行性」と同じであろう）。

> 問ふ。闡提の義は現の善根を断つ。何に因りてか行善性有らむ。答ふ。此れは位に約するなり。此の世にて善根を生じて救ふ可きは現の行善性有り。他の世にて善根を生じて現に救ふ可からざるは行因種子有り。
> 問。闡提之義斷現善根。因何有行善性。答。此約位語。此世生善根可救者有現行善性。他世生善根現不可救者有行因種子。(T45：534bc)

一闡提は現世において善根を生じないので救われない。しかし彼は前世において生じた善根の種子を持っている。来世においてさらに善根を生じれば一闡提は救われる資格を得る。この考えは小乗の阿羅漢が浄土に往生して『法華経』を聞いて救われるという『大智度論』巻九十三（T25：714a）の説（後出）について、『孔目章』十種浄土章が「凡そ浄土に生ずるには須らく習業有るべし。小乗は其の色と心とを厭ひ其の無余を楽ふ。何に因りてか浄土に生ずることを得む」と述べて阿羅漢がすぐには浄土に往生できないと解釈し、「彼の阿羅漢に先に浄土の種子有るを明かす。故に羅漢当に其の中に生ずべきことを得」（T45：541b）と述べて種子の存在のみを考えるのに等しい。また、本研究第一部第二章において確認したとおり、『孔目章』寿命品内明往生義が、極楽に往生する者は（前世において）「一生の作す所の相続多善根多少」を成じ、なおかつ現世において「多善根」を成じ、なおかつ現世において「多善根」を成じなければ往生できないと考える

のにも等しい。

先に本研究第一部第三章において確認したとおり、『瑜伽師地論』本地分中菩薩地種姓品は習所成種姓を「先に善根を串習して得る所」と定義していた。智儼によれば習所成種姓は聞熏習が増大することによって増大することを行性と呼んでいるのは、今の『五十要問答』普敬認悪義の文が前世において生じた善根の種子を来世においてさらに善根を生ずることによって増大することを示している。また、同じく本研究第一部第三章において確認したとおり、智儼によれば本性住種姓は法性（＝真如＝理）であったが、このことは智儼が本性住種姓を理性と見なしていたことを示している。ゆえに①は来世において習所成種姓を成立させる善根の種子が一闡提にも存するので「行に約して性を弁ず」と言われ、また②は十住という位に至った善根人には習所成種姓と本性住種姓とが同時成立するので「位に約して性を弁ず」と言われる。

ちなみに、二仏性は法相唯識においても説かれるが、法相唯識によれば、理性は成仏に関わりなく一切法に遍満する真如であって一闡提にも存し、行性は『瑜伽師地論』本地分中菩薩地種姓品において説かれる菩薩の本性住種姓であって一闡提には存しない。智儼は行性を習所成種姓と見なし、法相唯識は行性を本性住種姓と見なすという違いがある。

以上のような一闡提についての記述は智儼の著作にのみ見られ、義湘や法蔵の著作には見られない。一闡提の救済が智儼にとって大きな関心事であったことが判明するとともに、義湘や法蔵がそれに関心を示さなかったことが知られる。とりわけ先にも述べたとおり、智儼は一闡提の救済を説く『涅槃経』を重視し、終教の代表として用いるも、法蔵は『涅槃経』を重視せず、『大乗起信論』のような菩薩エリート主義の論書を重視し、終教の代表として用いるのである。

四　智儼・法蔵における二乗の廻入

次に二乗から始教や終教への廻入を検討する。法相唯識は『瑜伽師地論』摂決択分中有余依及無余依二地などに従い、有余依涅槃までの不定種姓にのみ二乗から大乗への廻入を認め、無余依涅槃に入った二乗に廻入を認めない。しかるにインドの如来蔵系経論のうちには無余依涅槃に入った二乗に廻入を認めるものもあり、それらは一切成仏を認める初期華厳教学において極めて重視される。初期華厳教学が言及するそうした如来蔵系経論の数は甚だ多いが、ここでは代表的なもののみを挙げる。

まずは『楞伽阿跋多羅宝経』巻二に次のようにある。

彼は起煩悩滅するも　余習の煩悩に愚かなり
三昧の楽に味著し　無漏界に安住す
究竟の趣有ること無く　亦復た退還もせず
諸の三昧身を得　乃至劫も覚めず
譬へば昏酔せる人　酒消じて然る後に覚むるが如く
彼も法を覚ること亦た然り　仏の無上の身を得

彼起煩悩滅　余習煩悩愚　味著三昧楽　安住無漏界
無有究竟趣　亦復不退還　得諸三昧身　乃至劫不覚
譬如昏酔人　酒消然後覚　彼覚法亦然　得仏無上身

（T16: 497c。「余」字を底本は「除」字に作るも明本による）

vāsanā-kleśa-sambandhāḥ paryutthānair visaṃyuktāḥ |

これは声聞の入る無余依涅槃が実は三昧(瞑想)であって、三昧から覚めた声聞は大乗に迴心し成仏するという説である。「余習の煩悩に愚かなり」とは、煩悩の習気を残すということであって、習気の所依である阿頼耶識が実には断ぜられておらず、無余依涅槃もあり得ないことを意味する。よってこの三昧は七転識のみを滅する聖者の三昧である、滅尽定と見なし得る。

samādhi-mada-mattās te dhātau tiṣṭhanty anāsrave =
niṣṭhāgatir na tasyāsti na ca bhūyo nivartate |
samādhi-kāyaṃ samprāpya ā kalpān na prabudhyate |
yathā hi matta-puruṣo madhyabhāvād vibudhyate |
tathā te buddha-dharmākhyaṃ kāyaṃ prāpsyanti māmakam || (LAS 135, 10–15)

『法華経』化城喩品にも次のようにある。

我が滅度の後に復た弟子にして是の経を聞かず菩薩の行ずる所を知らず覚せざるもの有らん。自ら所得の功徳に於いて滅度の想を生じ当に涅槃に入るべし。我れ余の国に於いて仏の智慧を求めて是の経を聞くことを得べし。我滅度後復有弟子不聞是経不知不覚菩薩所行。自於所得功徳生滅度想当入涅槃。我於余国作仏更有異名。是人雖生滅度之想入於涅槃、而於彼土求仏智慧得聞是経。(T9 : 25c)

ye ca mama parinirvṛtasyānāgate adhvani śrāvakā bhaviṣyanti bodhisattva-caryāṃ ca śroṣyanti na cāvabhotsyante bodhisattvā vayam iti. kiṃ cāpi te bhikṣavaḥ sarve parinirvāṇa-saṃjñinaḥ parinirvāsyanti. api tu khalu punar bhikṣavo yad aham anyāsu loka-dhātuṣv anyonyair nāmadheyair vihārāmi tatra te punar utpatsyante tathāgata-jñānaṃ paryeṣamāṇās tatra ca te punar evaitāṃ kriyāṃ śroṣyanti. (SPS 165, 15–20)

これもまた、無余依涅槃に入った声聞が実は別の仏国土において『法華経』を聞き成仏するとしたものである。智儼『孔目章』一切諸法勝菩薩偈首立転法輪章 (T45:538c) は前者によって終教における一切の者の迴入を認める。また後者は『大智度論』巻九十三において次のように解釈され、それによれば「余の国」とは三界の外にある浄仏土である。

阿羅漢を得る時に三界の諸漏の因縁尽くるをもって更に復たびは三界に生ぜず。浄仏土にして三界を出で乃至煩悩の名無きもの有り。是の国土の仏の所に於いて『法華経』を聞き仏道を具足す。

得阿羅漢時三界諸漏因縁尽更不復生三界。有浄仏土出於三界乃至無煩悩之名。於是国土仏所聞『法華経』具足仏道。(T25:714a)

おそらくはこの『大智度論』によって、智儼『五十要問答』諸経部類差別義は次のように述べる。

『法華経』の如きは宗義是れ一乗経なり。三乗は三界の内に在りて其の行を成ずるが故に。一乗は三界の外と三界とを見聞と為すが故に。

如『法華経』宗義是一乗経也。三乗在三界内成其行故。一乗三界外与三界為見聞故。(T45:523b)

「見聞」とは別教一乗の見聞位である。ここでは『法華経』は終教ではなく、別教一乗につながる〔同教〕一乗と見なされている。この『大智度論』の文は法蔵『華厳経探玄記』巻一 (T35:113b) においても言及される。三昧から覚めた阿羅漢は終教に迴入するか、あるいは同教一乗である『法華経』に迴入したのち別教一乗に迴入するのである。阿羅漢と同じく別教一乗に迴入したのち終教の何位に入るのかは智儼の著作においては明らかでないが、法蔵『五教章』二乗迴心から覚めるのか、また終教の何位に入るのかは智儼の著作においては明らかでないが、法蔵『五教章』二乗迴心教一乗に迴入するのである。阿羅漢と同じく無学位である縁覚の場合も同じと見てよいと思われる。図示すると次頁のようになる。(Wu 463-464) によって規定されている。図示すると次頁のようになる。

図表 I 『五教章』二乗廻心

	総　相	別　相
遅い者	劫を経る	預流は八万劫を経て十信へ
		一来は六万劫を経て十信へ
		不還は四万劫を経て十信へ
		阿羅漢は二万劫を経て十信へ
		独覚は一万劫を経て十信へ
疾い者	三昧に入ってすぐ他の仏土における仏の説法を聴く	

図表 II 『大乗起信論義記』巻上

	総　相	別　相
遅い者	鈍なる者	預流は八万劫を経て十信へ
		一来は六万劫を経て十信へ
		不還は四万劫を経て十信へ
		阿羅漢は二万劫を経て十信へ
		独覚は一万劫を経て十信へ
	利なる者	万劫を経ず
疾い者	三昧に入ってすぐ他の仏土における仏の説法を聴く	

総相の典拠は先の『楞伽阿跋多羅宝経』巻二、別相の典拠は先の『大般涅槃経』巻二十二（T12:494b.蔵訳にない部分）、疾い者の典拠は先の『法華経』化城喩品である。遅い者はいずれも終教の十信に入ると規定されるが、迴心の二乗が大乗の十信に入るというのは当時の通説であり、吉蔵『法華義疏』巻七（T34:543b）や円測『解深密経疏』巻四（SZ21:271b）によれば特に真諦の説であったらしい。

しかるにのちの法蔵『大乗起信論義記』巻上（T44:244b）は『五教章』二乗迴心と異なる規定をしている。『五教章』は『楞伽阿跋多羅宝経』の「劫も覚めず」を八万劫・六万劫・四万劫・二万劫・一万劫などの総相の説と理解していたが、『大乗起信論義記』は同じ「劫も覚めず」を「万劫を経ず」と理解する。法蔵の思想が変化したのである。『五教章』梵文から見るかぎり「劫も覚めず」（ā kalpān na prabudhyate）とは劫の終わりまで覚めずという意味であるから、一劫の終わりまで覚めないと理解すべきであり、『大乗起信論義記』のほうが妥当である。実叉難陀の『大乗入楞伽経』の翻訳に参加した際に梵文を見るなり実叉難陀に聞くなりして考えを改めたのであろうか。

以上のように、二乗はまず始教や終教に入り（三昧から覚めた二乗は必ず終教のみに入る）、菩薩となった後に別教に迴入するのである。

五　智儼・義湘・法蔵における菩薩の迴入

これまでの検討を纏めれば、一闡提は迴心して声聞となったのち始教や終教の菩薩となり、二乗は迴心して始教や終教の菩薩となり、その後に別教に迴入する。それでは一体、別教一乗に迴入する時期はいつなのか。智儼『華厳経捜玄記』巻四下に次のようにある（丸数字は筆者が挿入）。

　一乗の行学に亦た始め有り。若し定学に依りて始めの分斉を明かさば、

①若し迴心の人に約せば、即ち非至定及び初禅定との等きを用って学の始めと為す。
②若し直進の人に拠らば、即ち光得意言定を用って初学の始めと為す。
③頓悟の人は意言無分別定を初めと為す。

一乗之行学亦有始。若依定学明始分斉者、若約迴心人、即用非至定及初禅定等為学始。若拠直進人、即用光得意言定為初学始。……頓悟人意言無分別定為初也。(T35：82b)

迴心とは始教の迴心教（迴心熟教）を指し、直進とは始教の直進教（直進初心・直進熟教）を指し、頓悟とは頓教とほぼ同じものを指す（詳しくは本研究第一部第一章を見よ）。①の非至定や初禅定は初地見道の依地であって、中間定を除く色界である。②の光得意言定は初地見道の前提をなす四尋思⑫・四善根の煖である。③の意言無分別定は初地見道の前提をなす⑬意言分別の遠離の依止である。つまり①②③で言われている定はすべて初地見道のための定である。よってこの文は迴心と直進と頓悟との菩薩が初地見道のために定を修し始めた時から一乗への迴入を始めたものであることが知られる。迴心と直進と頓悟との菩薩は初地見道のために定を修し始めるのである。

初地見道は真如を最初に見る段階である。三界共通の真如を見る段階であるので、真諦訳の論書はこの初地見道をしばしば「通」（共通）という表現によって説明する。

真諦訳『摂大乗論釈』巻七

又た但だ通観を観ずるのみを見道と名づく。

真諦訳『仏性論』巻四

通道とは、謂はく真如を観じて三界の煩悩を滅するぞ。(T31：200a. 他の諸訳にない部分)

通道者、謂観真如滅三界煩悩。(T31：807a)

それゆえ、智儼『孔目章』梵行品初明通観章は見道を通観と呼び、次のように述べる。

通観とは、通じて諸の惑を伏し、通じて惑の種を滅し、通じて諸の行を修し、通じて諸の理を観ず。故に通観と名づく。……若し方便に拠らば、即ち方便にして亦一乗に入るを。若し一乗の所得と為さば、即ち一乗に属す。若し一乗に迴向せむとには、即ち方便にして亦た一乗に入る。此れは三乗に順ず。若し一乗に迴向せむとには、知んぬ是れ一乗方便及び如実唯識意言等。此順三乗。若為一乗所目、即属一乗。若迴向一乗、知是一乗方便亦入一乗。(T45：550ab)

通観者、通伏諸惑、通滅惑種、通修諸行、通観諸理。……若拠方便、即順尋思及以如実唯識意言「尋思」とは②の光得意言定であり、「如実唯識意言」とは③の意言無分別定である。「若し一乗に迴向せむとには」とは一乗に迴入するという意味である。ここでも②や③という初地見道のための定が一乗に迴入するための方便と見なされている。

なお②の光得意言定について少しく注意したい。インドの唯識派は②を含む四善根を初地の直前に配し、法相唯識は特に十迴向満に配する。しかるに智儼は四善根を順に十信・十住・十行・十迴向に配する。『華厳経捜玄記』巻二上は十住の所得を「光増定と及び頂善根と」(T35：33c)と規定し、巻二下は十迴向の所得を「無間定と及び世間第一善根と」(T35：38a)と規定し、巻二下は十迴向の所得を「通行定と及び忍善根と」(T35：42c)と規定する。『華厳経』は十信を説かないのでここでは十信は言われていないが、『五十要問答』四尋思義においては明らかに四善根が順に十信・十住・十行・十迴向に配されている。

尋思の位地は煖と頂との両位に在り。若し修時章に準ぜば、則ち十住と十行と十迴向との位に在り。尋思位地在煖頂両位。若準修時章、在於十住及十行及十迴向。

如実智の位は忍と及び世第一法とに在り。若し修時章に準ぜば、十信と及び十解との位に在り。如実智位在於忍及世第一法。若準修時章、則在十信及十解位。

十迴向位。(T45：530b)

これはかなり異様な説であるが、修時章とは菩薩の十信・十住・十行・十迴向を声聞の四善根に例える真諦訳『摂大乗論釈』巻十一を指し（他の諸訳にない部分）、凝然『五教章通路記』巻三十八によれば、四善根を順に十信・十住・十行・十迴向に配する智儼の説は智儼の師である摂論宗の法常の説であるらしい。②の光得意言定は煖であるから、法常や智儼の解釈によれば十信である。ゆえに、始教の迴心教の菩薩の迴入を始め、始教の直進教の菩薩と頓悟の菩薩とは十信から一乗への迴入を見なさねばなるまい。始教と終教との菩薩が初地見道までに一乗に迴入するならば十地は一乗のみとなる。始教と終教とにおいて説かれる十地は理論の上での仮設であり、実践の上では存しない。

法蔵『華厳経探玄記』巻一はこれをはっきり述べている。

三に引為とは、謂はく彼は前の共教の菩薩、彼の教の中に於いて多時に深解を長養し、行布の教源を窮徹し、即ち当に此の普賢の法界を得べきが如し。既に云はく、「無量億那由他劫にも此の経を信ぜず」といひつ。此の普法を離れて更に余路の成仏を得べき無きを以っての故に。『経』に「彼は此の劫数を過ぎて猶ほ信ぜず」とは説かざるが故に。問ふ。若し彼は地前にて彼の根器を長養し務めて成熟せしむ。彼の教の中に於いては具さに行布の十地有りて漸時に乃ち仏果に至るといひ、彼の疾き者の如きは是れ即ち不定なり。極遅の者は〔地前にて〕此の劫数に至りて定めて当に〔別教に〕信入すべし。其の疾き者の如きは是れ即ち不定なり。準じて知る可きのみ。

三引為者、謂彼如前共教菩薩、於彼教中多時長養深解、窮徹行布教源、即当得此普賢法界。既云、「無量億那由他劫不信此経」。即知過此劫数必当信受。以離此普法更無余路得成仏故。『経』不説「彼過此劫数猶不

『華厳経』性起品に「無量億那由他劫にも此の経を信ぜず」とある無量億那由他劫は地前の一阿僧祇劫であって、『華厳経』を信じない共教(始教・終教・頓教)の菩薩も地前の一阿僧祇劫を経て十地に入る時には別教に入る。ゆえに共教の十地と別教の十地とは別でない。共教においては共教の行布の十地を経るが、それは共教の菩薩の根器を地前において長養し成熟せしめるための手段であって、実際には共教も一阿僧祇劫を経れば別教の円融の十地に入るのである。極遅の者は地前の一阿僧祇劫を経て別教に入り、疾き者はそれ以前に別教に入る。法蔵の弟子たちも法蔵に同じであって、慧苑『続華厳経略疏刊定記』巻一 (SZ3:584b) は権教 (共教に該当) において説かれる十地と仏地とについて、〔二乗に菩薩の行位を教えて〕摂引したり、〔地前の菩薩が見聞して〕根器を長養したりする点で実に非ずと述べる。また文超『自防遺忘集』巻四 (審乗『五教章問答抄』巻一所引。T72:623b) も三乗教 (共教に相当) の菩薩が別教一乗に入る時期について、略せば十住初心・十廻向満・初地のいずれかと述べる。

しかるに智儼の弟子であり法蔵の法兄である義湘のみは、三乗の最も鈍根なる人が阿羅漢や独覚や仏という自の究竟果に至ってのち別教一乗に迴入するという極果迴心説を説くのである。『華厳経問答』巻上に次のようにある。

最鈍根人如所聞教至自究竟果方迴入一乗見聞位。(T45:601a)

最も鈍根なる人は聞く所の教の如く自の究竟果に至りて方に一乗の見聞位に迴入す。

問ふ。何ぞ知らぬ三乗の極みは仏と為るも而も還た一乗に入ると。答ふ。『法華経』に云ふが如し。既に三車の処に至りて方に又た車を索むるが故に、仏は乃ち一車を与へたまふが故に、彼の三車の処は即ち三乗の果の喩へ

なるが故に、爾らざる可からず。

問。何知三乗極為仏而還入一乗也。答。如『法華経』云、既至三乗処方又索車故、仏乃与一車故、彼三車処即三乗果喩故、不可不爾也。(T45：601b)

三乗の極み、つまり阿羅漢や独覚や仏のうち、阿羅漢が妙浄土において同教一乗である『法華経』を聴き別教一乗の見聞位に迴入することは智儼も説いていた。おそらく独覚も同じであろう。問題となるのは仏である。義湘の説によれば、三乗教の仏は再び修行し直して別教一乗の仏となることになる。

ここで義湘が用いる自の究竟果という言葉について、智儼と法蔵との用例を検討したい。まずは智儼『孔目章』三種菩提章に次のようにある。

三種の菩提とは、一には声聞菩提、二には縁覚菩提、三には仏菩提なり。其の教の分〔斉〕に依りて自位の究竟を道と曰ふ。問ふ。声聞と縁覚とは既に究竟に非ず。何に因りてか仏と共に菩提の名を得む。答ふ。声聞と縁覚とは、若し仏に対せば、即ち究竟に非ず。若し当位に就かば、教の分斉は別に仏と作らず自の羅漢を成ずるを即ち究竟と為すに依り、故に別に菩提の名を得。

三種菩提者、一声聞菩提、二縁覚菩提、三仏菩提。依其教分自位究竟虚通曰道。問。声聞縁覚既非究竟。因何共仏得菩提名。答。声聞縁覚、若対於仏、即非究竟。若就当位、依教分斉不別作仏成自羅漢即為究竟、故別得菩提名。(T45：563b)

智儼は自位の究竟という言葉を声聞や縁覚や仏について用いており、義湘が自の究竟果という言葉を一乗に較べ低く見るのに対し、智儼は声聞と縁覚とを究竟に非ずと言うのみであって仏を究竟に非ずとは言わない。仏は必ず究竟なのである。それはおそらく別教一乗の仏以外に仏があり得ないのみであって他なるまい。

法蔵『五教章』建立乗には次のようにある。

是れ故に当に知るべし『法華』の中の三乗の人、三乗を求めむが為に門の外に出至するは即ち三乗俱に是れ出世間にして自位の究竟なり。

是故当知『法華』中三乗之人為求三車出至門外者即三乗俱是出世間自位究竟也。（Wu 76）

自位の究竟処に至るを以っての故に、後に皆な別教一乗に進入す。

以至自位究竟処故、後皆進入別教一乗。（Wu 69）

義湘は三車（三乗）を求めて火宅（三界）を出るという『法華経』の喩えを極果廻心説の例と見なしたが、法蔵は同じ喩えを三乗の出世の例と見なす。「梁の『摂論』に云はく、『五教章』が言う出世とは無漏を得ることであって（浄心 bzang po'i sems とは無分別智と相応する無漏の意識を指す。MSg I.57）、早ければ十住（十解）、遅くとも確実に無漏を得る初地までを自位の究竟としたものであり、先の智儼の説や『華厳経探玄記』に等しいと考えられる。

よって、三乗教の仏が別教一乗に廻入するという義湘の説は智儼と法蔵との説のうちに見出だし得ないと結論し得る。義湘の考えは『華厳経両巻旨帰』や『法鏡論』等に見られたような地論宗の行位説、すなわち、別教によって修行して仏となった後に通教に転入し、通教によって修行して仏となったのちに通宗の「信位」に入ると説く主張に基づくものである[20]が、そうした地論宗の行位説を用いることは智儼の華厳教学の本意ではなかったであろう。

以上、少なくとも智儼や法蔵においては別教に廻入するのは必ず始教や終教や頓教の菩薩からであり、その廻入は初地見道までに終了することが確認された。

六　おわりに

別教は始教や終教や頓教から迴入されるものであり、その点においては智儼と義湘と法蔵との間にほぼ似通った思考が認められた。しかるに義湘や法蔵は一闡提の救済を論ぜず、また義湘は地論宗に傾斜して極果迴心を説き、それぞれ智儼からの微妙な変容を示してもいた。そうした変容については、すでに本研究第一部第一章において智儼と法蔵との間に指摘したのであったが、これまでの各章を通じてそれが明確になってきたと考える。

別教における修行は始教や終教や頓教における修行を完成させるものであると等しく認めるにせよ、義湘や法蔵はそれぞれの傾向によって智儼の思想を変容させていったのである。続く第二部・第三部においては、修行ではなく唯識説について、智儼から義湘、智儼から法蔵への展開を検討する。

注

（1）入法界品を注釈する『華厳経捜玄記』巻五上に「二闡狭者、唯在大乗心。小菩薩声聞凡夫不説入法界」（T35:87c-88a）とあるのも同じ意味と考えられる。

（2）現世において前世からの種子を有する、という智儼の考えかたは必然的に種子生種子の因果を前提する。智儼『孔目章』習気稠林章は薫習を「大分有二。一種子薫習、二上心薫習」（T45:574b）と説くが、種子薫習は種子生種子の因果、上心薫習は現行薫種子の因果と考えるべきである。

（3）最澄『法華秀句』巻中末（DDZ3:192-193）所引の新羅の義栄の言葉によれば、法相唯識は①を不善法如、③を無記法如、④を果

仏性として②を説明せず、摂論宗の霊潤は①を不善五陰、②を善五陰、③を無記五陰、④を仏果五陰とした。霊潤が地論宗の慧遠『大乗義章』仏性義（T44:437b）において説かれる凡夫不善陰・地上善陰・仏果陰の三種五陰の説より来るものにして、「大乗義章」の三種五陰の説より来るものにして、吾人は、地論家の思想が、摂論家霊潤に継承せられたが「殊に霊潤の四種五陰は、『大乗義章』の三種五陰の説より来るものにして、これによって智儼が法相唯識とも霊潤とも異なる独特の説を唱えたことが知られる。

（4）基『妙法蓮華経玄賛』巻一「然性有二。一理性、二勝鬘」所説如来蔵是。二性性、前皆有之、後性或無。談有蔵無、説皆作仏。依『善戒経』『地持論』中、唯説有二。一有種姓、二無種姓。彼『経』『論』云「性種姓者、無始法爾六処殊勝、展転相続」。此依行性、有種姓也。無種姓人、無種性故、雖復発心勤行精進、終不能得無上菩提。但以人天善根、而成就之。即無性也」。（T34:656ab）。

（5）深浦正文［1954:265］に「『阿頼耶識の』識体は、一切有情の中無余依涅槃に入る声聞・独覚に在ってのみ言われ、無余依涅槃においては言われない。『瑜伽師地論』摂決択分中有余依及無余依二地によれば、「問。何因縁故無有差別、所以者何、諸声聞等有残障於無余依涅槃界中而般涅槃、仏一切障永無所有。答。於此界中一切衆相及諸麁重皆永息故。」とある。『瑜伽師地論』摂決択分中有余依及無余依二地によれば、漸入滅定滅転識等、次異熟識捨所依止、由異熟識無有取故、諸転識等不復得生、唯余清浄無為離垢真法界在。rim gyis 'gog pa la snyoms par 'jug la 'jug pa'i rnam par shes pa 'gog par byed cing | de'i 'og tu kun gzhi'i rnam par shes pa'i gnas spong bar byed de | kun gzhi rnam par shes pa rgyu med pa mi skye bas | de lta bu ma byas pa'i dbyings rnam par dag pa dri ma med pa lus so|」（T30:748a. Lambert Schmithausen［1969:46-49］. 漢訳と蔵訳の相違については同書の注を見よ）。なお如来は無余依涅槃に入ってのち識を生じて出ることも可能である。二乗にそれが不可能なのは、彼等に本願がなく、種姓が本来そのようであり、意楽もないからに他ならない。これに続く有余依及無余依二地の箇所を見よ。

（6）この偈を含む『楞伽阿跋多羅宝経』の一節については高崎直道［1980b:347-361］を見よ。

（7）『瑜伽師地論』摂決択分中有余依及無余依二地においては、二乗が残す煩悩〔の習気〕は有余依涅槃においてのみ言われ、無余依涅槃においては言われない。「問。何因縁故無有差別、所以者何、諸声聞等有残障於無余依涅槃界中而般涅槃、仏一切障永無所有。答。於此界中一切衆相及諸麁重皆永息故。」nyan thos dang de bzhin gshegs pa la ci'i phyir bye brag med de | 'di ltar nyan thos ni sgrib pa dang bcas pa bzhin du phung po'i lhag ma med pa'i mya ngan las 'das pa'i dbyings su yongs su mya ngan las 'da' la | de bzhin gshegs pa ni thams cad kyi sgrib pa mnga' ba yin zhe na | phung po'i lhag ma dang bcas pa la ni sgrib pa dang bcas pa dang sgrib pa med pa rnam par gzhag pa yod kyi | phung po'i lhag ma ngan las 'das pa'i dbyings la gnas pa la bcas pa dang sgrib pa med pa rnam par gzhag pa med pa yin no | smras pa | dbyings la gnas pa

(8) 実際に、如来蔵思想に立つ菩提留支『金剛仙論』は「寂滅声聞」の入る無余依涅槃を「寂滅定」(滅尽定)と見なしている。

pa la ni sgrib pa rnams par gzhag pa med do∥」(T30:748bc. Lambert Schmithausen [1969:52-54])。

(9) これは文字どおりに三界の外なのではなく、『大智度論』巻三十八 (T25:340a) が諸仏の浄土について「在地上故不名色界、無欲故不名欲界、有形色故不名無色界」と説くのと同じ意味かと考えられる。三界の外に何かが実在するという考えは、少なくともインド仏教においては確認しがたい。「在地上」「無欲」「有形色」というのは、結局、形色があり地上である欲界にあって、しかも欲を離れていることに他ならず、阿羅漢が「三界に生ぜず」というのも、単に三界の惑業苦の輪廻の法則を離れていることを指すのでなかろうか。

(10) なお『五教章』二乗廻心は八万劫・六万劫・四万劫・二万劫・一万劫という別相の劫は十信において経られるのであって十信以前の三昧において経られるのではないという有義をも挙げる。これは吉蔵『法華義疏』巻四 (T37:728a) の説である。しかし三昧において劫を経るという『楞伽阿跋多羅宝経』を総相の説と見なす以上、有義を可とする意図は法蔵にはなかったであろう。

(11) 『大乗入楞伽経』は久視元年 (700) に実叉難陀による訳出が終了し、長安二年 (702) に弥陀山による再勘が終了した。『大乗起信論義記』は法蔵により義湘 (625-702) に贈られたが、吉津宜英 [1991:142] はそれを聖歴三年 (700) 頃のことと推定する。『大乗起信論義記』執筆の頃に『大乗入楞伽経』翻訳に携わっていた可能性は高い。

(12) 名 (naman. 単語) と義 (vastu. 単語の表わされる事物) と自性 (svabhāva. 単語の表わす性質) と差別 (viśeṣa. [単語の] 集合たる) 文章の表わす特徴」との四つを観察すること。真諦訳『摂大乗論釈』巻八 (T31:210c-211a) を見よ。三尋思とは『摂大乗論釈』巻七 (T31:210c) の文「義有二種。一自性、二差別」に基づいて義を省くものであり、六尋思とは『摂大乗論釈』巻七 (T31:210c) の「五十要問答」四尋思義 (T45:529a) は四尋思が纏まれば三尋思、開けば六尋思になると主張する。真諦訳『摂大乗論無性釈』に基づいて名と義とのそれぞれに自性と差別とを開くものであるが、摂論宗の法常 (567-645) のもとで智儼と同学であった円測『成唯識論疏』も六尋思を述べていたらしく、慧沼『成唯識論了義燈』巻七本 (T43:795b) の破斥を受けている。

(13) 真諦訳『摂大乗論釈』巻七 (T31:199c-205a) を見よ。

(14) 真諦訳『摂大乗論釈』巻十一には「願楽行人自有四種。謂十信十解十行十廻向。為菩薩聖道有四種方便、故有四人。如須陀洹道前有四種方便」(T31:229b) とある。これは菩薩の願楽行 (adhimukti-caryā[-bhūmi]) に十信・十解・十行・十廻向があるのを、声聞の預流果の前に煖・頂・忍・世第一法があるのに比する説であるが、船山徹 [2000:135-140] が指摘する南斉の僧宗の説「従此四意止

第1部 大乗始教・大乗終教・別教一乗の構造　146

(15) 凝然は定賓『四分律飾宗義記』巻七本に「常法師云。此四善根、如其次第、以配地前四十心位。謂准『本業瓔珞経』、於十住前更加十信」(SZ42：210bc)とあるのを引いて、「至相寺智儼大師、是華厳宗第二高祖、承梁『摂論』於常法師。故『捜玄記』釈『華厳経』地前四会十位(住?)已上、配頂忍世第二(?)」(T72：512c)と述べる。なお『成唯識論本文抄』巻四十に「諸釈皆在初劫末。然有人云。『十住第六堕声聞辟支仏地、如舎利弗等』。〈此釈符常法師義〉」(T65：735c)とある。法常は『菩薩本業瓔珞経』において説かれる菩薩の退堕である第六住を『大品般若』において説かれる菩薩の煖・頂・忍・世第一法と理解したらしい。

(16) 『華厳経』性起品に「仏子、菩薩摩訶薩雖無量億那由他劫行六波羅蜜修習道品善根、未聞此経、雖聞、不信受持随順、是等猶為仮名菩薩。kye rgyal ba'i sras byang chub sems dpa' sems dpa' chen po bskal pa bye brag khrig brgya stong mang por pha rol tu phyin pa drug yang dag par bsgrub pa dang | byang chub kyi phyogs kyi chos yang dag par bsgrub pa la mngon par brtson pa byas kyang de bzhin gshegs pa'i che ba nyid bsam gyis mi khyab pa 'di ma thos sam | thos nas kyang yid mi ches shing dang ba med de mi 'jug khong du chud par mi byed na | byang chub sems dpa' de ni | byang dag par byung ba ma yin no ||」(T9：630a. BAS〈P〉Shi137b7-138a1)とある。

(17) 石井公成［1996：277］は無量億那由他劫を地前の一阿僧祇劫と見なさず、三乗の菩薩が行布の「十地を進んでいく過程」において「根器を長養」し無量億那由他劫を経ると理解する。しかるに慧苑『続華厳経略疏刊定記』巻一(SZ3：584b)自身が「彼は地前にて彼の劫数を過ぎて必ず信受す」と述べている以上、石井の理解は誤りである。後に触れるように権教に「実の十地と仏地と無」［1996：277］しと述べた上で権教の菩薩が「根器を長養」すると理解する。ゆえに無量億那由他劫は地前の一阿僧祇劫と見なすべきである。

(18) 石井公成［1996：276–279］。
(19) 『孔目章』賢首品初立発菩提心章に「菩提梵語、此翻名果道」(T45：549a)とある。
(20) 石井公成［1996：277］。

第二部　大乗始教・大乗終教の論理

第一章　始教の阿頼耶識と終教の阿頼耶識

一　はじめに

　第一部においては智儼の創設した初期華厳教学が、小乗から別教までの段階によって、修行者を完成された唯識説に導くものであることを確認した。また、始教と終教と別教との唯識説が同一の識を別々の角度から説くものであり、別教の唯識説はただ無尽を説くという点でのみ始教と終教との唯識説を完成させるものであることを確認した。
　しかるに日本の伝統的な華厳教学の見解によれば、始教の唯識説と終教の唯識説とは相い容れないもので、始教のそれはまったく方便、終教のそれはまったく真実のように説かれている。このような見解はいかにして生じたのか。
　この第二部においては、智儼における始教と終教との唯識説と、法蔵における始教と終教との唯識説とを比較しつつ検討し、智儼が始教と終教とを一なる『摂大乗論』の中に摂め、両者の間に通底を認め、ともに真実と主張するのに対し、法蔵は始教の代表を『成唯識論』、終教の代表を『大乗起信論』と規定し、両者の間の通底を断ち切って、前者は方便、後者は真実と主張することを論証する。それはすなわち、智儼が創設した初期華厳教学が法蔵によって終焉させられる過程を追うことに他ならない。
　本章においてはまず智儼における始教と終教との阿頼耶識と、法蔵における始教と終教との阿頼耶識とを検討する。

阿頼耶識は環境や身体を現出する識であり、凡夫が外界として信じているそれらのものは実は阿頼耶識によって現出せられた像にすぎない。いわば唯識説の唯識説たる所以であるこの識は、迷いの根拠であると同時に悟りの根拠でもある。インドにおいて、唯識派は本性住種姓（声聞乗種姓・独覚乗種姓・菩薩乗種姓・不定種姓）を阿頼耶識中の種子と見なし、すでに確認したとおり、菩薩乗種姓を持つ者にのみ成仏を認める。如来蔵思想は阿頼耶識を如来蔵と見なし、あらゆる者に成仏を認める。

唯識派においては阿頼耶識は生滅の事に属するのみならず、不生不滅の理にも属する。この相違は始教と終教との相違として把握される。以下、検討を始めたい。

二 智儼における始教の阿頼耶識と終教の阿頼耶識

『摂大乗論』所知依分は所知依（知られるべきものの所依）である阿頼耶識を説く箇所である。その宗趣（説示の内容と目標）を注釈したものであろう『摂大乗論無性釈論疏』（均如『釈華厳教分記円通鈔』巻三所引）に次のようにある。

彼の『疏』に云はく。

二に宗趣とは、阿頼耶識を用って宗趣と為す。頼耶に二種有り。一には法住智の明かす所の頼耶。即ち果報識ぞ。初の迴心の人の為なるが故に。二には勝義智の明かす所の頼耶。即ち無生如来蔵ぞ。根熟の菩薩の為なるが故に。若し此の分に依らば、異熟頼耶を以って宗と為し、無生頼耶を以って趣と為す。〈已上〉

彼『疏』云。二宗趣者、用阿頼耶識為宗趣。頼耶有二種。一法住智所明頼耶。即果報識也。為初迴心人故。

二勝義智所明頼耶。即無生如来蔵。為根熟菩薩故。若依此分、以異熟頼耶為宗、以無生頼耶為趣。〈已上〉

(K47：183c)

ここでは初の迴心の人のために説くのが「法住智の明かす所の頼耶」である果報識と規定され、根熟の菩薩のために説くのが「勝義智の明かす所の頼耶」である無生如来蔵と規定されている。

まず、果報識つまり異熟頼耶とは、前世の業を原因として今世の環境や身体を結果する阿頼耶識である。業は善・悪であるが環境や身体は善・悪でなく無記(白紙状態)なので、善・悪が無記へと異なって熟した異熟識と言われる。

これを説かれる初の迴心の人とは、菩薩へと迴心する声聞であって、『五十要問答』諸経部類差別義においては根熟の声聞とも呼ばれている。『五十要問答』諸経部類差別義はこれを終教と見なす。

三乗教の初教の文中に依らば、異熟頼耶を始教〔の迴心教〕と見なす。

依三乗教初教文中、立有異熟頼耶受熏成種。(T45：522c)

また、無生不滅の如来蔵である阿頼耶識である。これを説かれる根熟の菩薩とは、菩薩の機根が熟した声聞であって、『五十要問答』諸経部類差別義においては根熟の声聞と異なって熟した異熟識と言われる。『五十要問答』

『涅槃経』等と及び『大品経』とは三乗終教なり。根熟の声聞の為めに説くが故に。

『涅槃経』等及『大品経』三乗終教。為根熟声聞説故。(T45：523b)

つまり、智儼は『摂大乗論』の中に始教と終教との二教を認めるのである。

①広慧よ、是の如く菩薩は法住智を依止と為し建立と為すに由るが故に心・意・識の秘密に於いて善巧なりと雖と勝義智との区別は玄奘訳『摂大乗論世親釈』巻一に引用される『解深密経』心意識相品の文による。法住智果報識と無生如来蔵とはそれぞれ「法住智の明かす所の頼耶」「勝義智の明かす所の頼耶」と規定される。法住智

も、然るに諸の如来は此の施設に於いて彼を心・意・識の一切の秘密に於いて善巧なる菩薩と為すとは斉しからず。

広慧、如是菩薩雖由法住智為依止為建立故於心意識秘密善巧、然諸如来不斉於此施設彼為於心意識一切秘密善巧菩薩。(T31：324c–325a)

blo gros yangs pa de ltar byang chub sems dpa' chos kyi lugs shes pa la brten cing chos kyi lugs shes pa la gnas nas | sems dang yid dang rnam par shes pa'i gsang ba la mkhas pa yin yang de bshin gshegs pa ni byang chub sems dpa' sems dang yid dang rnam par shes pa'i gsang ba la mkhas par 'dogs na de tsam gyis thams cad kyi thams cad du mi 'dogs so || (Saṃdh 57)

②広慧よ、若し諸の菩薩、内に於いて各別に、実の如くに阿陀那を見ず、阿陀那識を見ず、阿頼耶を見ず、阿頼耶識を見ず、積集を見ず、心を見ず、眼色と及び眼識とを見ず、耳声と及び耳識とを見ず、鼻香と及び鼻識とを見ず、舌味と及び舌識とを見ず、身触と及び身識とを見ず、意法と及び意識とを見ずば、是れを勝義に善巧なる菩薩と名づく。

広慧、若諸菩薩、於内各別、如実不見阿陀那、不見阿陀那識、不見阿頼耶、不見阿頼耶識、不見積集、不見心、不見眼色及眼識、不見耳声及耳識、不見鼻香及鼻識、不見舌味及舌識、不見身触及身識、不見意法及意識、是名勝義善巧菩薩。(T31：325a)

blo gros yangs pa gang gi phyir byang chub sems dpa' nang gi so so rang gi len pa mi mthong | len pa'i rnam par shes pa 'ang mi mthong la | de 'ang yang dag pa ji lta ba bzhin du yin pa dang | kun gzhi yong mi mthong kun gzhi rnam par shes pa 'ang mi mthong | bsags pa 'ang mi mthong | sems kyang mi mthong | mig kyang mi mthong | gzugs kyang mi mthong | mig gi rnam par shes pa 'ang mi mthong | rna ba 'ang mi mthong | sgra 'ang mi mthong |

①の法住智とは仏によって施設され開示された法を正しく理解する智を指す。『瑜伽師地論』本地分中有尋有伺地に次のようにある。

云何ぞ法住智を以ってするや。謂はく仏の施設し開示したまふが如く無倒に知るなり。
云何以法住智。謂如仏施設開示無倒而知。(T30: 327c)
kathaṃ dharmasthitijñānena. yathā Bhagavatā prajñaptaḥ prakāśitas tathā jñātavyaḥ. (YBh 229, 5–6)

仏によって施設され開示された法を、菩薩は法住智によって正しく理解し、心・意・識の秘密に善巧であるのと斉しくないと言われる。この菩薩こそが諸の如来に心・意・識の秘密に善巧となる。しかし諸の如来は菩薩が施設において心・意・識を見ない菩薩こそ勝義なる菩薩であると言う。
②は心意識を見ない菩薩が施設した心・意・識の秘密を果報識と解釈し、仏の知見そのままに心・意・識に斉しいのである。
つまり智儼は仏が施設した心・意・識の秘密を果報識と解釈して、それぞれ始教と終教とに配するのである。先の『摂大乗論無性釈論疏』において、始教において、果報識は生如来蔵と解釈して、「初の迴心の人の為なるが故に」と説かれていた。仏は声聞・縁覚の二乗を菩薩に迴心させるために、始教において、果報識を施設し安立するかと言えば、『五十要問答』心意識義に次のよう敢えて果報識を施設し安立する。なぜ敢えて果報識を

rna ba'i rnam par shes pa 'ang mi mthong | sna 'ang mi mthong | dri 'ang mi mthong | sna'i rnam par shes pa 'ang mi mthong | lce 'ang mi mthong | ro 'ang mi mthong | lce'i rnam par shes pa 'ang mi mthong | lus kyang mi mthong | reg bya 'ang mi mthong | lus kyi rnam par shes pa 'ang mi mthong | blo gros yangs pa gang gi phyir byang chub sems dpa' nang gi so so rang gi yid kyang mi mthong | chos rnams kyang mi mthong | byang chub sems dpa' yid kyi rnam par shes pa 'ang mi mthong la | de 'ang yang dag pa ji lta ba bzhin du yin pa de ni | byang chub sems dpa' don dam pa la mkhas pa zhe bya ste | de bzhin gshegs pa 'ang byang chub sems dpa' 'ang byang chub sems dpa' ni sems dang yid dang rnam par shes pa'i gsang ba la mkhas pa yin par 'dogs so || (Saṃdh 57–58)

第2部　大乗始教・大乗終教の論理　154

迴心の声聞の未だ法空に達せざるものの為に、権に異熟相を挙げ漸やく小乗を引く。

すなわち、小乗の声聞・縁覚は法有かつ生滅である六識を信じきっており、仏は方便として、まずは法有かつ生滅かつ不生不滅の阿頼耶識である無生如来蔵をすぐに信ずることができないので、大乗の菩薩のように法有かつ生滅かつ不生不滅の阿頼耶識である果報識（異熟識）を説いて、信じやすくするのである。ゆえに『孔目章』明難品初立唯識章は異熟識を二乗の道理と呼ぶ。

又た二乗の道理に依らば、『瑜伽論』に説くが如し、広く頼耶の熏習と種を成ずるとを弁じ、異熟生滅報の分を判定す。

又依二乗道理、如『瑜伽論』説、広弁頼耶熏習成種、判定異熟生滅報分。（T45：547b）

重要なのは、智儼の考えによれば、先の『解深密経』は果報識を説きながらも果報識を見ないことも説き、果報識が方便であることを自ら語っているということである。始教自らが果報識を方便であると語ることによって、始教において果報識を理解した声聞を、さらに終教の無生如来蔵へと向かわせるのである。始教にはそうした二面的な役割があるのである。

さて始教が説く果報識は法有かつ生滅の阿頼耶識であり、終教が説く無生如来蔵は法空かつ不生不滅の阿頼耶識である。両方の阿頼耶識を説くのが『摂大乗論』は法有を説きながらも法空をも説くことになる。ここで注目されるのが『摂大乗論無性釈論疏』巻一（順高『起信論本疏聴集記』巻三本所引）に出る人遍計と法遍計との区別である。

爾る所以は、此の『論』の中には（心）数の分斉の多少を明かさず、又た小乗の入道の方便に約して以って道品と理事と因果とを明かし、又た法遍計を説くと為す。所説の人遍計は『雑集論』の相形に法を取るに対して則ち

155　第1章　始教の阿頼耶識と終教の阿頼耶識

知ることを得。

ここでは『摂大乗論』は法遍計を説き『阿毘達磨雑集論』は人遍計を説くと言われている。人遍計と法遍計との区別はおそらく『孔目章』人法二空章が説く人我執と法我執との区別に等しい。

『孔目章』明難品初立唯識章に次のようにある。

大乗初教は彼の愚法声聞の分別実執に対し即ち是れ其の真なり。未だ法空を尽くさざるは即ち是れ其の妄なり。（T45：547b）

大乗初教対彼愚法声聞分別実執即是其真。未尽法空即是其妄。

つまり法遍計や法我執とは阿頼耶識を法有の果報識と見ることである。智儼の考えによれば、阿頼耶識を法有の果報識と見ることは『摂大乗論世親釈』所引の『解深密経』が阿頼耶識を法空の無生如来蔵と見ることによって遍計（執着）として否定されるので、『摂大乗論』は法遍計を説くと言われるのであり、また、『阿毘達磨雑集論』は（法遍計を説かず）人遍計を説くと言われるのは阿頼耶識を果報識と見るのみで無生如来蔵と見ないので、

所以爾者、為此『論』中不明数分斉多少、又約小乗入道方便以明道品理事因果、又説法遍計。所説人遍計対『雑集論』相形取法則得知也。（DBZ92：135b）

法我執について「法空は三乗に在りて而も未だ清浄ならず、至一乗究竟浄。」とあるのは始教が果報識の法有を主張するのを指す。

人法二空者謂人空法空。人我執無処所顕真如名人空。法我執無処所顕真如名法空。人空通小乗而未清浄、至三乗方清浄。法空在三乗而未清浄、至一乗究竟浄。（T45：568b）

三乗に在りて而も未だ清浄ならず、一乗に至りて究竟して浄なり。人空は小乗に通じて而も未だ清浄ならず、三乗に至りて方に清浄なり。法空は

このように『解深密経』によって果報識を否定することは、実は『摂大乗論世親釈』の最初の訳者である真諦が唱えたものである。真諦訳『摂大乗論釈』巻一所引の『解節経』の文（先の『解深密経』の文に同じ）を、真諦『摂大乗論義疏』（円測『解深密経疏』巻三所引）は次のように注釈する。

真諦の『記』に云はく。

菩薩若し此の如く前来の識と色との等きを見ば、此れは俗解に依る。実の如くに前より来のかた明かす所の識の義を見ざるに由りて、仏は此の人は心・意・識の秘密義を解すと記説したまはず。実の如くに前より来たまふ所の識の義を見るに由りて、仏は方に此の人は心・意・識の秘密義を解すと記説したまふ。此れは識の虚妄無所有即ち真なりと明かす。本の秘密に達するに由りて、虚妄の末に於いて方に始めて明了なり。

真諦『記』云。菩薩若如此前来見識色等、此依俗解。仏不記説此人解心意識秘密義。由如実不見前来所明識義、仏方記説此人解心意識秘密義。此明識虚妄無所有即真。由達本秘密、於虚妄之末方始明了也。（SZ21: 250a）

これによって、真諦が識すなわち果報識などを俗と解釈し、識の「虚妄無所有」を真と解釈していたことが知られる。この解釈はおそらく摂論宗に継承されていたのであり、智儼はそれを承けているのである。

さて上の『解深密経』の文は阿頼耶識を二つ説いているわけではないが、冒頭において確認したとおり無性釈論疏』は果報識と無生如来蔵との二つの阿頼耶識を説いていた。これは周知のように真諦訳『摂大乗論釈』巻一（T31: 156c-157a）が阿梨耶識（阿頼耶識）の教証である『阿毘達磨大乗経』偈、

此の界は無始時より　一切の法の依止なり
若し有らば諸道も有り　及び涅槃を得るも有り

此界無始時　一切法依止　若有諸道有　及有得涅槃

anādikāliko dhātuḥ sarvadharma-samāśrayaḥ |
tasmin sati gatiḥ, sarvā nirvāṇādhigamo 'pi ca || (TrBh 37, 12-13)

の「界」に対し、果報識と如来蔵との二とおりの解釈を与えていることによる(他の諸訳は果報識とのみ解釈する)。真諦訳『摂大乗釈』は果報識と如来蔵とのどちらが正しいとも言わないが、『摂大乗論無性釈論疏』(均如『釈華厳教分記円通鈔』巻三所引)は無生如来蔵を究竟の応知依止と見なす。

彼の『疏』の前の文に云はく。

此れ等の『疏』の文に拠るに、無生頼耶及び如来蔵頼耶と、是れ究竟なり。

彼の『疏』前文云。拠此等文、無生頼耶及如来蔵頼耶、是究竟依。(K47：183c)

一説によれば、これも真諦によって唱えられた説であったらしい。真諦訳『摂大乗論釈』応知依止勝相品(玄奘訳の所知依分)に対する真諦『摂大乗論義疏』(道邃『天台法華玄義釈籤要決』巻三所引)に次のようにある。

真諦三蔵、依止勝相を釈して云はく、「依止と言ふは、依といふは謂はく所依ぞ。略して二種有り。一には梨耶、二には菴摩羅なり。二の依止が中に於いて此の九識則ち正しき応知依止と為すに当たる。

真諦三蔵釈依止勝相云、「言依止者、依謂所依也。略有二種。一者梨耶、二者菴摩羅。於二依止中此九識則正応知依止」。弁相等師釈真諦『論』皆作是説、当旧釈菴摩羅為正依止。(DBZ15：44a)

これによれば、真諦は果報識である阿梨耶識の他に如来蔵である第九菴摩羅識を挙げ、正しい応知依止(所知依)と見なしていたといい、智儼が無生如来蔵を究竟の依止と見なすのと等しい。ただし「弁相等の師」とある弁相(555-627)は地論宗の慧遠(523-592)の弟子から地論系摂論宗の祖、曇遷(542-607)の弟子となった人物であって、地論えに、智儼の解釈は真諦に遡る摂論宗の解釈であると言うことができる。ゆ知られるべきもの〔=染浄〕の依止)と見なしていたといい、智儼が無生如来蔵を究竟の依止と見なすのと等しい。ただし「弁相等の師」とある弁相(555-627)は地論宗の慧遠(523-592)の弟子から地論系摂論宗の祖、曇遷(542-607)の弟子となった人物であって、地論

第2部 大乗始教・大乗終教の論理　158

宗から摂論宗に移った地論系摂論宗の者には『大乗起信論』によって如来蔵を依止として強調する傾向が強かった。弁相『摂大乗論疏』（珍海『八識義章研習抄』巻上所引。T70：650c）や弁相の弟子の霊潤『摂大乗論義疏』『摂大乗論玄章』（道宣『続高僧伝』巻十五所伝。T50：546c）は『摂大乗論』の阿頼耶識（阿梨耶識）を『大乗起信論』の心生滅門（如来蔵）とによって解釈している。均如『釈華厳教分記円通鈔』巻三によれば、『摂大乗論無性釈論疏』もまた無生如来蔵を『大乗起信論』の心真如門と解釈していたといい、智儼は真諦その人よりも弁相や霊潤ら地論系摂論宗から多く影響を受けているのである。霊潤と智儼との間に確実に影響関係が存したことは別章において証明する。

さて、そうした地論系摂論宗の先達の傾向を受け継ぎつつ、智儼は法相宗所依の経論をも地論系摂論宗の流儀によって解釈する。まずは『摂大乗論無性釈』巻一の文を挙げる。

異熟識は是れ所知性なるに由るが故に相違せず。

由異熟識是所知性故不相違。（T31：381a）

shes bya nyid kyang rnam par smin pa'i rnam par shes pa dang mi 'gal lo | (MSgU ⟨D⟩Ri192a2, ⟨P⟩Li234b6)

『摂大乗論無性釈論疏』巻一（均如『釈華厳教分記円通鈔』巻三所引）はこの文を次のように注釈する。

『無性疏』の初巻に云はく。

「異熟識は是れ所知性なるに由るが故に相違せず」とは、究竟の頼耶の体性は是れ無生如来蔵なり。体性は甚深にして浅識の境に非ず。

『無性疏』初巻云。「由異熟識是所知性故不相違」者、究竟頼耶体性是無生如来蔵。体性甚深非浅識境。（K47：183c）

『五十要問答』心意識義に次のようにあるのも同じ文に対する解釈である。

故に『無性摂論』に云はく、「今異熟頼耶を立つるも此れ亦た傷つくる無し」といふ。既に傷つくる無しと知んぬ、故に権立と知る。

故に『無性摂論』云、「今立異熟頼耶此亦無傷」。既知無傷、故知権立。（T45：522c）

本来、所知依とは知られるべきもの（＝染浄）の所依という意味であると考えた。『摂大乗論無性釈』の原意によれば、「異熟識は是れ所知性なるに由るが故に所依に相違せず」とは、「所知性（知られるべきもの＝染浄）の所依であると同時に知られるべきもの（＝染浄）は異熟識と相違しない」という意味であって、つまり、異熟識は知られない所依であるでもあると理解される。しかるに智儼はこの文を、異熟識（果報識）は〔浅薄な識によって〕知られるべき所依であり、無生如来蔵は〔浅薄な識によっては〕知られない所依であると語ることによって、始教において異熟識が権立であると理解した声聞を、さらに終教の無生如来蔵へと向かわせるのである。自ら権立であると自ら語っているのである。

智儼によれば、始教の文献は異熟識を説きながらも異熟識が権立であることを主張する。まず『五十要問答』心意識義に次のように先に『摂大乗論世親釈』に引かれていた『解深密経』の文は『瑜伽師地論』摂決択分中菩薩地においても引かれる。『起信』に既に『瑜伽』は声聞は先に異熟智儼はこの『瑜伽師地論』をも用いて果報識が権立であることを主張する。まず『五十要問答』心意識義に次のように

始教にはそうした二面的な役割があるのである。

にある（丸数字①②は筆者が挿入）。

義若し此の如くば、何が故に『瑜伽論』に①「異熟の受熏は愚者の為に説けり」②「内に於いて外に於いて、熏習有ること無し、即ち蔵住を見ずと、能く是の如く知る者、是れを菩薩摩訶薩と名づく」といふ。今此の意を会せむ。『起信論』は直進の菩薩は縁起相即を識り無生に会を識り後に無生を知りて観行に順ずと為対するが故に、今の真如を熏ずといひつるは、何に因りてか熏習を成ずと弁じつる。

160　第2部　大乗始教・大乗終教の論理

すと為すが故に、別なる説を作せり。

義若如此、何故『瑜伽論』「異熟受熏為愚者説」「於内於外、無有熏習、即不見蔵住、能如是知者、是名菩薩摩訶薩」。『起信』既熏真如、因何弁成熏習。今会此意。『瑜伽』為対声聞先識異熟後知無生順観行故、今『起信論』為直進菩薩識縁起相即会無生故、作別説。（T45：522c）

また『孔目章』明難品初立唯識縁章に次のようにある

後に『論』に判じて言わく、①「上来の所説は我れ愚痴無智の者の為に説けり」といふ。義は愚痴無智と言ふは即ち是れ声聞なり。又た『論』に云はく、②「我れは是の如く阿頼耶を説くに斉しからず。若し頼耶と及び陀那識との等きを知りて、内に於いて外に於いて、蔵住を見ずと、菩薩の為に説くは即ち是れ其の妄なり。当に知るべし無智の為に説くは即ち是れ其の真なり」といふ。（丸数字①②は筆者が挿入）。

後『論』判言、「上来所説我為愚痴無智説」。義言愚痴無智即是声聞。又『論』云、「我不斉如是説阿頼耶。若知頼耶及陀那識等、於内於外、不見蔵住、能如是知者、是名菩薩菩薩」。当知為無智説者即是其妄、為菩薩説者即是其真。（T45：547b）

さらに『摂大乗論無性釈論疏』巻一（均如『釈華厳教分記円通鈔』巻三所引）に次のようにある（丸数字①②は筆者が挿入）。

問ふ。云何ぞ知ることを得むや、無生如来蔵は是れ究竟の頼耶の体なり、果報は究竟の所依性に非ずと。答ふ。『瑜伽論』に云はく、①「上の所説の如きは我れ愚痴無智の者の為に説けり」といふ。又た菩薩決択に依りて云はく、②「乃至広恵よ、若し諸の菩薩、内に於いて各別に、実の如くに阿陀那を見ずば、阿陀那識を見ずば」等といふ。〈已上〉

問。云何得知、無生如来蔵是究竟頼耶体、果報非究竟所依性。答。『瑜伽論』云、依声聞決択広釈頼耶異熟

これら三つにおいては『瑜伽師地論』から①②の同じ文を引いて、

① 異熟識（果報識）が声聞のために説かれた教えであること
② 識や熏習を見ないことが菩薩のための教えであること

が言われている。①は『瑜伽師地論』摂決択分中五識身相応地意地が阿頼耶識の存在の論証をしてしばらく次のように説くのを指す。

余処に顕はせる所の心・意・識の理は但だ所化の有情の差別に随ふのみ。嬰児の慧ある所化に権に方便を説きて彼をして易く入ることを得しめむが為の故に。

余処所顕心意識理但随所化有情差別。為嬰児慧所化権説方便令彼易得入故。(T30：582a)

sems dang yid dang rnam par shes pa'i tshul gzhan yongs su bstan pa gang yin pa de ni gdul ba'i rim pa nyid kyi phyir te |'di lta ste gdul ba byis pa'i shes rab can gyi dbang du byas nas thabs sla bas 'jug par bya ba'i phyir ro ||

(VinSg 〈D〉Zi8b5-6, 〈P〉Zi10a7-8)

智儼はこの「余処に顕はせる所の心・意・識の理」を異熟識と見なすのである。しかし異訳の真諦訳『決定蔵論』巻上には次のようにあって、「余処に顕はせる所の心・意・識の理」は異熟識ではなく、小乗の六識であると見なされている。

余処所説心意識者、為欲教化諸衆生故、為諸衆生未有深智易生信解、但説六識。(T30：1020c)

②は先の『解深密経』である。〈已上〉(K47：183c)

如実不見阿陀那、不見阿陀那識」等。〈已上〉

為体是苦報摂、下結云、「如上所説我為愚痴無智者説」。又依菩薩決択云、「乃至広恵、若諸菩薩、於内各別、

余処に顕はせる所の心・意・識は、諸の衆生を教化せむと欲するが為の故に、諸の衆生の未だ深き智有らざるものに易く信解を生ぜしめむが為に、但だ六識を説けるのみ。

第2部 大乗始教・大乗終教の論理　162

『瑜伽師地論』の文も実際にはそう理解されるのが正しいであろう。ただし智儼はこの文を、始教の文献が異熟識を説きながらも、その権立であることを自ら語っていることによって、始教において異熟識を理解した声聞を、さらに終教の「無生如来蔵」へと向かわせるのである。何度も言うが、始教にはそうした二面的な役割があるのである。

なお法蔵『五教章』心識差別は、阿頼耶識を生滅のみと見る「一分」の義と、阿頼耶識を生滅・不生滅の和合と見る「二分」の義とを分け、それを『起信義記』の説と述べる。

前の始教の中は、法相差別門に約す。故に但だ一分の凝然の義を説くのみ。此の終教の中は、体相鎔融門に約す。故に二分の不二の義を説く。此の義は広くは『起信義記』の中に記すが如し。

前始教中、約法相差別門。故但説一分凝然義也。此終教中、約体相鎔融門。故説二分無二之義。此義広如『起信義記』中記。(Wu 323)

『起信義記』は義天『新編諸宗教蔵総録』巻三に出る智儼『大乗起信論義記』であろうから、「一分」「二分」は智儼の説となる。このうち「二分」は真諦訳『摂大乗論』巻中が説く二分依他に基づく。

『阿毘達磨修多羅』の中に仏世尊の説きたまはく、「法に三種有り。一には染汚分、二には清浄分、三には染汚清浄分ぞ」といひたまへるは、何なる義に依りてか此の三分を説きたまへる。依他性の中に於いて、分別性を染汚分と為し、真実性を清浄分と為し、依他性を染汚清浄分と為す。此の如き義に依るが故に三分を説きたまへり。

『阿毘達磨修多羅』中、仏世尊説、「法有三種。一染汚分、二清浄分、三染汚清浄分」、依何義故説此三分。於依他性中、分別性為染汚分、真実性為清浄分、依他性為染汚清浄分。依如此義故説三分。(T31: 121a)

chos mngon pa'i mdo las chos ni gsum ste | kun nas nyon mongs pa dang | rnam par byang ba dang | de gnyi ga'i char gtogs pa'o zhes bcom ldan 'das kyis gang gsungs pa ci las dgongs te gsungs she na | gzhan gyi dbang gi ngo bo nyid la kun tu brtags pa'i ngo bo nyid yod pa ni kun nas nyon mongs pa'i char gtogs pa'o|| gzhan gyi dbang du grub pa'i ngo bo nyid yod pa ni rnam par byung ba'i char gtogs pa'o|| yongs su grub pa'i ngo bo nyid yod pa ni rnam par byung ba'i char gtogs pa'o|| gzhan gyi dbang de nyid ni de gnyi ga'i char gtogs pa ste|'di la dgongs nas bka' stsal to|(MSg II, 29a)

『五十要問答』三性三無性義はこれを次のように注釈する。[14]

三は具分秉然なり。事相を融じて無礙なることを顕はさむが故に。

三具分秉然。顕融事相無礙故。(T45 : 524b)

ここでは明らかに二分依他が理事無礙的に解釈されている（法蔵『五教章』三性同異義における二分依他の解釈も同様である。Wu 227-228）。「二分」は『摂大乗論』が説く染汚分・清浄分を有する阿頼耶識を、『大乗起信論』が説く生滅不生滅和合の阿黎耶識として理解したものなのである。

以上のような、阿頼耶識に対する智儼の見解を纏めると次のようになる。

```
                   ┌ 異熟頼耶（所知依） ──── 一 分（生滅）──── 始教
阿頼耶識 ──────────┤                    ┌ 心生滅門 ┤
                   └ 無生頼耶（究竟依） ─┤          └ 二 分（生滅不生滅和合）── 終教
                                         └ 心真如門 ──────────────────────── 終教
```

図表Ⅰ

このように、智儼における始教と終教との阿頼耶識説はもともと真諦訳『摂大乗論釈』の二つの阿頼耶識説から始まったと考えられる。智儼は『摂大乗論』所引の『解深密経』所引の『摂大乗論』の中に収められた。いな、むしろ、始教と終教との阿頼耶識説は一なる『摂大乗論』の中に収められた。いな、むしろ、始教と終教との阿頼耶識説を始教と終教と見なす場合には必ず『摂大乗論釈』『摂大乗論無性釈』『瑜伽師地論』などの阿頼耶識説を証拠としていたが、これは智儼の考える始教と終教との阿頼耶識説がすべて一なる『摂大乗論』から生じていることを示していよう。

注意すべきは、『摂大乗論無性釈』にせよ『瑜伽師地論』にせよ『解深密経』にせよ、智儼は果報識（異熟識）を

説く始教の文献が自ら果報識の権立であることも語っていると理解していたことである。始教が果報識を説くのはあくまで小乗を大乗へと誘引するためであって、そのことを始教の文献が自ら語っていると智儼は理解しているのである。始教は、単に小乗に合わせて果報識を説くのでなく、終教の無生如来蔵に合わせて果報識の権立であることも説くのである。智儼において始教は小乗と終教とに繋がり、小乗から始教、始教から終教への自然な流れが認められる。

三　法蔵における始教の阿頼耶識と終教の阿頼耶識

始教の阿頼耶識について『五教章』心識差別に次のようにある。

若し始教に依らば、阿頼耶識に於いて但だ一分の生滅の義を得るのみ。故に縁起生滅の事の中に就きて頼耶を建立し、業等の種に従ひて体の而も生ずるを弁じ、異熟報識を諸法の依と為し、方便をもって漸漸に真理に引向す。故に熏等は悉く皆凝然として諸法と作らずと説くのみなるを以って、故に縁起生滅の事の中に就きて頼耶を建立し、業等の種に従ひて体の而も生ずるを弁じ、異熟報識を諸法の依と為し、方便をもって漸漸に真理に引向す。故に熏等は悉く皆凝然として諸法と作らずと説くのみなるを以って、一分の生滅の義を得るのみ。真理に於いて未だ融通すること能はず但だ凝然不作諸法、故就縁起生滅事中建立頼耶、名づく。如来は此れに斉しく是れ密意なり。既に「此れに斉しく見ず」等の処を心・意を立つるの善巧と為すが故に、是の故に立て ぬる所の頼耶の生滅等の相は皆な是れ密意なり。解して云はく。「此れに斉しく見ず」等の処を心・意を立つるの善巧と為すが故に、是の故に立てて真に帰せしむ。如『解深密経』云、「若し菩薩、内に於いて外に於いて、蔵住を見ず熏習を見ず、阿頼耶を見ず阿陀那識を見ず、と若し能く是の如く知らば、是を善巧なる菩薩と名づく。如来は此れに斉しく見ず」といふ。『瑜伽』の中も亦た此の説に同じ。『解深密経』に云ふが如し、「若し菩薩、内に於いて外に於いて、蔵住を見ず熏習を見ず、不見阿頼耶不見阿陀那識、不見阿頼耶識、不見阿陀那不見阿陀那識、若し能く如是知る者、是を善巧と為す菩薩、従業等種弁体而生、異熟報識為諸法依、方便漸漸引向真理。故説熏等、悉皆即空。如『解深密経』云、「若依始教、於阿頼耶識但得一分生滅之義。以於真理未能融通但説凝然不作諸法、故就縁起生滅事中建立頼耶、異熟報識為諸法依、方便漸漸引向真理。故説熏等、悉皆即空。如『解深密経』云、「若菩薩、於内於外、不見蔵住不見熏習、不見阿頼耶不見阿頼耶識、不見阿陀那不見阿陀那識、若能如是知者、

是名善巧菩薩。如来斉此建立一切心意識秘密善巧」。『瑜伽』中亦同此説。解云「斉此不見」等処為立心意之善巧故、是故所立頼耶生滅等相皆是密意。不令如言而取、故会帰真也。(Wu 321)

「阿頼耶を見ず」などの『解深密経』『瑜伽師地論』摂決択分中菩薩地においても引かれる)の文を異熟識の密意(方便)であることの証拠とするのは智儼の説に等しい。その中でも最後に「言の如くには取らしめず、故に会して真に帰せしむ」であって実には異熟識を説いて真にいのが真実であるとあるのは、異熟識を説くのは小乗を大乗へと誘引するための密意(方便)であって小乗に合わせて異熟識を説くのでなく、終教に合わせて異熟識が方便であることも説いているという意味である。これも智儼の説に等しい。

終教の阿頼耶識について『五教章』心識差別に次のようにある。

若し終教に依らば、此の頼耶に於いて理事通融の二分の義を得。故に『論』に云はく、「不生不滅と生滅と和合し一にも非ず異にも非ざるを阿黎耶識と名づく」といふ。真如は熏に随ひ和合して此の本識を成ずと許し、前の〔始〕教の業等の生ずると同じからざるを以っての故に。

若依終教、於此頼耶得理事融通二分義。故『論』云、「不生不滅与生滅和合非一非異名阿黎耶識」。以許真如随熏和合成此本識、不同前教業等生故。(Wu 323)

『論』は『大乗起信論』(T32 : 576b)である。この「理事通融の二分の義」というのも前述のとおり智儼『大乗起信論義記』の説であった。ゆえに『五教章』の説は智儼の著作から全面的に材料を得ていることが知られる。

ただし大きな違いは、智儼が一なる『摂大乗論』の中に始教と終教との二教を認め、『摂大乗論』の中に始教から終教への自然な流れを見出だしたのに対し、法蔵が『摂大乗論』に言及せず、『解深密経』と『大乗起信論』とに二教を分けていることである。この傾向は後になるほど進行するのであり、始教の唯識説について後の『華厳経探玄記』巻一に次のようにある。

第2部 大乗始教・大乗終教の論理　166

ここでは始教の唯識説は「固より究竟玄妙の説に非ず」と突き放されるのみであって、『五教章』において「真に帰せしむ」る主体的な働きを認められていたのと異なる。『華厳経探玄記』の法蔵が始教に対し否定的なのは始教と法相唯識とを同一視しているからである。智儼は始教そのものは方便に拠りつつも真実を説くものであると考え、始教を肯定していた。智儼の考えに即して言えば、法相唯識は、始教が異熟識を見るべきでないと説く真実の部分のみを絶対視するものにすぎず、始教そのものではない。しかるに法蔵は始教と法相唯識とを同一視して否定するのである。これは智儼の考えから言えば、終教の唯識説に対する法相唯識の解釈との混同である。

立てぬる所の八識は如来蔵に通じ、随縁して成立し、生滅と不生滅とを具す。

所立八識通如来蔵、随縁成立、具生滅不生滅。(T35：115c-116a)

これは先の『五教章』における終教の阿頼耶識説に等しく、『大乗起信論』によるものである。『華厳経探玄記』の法蔵においては、始教は法相唯識、終教は『大乗起信論』という図式が確定している。

『華厳経探玄記』の法蔵も先の『解深密経』の文（『瑜伽師地論』摂決択分中菩薩地所引）を引くが、それは異熟識を密意（方便）とする証拠としてではない。同書巻四に次のようにある。

〔能熏と所熏とは〕互ひに自性無く、各相知せざるをもって、熏習は既に亡ずるに、一心は云何ぞ能く種種を生ぜむや。故に『瑜伽』に云はく、「蔵住を見ず熏習を見ざる、是れを菩薩菩薩と名づく」といふ。

ここでは『解深密経』は阿頼耶識（所熏）と七転識（能熏）とが相互に依存しあい、単独で存在することが不可能なので無自性であるという例として引かれているのであって、始教が方便を用いつつも終教と同じ真実を説く例として引かれているわけではないのである。

こうして始教は、方便を用いつつも真実を説くという主体的な役割を奪い去られ、終教との相似点を失い、ただ小乗とのみ相似点を持つ権教となる。権教という名称は法蔵が始教に対しよく用いるものであるが、この名称は智儼が決して用いなかったものである。智儼は始教が方便を用いつつも真実を説くので、そもそも大乗に権教があるという発想を持たなかった。智儼が権と言う場合、それは先の『五十要問答』心意識義に「権立」とあったように、異熟識のみを指していた。異熟識を説きつつも異熟識の権立であることも説く始教は、決して権教ではない。しかるに法蔵は大乗に権教と実教とがあるという発想を強く有している。例えば『大乗密厳経』巻下の偈、

仏説如来蔵　以為阿頼耶　悪慧不能知　蔵即頼耶識
悪慧は知る能はず　蔵は即ち頼耶識なるも
仏は如来蔵を説きて　以って阿頼耶と為したまふ

snying po de la kun gzhi sgras || de bzhin gshegs pa mdzad ||
snying po kun gzhir bsgrags par yang || blo zhan rnams kyis ma shes so || (GhVS ⟨P⟩Cu6 2b1-2)

に対する『大乗密厳経疏』（澄観『華厳経随疏演義鈔』巻三十一所引）の注釈がそうである。

彼の『疏』に釈して云はく。

上半は頼耶の体を定む。謂はく是れ如来蔵にして、妄染と合するを阿頼耶と名づく。更に別体無し。此れは是れ

互無自性、各不相知、熏習既亡、一心云何能生種種。故『瑜伽』云、「不見蔵住、不見熏習、是名菩薩菩薩」。（T35: 177b）

『大乗密厳経疏』（T16: 747a）

実教の説く所なり。故に仏説を引く。下半は権教に会するを明かす。謂はく彼の権教を守る者は、如来蔵の頼耶と作ることを了する能わざれば、当に知るべし彼は是れ悪慧の人なり。此れは是れ権を守るの人を詞し、実説に帰せしむるなり。

彼『疏』釈云。上半定頼耶体。謂是如来蔵与妄染合名阿頼耶。更無別体。此是実教所説故引仏説。下半明会権教。謂彼守権教者、不能了如来蔵作頼耶者、当知彼是悪慧之人。此是訶守権之人、令帰実説。(T36：234bc)

法蔵はこの偈を『華厳経探玄記』巻十三 (T35：347a) において十重唯識 (仏教における唯識説を十に纏めたもの) のうちの第六転真成事唯識の教証とし、終教と規定している。ここには終教を実教と見なし始教を権教と見なす姿勢が顕著である。注意すべきは「権を守るの人を詞し、実説に帰せしむるなり」という表現であって、かつて『五教章』の法蔵において始教に認められていた「真に帰せしむ」る主体的な働きは、『大乗密厳経疏』の法蔵においては始教でなく、終教のほうに認められているのである。

四 おわりに

智儼は一なる『摂大乗論』の中に始教の果報識と終教の無生如来蔵とが説かれていると見なした。そこにおいては、始教は果報識を説きつつも、果報識を見ないことをも説いて、それによって如来蔵が真実であることを自ら明かしていると見なされた。始教は小乗に合わせた方便として果報識を説きつつも、終教の無生如来蔵を真実としており、暗示的に始教と終教との両方が真実である。対するに法蔵は『摂大乗論』を用いず、始教を法相唯識と規定し、終教を『大乗起信論』と規定した。そこにおいては、始教と終教との間に繋がりはなく、始教はま

ったく方便、終教はまったく真実である。始教と終教とを相い容れないものと見なし、始教はまったく方便、終教はまったく真実であるかのように説く日本の伝統的な華厳教学は、このような法蔵の説から生じたのである。このような法蔵の説においては、小乗から始教へと廻心することはできても、始教から終教へと廻心することは難しいであろう。法蔵はあらゆる者を最終的に別教に至らしめることを目的としながらも、実際の態度においてはそれに反しているのである。

注

(1) 『孔目章』明難品初立唯識章（T45: 546b）が『摂大乗論』は心所（心数）を明かさないと説くのに一致する。本研究第二部第四章を見よ。

(2) 『阿毘達磨雑集論』巻十二に「遍計所執自性者、謂諸愚夫、於色等相、周遍計度、起増益執。tatrāyaṃ parikalpitaḥ svabhāvo yad rūpam iti vā yāvan nirvāṇam iti vābhilāpa-prajñaptimātrabhabhūto niḥsarīrārtho yad bāla rūpādi-lakṣaṇaṃ samāropataḥ parikalpayanti.」(T31: 751b, ASBh 112, 25-27) とある。

(3) 凝然『華厳五十要問答加塵章』巻一に「即章主『無性摂論疏』第一有二種遍計所執。一人遍計所執、二法遍計所執情見、名人遍計。実計法体因果等相、名法遍計」(DBZ13: 419b) とあるのはおそらくこの文に基づく。

(4) 高崎直道［1964］（高崎直道［1989］に再録）、高崎直道［1993］。

(5) この究竟依は『孔目章』請分中転依章に「所依者、謂常身。由自性身如来蔵先為生死依後転為法身、為究竟依」(T45: 562a) とある究竟依に等しい。如来蔵は先には生死依、後には法身として常に所依の働きをするから究竟依なのである。

(6) 弁相『摂大乗論疏』七巻は『東域伝燈目録』(T55: 1156c) により日本流伝が確認される。

(7) 勝又俊教［1961: 784］。

(8) 『無性疏』中、引『起信論』「是心真如相」之文、通証無生頼耶及如来蔵……」(K47: 183c) とある。この文は『大乗起信論』の

(9) 智儼は三性説に関して明らかに霊潤の説を承けている。本研究第三部第二章を見よ。
(10) この文を含む『摂大乗論無性釈』序章についてには片野道雄 [1978] を見よ（この文の和訳は41に存する）。
(11) 坂本幸男 [1956：410] はこの文を『摂大乗論無性釈』に見出し難く、或は取意の文か、尚可考」と述べた。
(12) この文を含む『瑜伽師地論』摂決択分中五識身相応地意地の心意識説については袴谷憲昭 [1979] を見よ（この文はテキストの43、和訳の 67-68 に存する）。
(13) 『義記』一巻 已上 智儼述」（T55：1175a）とあるうちの『義記』一巻と推測される。『疏』一巻は均如『釈華厳教分記円通鈔』巻六（K47：220a）において引かれる。吉津宜英 [1991：502-503]。
(14) 『摂大乗論無性釈論疏』（均如『釈華厳教分記円通鈔』巻六所引）の解釈も知られる。『无性疏』云。第三経者、単染浄属遍計及円成。具二分者是依他。亦得前后取之」〈已上〉（K47：224ab）。
(15) 石井公成 [2000：176] は「地論宗南道派の綱要書であるS四三〇三では「通教之中、真智凝然、住於無為」（五七行）と述べるほか、真智は有為の世界で働かないとする通教の立場を批判し、しばしば凝然の語を用いている。法蔵は、こうした伝統を受けて、「凝然」の語を用いたのであろう」と説く。ちなみに地論宗において真如法身を「凝然」と表現する最も古い用例は菩提留支訳『金剛仙論』巻二の文「仏性法身凝然常住彼此平等」（T25：805c）に違いない。
(16) この文が『大乗法界無差別論疏』の教起所因の文「五於大乗中守権教者解釈深旨、令彼捨権帰此実教」（T44：61c）と相似することは注意に値する。実際、『大乗法界無差別論疏』は『密厳疏』」（T44：68b）を指示しており、両者の親密度は高い。

第二章　始教の末那識と終教の末那識

一　はじめに

凡夫が我・我所を執するのは、我執と相応する意識があるからである。しかるに意識は睡眠や昏絶などにより間断し、その間には我執はない。にもかかわらず凡夫が聖者でないのは、意識の他にも我執と相応する識があり、その識が絶対に間断しないからに他ならない。その識を末那識と呼ぶ。末那識と相応する我執は意識と相応する我執よりも根源的であり、阿頼耶識をひたすら我として執している。先の阿頼耶識に続いて、今度は始教の末那識と終教の末那識とについて智儼と法蔵との説を比較する。

二　智儼における始教の末那識

『孔目章』明難品初立唯識章に次のようにある。

末那識は無漏道に於いて即ち識有ること無しと説く。何を以っての故に。無我の理に於いて其の妨げを成ずるが故に。若し滅する時を説かば、初の見道位にて即ち末那を滅す。何を以っての故に。無我の理を見るを障ずるが故に。故に『無性摂論』に云はく、「染汚の末那を転ずるが故に平等性智を得(とく)す。初の現観の時に先に已に証得

第2部　大乗始教・大乗終教の論理　　172

し、修道位に於いて転復した清浄なり」といふ。清浄とは即ち習気を滅す。末那識於無漏道即説無有識。何以故。於無我理成其妨故。若説滅時、初見道位即滅末那。何以故。障見無我理故。故『無性摂論』云、「転染汚末那故得平等性智。初現観時先已証得、於修道位転復清浄」。清浄者即滅習気。（T45：546b）

また『孔目章』煩悩行使行稠林章に次のようにある。

『無性摂論』の如し、「染汚の末那を転じて平等性智を得す。初の現観の時に先に已に証得し、修道位に於いて転復た清浄なり」といふ。是の如き等の文は並びに初教に摂めらるるものに属す。

如『無性摂論』、「転染汚末那得平等性智。初現観時先已証得、於修道位転復清浄」。如是等文並属初教摂。

（T45：569c）

ここでは末那識が無漏道に存在せず、最初に無漏を得る初地見道において滅するかと言えば、『五十要問答』心意識義に次にあるのが参考になる。

其の末那識は、三乗教に依るに、其の識有りて四惑を起こし法執を起こさず。

其末那識、依三乗教、有其識起四惑不起法執。（T45：523a）

智儼は三乗教（始教・終教）の末那識相応の四惑（我見・我愛・我慢・無明）に法執を認めず、我執のみを認める。その証拠として『摂大乗論無性釈』巻九の文（T31：438a、蔵訳と異なる部分[1]）が引かれ、「修道位に於いて転復した清浄なり」とは、地前に末那識の現行（顕在的活動状態）を伏し、初地見道に末那識の種子（潜在的形成能力）を断じた後の、習気（気配）を捨することだと説かれている。つまり智儼によれば、初地見道を経た修道の聖者には末那識がなく、習気があるのみなのである。

先の引用には「是の如き等の文は並びに初教に摂めらるるものに属す」とあった。ただしこの文は見道と修道とを説くことが始教のみに限定される例として引用されているのであって、末那識が地上にないことが始教のみに限定される例として引用されているのではない。むしろ、地上に習気があるのみというこの説は、智儼の著作において、すべて終教の説として扱われている。たとえば『孔目章』摂生戒中明四倒章に次のようにある。

若し終教に拠らば、地前にて上心を伏し、初地にて種子を滅し、第十地已還に習気を漸やく滅し、仏地にて永へに断ず。

また『孔目章』請分中転依章に次のようにある。

若拠終教、地前伏上心、初地滅種子、第十地已還漸滅習気、仏地永断。(T45：565b)

若し熟教に拠せば、地前にて随ひて伏し、初地にて頓みに断じ、二地已去に其の習気を断ず。

若約熟教、地前随伏、初地頓断、二地已去断其習気。(T45：562ab)

また『五十要問答』煩悩行使行稠林章に次のようにある。

位に約せば、但だ諸の教の中にして十地に約して断の麁と細との分斉を顕はすは即ち終教に摂めらるるものに属す。『地論』の三地の文の如し、

「一切の欲縛は転復た微薄なり。一切の色縛と一切の有縛と一切の無明縛とは皆な悉く微薄なり。諸の見縛は先に已に除断しつ」

といふ。『釈論』に解して云はく、

tasya bhūyasyā mātrayā sarvāṇi kāma-baṃdhanāni tanūni bhavaṃti. sarvāṇi rūpa-baṃdhanāni sarvāṇi bhava-baṃdhanāni sarvāṇy avidyā-baṃdhanāni tanūni bhavaṃti. dṛṣṭi-kṛta-baṃdhanāni cāsya pūrvam eva prahīṇāni bhavaṃti. (DBhS 60, 2-4)

「一切の欲縛は転復た微薄なりとは、一切の修道の欲と色と無色との所有の煩悩を断じ、及び彼の因として無明の習気を同じ、皆な悉く微薄となりて遠離するが故に。諸の見縛とは、初地に於いて見道の已に断じつるが故に」

de'i kun tu 'byung ba ring du gyur pas|de bas kyang shas cher 'dod pa dang|gzugs med pa dang ldan pa'i nyon mongs pa bsgom pas spang bar bya ba thams cad de'i rgyur gyur pa ma rig pa dang bcas pa bsrab par 'gyur ro||lta ba rnams ni sa dang po nyid du mthong ba'i lam gyi spangs pa yin te|(DBhV 〈P〉Ngi230b4-5)

といふ。

約位者、但諸教中約十地顕断麁細分斉者即属終教摂。如『地論』三地文、「一切欲縛転復微薄。一切色縛一切有縛一切無明縛皆悉微薄。諸見縛者先已除断」。『釈論』解云、「一切欲縛転復微薄者、断一切修道欲色無色所有煩悩、及彼因同無明習気、皆悉微薄遠離故。諸見縛者、於初地見道已断故」。(T45:569bc)

ゆえに末那識が初地見道において滅するというこの説は始教と終教とに共通である。ここでもまた一なる『摂大乗論』において末那識が初地見道において滅すると終教とは通底している。

しかして『摂大乗義章』巻四に次のようにある。

三蔵解して云はく、「阿陀那識は是れ肉煩悩なり」といふ。三蔵復た云はく、「六識有りて陀那無きは、謂はく須陀洹等の三学果の人なり」といふ。此れを以って当に知るべし三蔵法師は識を唯だ見諦の断とのみ判ず。

三蔵解云、「阿陀那識是肉煩悩」。三蔵復云、「有六識無陀那者、謂須陀洹等三学果人」。以此当知三蔵法師判識唯見諦断。(T85:1041c)

これによって、真諦が末那識(阿陀那識)を見諦の所断と理解していたことが知られる。末那識は菩薩が初地見道から第七地までにおいて滅する肉煩悩(phalgu-gataṃ dausṭhulyam)であって(真諦訳『摂大乗論釈』巻十一。T31:

230b)、声聞の場合、見道以上である須陀洹（預流）・斯陀含（一来）・阿那含（不還）・阿羅漢の三学果には八識すべてが存しない（阿羅漢は無余依涅槃に入り、所依である五蘊つまり色受想行識を余すこと無く滅するので、阿羅漢には八識すべてが存しない）。円測『解深密経疏』巻三が引く真諦の説にも次のようにある。

第七阿陀那は此こに執持と云ふ。第八を執持し我・我所と為す。唯だ煩悩障のみにして法執無し。定めて成仏せず。

第七阿陀那此云執持。執持第八為我我所。唯煩悩障而無法執。定不成仏。(SZ21：240b)

真諦によれば、末那識は「成仏せず」、つまり仏位に存しないのである。とりわけ、末那識相応の四煩悩に法執なしと主張するのは智儼と等しい。智儼は摂論宗を通じて真諦の説を承けているのである。

末那識が仏位に存しないと主張する説は『成唯識論』巻五にも出る。

此が中に有義は末那は唯だ煩悩障とのみ倶なること有り。聖教に皆な三の位に無故。又た識の雑染の依為りと説けるが故に。

此中有義末那唯有煩悩障倶。聖教皆言三位無故。又説為識雑染依故。(Si 198)

三の位とは①出世間道（見道以上の無漏智）・②滅尽定（不還以上の聖者の修する定。阿頼耶識以外を滅する）・③阿羅漢果（阿羅漢・独覚・仏の三無学地）である。基『成唯識論述記』巻五本（T43：405ab）はこれを安慧らの説に同定し、「此の師の計に准じていはば、即ち仏と成る時は第七識無し、余の七識のみ仏と成るべしといふ」と解説する。「聖に皆な三の位に無しと言ふ」とは、例えば『阿毘達磨集論』巻一の次の文を指すらしい。

何等をか意と為す。謂はく一切時に阿頼耶識を縁じ思度するを性と為し、四煩悩が与（た）めに恒に相応す。此の意は一切の善と不善と無記との位に遍行す。唯だ聖道の現前すると、若しくは滅尽定に処すると、及び無学地に在るとを除くのみ。又た六識は無間滅の識を以って意と為す。

176

何等為意。謂一切時縁阿頼耶識思度為性、与四煩悩恒相応。謂我見我愛我慢無明。此意遍行一切善不善無記位。唯除聖道現前、若処滅尽定、及在無学地。又六識以無間滅識為意。(T31:666a)

manaḥ katamat. yan nityakālaṃ manyanātmakaṃ ālayavijñānālambanaṃ caturbhiḥ kleśaiḥ samprayuktam ātmadṛṣṭyātmasnehenāsmimānenāvidyayā ca. tac ca sarvatragaṃ kuśale 'py akuśale 'py avyākṛte 'pi sthāpayitvā mārga-saṃmukhībhāvaṃ nirodha-samāpattim aśaikṣa-bhūmim ca. yac ca ṣaṇṇāṃ vijñānānām samanantara-niruddhaṃ vijñānam. (AS 19, 14-17)

『阿毘達磨雑集論』の釋者である安慧は、この文によって、末那識が仏位にないと主張したのであろうか。「雑集論」の如きはその引用数回が二十三回以上に及び、時にその引用文が数頁にわたることすらも多々ある」という智儼の傾向から考えて、智儼も当然この文を知っていたはずである。なお『成唯識論』の安慧等の説はインドに実在したスティラマティ(安慧)の梵文『唯識三十頌釈』とも一致する。

且らく阿羅漢は煩悩を残りなく断ぜる故に染汚意は全くない。何となれば、彼は、有頂に属する修所断の煩悩の如く、阿羅漢位を得たるとき無間道によりて全く断ぜられるからである。彼は他の煩悩の如く阿羅漢の分位には決してない。

無所有処の欲と離れ、滅尽定を得たる、不還にも亦、道力によりて滅尽定は得られる故に、道の如く、滅尽定の分位に於いても〔染汚意〕滅する。そして滅尽〔定〕より立てるものには、再び〔染汚意が〕同じ阿頼耶識より起るのである。

「及び出世間道に於いてもなし」といふ中、出世間といふ語は世間より区別せんためである。何となれば、世間道に於いては染汚意は純ら起るからである。無我性を見ることは我見の退治である故に、出世間道に於いては、出世間道に於いては〔彼は〕起ることが出来ない。能退治と所退治との二は同時的なものでないから、出世間道に於いては彼は滅し

る。その〔出世間道〕より立てるものには、また再び同じ阿頼耶識より（彼染汚意は）生ずるのである。

arhatas tāvad aśeṣa-kleśa-prahāṇāt kliṣṭaṃ mano naivāsti. tad dhi bhāvāgrika-bhāvanā-prahātavya-kleśavad arhatva-prāpty-ānantarya-mārgeṇaiva prahīyate. tad anya-kleśavad arhatvāvasthāyāṃ naiva vidyate. ākiṃcanyāyatana-vitarāgasyāpy anāgāmino nirodha-samāpatti-lābhino mārga-baleṇa nirodha-samāpatter labhyatvān mārgavan nirodha-samāpatty-avasthāyā api nirudhyate. nirodhāc ca vyutthitasya punar ālaya-vijñānād eva pravartate.

mārge lokottare na ceti. lokottara-grahaṇaṃ laukika-vyavacchedārtham. laukike tu mārge kliṣṭaṃ manaḥ pravartata eva. nairātmya-darśanasyātmadarśana-pratipakṣatvān na lokottaramārge pravartitum utsahate. vipakṣa-pratipakṣayor ayaugapadyāt lokottaramārge tan nirudhyate. tasmād api vyutthitasya punar ālaya-vijñānād evotpadyate. (TrBh 24, 14–23)

スティラマティによれば、不還果の者が滅尽定を出たり、あるいは預流果や一来果や不還果の者が出世間道を立ったりした時には末那識は再生するが、阿羅漢果（仏果）においては末那識はまったく存在しないと説くが、出世の末那（世間を超出した、無漏の末那識）を認めない点ではインドにおいて実在したスティラマティに同じである。この『成唯識論』の安慧らの説は護法の説によって批判されている。

安慧らの説は彼が説くは教と理とに相違せり。出世の末那をば『経』に有りと説ける故に。無染の意識は、有染の意識の如く、定めて倶生なり不共なる依有るべき故に。『論』に蔵識は決定して恒に一の識と倶転すと説けり。謂はゆる意識と及び末那とぞ。若し五識の中に随ひて一の識を起こすには、則ち二と倶転す。乃至或時に頓みに五識ながらを起こすには、則ち三と倶転す。意識の起こる時に則ち二と倶転す。乃至或時に頓みに五識ながらを起こすには、則ち七と倶転すといふ。

有義彼説教理相違。出世末那『経』説有故。無染意識、如有染時、定有俱生不共依故。『論』説蔵識決定恒与一識俱転。所謂末那。意識起時則二俱転。所謂意識及与末那。若五識中随起一識、則三俱転。乃至或時頓起五識、則七俱転。(Si 198-199)

『経』とは未訳の『解脱経』(*Muktaka-sūtra*)であり、『瑜伽師地論』本地分中思所成地に勝義偈(*paramārtha-gāthā*)として引かれる (k.39)。

　染汚意は恒時に　諸の惑と俱に生滅す
　若し諸の惑を解脱するには　先に非ず亦た後にも非ず

染汚意恒時　諸惑俱生滅　若解脱諸惑　非先亦非後 (T30 : 364a)

saṃotpannaṃ tasya nirmokṣo na bhūto na bhaviṣyati ||
kleśabhyas tasya niruddhaṃ hi kleśaiḥ kliṣṭaṃ manaḥ sadā |

『論』とは『瑜伽師地論』摂決択分中五識身相応地意地の次の文を指す。

謂はく阿頼耶識は或ひは一時に於いて唯だ一種の転識とのみ俱転す。謂はゆる末那ぞ。何を以っての故に。此の末那は我見と慢との等きと恒に共に相応する思量の行相なるに由りて、若しは有心位にあれ、若しは無心位にあれ、恒に阿頼耶識と一時に俱転す。阿頼耶識を縁じて以って境界と為し、我を執し慢を起こす思量の行相なり。或ひは一時に於いて二と俱転す。謂はく末那と意識とぞ。或ひは一時に於いて三と俱転す。謂はく五識身のなかに随ひて一の転ずる時ぞ。或ひは一時に於いて四と俱転す。謂はく五識身のなかに随ひて二の転ずる時ぞ。或ひは乃至七と俱転す。謂はく五識身の和合するぞ。

若無心位、恒与阿頼耶識一時俱転。縁阿頼耶識以為境界、執我起慢思量行相。或於一時与二俱転。謂末那与意識俱転。所謂末那。何以故。由此末那我見慢等恒共相応思量行相、若有心位、若無心位、恒与阿頼耶識俱転。謂阿頼耶識或於一時唯与一種転識俱転。

意識。或於一時与三俱転。謂五識身随一転時。或於一時与四俱転。謂五識身随二転時。或時乃至与七俱転。謂五識身和合。(T30:580c)

kun gzhi rnam par shes pa ni res 'ga' ni 'jug pa'i rnam par shes pa gcig kho na dang lhan cig tu 'jug ste| 'di lta ste yid dang ngo||'di ltar ngar 'dzin pa dang| nga'o snyam pa'i nga rgyal dang rlom pa'i rnam pa can gyi yid dang yin pa de ni sems yod pa dang| sems med pa'i gnas skabs dag na yang dus rtag tu kun gzhi rnam par shes pa dang lhan cig 'byung zhing 'jug ste| de ni kun gzhi rnam par shes pa la nga'o snyam pa dang| bdag go snyam du dmigs shin rlom pa'i rnam pa can yin no||res 'ga' ni yid dang yid kyi rnam par shes pa gnyis dang lhan cig 'byung zhing 'jug go||res 'ga' ni rnam par shes pa'i tshogs lnga po dag las gang yang rung ba gcig dang gsum dang ngo||res 'ga' ni rnam par shes pa'i tshogs lnga po dag las gnyis lhan cig 'byung ba dang bzhi dang ngo||res 'ga' ni rnam par shes pa'i tshogs lnga po lhan cig 'byung ba dang bdun char gyi bar dag dang|lhan cig 'byung zhing 'jug go||(VinSg〈D〉Z15a7-5b3、〈P〉Z16a5-6b2)

『成唯識論』の護法は、『解脱経』において出世の末那識があると説かれ、『瑜伽師地論』において阿頼耶識は常に末那識と俱に転ずると説かれる以上、末那識は存在し続ける(単に末那識相応の煩悩を滅するのみ)と言うのである。これに対し『五十要問答』心意識義は護法の説を始教の迴心教と見なし、末那識の初地見道滅を始教の直進教と見なして次のように応ずる。

仮使ひ『瑜伽』の後分に「頼耶識こるに必ず二識は相応す」と導ふも、此れは初めて起こる時に拠り、後の相続に拠らず。位に約して説くに由る。直進の菩薩の義は不起を正義と為すに当たり、迴心は起を正義と為すが故に。

仮使『瑜伽』後分導「頼耶識起必二識相応」者、此拠初起時、不拠後相続。由約位説。直進菩薩義当不起為

ここでは、『瑜伽師地論』において阿頼耶識が起こる時を言うのであって、後の相続を言うのではないと説かれている。阿頼耶識が初めて起こる時とは、無明〔やそれに基づく戯論の熏習〕によって阿頼耶識が刹那刹那に現行する、その刹那刹那を指し、後の相続とは、無明が断ぜられた後の相続を指す。『孔目章』明難品初立唯識章に次のようにある。

問。頼耶何為始。答。一念無明起為始。
問。頼耶拠何為始。答。一念無明起在現前、即是頼耶始。(T45：547a)

無始の戯論の熏習を識の初起の因と為す。

無始戯論熏習為識初起之因。(T45：545b)

ただし智儼は最後に、迴心教においては後にも末那識が起こらないのが正義であると述べてもいる。迴心教や直進教にはそれぞれ違う機根の者に合わせた役割があり、どちらも教として正義なのである。

正義、迴心者起為正義故。(T45：523a)

さて、出世の末那を認める『成唯識論』の護法は、末那識相応の倶生起の我執（先天的な我執。末那識には分別起の我執、つまり後天的な我執は相応しない）が見道の後の修道において断ぜられると主張する。護法によれば、分別起の我執は見道において断ぜられるものと規定され、倶生起の我執は修道において断ぜられるものと規定されるので、倶生起の我執と相応する末那識は修道において存し続ける。

〔意識相応の倶生起と、末那識相応の倶生起との〕此の二の我執は細なるが故に断じ難し。後の修道の中にして数数勝れたる空観を修習して方に能く除滅す。……

{意識相応の分別起の蘊相・我相の}此の二の我執は麁なるが故に断じ易し。初の見道の時に一切の法の生空真如を観じて即ち能く除滅す。

此二我執細故難断。後修道中数数修習勝空観方能除滅。……此二我執麁故易断。初見道時観一切法生空真如即能除滅。(Si 18)

これは護法『大乗広百論釈論』巻二とも等しい。

俱生我見は微細なるをもって断じ難し。分別の我見は麁重なるをもって断じ易し。俱生我見微細難断。数数修習勝無我観方能除滅。聖諦現観の初の現行の時に即便ち除滅す。……分別我見麁重易断。聖諦現観初現行時即便除滅。(T 30:196c)

出世の末那を始教の迴心教(つまり、声聞を迴心させるための手段)と見なす智儼は、この護法の説を次のように解釈する。まず『孔目章』明難品初立唯識章に次のようにある。

問ふ。『論』に云はく、「俱生我は修道断ず」といふ。何に因りてか末那は是れ俱生我なるも修道断ずるに非ずといふ。答ふ。俱生は修道断ずといふは、是れ位に寄する語なり。初の僧祇に皮を断じ、第二の僧祇に肉を断じ、第三の僧祇に心を断ずるが如し。此れ爾る可し。今は分別と俱生との麁細の相を将て寄して見と修とを顕はす。実に断ずと言はむとには非ず。

問。『論』云、「俱生我修道断」。因何末那是俱生我非修道断。答。俱生修道断者、是寄位語。如初僧祇断皮、第二僧祇断肉、第三僧祇断心。此可爾也。今将分別俱生麁細之相寄顕見修。非言実断。(T 45:546c)

また『孔目章』煩悩行使行稠林章に次のようにある。十巻の『百論』に判ずるが如し、「分別の我見は見道断ず」といふ。俱生の我見は修道断ず」といふ。……是の如き等の

文は並びに初教に摂めらるるものに属す。『百論』に「倶生惑は修道断ず」と云ふは、此れは煩悩を将ゐて寄して見と修とを顕はす。皮・肉・心の三煩悩の、初の僧祇に皮を断じ、二の僧祇に肉を断ずる等の如し。其の義例同じ。

如十巻『百論』判、「分別我見見道断。倶生我見修道断」。……如是等文並属初教摂。『百論』云「倶生惑修道断」者、此将煩悩寄顕見修。如皮肉心三煩悩、初僧祇断皮、二僧祇断肉等。其義例同。(T45: 569c)

智儼によれば、分別起の我見を見道において断ぜられるものと規定する護法の説は、見道と修道との違いを表わすための故意の説であって、実際には見道において分別起と倶生起とのすべてを断ずるのである。それはあたかも真諦訳『摂大乗論釈』巻十一が「皮・肉・心の三煩悩を除くに約するが故に三阿僧祇劫を立つ」(T31: 230b) と述べ、皮・肉・心の三煩悩 (tvag-gatam dausthulyam, sāra-gatam dausthulyam, phalgu-gatam dausthulyam. cf. BoBh 356, 25f) によって三阿僧祇の違いを表わすようなものである。ここで注意すべきは智儼が決して護法の説を否定するのでなく、むしろ護法は見道と修道との違いを表わすために故意にこうした説をなしたのだと解釈して、護法の真意〔と智儼が考えるもの〕を尊重していることである。先に「直進の菩薩の義は不起を正義と為すに当たり、迴心は起を正義と為すが故に」とあったとおり、智儼は護法の説をも正義として認めるのであって、あらゆる経論に役割があるとして等しく尊ぶのが智儼の姿勢である。それは『華厳経』を円教として尊ぶ智儼の姿勢と必ずしも矛盾しない。

ちなみに声聞の末那識について『五十要問答』心意識義に次のようにある。

愚法の声聞は断ぜずして但だ暫らく上心を伏するのみ。観智の浅きに由るが為の故に。退菩提心の声聞と及び迴心の声聞との等きは並びに末那を断ず。観智の勝れたるが為の故に。

愚法声聞不断但暫伏上心。由観智浅故。退菩提心声聞及迴心声聞等並断末那。為観智勝故。(T45: 523a)

①小乗の声聞は観智が浅いので末那識を断じ得ず、上心（現行）を伏するのみである（つまり、種子を残す）。一方、②退菩提心の声聞や③廻心の声聞は観智が勝れているので末那識を断じ得るという先の真諦が見道以上の声聞に末那識を認めていたのと相違する。①小乗の声聞は始教の廻心諸経部類差別義に出る「根熟の声聞」T45:523b）であって、両者は廻心ののち見道に至れば末那識を滅するのである。阿羅漢に末那識の断を認めていたのとも相違する。②退菩提心の声聞は『妙法蓮華経憂波提舎』（T26:9a）に出る四種声聞の一つであり、小乗を退き大乗に廻心すべく菩提心を起こした声聞である。また③廻心の声聞は始教の廻心教の声聞ではなく（始教の廻心教は末那識の断を言わない）、廻心熟教つまり終教に廻心し終えた声聞（『五十要問答』

以上、始教の廻心教は末那識が地上にあると説き、始教の直進教とは末那識が地上にないと説く。とりわけ重要なのは廻心教と直進教とがともに正義と述べられていたことである。あらゆる経論には役割があるのであって、その役割を尊重するのが智儼の姿勢なのである。また始教の直進教と終教とがともに『摂大乗論無性釈』という同じ説となっていることも重要である。ここでも一なる『摂大乗論』において始教と終教とが通底しているのであって、智儼においては始教と終教との両方において同じく真実を説く教としての性格が保たれているのである。

三　法蔵における始教の末那識と終教の末那識

始教の二乗の末那識相応の俱生の煩悩障について『五教章』断惑分斉に次のようにある。

其の末那の煩悩は行相微細なり。前の漸〔出離〕・頓〔出離〕の二人は皆な非想地の惑と与に一時に頓みに断ず。其末那煩悩行相微細。前漸頓二人皆与非想地惑一時頓断。（Wu 418）

漸〔出離〕とは声聞のうち、見道から預流、一来、不還、阿羅漢の修道を順次に進む者を指し、頓〔出離〕とは見道の前に修道の倶生の煩悩の一部を断じ、預流から一来と不還とを超越して直接に阿羅漢に進む者を指す。いずれの場合にも、末那識相応の倶生の煩悩障は阿羅漢が最後に断ずる非想非非想地の惑とともに断ぜられるので、末那識は修道においてあり続けるということが知られる。これは『成唯識論』巻五が次のように説くのによる。

然も此の染の意と相応する煩悩は是れ倶生なるが故に、有らゆる種子をば有頂地の下下の煩悩と一時に頓みに断ず。是れ染汚なるが故に非所断には非ず。極微細故、所有種子与有頂地下下煩悩一時頓断。勢力等しきが故に。

然此染意相応煩悩是倶生故非見所断。是染汚故非非所断。極微細故、所有種子与有頂地下下煩悩一時頓断。勢力等故。(Si 198)

また始教の菩薩の末那識相応の倶生の煩悩について『五教章』断惑分斉に次のようにある。其の第七識の煩悩は性いい潤生に非ざるが故に留むる所に非ず。行相細なるが故に。七地已還に有る時に暫らく現ず。観智に間有るを以っての故に。

其第七識煩悩性非潤生故非所留。行相細故。七地已還有時暫現。以観智有間故。(Wu 420)

これは『成唯識論』巻十が倶生の煩悩障について七地已還の中には暫らく現起すると雖も、而も失と為らず。故意の力により前の七地の中には暫らく現起すと雖も、而も失と為らず。

由故意力前七地中雖暫現起、而不為失。(Si 439)

また始教の菩薩の末那識相応の倶生の所知障について『五教章』断惑分斉に次のようにある。其の末那の倶生は行相細なるが故に亦た前に同じく仏地に至りて尽く。

其末那倶生行相細故亦同前至仏地尽也。(Wu 419)

これは『成唯識論』巻十が倶生の所知障について次のように説くのによる。

以上、『五教章』の法蔵によれば、結局、末那識は修道において滅しないのである。

智儼は始教の迴心教の菩薩の末那識が仏位にあると説き、始教の直進教と終教との菩薩の末那識が初地以上にないと説いたが、法蔵は始教の菩薩の末那識が仏位にあると説くことになる。とりわけ、智儼が末那識相応の四煩悩を煩悩障そのものであって、とりも習気を除くなり。正使は先に断じつるを以って、故に後に但だ浄なりと云ふのみにして、更に断ずとは云はず。

その末那の煩悩は亦た初地にて麁を断じ、後に残習を除く。故に『無性摂論』断惑分斉に次のようにある。

次に終教の末那識について『五教章』断惑分斉に次のようにある。

と所知障と規定するのはまったく『成唯識論』の護法の説によっている（この問題については本研究第二部第四章に譲る）。先に確認したとおり、始教の二乗の末那識については所知障の断は言われていなかったが、それは始教の二乗が所知障を知らないので末那識の所知障を断じ得ないからにすぎず、おそらく始教の二乗の末那識相応の四煩悩も所知障に通ずるのである。

第七俱者猶可現行。法空智果起位方伏。(Si, 440)

第七と俱なるは猶ほ現行す可し。法空の智と果との起こる位に方に伏せらる。

其末那煩悩亦初地断麁、後除残習。故『無性摂論』云、「転染末那得平等性智。初現観時先已証得、修道位中転復清浄」。解云、転浄者、除習気也。以正使先断、故後但云転浄、更不云断也。(Wu, 431)

其の末那の煩悩は亦た初地にて麁を断じ、後に残習を除く。故に『無性摂論』に云はく、「染の末那を転じて平等性智を得す。初の現観の時に先に已に証得し、修道位の中に転復た清浄なり」といふ。解して云はく。転た浄となりとは、習気を除くなり。正使は先に断じつるを以って、故に後に但だ浄なりと云ふのみにして、更に断ぜずとは云はず。

『摂大乗論無性釈』に対するこうした説明は智儼が始教の直進教と終教との末那識の滅を初地見道と述べた時の説

第2部 大乗始教・大乗終教の論理　186

明と一致する。ゆえに終教の末那識については『五教章』の法蔵は智儼と同じである。『五教章』断惑分斉はこの『摂大乗論無性釈』の説を『無相論』の説と同一視する。

実の如くある義は但だ一煩悩に麁有り細有るのみ。見位にて麁を断じ、修位にて細を断ず。末那の煩悩の二位に通じて断ずるが如し。

若し見諦をいはば、肉煩悩識と及び心法とは羅漢位に至りて究竟して滅尽す。余残の未だ尽きざるは但だ思惟に属するのみ。是れを第二識と名づく」といふ。『無性摂論』も亦た此の説に同じ。上に引く所の如し。

故に知ることを得。

如実義者但一煩悩有麁有細。見位断麁、修位断細。如末那煩悩通二位断。如『無相論』云、「第二執識及相応法与羅漢位究竟滅尽。若見諦、肉煩悩識及心法得出世道十六心時畢竟断滅。余残未尽但属思惟。是名第二識」。『無性摂論』亦同此説。如上所引。故得知也。(Wu 443)

『無相論』は真諦訳『転識論』である。『転識論』に次のようにある。

此の識と及び相応法とは羅漢位に至りて究竟して滅尽し、及び無心定に入りても亦た皆な滅尽す。若し見諦、害(肉?)煩悩識及び心法の出世道の十六行を得る時に畢竟して断滅す。余残の未だ尽きざるものは但だ思惟に属するのみ。是れを第二識と名づく。

此識及相応法至羅漢位究竟滅尽、及入無心定亦皆滅尽。若見諦、害(肉?)煩悩識及心法得出世道十六行畢竟断滅。余残未尽但属思惟。是名第二識。(T31: 62a)

ここでは、末那識とその相応法(心所)とは阿羅漢において究竟して滅尽し、「余残の未だ尽きざるもの」(不還の)無心定においても皆な滅尽し、出世道十六行(見道十五心と預流)においても畢竟じて断滅する。これは『唯識三十頌』が末那識を阿羅漢・滅尽定・出世間道の(*bhavanā[-mārga]. 修道)に属するのみと説かれる。

三位になしと説くのによるが、『転識論』は末那識が出世間道に畢竟じて滅し、「余残の未だ尽きざるもの」が阿羅漢や〔不還の〕無心定において滅すると説く。法蔵はこの「余残の未だ尽きざるもの」を、末那識の正使（種子）を滅した後の習気と解釈するのである。

法相唯識の基『大乗法苑義林章』断障章はこの『転識論』の文について次のように述べる。

『無相論』に説きて第二執識は皮と肉との煩悩に通じ見と修とに断ぜらるといふと雖も、然るに彼の文は錯まれり。依用す可からず。

雖『無相論』説第二執識通皮肉煩悩見修所断、然彼文錯。不可依用。（T45：285a）

法相唯識においては『成唯識論』の護法の説によって末那識は決して滅しないと主張される。護法の説によれば末那識相応の俱生の煩悩障と俱生の所知障とのみが十地満において一時に断ぜられる。ゆえに基は『無相論』が見道と修道とに通じて末那識相応の煩悩障を断ずると説くのを否定するのである。しかるに法蔵は『無相論』を依用し、末那識そのものが見道と修道とに通じて滅せられると説く。見道に滅せられるのを末那識の麁（現行・種子）と見なし、修道に滅せられる「余残の未だ尽きざるもの」を末那識の細（習気）と見なすのが法蔵の説である。ところでこの「余残の未だ尽きざるもの」について真諦訳『仏性論』巻四に次のようにある。

若し利根の人をいはば、一念の中に於いて則ち等しく四諦を観じ八十八惑を一時に俱に断ずるを皆な見諦と名づく。若し鈍根の人の次第観に於けるをいはば、則ち初念に苦を観じて余の三諦を見ず、但だ苦の下の四諦を断ずるのみなるを名づけて見諦と為す。余の未だ断ぜざるものは皆な思惟に属す。是れを見諦に滅する所の惑と名づく。

若利根人、於一念中則等観四諦八十八惑一時俱断皆名見諦。若鈍根人於次第観者、則初念観苦不見余三諦、但断苦下四諦名為見諦。余未断者、皆属思惟。是名見諦所滅惑。（T31：807b）

利根の人は一念のうちに四諦を観じて八十八惑を断じ、鈍根の人は苦諦の下の四諦(苦法智忍・苦法智・苦類智忍・苦類智の所滅の惑であり二十八惑)のみを観じて、「余の未だ断ぜざるもの」は集諦と滅諦と道諦との下の惑(六十惑)と同じであるから、「余残の未だ尽きざるもの」「余残の未だ尽きざるもの」を修道に残すのは声聞の鈍根の人について言われるのであって、菩薩について言われるのではない。法相唯識の基『大乗法苑義林章』断障章もこの『仏性論』の説は大乗の説でないと注意する。

然るに『仏性論』に云はく、「声聞の利根の者は苦法忍第一無我行にして通じて三界の四真諦の下の八十八結を断ず。鈍根の声聞は十六行を具して別して三界の四真諦の下の八十八結を断ず。且らく上下利鈍を分かちて別ならしむ」といふ。此れは大乗の証用す可き所に非ず。和会を須ひず。

然『仏性論』云、「声聞利根者苦法忍第一無我行通断三界四真諦下八十八結。鈍根声聞具十六行別断三界四真諦下、八十八結。且分上下利鈍令別」。此非大乗所可証用。不須和会。(T45:284b)

やや脇道に逸れたが、『転識論』が菩薩の末那識の滅を初地見道と主張するのは間違いなく、『五教章』の法蔵はそれを終教と見なすのであった。ちなみに『五教章』断惑分斉に次のようにあるのは、智儼が終教においては声聞は末那識を断じ得ず、ただ上心(現行)を伏するのみと説いていたのに等しい。『五教章』の法蔵が言う終教は智儼が言う終教と同じである。

若し終教に依らば、諸の声聞は煩悩障に於いて尚ほ断ずること能はず、但だ能く析伏するのみ。

若依終教、諸声聞於煩悩障尚不能断、但能析伏。(Wu 430)

続いては後の『華厳経探玄記』『大乗起信論義記』の法蔵を見る。始教について『華厳経探玄記』巻七に次のよう

にある。

若し初教に依らば、仏地は清浄なる八識及び二十一心所とを具有す。設ひ無しと言ふも、但だ染識無きのみ。浄なるもの無しと謂はむとには非ず。又た智の勝れたるに由りて但だ智有りと云ふのみなるも、識無しと謂はむとには非ず。

若依初教、仏地具有清浄八識及二十一心所。設言無者、但無染識。非謂無浄。又由智勝但云有智、非謂無識。

（T35：240c）

これは『成唯識論』巻十の次のような文による。

是の如き四智相応の心品は各定めて二十二法能変所変種現倶に生ずること有りと雖も、而も智の用増せるを以って智といふ名を以って顕はす。……智は識に非ざると雖も、而も識に依りて転ず。無漏の位の中には智は強にして識は劣なり。有漏の位には智は劣にして識は強なり。故に八識を転じて此の四智を得と説く。

如是四智相応心品雖各定有二十二法能変所変種現倶生、而智用増以智名顕。……智雖非識、而依識転。無漏位中智強識劣。有漏位智劣識強。無漏位中智強識劣。為勧有情依智捨識、故説転八識而得此四智。（Si 453）

又有漏位智劣識強。無漏位中智強識劣。為勧有情依智捨識、故説転八識而得此四智。

また『華厳経探玄記』巻十六に次のようにある。

一に云はく、理実には仏地に浄の八識有り。但だ智と云ふのみなるは強勝に就きて説けり。『論』に云はく、「如来の無垢識は　円鏡智と相応す」といふが故なり。……此れは初教に約して弁ぜず。

一云、理実仏地有浄八識。但云智者就強勝説。『論』云、「如来無垢識　円鏡智相応」故也。……此約初教弁。

（T35：410bc）

190　第2部　大乗始教・大乗終教の論理

これは『成唯識論』巻三所引の『如来功徳荘厳経』(現存せず)の次のような偈による。

如来の無垢識は　是れ浄なり無漏界なり
一切の障を解脱せり　円鏡智と相応す

如来無垢識　是浄無漏界　解脱一切障　円鏡智相応 (Si 112)

以上によれば始教の仏位には八識(心王)と二十一心所(遍行五・別境五・善十一)との合計二十二法が存するので、八識は八識相応の慧の心所が強力となるので四智(大円鏡智・平等性智・成所作智・妙観察智)と呼ばれるも、八識がなくなるわけではない(四智や心所の詳細については本研究第二部第三章・第四章を見よ)。よって始教においては『成唯識論』の護法の説のとおり仏位においても末那識が存する。『華厳経探玄記』の法蔵も『五教章』の法蔵に同じく始教を『成唯識論』の護法の説と規定するのである。ここでも法蔵の言う始教は護法の説そのままであって、智儼が言う始教と同じではない。

終教の末那識について『華厳経探玄記』と同時期の作である『大乗起信論義記』巻中末に次のようにある。

亦可計内為我属前三細。(T44:263a)

「内を計して我と為す」とは阿頼耶識を我と執する末那識を指す。三細(『大乗起信論』において説かれる無明業相と、能見相と、境界相とを指し、無明による認識の発動と、認識するものと、認識されるものとを意味する)とは『大乗起信論義記』巻中末(T44:262c)によれば阿頼耶識であって、巻下本(T44:267c~268a)によれば順に第八・第九・第十地において滅するので、終教の末那識は初地において滅することにはならない。『大乗起信論義記』巻中末はさらに『瑜伽師地論』摂決択分中五識身相応地意地を引いて、阿頼耶識が起こる時には必ず阿頼耶識と末那識とが倶転すると説く。

一には前に既に頼耶を説けり。末那は必ず執して相応す。故に別に説かず。故に『瑜伽』に云はく、「頼耶識起こるに必ず二識は相応す」といふが故に。

一前既説頼耶。末那必執相応。故不別説。故『瑜伽』云、「頼耶識起必二識相応」故。(T44:263a)

ゆえに終教における末那識は十地満において阿頼耶識が滅するまで滅しない。先に確認したとおり、智儼はこの『瑜伽師地論』の説を「仮使ひ『瑜伽』の後分に『頼耶識起こるに必ず二識は相応す』と導ふも、此れは初めて起こる時に拠り、後の相続に拠らず」と会通していたが、法蔵においてはそうした会通は見られない。

四 おわりに

末那識に対する智儼・法蔵の見解を纏めると次のようになる。

	始 教	終 教
智 儼	【迴心教】仏位においても存する 【直進教】見道において滅する	見道において滅する
法 蔵	仏位においても存する	『五 教 章』……見道において滅する 『華厳経探玄記』 『大乗起信論義記』……十地満において滅する

図表Ⅰ

智儼において始教の迴心教の例は『摂大乗論』であり、始教の直進教と終教との例は『摂大乗論無性釈』であった。
『五教章』の法蔵において始教の例は『成唯識論』であり、終教の例は真諦訳『転識論』『摂大乗論無性釈』『大乗起信論』であった。
『華厳経探玄記』『大乗起信論義記』の法蔵において始教の例は『成唯識論』であり、終教の例は『大乗起信論』であ

った。こうして見ると、智儼においては一なる『摂大乗論』において始教の直進教と終教との間に通底が見られるのに対し、法蔵においてはそうした通底が見られない。始教の直進教と終教とを説くという智儼の考えは、法蔵には存しないのである。末那識を仏位に認めるのは『成唯識論』の護法の説であるが、同じ『成唯識論』の中には末那識を仏位に認めない安慧の説も存し、安慧の説のほうが智儼が言う始教の直進教に近いのにもかかわらず、法蔵は始教を護法の説と規定する。法蔵が言う始教は護法の説そのままであり、終教とまったく関係ない教となっている。

また智儼は始教の迴心教と始教の直進教とを共に正義と述べていた。あらゆる経論に役割を認め、その役割を尊重するのが智儼の考えである。しかるに法蔵においてそうした考えは顕著でない。

智儼や『五教章』の法蔵は『転識論』『摂大乗論』『摂大乗論無性釈』といった『摂大乗論』周辺の論に基づいて、終教においては末那識が初地見道において滅すると述べていたが、『大乗起信論義記』の法蔵は『大乗起信論』に基づいて、終教においては末那識が十地満において滅すると述べるようになった。智儼にとっては一なる『摂大乗論』において始教と終教との二教が通底しており、始教から終教への自然な移行が考えられていたが、法蔵は『摂大乗論』を顧みず、始教は『成唯識論』、終教は『大乗起信論』というふうに二教を分断するのである。

注

(1) 蔵訳には「平等性智とは一切有情を平等に見ることから生ずるのである」とあるのみ。佐藤俊哉 [1998:812-813] を見よ。また佐藤俊哉 [1998:814-816] を見よ。なお「初の現観の時に已に証得し」とあるのは基『大乗法苑義林章』における平等性智の説明に一致する。

(2) この書は著者名を欠くが、勝又俊教 [1961:796] によって道基の作と推定されていた。この推定は基『大乗法苑義林章』断障章の文「古基法師云、聖道九品、断亦九品」(T45:284b) がこの書の文「聖道九品、惑亦九品」(T85:1040a) と一致することから見て確定と考えてよい。

(3) 坂本幸男 [1956:400]。

(4) 山口益・野沢静証 [1953:245-246]。

(5) 宇井伯寿 [1952:56L] の梵文訂正表によって原文 utsahe (ta) を改めた。

(6) 宇井伯寿 [1952:56L] の梵文訂正表によって原文 yaugapadyāt を改めた。

(7) Lambert Schmithausen [1987:232] および Alex Wayman [1961:173] 所収。なお『解脱経』の文は『成唯識論』の他、Viniścayasaṃgrahaṇyāṃ Paiṇḍārthikāyāṃ (袴谷憲昭 [1978:306]) や Yogācārabhūmivyākhyā (松田和信 [1982]) において末那識の教証として用いられる。

(8) この文を含む『瑜伽師地論』摂決択分の心意識説については袴谷憲昭 [1979] を見よ (この文のテキストは 32-33、和訳は 59 に存する)。

(9) 『妙法蓮華経憂波提舎』の原文には「一者決定声聞、二者増上慢声聞、三者退菩提心声聞、四者応化声聞。二種声聞、謂応化者退已発菩提心者。若決定者増上慢二種声聞、根未熟故不与授記」(T26:9a) とある。同論並びに四種声聞については高崎直道 [1974:415-427] を見よ。なお玄奘の弟子である摂論宗の霊潤『十四門義』は、決定声聞と増上慢声聞とは現在「根未熟」なので授記されないが将来根が熟して授記されると説く摂論宗の霊潤『十四門義』の説を批判して「又『法華論』云『声聞有四種。一云決定、二謂増上慢、三者応化、四者退菩提心。謂応化人及退心者。余之二種根未熟故仏不与記』者、今勘梵本、無如此文。不労会釈」(最澄『法華秀句』巻中末所引。DDZ3:186。また『成唯識論文義記』には『『法華論』梵本、趣寂不熟、上慢未熟、云云』(『成唯識論本文抄』巻二所引。T65:423a) と説く。これによると梵本には決定声聞 (一向趣寂声聞) の説はなかったことになる。ただし『成唯識論本文抄』巻二所引。T65:423a) とある。これによると梵本には決定声聞 (一向趣寂声聞) は不熟であって授記されず、増上慢声聞は未熟であって

(10) ただし二乗は所知障をまったく断じないわけでなく、一部を断ずる。『五教章』「二乗者、断煩悩障現種尽、習気不尽、亦能永断所知障全断惑障分断所知小分」（T45: 285a）とあるのによる。二乗の断ずる所知障は禅定障であって、末那識相応の所知障は断じ得ない。

(11) 前掲の真諦『摂大乗論義疏』の文に「阿陀那識是肉煩悩」とあったのに注意せよ。

(12) 唐代においては真諦訳『転識論』『顕識論』『三無性論』をあわせて『無相論』と呼んでいた。宇井伯寿 [1930: 105-109]、勝又俊教 [1961: 750-765]。

(13) 凡夫は三界それぞれにおける、苦・集・滅・道の四諦の十惑を起こしている（単純に数えれば三かける四かける十で百二十惑）、戒禁取見は三界の集・滅の二諦に対してはない（一かける二かける四で八惑）。ゆえに八十八惑となる（百二十惑から十八惑・六惑・六惑を引く）。瞋は色界・無色界に対してはなく（二かける三かける三で十八惑）、身見・辺見は三界の集・滅・道の三諦に対してはない（一かける三かける二で六惑）。身見・辺見は三界の集・滅・道の三諦に対してはない、貪・瞋・痴・慢・疑・身見・辺見・邪見・見取・戒禁取見の十惑が三界それぞれに対し、

(14) 苦諦の下の惑は、欲界の苦諦に対し十惑があり、色界・無色界の苦諦に対しおのおのの瞋を除いた九惑ずつがある（色界・無色界は可愛の境なので瞋は起こらない）、合計二十八惑である。

(15) 正確に言えば『転識論』の「余残の未だ尽きざるもの」がすべての煩悩にわたるのと全同ではない。『転識論』は末那識相応の煩悩のみであるから、『仏性論』の「余の未だ断ぜざるもの」と相応すると言うから、『転識論』の「余残の未だ尽きざるもの」は『仏性論』の「余の未だ断ぜざるもの」（六十惑）のうち、三界のおのおのに集諦・滅諦・道諦があり、その九つの集諦・滅諦・道諦のおのおのに対し身見・貪・慢・痴があり、合計三十六惑である。

第三章　始教の意識と終教の意識

一　はじめに

善・悪の業として凡夫の生死輪廻を継続せしめ、真如を証して凡夫を生死輪廻から離脱せしめるのは意識相応の慧の心所であるが、その一方で、無分別智を発し真如を証して凡夫を生死輪廻から離脱せしめるのは意識相応の慧の心所である（これら心所についての詳細は本研究第二部第四章に譲る）。唯識説における意識の役割は極めて重要である。先の末那識に続いて、今度は始教の意識と終教の意識とに対する智儼と法蔵との説を比較する。

二　智儼における始教の意識と終教の意識

インドの唯識派においては修行が進むにつれ不浄なる八識が転じて浄なる四智を得るという考えが存する。厳密に言えば、識相応の慧の心所が増大し、識が識と呼ばれるよりも慧と呼ばれるべきものになるのであって、識が慧になるわけではない。これについて『五十要問答』転四識成四智義に次のようにある。

若し三乗教に依らば、則ち四識有りて転滅して四智を成す。而も此の四智は、三乗終教と及び〔始教の〕直進菩薩教とに約せば、四智は並びに意識より成ず。何を以っての故に。一切果報と及び末那識との現行を起こすこと

三乗教においては四識（阿頼耶識・末那識・意識・前五識）が転じて四智を生ずるが、この四智は、終教および始教の直進教においては、すべて意識から生ずると智儼は主張する。その理由として、一切果報（異熟識＝阿頼耶識）が自の種子から現行する際に、意識が遠縁（増上縁）となるからと言われ、異熟頼耶（阿頼耶識）が自の種子から現行する場合はなおさらであると言われる。これはおそらく、阿頼耶識の種子が意識の現行によって熏習されるという意味と考えられる。七転識の現行は自の種子を阿頼耶識の現行に熏習し、熏習されたその種子から次の七転識の現行が生ずる。しかるに阿頼耶識の現行に自の種子を熏じ得ないので、阿頼耶識の種子は他の識の現行によって阿頼耶識の現行に熏習されね

を得るは並びに意識位の遠縁より成ずるが為の故に。若し異熟頼耶の親しく種より発するをいはば、種子の同類は即ち上心の意識より生ず。況んや復た智を発するをや。本識種類等より次第して発するは、此の義可ならず。但だ仏菩薩、四智の名を将ゐて寄して四識を顕はしたまふは、其の本識と及び末那識との是れ有なるを顕はしたまふには非ず。何を以っての故に。決定して親しく四識の自類いい智を生ずといはむと頼耶如来蔵識をいはば、全く即ち自ら思を起発するに合せざるが故に。

若依三乗教、則有四識転滅成四智。而此四智、約三乗終教及直進菩薩教、四智並従意識成。何以故。為一切果報及末那識得起現行並従意識位遠縁成故。若異熟頼耶親従種発、種子同類即従上心意識而生。況復発智。従本識種類等次第発者、此義不可。但仏菩薩将四智名寄顕四識、顕其本識及末那識是有。決定非親四識自類生智。何以故。末那本識及五識等不成総報。思業及聞思簡択不得有故。若有発思業則須別者、受生有此過也。教亦無文。若法性頼耶如来蔵識、全即不合自起発思故。(T45：521c)

頼耶如来蔵識をいはば、全く即ち自ら思を起発するに合せざるが故に。末那と本識と及び五識との等きは総報を成ぜず。思業及び聞と思との簡択は有るを得ざるが故に。若し思業を発し則ち別かつ須きもの有らば、受生に此の過有り。教に亦た文無し。若し法性

ばならない。法相唯識は阿頼耶識の種子は七転識の現行によって熏習されると説くが、智儼は意識の現行が熏習すると説くのである。

智儼の説が何に基づくのかは不明であるが、蔵訳に存する『摂大乗論』所知依品の注釈 Vivṛta-guhyārthapiṇḍavyākhyā は、智儼と同様、意識の現行が熏習すると説いている。

結局のところ、智儼によれば、四智を四識に配するのは、始教の迴心教が前六識しか知らない声聞たちに阿頼耶識と末那識とがあることを示して迴心させるための、仮の説にすぎない。智儼はさらに補足的な理由として、阿頼耶識と末那識とには思業(意識相応の思の心所を指す)がなく、聞慧と思慧との簡択(意識相応の慧の心所を指す)もない以上、総報(人界に生ずるなどの異熟果。異熟識を指す)を成じ得ないと説く。これはおそらく、転生の際に、阿頼耶識の種子(等流習気)は無覆無記(障に覆われず白紙状態)で微劣であるので、阿頼耶識の因縁(直接原因)である阿頼耶識の種子(等流習気)を増上縁(間接原因)として現行するという意味と考えられる。この時に、善・悪が無記へと異なって熟した異熟習気は無記である阿頼耶識は、善・悪が無記であり、意識相応の善・悪の思業の種子、異熟習気は無記であり、意識相応の慧の心所の働きについて述べたものであって、意識である四智を意識に配する理由としては薄弱である。しかし他の識に対する意識の支配者性を述べたものとして注目に値する。

インド唯識や法相唯識によれば、慧の心所は凡夫においては七転識に相応し、仏においては八識すべてに相応するので、四智は八識に配当される。しかるに智儼によれば、四智の内容は意識相応の慧の心所である、聞慧と思慧とによる簡択のみに限定されるので、四智は意識のみに配当される。

智儼は続けて四智を四識に配当するのが決して確定的でない例を挙げる。『仏地経』と及び『無性摂論』との等きは二教同じからず。別義有るが為に由る。『仏地経』に云はく、「当に知るべし五種の法は大覚地を摂む。何等をか五と為す。謂はゆる清浄法界と大円鏡智と平等性智と妙観察

［智と成所作智とぞ］

shin tu 'dus sangs rgyas kyi sa ni chos lngas bsdus pa yin te | lnga gang zhes na | 'di lta ste | chos kyi dbyings rnam par dag pa dang | me long lta bu'i ye shes dang | mnyam pa nyid kyi ye shes dang | so sor rtog pa'i ye shes dang | bya ba bsgrub pa'i ye shes kyis so | (BuBh 4, 7-10)

pañcabhir ākāraiḥ Susamudita buddha-bhūmeḥ saṃgraho veditavyaḥ. katamaiḥ pañcabhiḥ. dharma-dhātu-viśuddhyā ādarśa-jñānena samatā-jñānena pratyavekṣaṇā-jñānena kṛtyānuṣṭhāna-jñānena ca. (Sāratamā 172, 24-26)

といふ。下に次第して釈し、乃至成所作智は通じて三業の作用を成ず。別文の、頼耶と末那と意識と五識とは別に転依を成じ四種の智を得といふに属当するもの有ること無し。

又た『無性摂論』の如し、

「阿頼耶識等の八事の識蘊を転ずるに由りて大円鏡智等の四種の妙智を得す。数の次第の如し。或ひは応ずる所に随ふ。当に知るべし此が中に阿頼耶識を転ずるが故に大円鏡智を得す。所識の境、現在前せずと雖も、而も能く忘れず。時処を限らず、一切の境に於いて、常に愚迷せず、分別無く行じ、能く受用仏の智の影像を起こす。染汚の末那を転ずるが故に平等性智を得す。初の現観の時に先に已に証得し、修道位に於いて転復した清浄なり。此れに由りて無住涅槃に安住し、大慈と大悲と恒に相応し、能く楽ふ所に随ひ仏の影像を現ず。五観識を転ずるが故に妙観察智を得す。一切の陀羅尼門と三摩地門とを具足し、大会を如実に蔵するに由りて、能く一切の疑ひを断じ、能く法雨を雨ふらす。意識を転ずるが故に成所作智を得す。普ねく十方の一切の世界に於いて能く諸の変化を現じ、都史多天宮より而も没し乃至涅槃まで、能く一切の有情の利楽事を住持することを現ずるが故に」

rnam par shes pa'i phung po gyur pas ni me long lta bu dang | mnyam pa nyid dang | bya ba sgrub pa'i ye shes la dbang 'byor ba thob ste | de la me long lta bu'i ye shes ni dmigs pa mngon du ma gyur kyang bsnyel ba mi mnga' ba'o | mnyam pa nyid kyi ye shes ni sems can thams cad la mnyam pa nyid kyi sgo nas rtogs pa dang | byis pa so sor rtog pa'i ye shes ni gang gis ting nge 'dzin dang gzungs kyi sgo rnams dang shes bya gzhan dag kyang ji ltar bzhed pa bzhin du thogs pa med par mkhyen pa'o | bya ba sgrub pa'i ye shes ni gang gis dga' ldan la sogs pa na gnas pa nas bzung ste | mya ngan las 'das pa'i bar du de dag kun tu ston pas sangs rgyas kyi mdzad pa bsgrub pa'o || (MSgU <D>Ri278a4-6,<P>Li336b1-4)

といふ。上の文に既に云はく、「相応する所に随ふ」といひつ。故に知んぬ別に配すべきを。

四識の依を転じて四種の智を成ずるといふこと、此の義は定まらず。但だ文意は義に随ひて法を顕はさむとして其の一義を取るを為すのみ。定めて然りといふことを得ず。惑に寄して位を顕はすが如し。準じて即ち知る可し。

当に知るべし教の意は方便をもって法を顕はさむが故に此の説を作す。

『仏地経』及『無性摂論』等二教不同。由為有別義。『仏地経』云、「当知有五種法摂大覚地。何等為五。所謂清浄法界・大円鏡智・平等性智・妙観察智・成所作智」。下次第釈、乃至成所作智通成三業作用。無有別文属当頼耶末那意識五識別成転依得四種智。又如『無性摂論』、「由転阿頼耶識等八事識蘊得大円鏡智等四妙智。如数次第。或随所応。当知此中転阿頼耶識故得大円鏡智。雖所縁境不現在前、而能不忘、不限時処、於一切境、常不愚迷、無分別行、能起受用仏智影像。転染汚末那故得平等性智。初現観時先已証得、於修道位転復清浄。由此安住無住涅槃。大慈大悲恒与相応。能随所楽現仏影像。転五観識故得妙観察智。具足一切陀羅尼門三摩地門。由如実蔵於大会中、能現一切自在作用、能断諸疑、能雨法雨。転意識故得成所作智。普於十方一切世界能現変化、従都史多天宮而没乃至涅槃、能現住持一切有情利楽事故」。上文既云、「随所相

応」。故知別配。転四識依成四種智、此義不定。但為文意随義顕法取其一義。不得定然。如寄惑顕位。準即可知。当知教意方便顕法故作此説。(T45：521c-522a)

智儼はここで、『仏地経』に四智の名はあれども四智を八識に配当した文はないということを指摘し、また『摂大乗論無性釈』巻九（T31：438a）の文「阿頼耶識等の八事の識蘊を転ずるに由りて大円鏡智等の四種の妙智を得す。数の次第の如し。或ひは応ずる所に随ふ」といひつ。故に知んぬ別に配すべきを」と言い、四智をどの識に配当するかには諸説があり、そもそも四智を八識に配当するこの『摂大乗論無性釈』の説は蔵訳に存せず、漢訳の際の付加であると理解している。この智儼の説には鋭い所がある。「或ひは応ずる所に随ふ」について、「上の文に既に云はく、『相応する所に随ふ」といひつ。故に知んぬ別に配すべきを」と言い、四智と八識との配当には確かに諸説があり、そもそも四智を八識に配当するこの『大乗荘厳経論無性釈』について言えば、四智を扱う菩提品の注釈において、『大乗荘厳経論安慧釈』が四智を八識に配当するのに対し、『大乗荘厳経論無性釈』はまったくそれを説かないので、無性には四智を八識に配当する思想がなかったことが確定されている。智儼の読みは的外れでなく、むしろ無性の真意をついていたのである。

さて『摂大乗論無性釈』の文「染汚の末那を転ずるが故に平等性智を得す。何を以っての故に。無我の理に於いて其の妨げを成ずるが故に。若し滅する時は即ち識有ること無しと説く。何を以っての故に。無我の理に於いて其の妨げを成ずるが故に」。故に『無性摂論』に云はく、「染汚の末那を転ずるが故に平等性智を得す。何を以っての故に。初の現観の時に先に已に証得し、修道位に於いて転復た清浄なり」といふ。「転た清浄なり」とは即ち習気を滅す。

末那識は無漏道に於いて即ち識有ること無しに次のようにある。

末那識は無漏道に於いて即ち識有ること無しに次のようにある。「染汚の末那を転ずるが故に平等性智を得す。何を以っての故に。初の現観の時に先に已に証得し、修道位に於いて転復た清浄なり」といふ。「転た清浄なり」とは即ち習気を滅す。

末那識於無漏道即説無有識。何以故。於無我理成其妨故。若説滅時、初見道位即滅末那。何以故。障見無我

理故。故『無性摂論』云、「転染汚末那故得平等性智。初現観時先已証得、於修道位転復清浄」。「転清浄者即滅習気。(T45：546b)

また『孔目章』煩悩行使行稠林章に次のようにある。

『無性摂論』の如し、「染汚の末那を転ずるが故に平等性智を得す。初の現観の時に先に已に証得し、修道位に於いて転復した清浄なり」といふ。是の如き等の文は並びに初教に摂めらるるものに属す。

如『無性摂論』、「転染汚末那得平等性智。初現観時先已証得。於修道位転復清浄」。如是等文並属初教摂。

(T45：569c)

また、先の『五十要問答』転四識成四智義の文「惑に寄して位を顕はすが如し」とは真諦訳『摂大乗論釈』巻十一が「皮・肉・心の三煩悩を除くに約するが故に三阿僧祇劫を立つ」といへり。何に因りてか末那は是れ俱生我なるも修道断ずるに非ずといふ。俱生は修道断ずといふは、初の僧祇にて皮を断じ、第二の僧祇にて肉を断じ、第三の僧祇にて心を断ずるが如し。此れ爾る可し。今は分別と俱生との麁細の相を将ゐて寄して見と修とを顕はす。実に断ずと言はむとには非ず。

問。『論』に云はく、「俱生我は修道断ず」といへり。何に因りてか末那は是れ俱生我非修道断。答。俱生修道断者、是寄位語。如初僧祇断皮、第二僧祇断肉、第三僧祇断心。此可爾也。今将分別俱生麁細之相寄顕見修。非言実断。(T45：546c)

また『五十要問答』煩悩行使行稠林章に次のようにある。

十巻の『百論』に判ずるが如し、「分別の我見は見道断ず。俱生の我見は修道断ず」といふ。……是の如き等の

(tvag-gataṃ dauṣṭhulyam, phalgu-gataṃ dauṣṭhulyam, sāra-gataṃ dauṣṭhulyam, cf. BoBh 356, 25f) によって三阿僧祇は皮・肉・心の三煩悩を表わすのを指すのである。たとえば『孔目章』明難品初立唯識章に次のようにある。

文は並びに初教に摂めらるるものに属す。『百論』に「倶生惑は修道断ず」と云ふは、此れは煩悩を将ゐて寄りて見と修とを顕はす。皮・肉・心の三煩悩の、初の僧祇に皮を断じ、二の僧祇に肉を断ずる等の如し。其の義例同じ。

如十巻『百論』判、「分別我見見道断。倶生我見修道断」。……如是等文並属初教摂。『百論』云「倶生惑修道断」者、此将煩悩寄顕見修。如皮肉心三煩悩、初僧祇断皮、二僧祇断肉等。其義例同。（T45：569c）

これら二つの文においては、分別起の我見が見道において断ぜられ、倶生起の我見が修道において断ぜられるという『成唯識論』の護法の説が、見道と修道との違いを表わすための故意の説と見なされ、見道において分別起の我見や倶生起の我見もろとも末那識を断ずるとする説が実際の説と見なされている（詳しくは本研究第二部第二章を見よ）。『成唯識論』の護法は、四智を八識に配当する見地から、見道において末那識を断ずるという説が一方で、末那識を初地見道において断じても、四智を生ずるという智儼の説と密接に関連する。智儼は四智が意識から生ずると見るので、意識が四智を生ずるという説に欠けることはないのである。しかるに一方で、『成唯識論』の護法の説が、見道において末那識を断ずるという説を明確に否定している。『成唯識論』巻五に次のようにある。

又た諸の論に言はく、「第七識を転じて平等性智を得す」といふ。彼も余の智の如く定めて所依の相応の浄識有るべし。此の識無くば彼の智も無かる応し。所依を離れて能依有るものに非ざるが故に。彼は六転識に依るとは説く可からず。仏には恒に行ずること鏡智の如くと許せるが故に。

又諸論言、「転第七識得平等性智」。彼如余智定有所依相応浄識。此識無者彼智応無。非離所依有能依故。不可説彼依六転識。許仏恒行如鏡智故。(Si 199)

これに対して『五十要問答』転四識成四智義に次のような問答がある。（丸数字は筆者が挿入）。

外のひと疑ひて云はく、「若し末那識自類として智を発せずば、聖人位の中に即ち少くる所有らむ」といふ。此

の疑ひに答へむが為に其の四句有り。①或ひは法にして凡と聖とに共に有るもの有り。②凡と聖とに倶に有りて聖に無きもの有り。③凡に無く聖に有りとは、謂はく如来蔵の五義なり。④聖に無く凡に有りとは、謂はく無常身なり。既に此の句有り。末那は凡に有りて聖に無しといふに何の過有らむや。

外疑云、「若末那識自類不発智者、聖人位中即有所少」。為答此疑有其四句。或有法凡聖共有、或有法凡聖倶無、或有法聖有凡無、或有法凡有聖無。聖無凡有者、謂無常身。既有此句。末那凡有聖無有何過也。(T45:522a)

「若し末那識自類として智を発せずば、聖人位(初地以上)に末那識がないことになってしまう、という意味であって、今の『成唯識論』の護法の説を指している。智儼はそれに対し四句分別を作し、末那識は「聖に無く凡に有」る無常身に該当すると述べ、「末那は凡に有りて聖に無しといふに何の過有らむや」と結ぶ。

ただし次のようにも言われる。

若し三乗初教に約せば、此れ亦た爾る可し。如『成唯識論』。(T45:522a)

「三乗終教と及び〔始教の〕直進菩薩教とに約せば、四智は並びに意識より成ず」とあったが、今は三乗初教に約せば「此れ亦可爾し。如『成唯識論』」のごとし。

先には「三乗終教と及び〔始教の〕直進菩薩教とに約せば、四智は並びに意識より成ず」とあったが、今は三乗初教に約せば、四智は始教の廻心教に配当されると言われる。この三乗初教とは始教の廻心教である。廻心教は、先に確認したとおり、前六識しか知らない声聞たちに阿頼耶識と末那識とがあることを示して廻心させるために、四智を四識に配当するのである。注目すべきなのは、智儼が決して『成唯識論』の護法の説を批判するのではなく、『成唯識論』の護

第2部　大乗始教・大乗終教の論理　204

法の説には声聞たちに阿頼耶識と末那識とがあることを顕わすための迴心教としての役割があると見ていることである。智儼が批判するのは、『成唯識論』の迴心教としての役割を固執する者、つまり法相唯識なのである。華厳教学の研究者は、しばしば始教を法相唯識と考えるが、それは少なくとも智儼においては適切でない。法相唯識は始教の迴心教を誤って解釈したものにすぎない。迴心教そのものは声聞たちに末那識があることを教えるために必要であり、批判されるべきものではない。本研究第二部第二章において確認したとおり、『五十要問答』心意識義は末那識が初地以上において起こるか否かについて次のように述べていた。

直進の菩薩の義は不起を正義と為すに当たり、迴心は起を正義と為すが故に。

直進菩薩義当不起為正義、迴心者起為正義故。(T45:523a)

また、始教の直進教と終教とが『摂大乗論無性釈』という同じ説となっているのも重要である。ここでも一なる『摂大乗論』において始教と終教とが通底しているのであって、智儼においては始教と終教との両方において同じく真実を説く教としての性格が保たれているのである。

直進教も迴心教も、それぞれの役割の違いはあるのである。

三 法蔵における始教の意識と終教の意識

『五教章』心識差別は始教の意識にも終教の意識にも言及しない。これは『五教章』心識差別が「其の余の義門は唯識章に記すが如し」(Wu 330)と言うとおり、法蔵が多くを智儼『孔目章』明難品初立唯識章に譲っているからである。ゆえに『五教章』の法蔵においては始教の意識や終教の意識は智儼の説と同じであったかと推測される。

一方、のちの『華厳経探玄記』巻七には次のようにある。

若し初教に依らば、仏地に具さに清浄なる八識と及び二十一心所と有り。設ひ無しと言ふも、但だ染識無きのみ。浄なるもの無しと謂はむとには非ず。又た智の勝れたるに由りて但だ智有りと云ふのみなるも、識無しと謂はむとには非ず。

若依初教、仏地具有清浄八識及二十一心所。設言無者、但無染識、非謂無浄。又由智勝但云有智、非謂無識。

これは『成唯識論』巻十の護法の説と同じである（文中、二十二法は心王と及び二十一心所とを指す）。

是の如き四智相応の心品は各定めて二十二法の能変と所変と種と現と倶に生ずること有り、而も智の用増せるを以って智といふ名を以って顕はす。……智は識に非ずと雖も、而も識に依りて転じ、識を主と為す故に識を転じて智を得と説く。又た有漏の位には智は劣にして識は強なり。無漏の位の中には智は強にして識は劣なり。有情を勧めて智に依りて識を捨てしめむが為に、故に八識を転じて此の四智を得と説く。

如是四智相応心品雖各定有二十二法能変所変種現倶生、而智用増以智名顕。……智雖非識、而依識転、識為主故説転識得。又有漏位智劣識強。無漏位中智強識劣。為勧有情依智捨識、故説転八識而得此四智。（T35：240c）

ゆえに『華厳経探玄記』の法蔵における始教は護法の説そのままであって、四智を八識に配当するのである。先に見たとおり、智儼は護法の説を始教の迴心教と規定し、始教の直進教と終教とにおいては四智は意識によってのみ発せられると述べていた。しかるに法蔵は護法の説を始教すべてと規定する。これによって始教はまったく『成唯識論』の護法の説のみとなり、法相唯識と同じとなった。

次に『大乗起信論別記』は『大乗起信論』において説かれる本覚と始覚と不覚とについて次のように述べる。本覚及び本不覚とは本識の中に在り。始覚及び末不覚とは生起識の中に在り。

本覚及不（本？）本（不？）覚在本識中。始覚及未不覚在生起識中。(T44: 292a)

これは本覚の所在を阿頼耶識中と述べたものである（ちなみに生起識とは pravṛtti-vijñāna であって七転識を指す）。またその本覚の智浄相（智が浄らかとなったありさま）と不思議業相（その智が不思議な働きを起こすありさま）とについて次のように述べる。

初の一（智浄相）は円鏡智にして亦た平等性に通ず。後の一（不思議業相）は三智に通ず。

初一円鏡智亦通平等性。後一通三智。(T44: 292b)

これは阿頼耶識の本識にのみ四智を認めるものである。こうした法蔵の説は智儼が四智を意識にのみ認めたのと異なる。これによって終教はまったく『大乗起信論』となった。法蔵の言う始教と終教との間には何の関わりも存しない。

四　おわりに

智儼と法蔵との見解を纏めると次のようになる。

図表Ⅰ

	始教	終教
智儼	【廻心教】八識に四智を配する 【直進教】意識に四智を認める	意識に四智を認める
法蔵	八識に四智を配する	阿頼耶識に四智を認める

智儼においては始教の廻心教の例は『成唯識論』の護法の説であり、始教の直進教と終教との例は『仏地経』『摂

『大乗論無性釈』であった。こうして見ると、智儼においては始教の直進教と終教との間に通底が見られるのに対し、法蔵においてはそうした通底が見られない。始教の直進教と終教とが同じことがらを説くという智儼の考えは、法蔵には存しないのである。

また智儼は始教の迴心教をも始教の直進教をも共に正義と述べていた。あらゆる経論に役割を認め、その役割を尊重するのが智儼の考えである。しかるに法蔵にそうした考えは顕著でない。

とりわけ智儼にとっては一なる『摂大乗論』において始教と終教との二教が通底しており、始教から終教への自然な移行が考えられていたが、法蔵は『摂大乗論』を顧みず、始教は『成唯識論』、終教は『大乗起信論』というふうに二教を分断するのである。

法蔵においては始教の例は『成唯識論』の護法の説であり、終教の例は『大乗起信論』で

注

(1) 山部能宜 [1992：99–101]。
(2) この文は坂本幸男 [1956：416–417] によって検討されており、参考となった。
(3) 総報（人界に生ずるなどの異熟生つまり前六識の果）というのがあって異熟生つまり前六識の異熟習気のうち強いものと弱いものとである。総報を感ずるのは満業と呼ばれ、別報を感ずるのは引業、別報（貴賤・美醜・賢愚などの個別の果）というのは真異熟つまり阿頼耶識であり、このほかに別報（貴賤・美醜・賢愚などの個別の果）というのは真異熟つまり阿頼耶識であり、なお智儼が意識の思業（異熟習気）を総報と規定するのに等しい。『成唯識論』巻二 (Si 62–63) が異熟習気を異熟識の増上縁と規定し等流習気を異熟識の因縁と規定するのに等しい。スティラマティの梵文『唯識三十頌釈』(TrBh 18, 6–7) は逆に等流習気を異熟識の増上縁と規定し異熟習気を異熟識の因縁と規定する。

(4) この文は坂本幸男［1956：415-416］によって検討されており、参考となった。
(5) Noriaki Hakamaya［1973：11］の対照表を見よ。
(6) 佐久間秀範［1983］。
(7) 『仏性論』巻二に『勝鬘経』言。世尊、仏性者、是如来蔵、是正法蔵、是法身蔵、是出世蔵、是自性清浄蔵（T31：796b）とある。現存の蔵・漢の『勝鬘経』所引の梵・蔵・漢の『勝鬘経』は三義を説く。五義を説くのは『仏性論』所引の『勝鬘経』のみであり、『宝性論』巻十五の法界の五義（T31：264b）と対応する。武邑尚邦［1977：242-248］。このほか真諦訳『摂大乗論釈』巻五所引『勝鬘経』（円測『解深密経疏』SZ21：295ab）も五義を説く。
(8) 坂本幸男［1956：417］の指摘による。

第四章　始教の心所と終教の心所

一　はじめに

前章までにおいては識のそれぞれを確認したが、おのおのの識にはかならず所定の心所(心所有法あるいは心数とも呼ばれる)が相応している。心所とは心の所有という意味であって、この場合の心とは八識それぞれを指している。八識は心所を伴う王者として心王と呼ばれる。インドの唯識派によれば、心所の種類は大きく分けて①遍行・②別境・③善・④煩悩・⑤随煩悩・⑥不定の六であって、心所の数は合計五十一とも五十五とも五十七ともなるが、本研究には直接関係しないので詳述しない。唯識学の専論を見られたい。先に続いて、今度は始教の心所と終教の心所とについて智儼と法蔵との説を比較する。

二　智儼における始教の心所と終教の心所

まずは始教の心所を検討する。『五十要問答』心数及心所有法義に次のようにある(英文字は筆者が挿入)。

a　頼耶識は遍行の五を起こす。
b　末那識は九を起こす。遍行の五と及び我見と我愛と我慢と無明とぞ。

c 意識は遍行等の六位の有らゆる法を起こす。

d 五識は則ち不定なり。或ひは初の五にして或ひは一切なり。意識と或ひは同体にして或ひは異体なるに由るが故に。『経』に云はく、「一意識有りて五識と共に境を縁ず」といふが故に。

此れは三乗始教の麁相に約して説く。

頼耶識起遍行五。末那識起九。遍行五及我見我愛我慢無明。意識起遍行等六位所有法。五識則不定。或初五或一切。由与意識或同体或異体故。故『経』云、「有一意識与五識共縁境」故。此約三乗始教麁相説也。（T45:525c）

a まずに阿頼耶識相応の心所は遍行の五（触・作意・受・想・思）とあるのは唯識派の一般的見解に等しい。また

b に末那識相応の心所は遍行の五と我見・我愛・我慢・無明とあるのは『成唯識論』巻四に出る有義に等しい。
有義は此の意の心所は唯だ九有り。前の四と及余の触等五の法とぞ。即ち触と作意と受と想と思となり。意は遍行と定めて相応するが故に。

有義此意心所唯九。前四及余触等五法。即触作意受想与思。意与遍行定相応故。(Si 176)

この有義は末那識相応の心所を十八と規定する護法によって批判されているが、誰の説であるか明らかでない。ただしスティラマティの梵文『唯識三十頌釈』に同じ説が出る。

復た四煩悩のみと相応するか。曰く、爾らず。

及び他の触等と（第七頌 a の終 b の初）

相応する、と接続する。「及び」という語は聚合の意味である。「触等と」というのは触作意受想思と、である。何となれば、これら五法は、遍行のものである故に一切の識と相応するからである。

kiṃ punaś caturbhir eva kleśaiḥ samprayujyate. nety āha.

また真諦訳『転識論』にも同じ説が出る。

第二に執識。此の識は執著を以って体と為す。愛ぞ。此の識を有覆無記と名づく。亦た五種の心法有りて相応す。一には無明、二には我見、三には我慢、四には我愛。此識名有覆無記。亦有五種心法相応。名字同前。(T31: 62a)

第二執識。此識以執著為体。与四惑相応。一無明、二我見、三我慢、四我愛。此識名有覆無記。亦有五種心法相応。名字同前。(T31: 62a)

ここで、末那識相応の四煩悩について検討する前に、煩悩障・所知障の二障について確認したい。『成唯識論』巻九に次のようにある。

煩悩障とは、謂はく遍計所執の実我と執する薩迦耶見(*satkāyadṛṣṭi)を而も上首と為す、百二十八根本煩悩及び彼が等流の諸随煩悩とぞ。……所知障とは、謂はく遍計所執の実法と執する薩迦耶見(*satkāyadṛṣṭi)を而も上首と為、見と疑と無明と愛と恚と慢との等ぞ。

煩悩障者、謂執遍計所執実我薩迦耶見而為上首、百二十八根本煩悩及彼等流諸随煩悩。……所知障者、謂執遍計所執実法薩迦耶見而為上首、見疑無明愛恚慢等。(Si 396)

これによれば、二障はいずれも薩迦耶見（有身見）を始めとする煩悩と随煩悩との心所である。しかるに『五十要問答』

anyaiḥ sparśādyaiś ca (TrK 7'ab')

saṃprayujyeta iti saṃbadhyate. **ca**-śabdaḥ samuccayārthaḥ. **sparśādyair** iti sparśa-manasikāra-vedanā-saṃjñā-cetanābhiḥ. ete hi pañca dharmāḥ sarvatragatvāt sarva-vijñānaiḥ saṃprayujyante. (TrBh 24, 1-6)

智儼はおそらく若き日にこの『転識論』を学んでいたのであり、それ以前にこうした説を知らなかったわけではあるまい。『成唯識論』に反映されているのであろう。

智儼はおそらく若き日にこの『転識論』を学んでいたのであり、それ以前にこうした説を知らなかったわけではあるまい。『五十要問答』に反映されているのであろう。

第2部 大乗始教・大乗終教の論理　212

煩悩・所知の二障の分別とは、遍行は二障に通ず。別境も亦復た然り。善等は二障に非ず。煩悩は唯だ煩悩のみ。随煩悩の等きも亦復た然り。若し相成門に約せば、則ち二障に通ず。

煩悩所知二障分別者、遍行通二障。別境亦復然。善等非二惑。煩悩唯煩悩。随煩悩等亦復然。若約相成門、則通於二障。不定唯所知。若約相成門、則通於二障。(T45:525c)

これによれば、善を除く心所がすべて何らかの障を持つ点であって、もしそうならば、遍行と相応する阿頼耶識は『顕揚聖教論』の阿頼耶識の定義に「無覆無記」とあるのを「彼の本識の俗諦は諸分別を離れたるが故に聖道を覆没せず」(T45:545c) と注釈し、本識の俗諦、つまり異熟識としての阿頼耶識が無覆無記であることを認めているように見える。これをどう解釈するかは難しい問題であるが、同じ『孔目章』明難品初立唯識章の無記を「無記とは即ち是れ無分別の義なり。如来蔵の中に方に此の法有り」(T45:544c) と注釈していることから考えて、智儼は如来蔵としての阿頼耶識のみ、無覆無記を認めていたのかもしれない。つまり実際に、『五十要問答』転四識成四智義 (T45:521c) は「法性頼耶如来蔵識」「如来蔵としての阿頼耶識」が思を発しない、つまり、思などの遍行の心所 (智儼によれば二障に通ず) と相応しないと述べており、如来蔵としての阿頼耶識は有覆無記ではない。

さて末那識相応の四煩悩の心所である。それについて『五十要問答』心意識義は次のように述べる。

其の末那識は、三乗教に依らば、其の識有りて四惑を起こし法執を起こさず。

213　第4章　始教の心所と終教の心所

これは三乗教（始教・終教）の末那識相応の四煩悩が法執（所知障）でなく我執（煩悩障）であるという意味である。そしてこの説は円測『解深密経疏』巻三に出る真諦の説と一致する。

第七阿陀那は此こに執持と云ふ。第八を執持して我・我所と為す。唯だ煩悩障のみにして而も法執無し。定めて成仏せず。

第七阿陀那此云執持。執持第八為我我所。唯煩悩障而無法執。定不成仏。(SZ21：240b)

智儼はおそらく摂論宗を通じて真諦の説を承けているのである。ただし、遍行を二障と見なさない真諦の説において、末那識（阿陀那識）は四煩悩の煩悩障のみによって「唯だ煩悩障のみ」となるが、遍行を二障と見なす智儼の説においては、四煩悩は煩悩障のみであるにせよ、末那識は遍行によって二障を伴うことになる。複雑な説である。

なお、真諦の説と同じ説は『成唯識論』巻五に出る有義にも見られる。

此が中に有義は末那は唯だ煩悩障とのみ倶なること有り。

此中有義末那唯有煩悩障倶。(Si 198)

基『成唯識論述記』巻五本（T43：405a）はこれを安慧らの説に同定する。これに関連して、インドに実在した安慧、すなわちスティラマティの梵文『唯識三十頌釈』に次のようにあるのが注目される。

且らく阿羅漢は煩悩を残りなく断ぜる故に染汚意は全くない。

arhatas tāvad aśeṣa-kleśa-prahāṇāt kliṣṭaṃ mano naivāsti. (TrBh 24, 14)

これは煩悩障を断じた阿羅漢に末那識（染汚意）がないという意味であるから、末那識相応の四煩悩を煩悩障と規定しているのであって、『成唯識論』に出る有義と同一と見なし得る。『孔目章』明難品初立唯識章は末那識相応の四煩悩が我執（煩悩障）であるとする説を批判して四煩悩は所知障に通ずると主張するが、『成唯識論』巻五（Si 198）の護法はこの説を

第2部 大乗始教・大乗終教の論理　214

であって法執（所知障）でない理由を次のように述べる。

末那一たび起こらば相続して我を縁じて廃せず。何に因りてか境を改むるを得て其の法執を起こさば、何ぞ一類に我塵を縁ずと名づくるや。若し法執を起こさば、何ぞ一類に我塵を縁ずと名づくるや。

末那一起相続縁我不廃。因何得改境起其法執。若起法執、何名縁一類我塵。(T45：546bc)

智儼は末那識が常に阿頼耶識を我と執している以上、法執を起こすことはできないと主張して護法の説を批判するのである（もっとも、智儼の説によれば五遍行は我執と法執とに通ずるはずであるので、これはあくまで四煩悩についてのみ述べたものであるが）。しかるに護法は補特伽羅我見（我執）は必ず法我見（法執）を前提とすると説く。『成唯識論』巻五に次のようにある。

補特伽羅我見（*pudgalātmadṛṣṭi）の起こる位には、彼の法我見も亦た必ず現前す。我執は必ず法執に依りて而も起こるをもって。要らず杭の等きに迷して方に人等と謂ふが如くなるが故に。

補特伽羅我見起位、彼法我見亦必現前。我執必依法執而起。如要迷杭等方謂人等故。(Si 201)

補特伽羅我見起位、彼法我見亦必現前。我執必依法執而起。如要迷杭等方謂人等故。

智儼がこれらをどう会釈したかは明らかでない。ともかく智儼は真諦や安慧の説に同ずるのである。

なお、護法が末那識相応の四煩悩を所知障に通ずると主張するのは、未だ法無我を証しない二乗は必ず恒行の法我執を有しているはずであって、意識は睡眠や昏絶などによって間断し、阿頼耶識は慧の心所（我執の体である悪慧）と相応しない以上、それは末那識相応の四煩悩の他にないという理由からである。『成唯識論』巻五に次のようにある。

又た未だ補特伽羅無我（*pudgalanairātmya）を証せざる者は彼の我執恒に行ずるが如く、亦た未だ法無我を証せざる者は法我執は恒に行ず応し。此の識若し無くば、彼は何の識にか依らむ。第八には依るに非ず。彼は慧無きが故に。

又如未証補特伽羅無我者彼我執恒行、亦応未証法無我者法我執恒行。此識若無、彼依何識。非依第八。彼無

しかるに智儼の場合、二障（二執）は遍行の心所に認められるので、恒行の法我執は阿頼耶識・末那識相応の遍行の心所ということになろう。

さてcに意識相応の心所は六位のあらゆる法であるとあるのも唯識派の一般的見解に等しい（ただし、あらゆる法と一時に相応するという意味でなく、どの法とも相応し得るという意味である）。六位のあらゆる法として『五十要問答』心数及心所有法義は『阿毘達磨雑集論』に基づき①遍行の五・②別境の五・③善の十一・④煩悩の十・⑤随煩悩の二十・⑥不定の四の合計五十五心所を立てる。ただし次のようにもある。

増減者依『百法』等論合五見為一。依『瑜伽論』増邪欲邪勝解。増減如諸論。深有別意。可思準之。（T45: 524c）

増減とは『百法』等の論に依らば五見を合して一と為す。『瑜伽論』に依らば邪欲と邪勝解とを増す。増減は諸論の如し。深く別意有り。思ひて之に準ず可し。

智儼は五十五心所を立てる一方で、『大乗百法明門論』『唯識三十頌』『成唯識論』『瑜伽師地論』が邪欲と邪勝解とを五十七心所を立てるのをも認めている。ここで注目すべきなのは「深く別意有り」という言葉である。「深く別意有り」とは心所の多様な立てかたには衆生の機根に合わせた深い考えがあるという意味であって、あらゆる経論にそれぞれの役割を認めて等しく尊ぶのが智儼の姿勢である。それは『華厳経』を円教として尊ぶ智儼の姿勢と矛盾しない。

問題なのはdの前五識相応の心所である。『成唯識論』は前五識相応の心所を、①遍行の五と、②別境の五と、③善の十一と、④煩悩のうちの貪・瞋・痴の三と、⑤随煩悩のうちの大随惑の八と中随惑の二との、合計三十四心所の範囲に留める。しかるに智儼は「一意識有りて五識と共に境を縁ず」という『経』を引いて、前五識が意識と「或ひ

慧故。（Si: 200）

第２部 大乗始教・大乗終教の論理 216

は同体にして或ひは異体」である以上、前五識も意識に同じく六位すべての心所と相応し得ると説く。この『経』は真諦訳『摂大乗論』巻上が一意識計を述べる箇所の次の経文を指す。

『経』に言ふが如し、「此の眼等五根の所縁の境界の一一の境界を意識は能く取りて分別し、意識を彼の生因と為す」といふ。

如『経』言、「此眼等五根所縁境界一一境界意識能取分別、意識為彼生因」。(T31：119a)

yang dbang po lnga po 'di dag gi spyod yul gyi yul ni yid kyis myong ste | yid ni 'di dag gi rton pa'o zhes ji skad gsungs pa lta bu'o || (MSg II, 12c)

一意識計とは意識のみが実在し、意識が意根以外の五根をも所依として前五識の名を得るという説である。智儼は一意識計を六識体一の説と理解している。『五十要問答』心意識義に次のようにある。

意識及五識或同或異。如経論説。(T45：523a)

また『孔目章』明難品初立唯識章にも次のようにある。

意識は是れ無辺に一切処を分別す。分別と其の五識とは或ひは一にして或ひは異なり。経と論とに説くが如し。

このような智儼の理解は法相唯識章の基『成唯識論述記』巻一が斥ける見解に一致する。

意識是無辺分別一切処。分別与其五識或一或異。(T45：546c)

『成唯識論述記』巻一が斥ける見解に次のようにある。

有るひと云はく、「一意識は但だ前六識のみを説きて一意識と為す」といふ。理必ずしも然らず。此れは八識の体は一なりと説くが故に。

有云、「一意識但説前六識為一意識」。理必不然。此説八識体一故。(T43：236c)

基は一意識計を八識体一の説と理解するのである。基が斥ける見解は慧沼『成唯識論了義燈』巻一末 (T43：673

(c)によれば円測の説である。よって智儼と円測とは一意識計を六識体一の説と見る点において等しい。これは智儼と円測との共通の師である摂論宗の法常の見解なのかもしれない。なお『摂大乗論』は一意識計について否定も肯定もしていないが、『成唯識論』巻一（Si 11）は自らの造論意趣において「諸の識は用は別に体は同なり」という見解を否定している。そして基『成唯識論述記』巻一（T43：236c）はこれを『摂大乗論』の一意識計などに同定する。しかるに智儼は一意識計を肯定するのである。

以上、結局のところ始教の心所は、阿頼耶識においては遍行の五、末那識においては遍行の五と四煩悩、意識においては一切、前五識においては五から一切と規定されるのであった。

以下は終教の心所を検討する。『五十要問答』心数及心所有法義に次のようにある。

若し三乗終教に約して論ぜば、則ち頼耶と六識との等きは皆な具さに一切の（心）所有法を起こす。唯一識、十一識を成ずるに由るが故に。

終教においては阿頼耶識や六識がそれぞれ一切の心所を起こし、それは唯一識が十一識を成ずるからであると説かれている。「唯一識、十一識を成ず」とは真諦訳『摂大乗論釈』巻五の次の文を指す。

論に曰く。本識を種子と為し虚妄分別に摂めらるる諸識の差別ぞ。
論曰。本識為種子虚妄分別所摂諸識差別。

若約三乗終教論、則頼耶六識等皆具起一切所有法。由唯一識成十一識故。（T45：525c）

釈に曰く。本識の能く変異して十一識と作るに由りて、本識は即ち是れ十一識の種子なり。十一識は既に異なれり、故に差別と言ふ。

（MSg II.2）

gang kun gzhi rnam par shes pa'i sa bon can yang dag pa ma yin pa kun rtog pas bsdus pa'i rnam par rig pa'o‖

釈曰。由本識能変異作十一識、本識即是十一識種子。十一識既異、故言差別。(T31：181b)

yang dag pa ma yin pa kun tu rtog pas bsdus pa zhes bya ba ni yang dag pa ma yin pa kun tu rtog pa'o‖ (MSgBh 〈D〉Ri143b3-4,〈P〉Li170b2)

このうち「釈に曰はく」とある箇所は蔵訳においては、真諦訳においては、本識が変異して十一識になるので、本識は十一識の言い換えである。ここで言われる本識は法相唯識において言われる種子頼耶であって、本識の現行の上に蓄えられている十一識の種子を指す。ここで言う変異 (*pariṇāma) はスティラマティの梵文『唯識三十頌釈』に次のように出る果転変 (phala-pariṇāma) であって、種子が現行を生ずることに他ならない。

過去の業によって或衆同分中に阿頼耶識が牽引せられゆきしかの衆同分が円満せる場合、異熟習気が活動を起こすより、他の衆同分中に阿頼耶識が現成することはすべて、果転変である。同様に、等流習気が活動を起こすより、諸転識と染汚意とが阿頼耶識より現成することはすべて、果転変である。

phalapariṇāmaḥ punar vipāka-vāsanā-vṛtti-lābhād ālayavijñānasya pūrva-karmākṣepa-parisamāptau nikāyasabhāgāntareṣv abhinirvṛttiḥ. niṣyanda-vāsanā-vṛtti-lābhāc ca yā pravṛtti-vijñānānāṃ kliṣṭasya ca manasa ālayavijñānād abhinirvṛttiḥ. (TrBh 18, 7-10)

「本識の能く変異して十一識と作る」とは十一識の種子がそれぞれ十一識の現行を生ずるという意味である。本識そのもの（現行の阿頼耶識）が十一識（現行の八識）に変異するという八識体一の意味ではない。しかし智儼はこの文を八識体一の意味として理解したのであろう。八識が体一であり根底で繋がっている以上、八識全体が眼識なり耳識なりの或る識であると見なすことができる。その場合、他の識はすべてその識に含まれることになり、言わば八識の間の一即一切・一切即一が起こることになる。或る識が他の識の一切を含んでいる以上、或

219　第4章　始教の心所と終教の心所

識は他の識が具する心所の一切をも具することになろう。「頼耶と六識との等きは皆な具さに一切の（心）所有法を起こす」とあるのはそうした意味として理解されねばなるまい。

さて、終教の阿頼耶識や六識が「一切の（心）所有法を起こす」とあるその「一切」が何個であるかについては、『五十要問答』心数及心所有法義に次のようにある。

就三乗終大乗教及一乗別教内、心数即有無量。並如縁起法界数量。何以故。諸心数類一一縁別、約其縁別不可総説故。（T45：525b）

これによれば、終教の阿頼耶識や六識の心所の数は無量である。なぜ無量であるかと言えば、一一の縁（増上縁。間接原因）が別であり総説できないからであると説かれている。これについては『孔目章』普荘厳童子処立因果章に次のようにあるのが参考になる。

其の三乗の義は因縁、増上縁を摂むることを得。何を以っての故に。法空の分理に達し相融の成ずることを得るが為に、故に摂むることを得。

其三乗義因縁得摂増上。何以故。為達法空分理得相融成、故得摂也。（T45：540a）

すなわち、一一の増上縁を、心所を生ずる因縁（直接原因）に摂め、そうした無量の因縁を考えるならば、心所は無量となるのである。このような、増上縁も因縁であるという特殊な考えの詳細については本研究第三部第一章に譲る。注目すべきは心所を無量と説くことが「三乗終大乗教及び一乗別教と」と述べられることである。本研究第一部第一章において確認したとおり、智儼は別教の識の数を無量と規定していたが、ここでは別教と終教との心所の数を無量と規定している。無量を説くことはすでに終教においても一部始まっているのである。

第2部　大乗始教・大乗終教の論理　　220

以上、智儼において、始教の心所は『転識論』『摂大乗論』といった『摂大乗論』周辺の論に基づき、終教の心所は『摂大乗論』に基づいた。ここでも『摂大乗論』を介して始教と終教とが結ばれているのであって、智儼においては始教と終教の両方に真実を説く教としての性格が保たれているのである。その他にも、終教と別教との心所がともに無量と規定され、始教と終教との間のみならず終教と別教との間にも同じく真実を説く教としての性格が保たれているのが注目されるべきであろう。

三 法蔵における始教の心所と終教の心所

『五教章』心識差別は始教の心所にも終教の心所にも言及しない。これは『五教章』心識差別は唯識章に記すが如し」(Wu 330) とあるとおり、法蔵が多くを智儼『孔目章』明難品初立唯識章に譲っているからである。ただし断片的な記述を纏めれば、『五教章』が始教の心所と終教の心所とについて、智儼と若干異なる見解を有していたことも判明するので、以下においてはそれを確認する。

まず始教の阿頼耶識相応の心所からである。唯識派においては阿頼耶識相応の心所は遍行の五であって、智儼も始教の阿頼耶識相応の心所を遍行の五と述べていた。『五教章』もおそらく同じであったと推測されるが、このことは次の『華厳経探玄記』に至ると確実になる。始教の心所について『華厳経探玄記』巻一に次のようにある。

二に始教の中をいはば、……所立百法決択分明。故無違諍。(T35：115c)

百法は『大乗百法明門論』『唯識三十頌』『成唯識論』に出、その中の五十一法は心所であるので、始教の百法は決択分明なり。故に違諍無し。二に始教の中をいはば……立つる所の百法は決択分明なり。故に違諍無し。ちなみにここで「違諍無し」と言うのは、小乗の心所がそれらにおいて説かれる遍行の五であることは確実である。

が説一切有部の七十五法を始めとして部派ごとにさまざまに法を立て違諍しているのに対し、始教は百法のみを立て違諍がないという意味である。始教が完全であるという意味ではない。

次に、始教の末那識相応の煩悩障について『五教章』断惑分斉に次のようにある。

末那は唯だ四の倶生のみ。

末那唯四倶生。(Wu 417)

智儼はこの四煩悩を煩悩障のみならず所知障とも解釈していたのは確実である。

其の末那の倶生は行相細なるが故に亦た前に同じく仏地に至りて尽く。

其末那倶生行相細故亦同前至仏地尽也。(Wu 419)

先に見たとおり、末那識に倶生起の所知障を認めるのは『成唯識論』巻七に至ると確実になる。『五教章』の言う始教の説は護法の説そのままである。智儼は始教の末那識相応の心所を、四煩悩に五遍行を加えた九と規定したが、あるいは『五教章』は『成唯識論』巻四 (Si 182) の護法の説によって、始教の末那識相応の心所を、九に随煩悩の八（掉挙・昏沈・不信・怠・放逸・失念・散乱・不正知）と慧（我見の体）とを加えた十八と考えていたかもしれない。このことは『華厳経探玄記』巻七に至ると確実になる。

若し初教に依らば、仏地は清浄なる八識と及び二十一心所とを具有す。

若依初教、仏地具有清浄八識及二十一心所。(T35：240c)

これは『成唯識論』巻十 (Si 453) の護法の説であるから、少なくとも『華厳経探玄記』が言う始教の末那識相応の心所は『成唯識論』の護法の説そのままであることが知られる。もう少し詳しく言えば、先に見たとおり、始教において説かれる法の数は『大乗百法明門論』『唯識三十頌』『成唯識論』において説かれる百法であって、そのうち五

十一法は心所であるから、始教の意識相応の心所は五十一心所の範囲、前五識相応の心所は三十四心所の範囲であることも知られる。智儼は『摂大乗論』所出の一意識計に基づいて、始教の意識と前五識とが体一である以上、前五識も意識と同様あらゆる心所と相応し得ると説いたが、この説は法蔵においては終教と前五識の『大乗起信論』の説として述べられる。

『大乗起信論義記』巻中末に次のようにある。

此の『論』は一意識義に就くが故に別に五識を出ださず、但だ「意識は六塵を分別す」と説くのみ。

此の『論』就一意識義故不別出五識、但説「意識分別六塵」。(T44: 266b)

ここでも法蔵の言う始教は護法の説そのままであり、智儼の言う始教と同じではない。

以下は終教の心所を検討する。これに近い考えは智儼『孔目章』明難品初立唯識章にも見られる。

三に終教の中をいはば、……亦た百法を論ぜざるをもって名数は広からず。

三終教中、……亦不論百法名数不広。(T35: 115c)

終教は百法を論じないとあるが、百法のうち五十一は心所である。これは終教の心所が五十一より少ないという意味ではなく、終教は心所を説かないという意味であろう。『大乗起信論』などの如来蔵系の経論は心所を煩瑣に区分しないからである。

問ふ。『摂論』は何が故に心所有法を明かさずして、但だ四使が与へたと相応すとのみいふ。答ふ。『摂論』の教の興こるは其の熟教に在り。之を知る所以は、下の『論』の智差別の文、十二甚深を挙げ、甚深なる義は声聞と共ならずと顕はすが如し。当に知るべし教高くして是れ初教に非ず。若し心数を立つるならば、即ち妨ぐる所有り。道に於いて益無し。故に之を明かさず。

問。『摂論』何故不明心所有法、但与四使相応。答。『摂論』教興在其熟教。所以知之、如下『論』智差別文、挙十二甚深、顕甚深義不共声聞。当知教高非是初教。若立心数、即有所妨。於道無益。故不明之。(T45:

『摂大乗論』が心所(心数)を明かさないということは智儼『摂大乗論無性釈論疏』巻一(順高『起信論本疏聴集記』巻三本所引)においても強調されている。

此の『論』の中には〔心〕数の分斉の多少を明かさず、……

此『論』中不明数分斉多少、……(DBZ91：135b)

ただし智儼は一方で同じ『摂大乗論』によって終教の心所を無量とも述べていたが、法蔵にはそうした説は見られない。それは終教において無量という表現を用いてしまえば終教と別教との区別ができなくなるからと推測される。智儼は終教にも無量という表現を許したが、法蔵はおそらくそうでなく、無量を別教にのみ許し、別教の隔絶性を強調するのである。

以上、法蔵にとって、始教の心所は『成唯識論』の護法の説に基づき、終教の心所は『大乗起信論』などの如来蔵系の論書が心所を説かないのに基づいた。

四 おわりに

心所に対する智儼・法蔵の見解を図示すると次のようになる。

智儼においては始教の心所の例は『転識論』『摂大乗論』などの論であり、終教の心所の例は『大乗起信論』などの如来蔵系の論書であった。法蔵においては始教の心所の例は『成唯識論』の護法の説であり、終教の心所の例は『摂大乗論』周辺の論であり、終教の心所の例は『摂大乗論』などの『摂大乗論』であった。こうして見ると、智儼においては一なる『摂大乗論』において始教と終教との通底が見られるのに対し、法蔵においてはそうした通底が見られないのである。また智儼においては終教と別教との通底が見られるのに対し、法蔵においてはそうした通底が見られない。終教と別教とが同じことがらを説くという智儼の考えは、法蔵には存しないのである。さらに、『成唯識論』には安慧の説のように末那識相応の心所を九と規定する説も存し、そちらのほうが智儼の言う始教に等しいにもかかわらず、法蔵は始教を護法の説と規定する。法蔵が言う始教は護法の説そのままであり、それは終教とまったく関係ない教である。

とりわけ智儼にとっては一なる『摂大乗論』において始教と終教との二教が通底しており、始教から終教への自然

	智儼	法蔵
始教の心所	阿頼耶識は九と相応 末那識は一切（五十五）と相応 意識は五から一切と相応 前五識は	阿頼耶識は五と相応 末那識は十八と相応 意識は五十一の範囲と相応 前五識は三十四の範囲と相応
終教の心所	どの識の心所も無量	心所を説かない

図表Ⅰ

な移行が考えられていたが、法蔵は『摂大乗論』を顧みず、始教は『成唯識論』、終教は『大乗起信論』というふうに二教を分断するのである。

注

(1) 深浦正文［1954: 130-187］、竹村牧男［1995: 355-379］。
(2) 山口益・野沢静証［1953: 243］。
(3) 鎌田茂雄［1965: 91］は『転識論』に気づかず、スティラマティ（安慧）と『成唯識論』の有義とについて次のように述べている。「この安慧の解釈は、『成唯識論』があげる第一師の解釈にまさしく適合するものである。すると智儼は護法の学説をうけずに、安慧の義を正しく継承したことになるであろう。智儼が何故に法相宗正義の解釈をとらずに、インド論師の解釈を聞いていたといわれるから、普光に学んだことによって、安慧の義をとったのであろうと思う」。
(4) 深浦正文［1954: 487］に「この二障たる、その体は同じく十種の本惑と二十種の随惑とである」とある。
(5) 山口益・野沢静証［1953: 245］。
(6) 円測の影響を受けた曇曠もこの説に同ずる。結城令聞［1931］四節。
(7) しかるに西尾京雄［1936］によれば、『摂大乗論』の一意識計は八識説を立てずに阿頼耶識の機能をも含む特殊な意識を立てる部派（一心部派）の説であるらしい。そうならば智儼や円測の見解も基や慧沼の見解もインド仏教の文脈からは認めることができない。
(8) 『成唯識論』の造論意趣はスティラマティ『唯識三十頌釈』の造論意趣にほぼ基づきつつも、心所別体説の論破や識体一説の論破を新たに加えている。長尾雅人［1931］（長尾雅人［1978: 402-403］）はそれを「多分に当時の宗派我の混雑した問題であって、仏法の根本義を論ぜんとする大論述作の態度を示す如き問題とは云い得ない」と評する。
(9) 『成唯識論』の説く果能変はこれと全同でない。竹村牧男［1995: 1336］は『唯識三十頌釈』と『成唯識論』とを対比した上で検討している。

(10) 山口益・野沢静証 [1953: 198]。

(11) 岩田諦静 [1987: 34-35] によれば、勝呂信静は未発表原稿においてこの真諦訳『摂大乗論釈』の文を「十一識はアーラヤ識の種子から生じたものであるが、論本の趣旨は、種子から生じたということよりも、一切諸法の表象たる十一識はそれに対応する種子を持つものであるということをあらわすものであろう」と解釈しているとのことである。

(12) 鎌田茂雄 [1965: 91] は智儼が十一識を心所と誤解したと考えて次のように述べている。「おそらく智儼は、真諦訳『摂大乗論』の思想にもとづき、一識から十一識たる一切法が生ずるとしたところに、終教の心所説があると考えたのであろう。摂大乗論でいう十一識は決して心所説ではないのであるが、それを同一視したところに智儼の独創となり、これこそが、のちに心所説を止揚して、一心に帰入させる、いわゆる摂相帰性の唯識が展開する根拠ともなったのである。逆説的にいえば、智儼が摂論の十一識を心所説と混同したところに、中国華厳の一心の思想が展開するもといが、開かれたともいえるであろう」。しかしこれは智儼の誤解でなく鎌田茂雄 [1965] の誤解であろう。なぜなら次に見るとおり、終教の阿頼耶識や六識が「一切の有らゆる法を起こす」というその一切の心所の数は無量であって十一識でない以上、智儼が十一識を心所と見ていなかったのは確実だからである。ちなみに心所説を一心に帰入させるのは摂相帰性の唯識ではなく摂数帰王の唯識であって、これも誤解である。法蔵『華厳経探玄記』巻十三（T35: 347a）。次注を見よ。

(13) ただし『華厳経探玄記』巻十三は十重唯識（仏教における唯識説を十種に分類したもの）の第三摂数帰王唯識において心王と心所とを同体と見る立場を始教とする。これは『成唯識論』や法相唯識が心王と心所とを別体と見るのと相違するところである。竹村牧男 [1995: 369-373] 第二編第二章四「特に華厳宗の心所観との関連において」は第三摂数帰王唯識の教証である『大乗荘厳経論』がインドの唯識派においても心王と心所とを同体と見る一説の根拠であったことを指摘し、第三摂数帰王唯識の位相を詳しく考察している。

第三部　別教一乗の論理

第一章　阿頼耶識説と相即相入──『華厳経』明難品と『摂大乗論』──

一　はじめに

本研究第一部第一章において述べたとおり、別教の唯識説は始教や終教の唯識説である阿頼耶識説が説く識と同一の識を説くものであり、ただ無尽を説く点でのみ始教や終教の唯識説と異なり、始教や終教の唯識説の完成を明らかにするというのが本研究の見解である。第三部においてはそのような別教における始教や終教の唯識説の完成させるが、初期華厳教学によれば無尽は相即相入に基づくので、まずこの第一章においては総説として、『華厳経』明難品に対する初期華厳教学の理解をたどりながら、阿頼耶識説と相即相入との関係について述べる。

智儼『華厳経捜玄記』巻一下は明難品を「十甚深」に科段するが、法蔵『華厳経探玄記』巻四によればそれは摂論宗の曇遷 (542-607)『華厳経明難品玄解』の説である。曇遷は北地において『十地経論』を学んだのち、南地において『摂大乗論』を学び、北地に帰ってから北地の地論系摂論宗 (地論宗的摂論宗) の祖となった人物であるが、明難品は唯識的な表現を多く有する品であるゆえに、彼の関心を惹いたものと思われる。智儼『孔目章』性起章が曇遷『亡是非論』を全文収録していることから判るとおり、智儼は曇遷に私淑しており、それゆえ『華厳経捜玄記』において『華厳経明難品玄解』の説を踏襲したと思われる。

明難品に対する初期華厳教学の理解については、近年、いくつかの指摘がなされている。具体的に言えば次のとお

第3部　別教一乗の論理　　230

りである。

A 明難品に対する智儼の注釈が『摂大乗論』『如実論』に関連しており、それはおそらく『摂大乗論』『如実論』に注釈を著したこともある曇遷の『華厳経明難品玄解』に由来するという指摘[2]

B 明難品に対する初期華厳教学の注釈が、慧思の作と言われるも古くから曇遷の作とも伝えられる『大乗止観法門』のうち、明難品に対する注釈に関連するという指摘[3]

C 明難品に対する法蔵の注釈は同品を始教や終教や頓教の唯識説である阿頼耶識説と見なすものであり、それは明難品に対する低い評価を示しているという指摘[4]

本章においてはこのうちABの指摘の正しさを補強し、明難品に対する初期華厳教学の理解が『摂大乗論』の唯識説を利用したものであり、それは『華厳経明難品玄解』『大乗止観法門』の解釈に由来することを明らかにする。しかるに一方で、別教の唯識説は始教や終教や頓教の唯識説である阿頼耶識説が説く識と同一の識を説くものであるという本研究の見解から見れば、Cの指摘の正しさを疑わざるを得ない。ゆえに本章においてはCの指摘の正しさを否定し、明難品に対する初期華厳教学の理解が同品を別教と見なすものであり、相即相入を説くことによって、『摂大乗論』の唯識説を『華厳経』の唯識説として完成するものであることをも明らかにする。

　　二　智儼における『華厳経』明難品と『摂大乗論』

『摂大乗論』応知依止勝相品においては阿頼耶識の三相が説かれている。すなわち自相・因相・果相であり、真諦訳『摂大乗論』巻上によって示せば次のとおりである。

自相を立つとは、一切の不浄品の習気に依りて彼（＝不浄品）は生ずることを得と為す、種子を摂持する依器、

『成唯識論』は『唯識三十頌』(tatrālayākhyaṃ vijñānaṃ vipākaḥ sarvabījakam. TrK 2cd) を用いて明快に説明しているので、それによって示すと次のとおりである。

① 因　相……一切種子識（七転識すべての種子である識）
② 果　相……異　熟　識（業果としての苦の境涯（つまり身体と環境）を現出する識）
③ 自　相……阿頼耶識（七転識と相互に能蔵・所蔵となり、末那識によって執蔵される識）

『孔目章』明難品初立唯識章もまた阿頼耶識に三相があると説く。

立自相者、依一切不浄品習気為彼得生、摂持種子依器、是名自相。立因相者、此一切種子識、為生不浄品法恒為因、是名因相。立果相者、此識因種種不浄品法無始習気方乃得生、是名果相。(T31:115a)

因相は不浄法を生ずる種子としての阿頼耶識のありさま、自相は因相・果相を合わせたもので一切種子とそれを保持する依器としての阿頼耶識のありさま、果相は不浄法に依拠して生じる依器としての阿頼耶識のありさまである。

是れを自相と名づく。因相を立つとは、此の識は種種の不浄品の法の無始の習気に因りて方に乃ち生ずることを得、是れを因相と名づく。果相を立つとは、此の一切種子識は不浄品の法を生ぜむが為に恒に起こりて因と為る、是れを果相と名づく。

de la kun gzhi rnam par shes pa'i mtshan nyid ni gang kun nas nyon mongs pa'i chos la bon yongs su 'dzin pa dang ldan pas de skye ba'i rgyu nyid kyi mtshan nyid ni de ltar kun gzhi rnam par shes pa'i rang gi sa bon yongs su 'dzin pa dang ldan pa de skye ba'i rgyu nyid chos de nyid kyi rgyu nyid du dus thams cad du nye bar gnas pa yin no∥de la 'bras bu nyid du rnam par bzhag pa nyid ni∣gang kun gzhi rnam par shes pa kun nas nyon mongs pa'i chos de dag nyid kyi thog ma med pa'i dus kyi bag chags la brten nas byung ba'o∥(MSg I.14)

第3部　別教一乗の論理　　232

一には是れ因相。一切因を摂む。仍ち互ひに因と為りて微細〔なる阿頼耶識〕(5)と〔七転〕識とは相当するを以っての故に。
二には果相。一切果を摂む。仍ち互ひに果と為ることを用って始めと為す。
三には自相。即ち是れ『成唯識』の中の異熟相ぞ。異熟の識は一切法を摂む。知ることを得る所以は、一切法の種子に依りて、異熟は生ずることを得、煩悩と業と報と名言習との等きに局らず、一切に随ひて相応す、故に知ることを得。

一是因相。摂一切因。仍用互為因為始。何以故。以互為因微細与識相当故。二果相。摂一切果。仍用互為果為始。三自相。即是『成唯識』中異熟相也。異熟之識摂一切法。所以得知、依一切法種子、異熟得生、不局煩悩業報名言習等、随一切相応、故得知也。（T45：544b）

これは次のように纏められる。

①因相……一切因
②果相……一切果
③自相……異熟識

まずは①因相と②果相とを確認する。①因相は『摂大乗論』『成唯識論』によれば異熟識であるが、智儼によれば一切因である。また②果相は『摂大乗論』『成唯識論』によれば一切種子識であるが、智儼によれば一切果との説明には「互ひに因と為ることを用って始めと為す」「互ひに果と為ることを用って始めと為す」とあった。これは『摂大乗論』『成唯識論』が次のような『大乗阿毘達磨経』の偈を引いて阿頼耶識と七転識との同時相互因果を説明するのを指す。

諸法は識に於いて蔵さる 識の法に於けるも亦た爾なり

此の二は互ひに因と為り　亦た恒に互ひに果と為る（真諦訳）

諸法は識に於いて蔵さる　識の法に於けるも亦た爾なり

更互に果性と為り　亦た常に因性と為る（玄奘訳）

諸法於識蔵　識於法亦爾　此二互為因　亦恒互為果（T31：115c）

諸法於識蔵　識於法亦爾　更互為果性　亦常為因性（T31：8c；135b）

[anyonyaṃ phalabhāvena hetubhāvena sarvadā | sarvadharmā hi ālinā vijñāne teṣu tat tathā || MAVṬ 34, 1-2]

具体的に言えば、同時相互因果は次の二つの因果に纏められる。

A　種子生現行の因果（阿頼耶識中の種子が七転識の現行を生ず）

B　現行熏種子の因果（七転識の現行が阿頼耶識中に種子を熏ず）

阿頼耶識中には七転識の種子（潜在的形成能力）が蔵されており、このような七転識すべての種子の集合体が、一切種子識としての阿頼耶識である。七転識の種子は一刹那のうちに七転識の現行（顕在的活動状態）を生ずるが、その七転識の現行はその一刹那のうちに滅してしまい（刹那滅）、同じ一刹那のうちに阿頼耶識中に種子を熏じつける。すなわち、同じ一刹那のうちに、因である種子（阿頼耶識）が果である現行（七転識）を生じ、因である現行（七転識）が果である種子（阿頼耶識）を熏ずる。これが同時相互因果である。

或るものが因すなわち因縁（直接原因）となって果を生ずる時、それ以外のものは縁すなわち増上縁（間接原因）となってそれを助ける。しかるに智儼は増上縁も因縁であるという特殊な考えを有するのである。故に『雑集論』は疎縁を会して親因に摂めらるるものに入れ実因縁義に次のようにある。

又た増上縁を自の増上果に望めて還た親因と為す。

又増上縁望自増上果還為親因。故『雑集論』会疎縁入親因摂。(T45：531b)

『雑集論』とは『阿毘達磨雑集論』巻四の次のような文を指す。

且如無明望行前生習気故、得為因縁。由彼因縁相続所生諸業能造後有故、当於其時現行。(T31：711c)

tatra tāvad avidyā saṃskārānāṃ pūrvotpanna-vāsanato hetu-pratyayaḥ, tat-paribhāvita-saṃtānotpannānāṃ karmaṇāṃ punarbhavābhisaṃskaraṇa-sāmarthyāt tat-kāla-samudācārinī. (ASBh 32, 4-6)

『成唯識論』巻八はこの文を解釈して、行（意識相応の思の心所の現行）の増上縁である無明（七転識相応の無明の心所の現行）を行の因縁とすることを否定し、行の因縁はあくまで行の種子である無明と俱なるが故に無明と仮りて説けり。実は是れ行の種なり。

而『集論』に無明を行に因縁有りと説けるは無明の時の業の習気に依りて説けり。

しかし智儼はこの『成唯識論』の解釈を否認して、行の因縁である行の種子のみならず、行の増上縁である無明すらも行の因縁になると主張するのである。『孔目章』普荘厳童子処立因果章に次のようにある。

而『集論』説無明望行有因縁者依無明時業習気説。無明俱故仮説無明。実是行種。(Si 362)

其の三乗の義は因縁、増上を摂むることを得。何を以っての故に。法空の分理に達し相融の成ずることを得るが為に、故に摂むることを得。

其三乗義因縁得摂増上。何以故。為達法空分理得相融成、故得摂也。(T45：540a)

すなわち、三乗以降は法空の分理（真理の一片）に達し、ものごとが多因の相互交渉により成り立っていることを

得知するので、増上縁を因縁に入れてもよいのである。その結果として、種子か現行かであるあらゆる増上縁（縁）も因縁となり、すべてが或る果に対して因縁となることになる。ゆえに『孔目章』普荘厳童子処立因果章は次のように説く（数字は筆者が挿入）。

1 親因と親因とは互ひに相知せず。
2 親因と疎因とは相違せず。何を以っての故に。亦た爾なり。
3 親因与親因互不相知。何以故。無所可知故。親因与疎因不相違。何以故。無二相故。(T45: 540a)

この文は難解なので、以下、順番に確認する。

まず、1「親因と親因とは互ひに相知せず」とあるうち、「親因と親因と」とは、『華厳経』明難品の「縁起甚深」の偈に基づく表現である。「互ひに相知せず」とは、阿頼耶識中の種子と七転識の現行とを指す。

亦如明燈焰　焰と焰との暫しも停まらざるも
焰焰不暫停　二つ俱に相知せざるが如く
二俱不相知　諸法も亦た是の如し
諸法亦如是 (T9: 427a)

ji ltar 'bar ba'i mtshan ma can | 'od 'phro gzhan dang gzhan 'grogs kyang |
gcig gis gcig ni mi shes te | chos kyi chos nyid de bzhin no ‖ (BAS〈P〉Y1219b6)

『華厳経捜玄記』巻一下はこの偈を次のように注釈する。

文に「相知せざる」と言ふはこの偈を謂はむとには非ず。今は有力と〔有〕性との作を言ふ。

文言「不相知」者非謂情知。今言有力性作也。(T35:28b)

この解釈によれば、「親因と親因とは互ひに相知せず」とは、感覚器官によって知る(「情知」)という意味でなく、阿頼耶識中の種子と七転識の現行とが互ひに有力と無力とになりあう有性と無性とになりあうという意味である。真諦訳『摂大乗論』巻上(6)(T31:115a. MSg I.17) は阿頼耶識と七転識との同時相互因果を、蘆束が互いに倚りかかって支えあっているさまに喩えるが、そのように相依しあっている阿頼耶識中の種子と七転識の現行とは、それぞれ相手から見て全面的に有力であり、相手の力に全面的に依存しあっており、相手に対して全面的に無力である。そして重要なのは、「相知せず」と言うのは知られるべき相手がいないという意味であり、二つのものが共存しないという意味であることである。力が性(体)に備わるものである以上、有力なるものは全面的に有性(有体)であり、無力なるものは全面的に無性(無体)なのである。つまり智儼は同時相互因果においては阿頼耶識中の種子か七転識の現行のみかのどちらかしか存在しないと言うのである。これは一見、奇妙な発言に聞こえるが、ここで田中順照が『摂大乗論』の同時相互因果について述べた言葉に耳を傾けるべきである。

阿頼耶識と染汚法とが互に因となり果となるということは、原因と結果の範疇で理解すべきではなく、相互に基礎づけ合っている相関々係として理解すべきである。AとBとが相関々係にあるとは、AはBのAであり、BはAのBであることを意味している。龍樹はかかる相関々係を因待と呼んだ。龍樹において因待するものは一といふを得ず異と言うを得ず畢竟不可得である。ところが今は、かように相関々係にあるものの不可得をいおうとするのではなく、阿頼耶識に基礎づけられて染汚の法あり、染汚の法に基礎づけられて阿頼耶識ありという。阿頼耶識によって染汚法あるというとき、あるものは阿頼耶識だけであり染汚法は阿頼耶識のうちに隠れる。また染汚法によって阿頼耶識ありというとき、あるものは染汚法だけであって阿頼耶識は染汚法の中に隠れる。かくてあるものは染汚法を可能ならしめしかもそれを自らの中に含む阿頼耶識だけであるか、または阿頼耶識を可能ならしめ

それを自らの中に含む染汚法だけである。互為因果と二者があってその間に起る動と反作用と解するが如き、または一切が現在において相関的に関係連絡していることをいうにほかならぬと解するが如きは、全く互為因果を理解しないものといわなければならぬ。

智儼が同時相互因果においては阿頼耶識だけであり染汚法は阿頼耶識中の種子のみか七転識の現行のみかのどちらかしか存在しないと言うのは、田中が「あるものは阿頼耶識だけであり染汚法は染汚法の中に隠れ」ると言うのに等しい。そしてそれは阿頼耶識(阿頼耶識中の種子)と染汚法(七転識の現行)との相即相入に他ならない(よく誤解されるのであるが、相即相入とはAとBとが合わさることではない。AとBとが両立し得ず、同時にAのみかBのみかとなることである)。こう考えると、阿頼耶識(阿頼耶識中の種子)と染汚法(七転識の現行)とが相即相入するという発言は、決して奇妙な発言でなく、むしろ先の『大乗阿毘達磨経』の偈が「諸法は識に於いて蔵さる」と説いていたのと同じ意味であると言える。

次に2「疎縁も亦た爾なり。何を以っての故に。知る可き所無きが故に」とあるうち、「疎縁」とは、増上縁を指す。「知る可き所無きが故に」とは、『華厳経』明難品の「縁起甚深」の長行に基づく表現である。

因は縁を知らず。縁は因を知らず。

rgyus ni rkyen mi shes so∥rkyen gyis ni rgyu mi shes so∥(BAS ⟨P⟩Yi219b3)

因不知縁。縁不知因。(T9: 427a)

増上縁(縁)と因縁(因)とは一方の力が欠ければ果を生じ得ないので、相手の力に全面的に依存しあっており、それぞれ相手に対して全面的に無力、相手から見て全面的に有力である。ここでも重要なのは、「知らず」と言うのが知られるべき相手がいないという意味であり、二つのものが共存しないという意味であることである。力が性

(体)に備わるものである以上、有力なるものは全面的に有性(有体)であり、無力なるものは全面的に無性(無体)なのである。つまり智儼は同時相互因果においては増上縁(阿頼耶識の現行)か因縁(阿頼耶識中の種子や七転識)かのどちらかしか存在しないと言うのである。それは要するに、増上縁(阿頼耶識の現行)と因縁(阿頼耶識中の種子や七転識)との相即相入に他ならない。

さらに3「親因と疎因とは相違せず」とあるうち、「親因」とは因縁を指し、「疎因」とは因縁に摂められた増上縁を指す。増上縁の力が欠ければ果が生じない以上、増上縁は因縁の力を持つのであって、因縁と増上縁とはすべて因縁として異ならないという意味である。

123を纏めれば、智儼は縁起においてはあらゆる因縁(因)と増上縁(縁)とが因縁に摂められた増上縁(因)であり、そのあらゆる因縁(因)のいちいちは相手に対して全面的に無力かつ無性(無体)、相手から見て全面的に有力かつ有性(有体)であると主張するのである。この主張は『十地経論』巻八が縁起を説いた次の四句分別に基づく。(9)

 a 他の作すに非ず。……自の因生故。
 b 自の作すに非ず。……縁生故。
 c 二の作すに非ず。但だ生ずることに随順するのみなるが故に。
 d 無因の作すに非ず。有に随順するが故に。
  ……非他作。自因生故。……非自作。縁生故。……非二作。但随順生故。無知者故、作時不住故。……非無因作。随順有故。……(T26:170a)

rang gi rgyu[corr. ; rgyud] las byung ba'i srid pa'i yan lag rnams gzhan gyis ma byas pa dang | rkyen las byung ba'i phyir bdag nyid kyis ma byas pa ……| bya ba'i dus na mi gnas pas byed pa med pa'i phyir skye ba tsam dang 'brel pa'i phyir gnyi gas ma byas pa ……| srid pa'i lugs dang mthun pa'i phyir rgyu med pa las 'byung ba 'ang ma

『華厳経捜玄記』巻三下（T35：66c-67b）はこの四句分別のうちのａｂｄを、縁起においては因のみか縁のみかが果を生ずると解釈し、ｃを、因と縁との二つが協力して果を生ずるのではないと解釈する。つまり智儼によれば、この四句分別は、因のみが果を生ずると見る場合には縁のみが果を生じて因は果を生じないことを述べているのである。縁のみが果を生ずると見る場合には縁のみが果を生じて因は果を生じないことを述べているのである。増上縁（縁）をも因縁（因）と見なし、そのあらゆる因縁（因）のいちいちが相手に対して全面的に無力、相手から見て全面的に有力であるという智儼の説は、この『十地経論』の四句分別に基づくのである。

その証拠は『華厳経』明難品の「縁起甚深」の、次のような偈に対する『華厳経捜玄記』の解釈である。

諸法は自在ならず　実を求むるも得可からず
是の故に一切法は　二つ倶に相知せず

諸法不自在　求実不可得　是故一切法　二倶不相知　（T9：427a）

『華厳経捜玄記』巻一下はこれを次のように解釈する。

住せざるが故に作すと知ることを得る所以は、偈に「諸法は自在ならず」と云ふが故なり。云何ぞ作す時に知らずと知るや。偈に「実を求むるも得可からず」と云ふが故に。

de phyir gzhan gyis gzhan dag gi | ngo bo nyid kyang mi shes so || (BAS〈P〉Yi219b4-5)

所以得知不住故作、偈云「諸法不自在」故。云何知作時不知。偈云「求実不可得」故。（T35：28b）

この「住せざるが故に作す」と「作す時に知らず」とは、先の『十地経論』の四句分別のうちのｃの「知者無きが故に、作す時に住せざるが故に」に基づく表現である。因と縁とは相手に対して全面的に無力、相手から見て全面的に

有力であって、自在（常に有力）でないので「〔因と縁とは自在に〕住せざるが故に〔果を〕作す」と言い、また、因と縁とが果を作す時、因と縁とは相即相入するのであって共存しないので「〔因と縁とは互いを〕知らず」と言うのである。このことからも、智儼の説が『十地経論』の四句分別に基づくことが知られる。そしてさらに重要なのは、先に触れたとおり、智儼の説が『十地経論』の四句分別のうちcを、『華厳経捜玄記』巻三下が、因と縁との二つが協力して作すのではない（因のみか縁のみかが作すのである）と注釈していることである。cによって対治される執著を、『華厳経捜玄記』は次のように提示する。

謂はく因と縁との共力は能く果を感ずといふ執ぞ。又た因と縁との共力の法に各少力有りて共に一果を成ずとも言ふ。其の縁起の理に通じて諸の義有り。若し因も縁も有力にして共に生ずと見ば、即ち理と事とに迷ひ分別する執と名づく。即ち法我我所見なり。

謂因縁共力能感果執。又言因縁法各有少力共成一果。其縁起理通有諸義。若見因縁有力共生、即名迷理事分別執。即法我我所見。（T35：66c）

というのは、『華厳経捜玄記』の主張は、『十地経論』明難品の長行「因は縁を知らず。縁は因を知らず」によってcの「知者無きが故に」を理解したということを示している。智儼は『十地経論』によって明難品を解釈すると同時に、明難品は智儼にとって『十地経論』を解釈しているのである。そして明難品は智儼によって『摂大乗論』と関係づけられてもいる。このような智儼の姿勢は、おそらく、『十地経論』と『摂大乗論』とを学び、『華厳経明難品玄解』を著した地論系摂論宗の祖、曇遷から決定的な影響を受けているのである。

要するに、智儼が言う①因相は阿頼耶識中の一切法（因縁と増上縁と）が一つの果に対して等しく因（因縁）たり得るありさまを指すのであって、それを一切因と表現したのに他ならない。逆に、②果相は阿頼耶識中の一切法が一つ

の因に対して等しく果たり得るありさまを指すのであって、それを一切果と表現したのに他ならない。このうち一切因を、『孔目章』寿命品内明往生義は円教に配当し、終教や頓教における単純な相互因果と区別している。終教には唯だ四縁と及び互ひに因と為ることとのみあり。頓教には唯だ互ひに因と為ることとのみあり。円教には一切因あり。

終教唯四縁及互為因。頓教唯互為因。円教一切因。(T45：577a)

①因相を一切因と見なす智儼の阿頼耶識の三相は円教の阿頼耶識の三相であると知られるべきである。智儼が①因相・②果相を順に一切因・一切果と表現したのは、『摂大乗論』『成唯識論』と相違するが、それは智儼が異熟識は一切種子によって生ずると考え、その点で一切種子識を異熟識に含め、異熟識を③自相と呼ぶからである。このことは③自相に対する『孔目章』明難品初立唯識章の説明から明らかとなる。

異熟の識は一切法を摂む。知ることを得る所以は、一切法の種子に依りて、異熟は生ずることを得、煩悩と業と報と名言習との等に局らず、一切に随ひて相応す、故に知ることを得。

異熟之識摂一切法。所以得知、依一切法種子、異熟得生、不局煩悩業報名言習等、随一切相応、故得知也。

(T45：544b)

『成唯識論』によれば、転生の際、無記（白紙状態）である阿頼耶識の種子（等流習気、名言種子）は微劣であるの

以上で①因相と②果相とを確認した。

以下は③自相を確認する。智儼は③自相を『成唯識』の中の異熟相ぞ」と述べていた。しかるに『摂大乗論』『成唯識論』が①因相・②果相を全体的に見た阿頼耶識が③自相である。ゆえに『摂大乗論』『成唯識論』によれば異熟識は②因相と果相であって、一切種子識と異熟識とを全体的に見た阿頼耶識が③自相である。智儼は③自相を『成唯識』の中の異熟相ぞ」と述べていた。

で、意識相応の貪欲を潤生の煩悩とし、善・悪である意識相応の思の種子（異熟習気、業種子）を増上縁として現行する。この時、善・悪が無記へと異なって熟した異熟識が生ずると説くものであり、意識と阿頼耶識との種子によって阿頼耶識が生ずると説くものである。『成唯識論』の説を否定して、「一切法の種子」つまり七転識すべての種子から判るとおり、明難品の「十甚深」の最初に「縁起甚深」の来る理由として『華厳経捜玄記』巻一下が次のように説くこと初の縁起の種子という縁に随って、阿頼耶識（黎耶）を起こすと考えるからである。なり。縁起とは、黎耶は善等の、真如である如来蔵）が七転識の善・悪・無記の種子の熏習を受けて、つまり善・悪・無記なる所以は、黎耶は善等の三性と及び無為と共に集起するが故なり。

所以初縁起者、由「菩薩初学応先観諸法如実因縁」故也。縁起者、黎耶共善等三性及無為集起故也。(T35: 28b)

「菩薩は初めて学ぶに先に諸法の実の如くある因縁を観ず応きにして」とは、『摂大乗論』の十品の最初に応知依止勝相品が来る理由として、真諦訳『摂大乗論』巻上において出る次のような文である。

菩薩は初めて学ぶに先に諸法の実の如くある因縁を観ず応きにして、此の観に由るが故に、十二縁生に於いて聡慧を生ず応し。

菩薩初学応先観諸法如実因縁、由此観故、於十二縁生応生聡慧。(T31: 113c)

byang chub sems dpa' thog ma nyid du re zhig chos kyi rgyu la mkhas pa la brten nas| rten cing 'brel par 'byung ba la mkhas par bya'o ||(MSg Prastāvanā 5)

つまり「諸法の実の如くある因縁」とは応知依止勝相品において説かれる阿頼耶識と七転識との同時相互因果に他ならない。このように智儼は『摂大乗論』の文を引用して「縁起甚深」という名称を説明するのであるが、「縁起甚深」という名称が曇遷『華厳経明難品玄解』に由来することを考えると、そもそも今の智儼の説明は曇遷自身の説明の引き写しなのかもしれない。

さて、無為法（真如）が七転識の善・悪・無記の種子の縁に随って阿頼耶識を起こすならば、七転識が種子を熏ずる対象は真如となる。ゆえに『五十要問答』心意識義は、七転識が種子を熏ずるのは阿頼耶識にではなく、阿頼耶識を形造る真如にであると説く。

果報に熏ずと言ふは、位に拠りて而も説く。此の意、実に向かふ。

言熏果報者拠位而説。此可思簡。故『起信』云、「真如熏無明、無明熏真如」。此意向実也。(T45: 522c)

智儼によって、「果報」つまり異熟識に熏ずると言うのは〔真如から異熟識が形造られた〕位（状態）に依拠して説くのであって、実際には『大乗起信論』が言うように「真如熏無明、無明熏真如」と言うのが正しい。『孔目章』明難品初立唯識章 (T45: 546a) が『入楞伽経』巻七の次のような文を引くことから考えて、智儼は阿頼耶識を無明と見なしているのである。

阿梨耶識は如来蔵と名づけ、而も無明七識と共倶なり。(T16: 556bc)

阿梨耶識者名如来蔵、而与無明七識共倶。

ālayavijñāna-saṃśabdito 'vidyā-vāsana-bhūmi-jaiḥ saptabhir vijñānaiḥ saha ...... (LAS 220, 14-15)

先に述べたとおり、阿頼耶識と七転識との相互因果は、

A 種子生現行の因果（阿頼耶識中の種子が七転識の現行を生ず）

B　現行熏種子の因果（七転識の現行が阿頼耶識中に種子を熏ず）

の二つに分けられるが、智儼は「現行熏種子」を「無明熏真如」と見なすわけである。無明七識の現行が阿頼耶識中に種子を熏ずる時、その種子は無明七識を形造る真如を随縁させ、次の阿頼耶識の現行を作り、阿頼耶識の現行を随縁させて阿頼耶識中に無明七識の現行が生ずる。通常の唯識説は阿頼耶識の現行中の種子と七転識の現行との相互因果のみを言うが、智儼によれば、それは七転識の現行が常に真如に種子を熏じ、真如を随縁させて阿頼耶識の現行を、阿頼耶識において種子を保持せしめることによって可能なのである。

さて『摂大乗論』『成唯識論』は阿頼耶識が善・悪・無記の種子の熏習を受け得る四つの理由、つまり所熏の四義を挙げる。真諦訳『摂大乗論』巻上の偈によって示せば次のようである。

堅と無記と可熏と　能熏との相応と
若し異ならば熏ず可からず　是れ熏の体相なりと説く

堅無記可熏　与能熏相応　若異不可熏　説是熏体相　（T31: 115c）

brtan lung ma bstan bsgo bya ba‖sgo bar byed dang 'brel pa la‖
sgo byed de las gzhan bsgo ni min‖de ni bag chags mtshan nyid do‖（MSg I.23）

智儼は阿頼耶識ではなく阿頼耶識を形造る真如が熏習を受けると考えるので、『孔目章』明難品初立唯識章においてこの所熏の四義を真如が熏習を受ける四義へと読み替えている。

一には堅。謂はく理実に堅なるが故に堅なり。問ふ。若し諸法に堅無くば、何を以っての故に。答ふ。菩勝は堅に似て而も是れ堅ならず。何を以っての故に。久しからずして散壊するが故に。梨耶は則ち是の如くならず。果報も亦た堅ならず。縁に依りて成ずるを以って即ち自在ならず。何ぞ是れ堅なることを得む。道理として可ならず。

245　第1章　阿頼耶識説と相即相入

一堅。謂理実故堅。識外余法依識不自在並皆不堅。是堅。何以故。不久散壊故。梨耶則不如是。以依縁成即不自在。何得是堅。菩勝似堅而不堅。道理不可。(T45：544c)

ここでは「果報」つまり異熟識は「縁に依りて成ずる」もの（縁起生）なのであっていずれ散壊するので堅でなく、「識」（梨耶）以外の法は堅たり得ないと説かれている。「識」（梨耶）とは、これから見る文に「識を用って体と為す」とあるとおり、異熟識の体である特別な識、つまり如来蔵としての阿頼耶識を指す。異熟識のような有為法は無常であって堅ではなく、真に堅なのは如来蔵のような無為法のみなのである。「菩勝を引きて堅と為せる」とは『摂大乗論無性釈』巻二（T31：389b）が異熟識を菩勝（胡麻）に喩えることを指す。

二無記義、方得受熏。何以故。無記者即是無分別義。如来蔵中方有此法。若爾、何以故果報為無記。答。此為声聞智浅引其近位、説報受熏。果報無体用識為体。故説果報無有究竟実無記義。道理如此。(T45：544c)

ここでは「果報」つまり異熟識を無記と説くのが「声聞の智浅きものを其の近き位に引かむが為」であって、如来蔵の無分別を無記と説くのが「究竟の実の無記の義」であると説かれている。如来蔵の無分別とは、要するに、如来蔵が七転識の善・悪・無記の種子の熏習を受け、異熟識を形造ることを指す。これから見る文に出る「唯だ如来蔵のみ自性を守らず」と同じである。

三に可熏とは、唯だ如来蔵のみ自性を守らず諸法に随ひ縁起して似義を成ず、故に是れ可熏なり。余の法は爾ら

ず。縁に縛らるるを以って、何ぞ更に転ずることを得て諸法の薫を受けむ。此れが為に余の法は可薫を成ぜず。義若し此くの如くば、何が故に衣は薫を受くることを得ふと説ける。答ふ。衣も亦た是れ仮なり。当に知るべし絹実には薫に堪ふるに非ず。之を知る所以は、香の衣を薫ずるが如きは衣を壊するも香は在り。但だ絹なる四塵（色・香・味・触）等のみ薫を受く。此れを以って之を験するに、衣を薫ずと言ふは位を指す語なり。薫じて衣に薫ぜず。次いでを以って之を推するに、四塵等も亦た薫を受けず。何を以っての故に。香の薫ずる時に香の成ずるは即ち是れ果の義なるを以ってなり。因果の道理は乃ち是れ如来蔵の徳にして、蔵を離れて更に無し。所以に知んぬるは、但だ諸法の中にのみ因果を弁ずるは並びに転理門にして実義に非ざるなり。

三可薫者、唯如来蔵不守自性随諸法縁起成似義、故是可薫。余法不成可薫。問、義若如此、何故説衣堪得受薫。答。衣亦是仮。非実堪薫。以此験之、言薫衣者指位語也。但絹四塵等受薫。以次推之、四塵等亦不受薫。何以故。以香薫時香成即是果義。因果道理乃是如来蔵徳、離蔵更無。所以知者、但諸法中弁因果者並転理門非実義也。

(T45：544c–545a)

ここでは余の法はすでに縁に縛られているのでさらに薫を受けることがなく、如来蔵のみが薫を受けると説かれている。「衣は薫を受くることを得るに堪ふ」とは、真諦訳『摂大乗論釈』巻二（T31：166a）が異熟識を衣や油に喩え、可薫と説くことを指す。衣を壊しても絹に香があるのと同様、異熟識は〔真如から異熟識が形造られた〕位（状態）を指す語であって、実際には異熟識を形造る如来蔵が薫を受けるのである。「因果の道理」と言うのも、如来蔵という果を形造ることに他ならない。この「因果の道理」について次に説明がある。

四に能薫との相応とは、唯だ如来蔵のみに諸法に応ずる義有り。余の法に則ち無し。何を以っての故に。自性を

守らざるを以っての故に。若し爾らば、何が故に鏡は質と相応すと説ける。答ふ。鏡も亦た相応せず。但だ鏡は外質に応ずといふは即ち是れ正しき因果の理なるのみ。正しき因果の理といふは即ち無自性なるが故に即ち無我なる真如なり。故に知んぬ鏡は質に応ずといふは是れ其の仮説転理の門なるを。

四与能熏相応者、唯如来蔵有応諸法義。余法則無。何以故。以不守自性故。若爾、何故説鏡与質相応。答。鏡亦応外質即是正因果理。正因果理即無自性。無自性故即無我真如。故知鏡応質者是其仮説転理之門也。（T45：545a）

ここでは能熏と相応するのは諸法の縁に従い自性を守らざる如来蔵のみであって、余の法はそうでないと説かれている。「鏡は質と相応す」とは、真諦訳『摂大乗論釈』巻一（T31：157c）において引かれる『解節経』が、異熟識が縁に応じて転識を起こすことを、鏡が本質に応じて影像を映すことに喩えるのを指す。智儼によれば、異熟識が能熏の縁に応じて転識と相応し熏習を受けるように見えるのは、実は真如である如来蔵が熏習を受けて随縁し異熟識となっているからである。

以上が「無明熏真如」であったが、他方では、真如からは仏説が流れ、その仏説を幾度も聞くという聞熏習の種子が無明七識を次第に浄化してもいく。これが「真如熏無明」である。『孔目章』明難品初立唯識章に次のようにある。

聞と思と修との法は微より著に至るまで並びに本識に由りて成ず。之を知る所以なるが故に「聞熏習は真如より流る」といふ。問ふ。当に知るべし真如は是れ三慧の本にして、熏を受け種を成じ、転た増上せしむることを得。余の法に則ち無し。問ふ。若し爾らば、真如は徳を具し但だ自ら流出するのみならむ。何ぞ更なる熏を仮るや。答ふ。真如は実に自性を守らずして縁を待ちて方に起こる。故に熏を説く。

聞思修法従微至著並由本識如来蔵成。所以知之故「聞熏習従真如流」。当知真如是三慧本、受熏成種、転得増上。余法則無。問。若爾、真如具徳但自流出。何仮更熏。答。真如実不守自性待縁方起。故説熏也。

（T45：545a）

「聞熏習は真如より流る」とは真諦訳『摂大乗論釈』巻三（T31：174a. 他の諸訳にない部分）が法身を聞熏習の因と説くことを指す。智儼はこれを真如が受熏し随縁して種子になると理解している。また「転た増上せしむることを得」とは真諦訳『摂大乗論釈』巻三（T31：172b. 他の諸訳にない部分）が聞熏習と正思惟とを正見の増上縁と説くことを指す。正見とは無漏智であり、無漏智が生じた時に識は清浄となるのである。

これら「無明熏真如」「真如熏無明」は、すべて異熟識を③自相とする如来蔵において起こるのであった。

最後に、以上の智儼の説を組み立てなおすと次のABCDの四点となる。

A 阿頼耶識中の種子と七転識の現行との同時相互因果において、全面的に依存しあっており、相手から見て全面的に有力、相手に対して全面的に無力である。そして、力は性（体）に備わるものである以上、有力なるものは全面的に有性（有体）であり、無力なるものは全面的に無性（無体）である。つまり、同時相互因果においてはどちらかの因しか存在しない。

である。

B 阿頼耶識中の種子と七転識の現行との同時相互因果において、阿頼耶識の現行は縁となる。因と縁とのどちらが欠けても果を生じ得ない以上、因と縁とは相互に完全に依存しあっており、相手から見て全面的に有力、相手に対して全面的に無力である。そして、力は性（体）に備わるものである以上、有力なるものは全面的に有性（有体）であり、無力なるものは全面的に無性（無体）である。つまり、同時相互因果においては因のみか、縁のみかしか存在しない。これは因と縁との相即相入である。

C また、縁が欠ければ果が生じない以上、縁を因と見なすことができるのであって、一切が或る果に対してのみ因となるのでなく、自らが縁として助ける一切の果に対

しても因となるのであって、一切が或る因に対して果となり、或る因に対して果となること、つまり一切因・一切果を、順に①因相・②果相と呼ぶ。

　阿頼耶識の現行（異熟識）は、実は、阿頼耶識中の種子と七転識の現行との同時相互因果において、真如が七転識から種子を熏ぜられて生ずる。これは「無明熏真如」である。一方、真如からは仏説が流れ、七転識を次第に浄化していく。これは「真如熏無明」である。異熟識は一切の種子熏習から生ずるので、その点で一切種子識を異熟識に含め、異熟識を③自相と呼ぶ。

　明記すべきなのは、別教の教理である相即相入が、始教や終教や頓教の唯識説と同じ、阿頼耶識を説くこととは何ら矛盾しないのであって、「相即相入を説くことと阿頼耶識を説くこと」という形式的判断は誤りである。別教の唯識説も始教や終教や頓教の唯識説と同じ、阿頼耶識説なら別教、阿頼耶識説なら始教や終教や頓教」という形式的判断は誤りである。別教の唯識説は相即相入を説くことによって完成せしめるだけであって、別教の唯識説も始教や終教や頓教の唯識説と同じ、阿頼耶識説なのである。

　さらに注目すべきなのは、ABCDの典拠となっていた経論である。

　　Aの典拠……『十地経論』『摂大乗論』『華厳経』
　　Bの典拠……『摂大乗論』『大乗起信論』『入楞伽経』
　　Cの典拠……『摂大乗論』『華厳経』明難品
　　Dの典拠……『華厳経』明難品

　ここから判るとおり、智儼において、別教の唯識説は『摂大乗論』と『十地経論』と『大乗起信論』と『入楞伽経』と『華厳経』明難品とが交差した所に生じていた。このことからすぐ連想されるのは、やはり曇遷の存在であるまいか。最初に北地において『十地経論』を学び、のちに南地において『摂大乗論』を学び、そして『大乗起信論疏』を著し、『摂大乗論』に基づく『楞伽経疏』を著し、そして『華厳経明難品玄解』を著した地論系摂論宗の曇遷が、別教の唯識説の背景にあることは容易に推測されるのである。

第3部　別教一乗の論理　　250

三 義湘における『華厳経』明難品と『摂大乗論』

現存の資料において義湘は直接『華厳経』明難品に触れておらず、阿頼耶識の三相をも説いていない。ただし三相に関わる記述が『華厳経問答』巻上に出る。

問ふ。『起信論』に以へらく、「真如熏無明、無明熏真如」といふ。其の相云何ぞ。答ふ。他ならざるが故に。相知せざるが故に。謂はく真如は平等の義にして、無明は自に迷ふ義なり。真如に無明無きに真如無きに非ず。是の故に互ひに熏ず。此の義は即ち事・理と明・闇の相即相融の義を顕はす。

問。『起信論』以、「真如熏無明、無明熏真如」。其相云何。答。不他故。不相知故。謂真如平等義、無明迷自義。非真如無無明、非無明無真如。是故互熏也。此義即顕事理明闇相即相融義。入無分別理也。(T45:602b)

これは先の智儼『五十要問答』心意識義の、次のような文を注釈したものである。

言熏果報者拠位而説。此可思簡。故『起信』云、「真如熏無明、無明熏真如」。此意向実也。(T45:522c)

果報に熏ずと言ふは、位に拠りて而も説く。此れ思簡す可し。故『起信』に云はく、「真如熏無明、無明熏真如」といふ。此の意、実に向かふ。

インド唯識や法相唯識の説においては、阿頼耶識中の種子と七転識の現行とによって同時相互因果となる。その場合、七転識の現行は能熏であり、阿頼耶識の現行は所熏である。一方、智儼の説においては、阿頼耶識中の種子と七転識の現行とが、種子生現行と現行熏種子の二つによって同時相互因果となる。智儼の説においては、阿頼耶識の現行の真如が七転識の無明種子の所場合、阿頼耶識の現行が所熏かつ能熏となる。

熏となるとともに、阿頼耶識の現行の真如が七転識の現行の無明を能熏するからである。

義湘はこの文を、真如と無明とが「他ならざるが故に」互いに熏ずると注釈する。これも先の智儼『孔目章』普荘厳童子処立因果章の、次のような文による（数字は筆者が挿入）。

1 親因と親因とは互ひに相知せず。
2 疎縁も亦た爾なり。何を以っての故に。知るべき所無きが故に。
3 親因と疎因とは相違せず。何を以っての故に。二相無きが故に。
親因与親因互不相知。疎縁亦爾。何以故。無所可知故。親因与疎因不相違。何以故。無二相故。(T45: 540a)

義湘の言う「他ならざるが故に」は智儼の言う1「互ひに相知せず」である。

さて、智儼『孔目章』普荘厳童子処立因果章の文は次のような意味であった。まず、1「親因と親因とは互ひに相知せず」とは、阿頼耶識中の種子か、七転識の現行かの、どちらかしか存在しないという意味であった。蘆束のように相依存しあっている阿頼耶識中の種子と七転識の現行とは、相手の力に全面的に依存しあってるものである以上、無力なるものは全面的に無力であり、相手から見て全面的に有力である。力が性（体）に備わるものである以上、無力なるものは全面的に無性（無体）であり、有力なるものに性（有体）である。「相知せず」とは知られるべき相手が存在しないという意味であって、無力なるものの性（体）はなく、有力なるものの性（体）のうちに含まれてしまうので、無力なるものは相手として存在しないのである。

また、2「疎縁も亦た爾なり」とは、阿頼耶識中の種子と七転識の現行との同時相互因果において、増上縁（阿頼

第3部　別教一乗の論理　　252

耶識の現行）か因縁（阿頼耶識中の種子や七転識）か、どちらかしか存在しないという意味であった。増上縁と因縁とは、どちらかが欠ければ果を生じ得ない以上、相手の力に全面的に依存しあっており、それぞれ相手に対して全面的に無力であり、相手から見て全面的に有力である。力が性（体）に備わるものである以上、無力なるものに性（体）はなく、有力なるものの性（体）のうちに含まれてしまうので、無力なるものは相手に対して全面的に無性（無体）となり、有力なるものは全面的に有性（有体）となる。ここでも、無力なるものに性（体）は

さらに、3「親因と疎因とは相違せず」とは、因縁と増上縁とがともに因縁であるという意味であった。増上縁が欠ければ果が生じない以上、増上縁もまた因縁と言われ得るのである。

それに対し、義湘が「他ならざるが故に」と言うのは、真如と無明とが別でないにせよ両者はそのことに迷っているという意味である。まず義湘は智儼が「二相無きが故に」と言うのを、自らの『華厳一乗法界図』の冒頭に「法性円融して二相無し」（T45：711a）とあった意味として理解したのである。また義湘が「相知せざるが故に」と言った意味とはまったく別である。義湘が「相知せざるが故に」と言うのは、真如（理）と無明（事）とが相手を自分自身だと知らないという意味であり、事と理との相即相融である。一方、智儼が「互ひに相知せず」と言うのは、因縁（事）と因縁（事）とが相手を決して知らないという意味であり、事と事との相即相入である。義湘の言うのは相即相融と、智儼の言う相即相入とは、言葉は似るにせよ、意味はまったく異なる。

253　第1章　阿頼耶識説と相即相入

義湘は智儼が「互ひに相知せず」と言うのを「真如に無明無きに非ず、無明に真如無きに非ず」と解釈し、真如のうちに無明を認め、無明のうちに真如を認める。ここで注目されるのが、慧思の作と言われるも、曇遷の作とも伝えられる『大乗止観法門』巻二である。

是の故に『経』に云はく、「譬へば明浄なる鏡　面に像現ずるに随対して　各各相知せざるが如く　業と性とも亦た是の如し」といふ。此の義云何ぞ。謂はく、
「明浄なる鏡」とは、即ち浄心の体に喩ふ。
「随対して」とは、即ち浄心の体は一切の法性を具ふるが故に能く一切の熏習を受け、其の熏の別なるに随ひて法を現ずること同じからざることに喩ふ。
「面に」とは、即ち染・浄の業に喩ふ。
「像現ずるに」とは、即ち心体の染・浄の二性、熏の力に依るが故に染・浄の二報を現ずることに喩ふ。
「各各相知せざる」とは、即ち浄心と業果報との各相知せざることに喩ふ。
「業」とは、染・浄の二業ぞ。上の「面」に合す。
「性」とは、即ち是れ真心の染・浄の二性ぞ。上の明鏡の一切の像性を具することに合す。
「亦た是の如し」とは、総じて此の義を結成す。

是故『経』云、「譬如明浄鏡　随対面像現　各各不相知　業性亦如是」。此義云何。謂、「明浄鏡」者、即喩浄心体也。「随対」者、即喩浄心体具一切法性能受一切熏習、随其熏別現法不同也。「面」者、即喩染浄二業也。「像現」者、即喩心体染浄二性依熏力故現染浄二報也。「各各不相知」者、即喩浄心与業果報各不相知也。「業」者、染浄二業。合上面也。「性」者、即是真心染浄二性。合上明鏡具一切像性也。「亦如是」者、総結成此義也。（T46: 648c）

この『経』の偈は『華厳経』明難品の「業甚深」の、次のような二偈を合成したものである（「業と性とも亦た是の如し」とあるのは蔵訳によれば「業の性も亦た是の如し」と訓むべきであるが、『大乗止観法門』は「業と性とも」と理解している）。

猶ほ明浄なる鏡　其の面に像現ずるに随ひて
内と外との有る所無きが如く　業の性も亦た是の如し
猶如明浄鏡　随其面像現　内外無所有　業性亦如是（T9: 427c）
shin tu phyin [corr. phyis P] pa'i me long la | ngo ni ji ltar 'dug pa bzhin |
de la de ni de bzhin snang | chos kyi rang bzhin de bzhin no ||
亦た田と種子との　各各相知せざるも
自然に能く因と作るが如く　業の性も亦た是の如し
亦如田種子　各各不相知　自然能作因　業性亦如是（T9: 427c）
ji ltar zhing dang sa bon dag | gcig gis gcig ni mi shes kyang |
rang bzhin nye bar ston par byed | las kyi rang bzhin de bzhin no || (BAS ⟨P⟩Yi221a2–3)

『大乗止観法門』は「浄心の体は一切の法性を具ふ」と説いて浄心の体のうちに「心体の染・浄の二性」を認め、「各各相知せず」という経文を、浄心（浄）と業果報（染）とが相手を自分自身のうちに真如と無明無きに非ず、無明と真如無きに非ず」と説いて真如のうちに無明と真如とを認め、また、「互ひに相知せず」という智儼の言葉を、真如と無明とが相手を自分自身のうちに染・浄の二性を認めるのは、浄心と業果報とが不思議にも並存する理由が必要だからである。『大乗止観法門』はおそらく『勝鬘経』の文「自性清浄心にして而も染有るは了知す可

きこと難し」などを念頭に置いていると思われる。

さて『大乗止観法門』において説かれるような、真如が熏習を受けて諸法を生ずるという考えが、『華厳経』明難品の「縁起甚深」に対する智儼『華厳経捜玄記』の解釈においても見られ、それが曇遷における縁起の解釈ではないかと思われることは先に述べたとおりである。『大乗止観法門』には古くから慧思の作と見なす説と曇遷の作と見なす説とが存するが、『続高僧伝』巻十八に掲載される曇遷の著作のうちに『大乗止観法門』の名はない。しかし法蔵の弟子、文超の『華厳経義鈔』巻十には遷禅師（曇遷）に「自の観門」があったという記述がある。これが『大乗止観法門』である可能性は否定できないと思われる。また、注目すべきなのは『大乗止観法門』巻二に出る次のような記述である。

一切衆生の同じく無量寿の業を修するが如きは、皆な悉く真心共相の性に熏ず。性は熏に依りて起こり、浄土を顕現す。故に凡と聖との同じく受用することを得。

如一切衆生同修無量寿業者、皆悉熏於真心共相之性。性依熏起、顕現浄土。故得凡聖同受用也。（T46：652c）

これによれば、『大乗止観法門』の作者に「無量寿の業」つまり無量寿仏（阿弥陀仏）に対する信仰があったことが知られるが、曇遷『十悪懺文』（道世『法苑珠林』巻八十六所収）には、（聖者のみならず凡夫の浄土往生も認める）があったことが知られるが、曇遷に無量寿仏に対する信仰があったことが知られる。

さしく次のような偈があって、

　願はくば未来世に於いて　　無量寿仏の
　無辺功徳身を見たてまつり　　我れと余の信者とは
　既に彼の仏を見たてまつり　　願ひて離垢の願を得
　無上菩提を成じ　　　　　　普ねく含識の於へに及ぼさむことを

　願於未来世　　見無量寿仏
　無辺功徳身　　我与余信者

義湘は『華厳一乗法界図』（眼?）成無上菩提 普及於含識 (T51:918c) を取意の文として引くが、その取意の文とまったく同じ文が『大乗止観法門』(T45:714b)『大乗止観法門』巻一 (T46:646c) においても引かれるので、義湘が『大乗止観法門』を知っていたのは確実である。『大乗止観法門』は曇遷の作であり、義湘は智儼が曇遷を尊敬していた関係から、それを読んだのではあるまいか。その結果、「二つ倶に相知せざる」という経文を因縁と因縁とが相即相入して相手を知らないことであると注釈する智儼よりも、「各各相知せざる」という経文を浄心と業果報とが相手を知らないことであると注釈する曇遷のほうに、義湘は「互ひに相知せず」という智儼の言葉を、真如と無明とが相手を自分自身だと知らないことであると解釈したのではなかろうか。

さて『大乗止観法門』巻二は『華厳経』明難品の「縁起甚深」の冒頭に「仏子よ。心は性是れ一なるに、云何ぞ能く種種の果報を生ぜむや」とあるのを次のように注釈する。

又復た長行に問ひて「心は性是れ一なるに、云何ぞ能く種種の果報を生ぜむや」とは、謂はく無差別の差別を解せず、故に言ひて「云何ぞ能く種種の果報を生ぜむや」と云ふ。

故言云「云何能生種種果報」也。(T46:648c)

又復長行問云「心性是一」者、此拠法性体融、説為一也。「云何能生種種果報」者、謂不解無差別之差別、

先に確認したとおり、この表現は敦煌地論宗文献P8420『融即相無性論』の題名が示すような、地論宗の「融即」概念を表現するのである。実際に、『大乗止観法門』が説く「無差別の差別」とは、敦煌地論宗文献S613Vに「差別の無差別、無差別の差別」(TP5:140a) とあるような、地論宗の表現である。『大乗止観法門』は明らかに地論宗の教養の持ち主

の作であり、地論宗を学んだ後に摂論宗を学んだ曇遷のような人物がその作者に相応しいが、先の『華厳経問答』において説かれていた事と理との「相即相融」も、初期華厳教学において言われる事と事との相即相入と異なり、まさしく地論宗において言われる「融即」と同じ表現である。義湘にはそうした地論宗の教養があったのであって、彼が智儼の解釈よりも『大乗止観法門』の解釈のほうに影響されたらしいのも、義湘の有する地論宗の素養が『大乗止観法門』の有する地論宗的傾向に、強く共鳴したからではなかろうか。

纏めれば、阿頼耶識中の種子と七転識の現行（事）との相即相入を明かすのに対し、義湘は真如（理）と無明（事）との相即相融（無分別）を明かす。おそらくは、同じ曇遷の著作に基づきつつも、智儼は摂論宗的傾向の強い『華厳経明難品玄解』に基づき、義湘は地論宗的傾向の強い『大乗止観法門』に基づいたと思われる。

四　法蔵における『華厳経』明難品と『摂大乗論』

法蔵は智儼が説いていたような円教の阿頼耶識の三相を説かない。『華厳経探玄記』巻四（T35：178ab）は阿頼耶識の三相を言うも、『楞伽阿跋多羅宝経』（終教）とを用いて注釈するのみである。

ただし、明難品に対する法蔵の理解は基本的には智儼に基づく。先の明難品の「縁起甚深」の長行「因は縁を知らず、縁は因を知らず」を、『華厳経探玄記』巻四は次のように注釈する。

③自相については『成唯識論』（始教）と『華厳経探玄記』巻四（T35：178ab）は阿頼耶識の三相を言うも、①因相と②果相とについては『成唯識論』を、『華厳経』明難品の「縁起甚深」を注釈する際に、『華厳経探玄記』巻四（T35：178ab）は阿頼耶識の三相を言うも、①因相と②果相とについては『成唯識論』を用いて注釈するのみである。

謂はく種子を因と為し、所依の本識を縁と為す。相待し無性なること、謂はく自〔生〕ならず他〔生〕ならず共〔生〕ならず因を知らずといふが等くなるを以っての故に、親と疎とは相尽し、故に相知せず。

第3部　別教一乗の論理　　258

謂種子為因、所依本識為縁。以相待無性謂不自不他不共等故、親疎相尽、故不相知。(T35:177b)

「自〔生〕ならず他〔生〕ならず共〔生〕ならず」とは、先に掲げた『十地経論』の四句分別を指す。因が欠けては果は生じない以上、因こそが果を生ずると見得るし、縁が欠けても果は生じない以上、縁こそが果を生ずるとも見得る。因こそが果を生ずると見る場合には因のみが有力であって縁は無力なものであり、縁こそが果を生ずると見る場合には縁のみが有力であって因は無力である。そして、力が性(体)に備わるものである以上、親〔因〕と疎〔縁〕との区別は相尽〔有体〕であり、無力なるものは無性(無体)である。縁を有力かつ有性と見る時は縁のみが因であって、一切が因たり得る以上、親〔因〕と疎〔縁〕との区別は相尽する。これは智儼が言う①因相(一切因)に該当し、先の智儼『孔目章』普荘厳童子処立因果章が次のように説いていたのと等しい。

親因と親因とは互ひに相知せず。何を以っての故に。二相無きが故に。

親因と親因は互ひに相知せず。疎縁も亦爾なり。何を以っての故に。

親因与親因互不相知。疎縁亦爾。何以故。無所可知故。親因与疎因不相違。何以故。無二相故。(T45:540a)

また、先の明難品の偈に「相知せざる」とあったのを、『華厳経探玄記』巻四は次のように注釈する。

此等「相知」といふは性と力とに約して説く。但だ無性と無力とのみの故に相知せず。情知に約するに非ず。

此等「相知」約性力説。但無性無力故不相知。非約情知。(T35:177b)

これも先の智儼『華厳経捜玄記』巻一下が次のように説いていたのと等しい。

文に「相知せざる」と言ふは情知を謂はむとには非ず。今は有力と〔有〕性との作を言ふ。

文言「不相知」者非謂情知。今言有力性作也。(T38:28b)

「相知せず」とは、或る因を有力かつ有性と見る場合に、他の因が無力かつ無性となることを指す。それは因と因

540a)

第1章 阿頼耶識説と相即相入 259

との間の相即相入に他ならない。

五 おわりに

『華厳経』明難品の「縁起甚深」に対する初期華厳教学の解釈のうちには、地論宗に学んだ後に摂論宗に学び、北地の地論系摂論宗の祖となった曇遷の影響が見え隠れしていた。なかでも智儼は『華厳経明難品玄解』を介して曇遷の摂論宗的性格を継承し、義湘は『大乗止観法門』を介して曇遷の地論宗的性格を継承し、法蔵は智儼を介して曇遷の摂論宗的性格を継承したものと見られる。

重要なのは、智儼や法蔵が明難品を『摂大乗論』の同時相互因果や『十地経論』の四句分別を用いて注釈し、そこにおいて、因縁（阿頼耶識中の種子）と因縁（七転識の現行）との相即相入を説いていたことである。始教や終教の唯識説である阿頼耶識説は、別教の唯識説において相即相入を説くこととは何ら矛盾しない。

また智儼は明難品を『十地経論』の四句分別によって解釈するのみならず、『十地経論』の四句分別を明難品によって解釈するという、いわば十地品と明難品との一体的理解を行なっていたが、それはおそらく『十地経論』と『摂大乗論』との両者に通じた曇遷の『華厳経明難品玄解』に由来した。初期華厳教学にとって、明難品は十地品と同等に教学発祥の契機のひとつだったのであって、低い評価を受けていたはずはない。

なお曇遷の弟子に弁相（555-627）が出、弁相の弟子に霊潤（?-664-?）が出るが、智儼はこの霊潤の三性説に大きく依存し、その三性説は相即相入を体験する手段となっているので、続く本研究第三部第二章においてそれを確認する。また相即相入そのものについても、本章で十分触れなかった点を含め、本研究第三部第三章において詳しく検討する。

第3部　別教一乗の論理　260

注

(1) 曇遷についての先行研究として次のものを見よ。結城令聞［1960］（結城令聞［1999］に再録）、吉川忠夫［2000：448-450］。

(2) 石井公成［1996：120；123］。

(3) 吉津宜英［2000］。

(4) 吉津宜英［1996：837］「その解釈は十重唯識ではおおむね第七の理事倶融唯識の内容に留まる。従って、法蔵はこの縁起甚深の一段の心の内容を五教判では終頓二教のレベルで解釈していることが知られる」「この一段を第五円教の法界縁起のレベルで扱わない」「法蔵は唯識三乗仏教を批判するあまり、心に関してはきわめてシビアな扱いをする」。

(5) 『孔目章』行校量慈悲内縁起章に「梨耶微細、自体無我」（T45：563c）とある。

(6) 『孔目章』明難品初立唯識章は「……本識中有互為因果義、余法即無。若爾、因何蘆束等得有互為因果。答。余法之中互為因果、亦因因、果、亦果果、簡別因果親疎有無用耳」（T45：544b）と説く。これには、相互因果は阿頼耶識中にしかあり得ず、蘆束等の喩えは随転理門（方便説）であるが、それは『五十要問答』心意識義に「仍依『楞伽経』、染浄等法有開有合。染開則成七識。合則是梨耶」（T45：522c）とあるとおり、智儼が『入楞伽経』によって八識体一説を採り、七転識を阿頼耶識の一部と見るからである。八識体一の阿頼耶識中において、阿頼耶識と七転識との相互因果を認めることには変わりない。

(7) 宇井伯寿［1935：62］。

(8) 田中順照［1968：231-232］。

(9) 『五十要問答』「如実因縁義は親因縁と増上縁との一切が因縁たり得ることを他の経論も引いて論証する。まずは「又経文云「因、亦因因、果、亦果果」者、簡別因果親疎有無力用分斉。初因者、親因也。復因者、縁因也。亦因者、二因相由也。果果等者、親因也。余因果相由、則無用耳」（T45：531b）とある。これは『大般涅槃経』巻二十五（T12：768b．蔵訳にない部分）の文である。智儼はこれを、すべてが親因と疎因とになりあい有力と無力とになっていると解釈するのである。また『成唯識論』、「因縁謂有為法親弁自果。此体有二。一種子、二現行。種子者、謂本識中、善染無記、諸界地等、功能差別。能引次後自類功能、及起同時自類現果。此唯望彼是因縁。現行者謂七転識及彼相応所変相見性界等。除仏果善極劣、余皆容有。謂自類種。自体生故。余類余性非自種故。不熏成種。現行同類展転相望皆非因縁。不親生故。一切異類展転相望亦非因縁（性）。非尽理説。有唯説種是因縁性彼依顕勝。非第八心品無所熏故、非能熏故、極微円故、不成種。或随一門。有説異類同類展転相望為因縁者応知仮説。或随転門。有説類同類展転相望為因縁性彼依顕勝。此唯顕因果親疎分斉極明善也」（T45：531bc）とある。『成唯識論』巻七の文（Si 323-324．（性）は Si に存する）である。

(10)『成唯識論』は果と同類の種子か、果と同類の現行かのみを因縁と認め、同類因である同類異類の一切の間には因縁を認めない。しかるに智儼はその『成唯識論』の説を「因果の親疎の分斉を顕はす」ものと見なし、親因縁を親因、増上縁を疎因と呼んで、等しく因縁と認めるのである。

(11) 智儼は縁起甚深から始まる明難品、あるいは明難品を含む十信から始まる『華厳経』の体系と、応知依止勝相品から始まる『摂大乗論』の体系との並行関係にあると理解しているのである。

(12) これに関して『孔目章』明難品初立唯識章が『顕揚聖教論』の阿頼耶識の規定「一向無覆無記」を「明彼本識俗諦離諸分別故不覆没聖道、亦無事中善悪記」(T45:545c) と注釈することが注意される。『本識の俗諦』とあるのは果報識(異熟識)を指すのであって、本識の真諦である如来蔵と区別して「本識の俗諦」と言ったのである。また「事の中の善悪記無きこと」とあるのは果報識(異熟識)「明彼本識俗諦離諸分別故」の十勝相に由来するといふ伝承があったらしく、初期華厳教学と『摂大乗論』が緊密に結びつけられて理解されていたことが知られる。なお均如『釈華厳教分記円通鈔』巻三 (K47:182a) によれば、朝鮮半島においては法蔵『五教章』所詮差別の十相が『摂大乗論』「十地論」『摂論』『瑜伽論』『雑集論』『如実論』等 (T45:588a) を挙げるのもそれに関係するであろう。

(13) 智儼は果報識 (異熟識) を無記と説く『顕揚聖教論』の説を聞の智浅きものと区別して「声聞の智浅きものの説かむが為」の説きなしと、実には如来蔵の無分別は無記と考えていたのであった。なお阿頼耶識を真諦と俗諦とに分ける考えは道宣『続高僧伝』巻十五 (T50:546c) において引かれる摂論宗の霊潤 (曇遷の孫弟子) の説においても見られる。霊潤と智儼との関係については次章において言及する。

(14)『楞伽経』を注釈した人物としては尚徳律師についてては不明。

(15) 道宣『続高僧伝』巻二十五は慧可の影響を受けず「自性清浄心而有染者難可了知」と述べる。尚徳律師〈出『入楞伽疏』十巻〉(T50:666b)、『摂論疏』十巻、……『楞伽』『起信』『唯識』『如実』等疏、『九識』『四明』『止観』中説。遷禅師・命禅師・可禅師等並如『華厳明難品玄解』総二十余巻 (T50:574b)。

(16) 神奈川県立金沢文庫 [1975:14]「如智者禅師及門人等並如遷禅師・命禅師・可禅師等並如自観門中説」。

(17)『究竟一乗宝性論』巻四の次のような偈を踏まえたものである (T31:848a. RGV 119, 5-8)。

既見彼仏已　願得離垢眼　成無上菩提
依此諸功徳　願於命終時　見無量寿仏
無辺功徳身　我及余信者　既見彼仏已

(18) 前注を見よ。
(19) これは佐藤厚が発見した。吉津宜英 [2000]。本研究第三部第五章において検討する。
(20) 「仏子。心性是一、云何能生種種果報」。kye rgyal ba'i sras rang bzhin gcig pa'i sems la bye brag tha dad pa'i rnam pa 'di lta bu dag......」(T9: 427a. BAS 〈P〉Yi219a7)。

第二章 華厳の三性説 ──「行三性」と「解三性」──

一 はじめに

初期華厳教学の三性説としては従来、法蔵『五教章』三性同異義のみが注目され、インドの唯識派の三性説を中国的に改変したものと見なす唯識派研究者の側からの理解や、中観派の清弁と唯識派の護法との対立を綜合しようと試みたものと見なす華厳教学研究者の側からの理解が行なわれてきた。しかるに実際には、三性同異義はインドの唯識派の僧である真諦が伝えた特殊な三性説に基づいて考案されたものであって、一概に三性説の中国的改変と言えるものではなく、また三性同異義は真諦の三性説に対し智儼が用いる解釈法「行三性」「解三性」に基づいて考案されたものであって、一様に法蔵の個人的試みと言えるものでもない。三性同異義は真諦の三性説と智儼の「行三性」「解三性」との展開の一部にすぎないのであり、その点を踏まえ、真諦から『五教章』に至るまでの初期華厳教学の三性説の展開を把握し直す必要がある。本章においては初期華厳教学の三性説を「行三性」「解三性」の一貫した構造の展開のうちに説き明かし、初期華厳教学の三性説が真諦訳の三性説を継承するものであり、かつ、別教の無尽の基礎である相即相入、つまり後世にいう事事無礙を実体験するための方法であったことを示す。

二 真諦の三性説

はじめに真諦の三性説を真諦訳『三無性論』によって概説する。真諦の三性説は一般的なインド唯識の説における三性説と大きく相違するが、中でも特徴的なのは三無性を真如と見なすことである。真諦訳の三性と三無性との名称を示せば次のようになる（括弧内は対応する玄奘訳）。

〈三　性〉
分　別　性（遍計所執性）……有　性
依　他　性（依他起性）……有　性
真　実　性（円成実性）

〈三無性〉
真実無性性（勝義無性）……無性性
生　無　性（生　無　性）……無　性
相　無　性（相　無　性）……無　性

分別性は唯識を知らない凡夫によって識のほかにあると空想された実体を指す。これは一般的なインド唯識の説や法相唯識の説と等しい。相無性はそのような実体が無であることを指す。一般的なインド唯識の説や法相唯識の説においては、識を構成する事物は互いに因（直接原因）となり縁（間接原因）となって未来の識を生ずる。因や縁という他に依って識が起こるという縁起生が依他性の意味である。生無性は因や縁に依らないで識が起こるという自然生が依他性において無であることを指す。しかるに

真諦の説においては、生無性は依他性が無であること（依他性の不生）を指し、一般的なインド唯識の説や法相唯識の説と定義するので、生無性が自然生の否定（縁起生の肯定）であるのと相違する。真諦は依他性を分別性という他に依る性と定義するので、分別性が無である以上、依他性に約せば、生無性に由りて説きて無性は実は無なのである。依他性に約せば、生無性も実は無なのである。何を以っての故に。此の生は縁力に由りて成じ、自に由りては成ぜず。縁力といふは即ち是れ分別性ぞ。分別性は既に無し。縁力無きを以っての故に、生は立つことを得ず。是の故に依他性は無性を以って性と為す。

約依他性者、由生無性説名無性。何以故。此生由縁力成、不由自成。縁力即是分別性。分別性既無。以無縁力故、生不得立。是故依他性以無性為性。（T31：867c）

一般的なインド唯識の説や法相唯識の説においては、因や縁は依他性の内部にある。一方、真諦の説においては、分別性という他に依る性である依他性も無となる。この二性の無が真実性である。続けて『三無性論』巻上に次のようにある。

此の真実性に更に別法無く、還た即ち前の両性の無、是れ真実性なり。真実は是れ無相と無生となるが故に。一切の有為法は此の分別と依他との両性を出でず。此の二性は既に真実として無相と無生となり。此の理に由るが故に、一切の諸法は同一の無性なり。

此真実性更無別法、還即前両性之無是真実性。真実是無相無生故。一切有為法不出此分別依他両性。此二性既真実無相無生。由此理故、一切諸法同一無性。（T31：867c）

一般的なインド唯識の説や法相唯識の説においては、相無性（遍計所執性）は完全な無であり、生無性（依他起性）は縁起生の有であり勝義無性（円成実性）は真如の有であるが、三無性を同一の無性と主張することはできない。しかるに真諦訳の三性説においては依他性は分別性に依る性であり、真実性は分別性と依他性との二無であるの

で、三性は分別性に等しく無となり、三無性を同一の無性と主張することができるのである。この同一の無性こそが真実無性性に他ならない。続けて『三無性論』巻上に次のようにある。

此の一の無性は真実れ無にして真実是れ有なり。真実無といふは此の分別・依他の二有なり。真実有といふは此の分別・依他の二無なり。故に有と説く可からず、亦た無と説く可からず。有なること五塵の如く、無なること兎角の如しと説く可からず。即ち是れ有性に非ず、無性に非ざるが故に無性と名づく。亦無性を以って性と為すを無性性と名づく。即ち是れ非安立なり。若し是れ三性ならば、並びに是れ安立なり。真実性は即ち是れ安立真諦なり。前の両性は是れ安立世諦なり。体は実は是れ無なるも、安立して有と為すが故に。真実性は即ち是れ安立真諦なり。二無を安立し、名づけて真諦と為す。還た此の性の、有を離れ無を離るるを尋ぬるが故に非安立なり。三無性は皆是非安立なり。

此一無性真実是無真実是有。真実有此分別依他二無。真実無是此分別依他二有。故不可説有、亦不可説無。不可説有如五塵、不可説無如兎角。即是非有性、非無性故名無性性。即是無性為性名無性性。真実無性性即是安立真諦。対遣二有安立二無。真実有此分別依他二有故。還尋此性離有離無故非安立。三無性皆非安立也。（T31：867c）

真実無性性は諸法が分別性や依他性としては有であり相無性や生無性としては無であることから有性（*bhāva）に非ず無性（*abhāva）と表現される。また、三性が有や無を言う安立諦であるのに対し、三無性は有とも無とも言えない非安立諦（*niḥsvabhāvatā）と表現され、さらに無性（*niḥsvabhāva）を性とする無性性（*niḥsvabhāvatā）と表現される。また、三性が有や無を言う安立諦であるのに対し、非安立諦とは、言語によって設定された真実、非安立諦とは、言語によって設定され得ない真実）。つまり真諦の三性説は有性（分別性・依他性）と無性（相無性・生無性）とを二辺と見なし、その二辺を離れた真実無性性を真実と見なすものである。

第2章 華厳の三性説

この三性説は有と無の二辺を離れるという中道あるいは空の伝統的な解釈そのものであるが、唯識派的というよりも著しく中観派的である。たとえば一般的なインド唯識の説においては有を離れるというのは遍計所執性の有までもが離れるべきものを知ることこそ「真」に通達することであると説かれる。この真諦の考えは識すなわち依他起性を無と見なさない一般的なインド唯識の説と相違するが、智儼は真諦の側に与するのである。義湘や法蔵も同様に、初期華厳教学は識の勝義無を説く中観派に同ずることとなった。こうした初期華厳教学の疑似中観派的性格は明らかに真諦により付与されたものであるが、従来の研究者がこの点を意識してきたとは言い難い。ることであり、依他起性の有は離れるべきものではない。しかるに真諦訳においては、唯識派でありながらも強い中観派的傾向を有する人であったようである。真諦は『中論』の一部を翻訳したとも伝えられ、

さて智儼『孔目章』明難品初立唯識章の結論部は「第十に帰して第一義無性性を成ず」と題される。「第一義無性性」とは paramārtha-niḥsvabhāvatā の直訳であり、真実無性性のことである。そこに次のようにある。

復た『論』の文に依るに「塵の無所有を知るは是れ真に通達するなり。唯だ識有るのみと知るは是れ真に非ずと。明らかに知んぬ識に達するは即ち是れ真に達するなり」といふ。

復依『論』文「知塵無所有是通達真。知唯有識是通達俗」。明知達識即是非真。(T45: 547b)

『論』とは真諦訳『摂大乗論釈』巻八 (T31: 208. 他の諸訳にない部分) を指す。そこにおいては、一切を識 (*vijñapti. 表象) のみと知るだけではまだ「俗」に通達したにすぎず、塵 (*ālambana. 認識対象) として顕現している識の無所

三 智儼の三性説

智儼の著作においては、三性の後に三無性を明かして真実性を言わないのは「行」に約すという説がしばしば見受けられる。「五十要問答」三性三無性義に次のようにある。

若し「解」と「行」とに対して三性を用ゐるならば、三性を印するの後に別に三無性を明かす。此れは「解」に約して明かす。若し二性の後に則ち無性を弁じて更に真実性に会せずば、此れは「行」に約して説く。是の如く準じて知るべし。

若対解行用三性、印三性之後別明三無性。此約解明。若二性後則弁無性更不会真実性者、此約行説。如是準知。（T45：524b）

この「解」と「行」との区別について『摂大乗論無性釈論疏』（均如『釈華厳教分記円通鈔』巻六所引）に次のようにある。

『無性疏』に云はく。

三に三性の法門の不同を明かすとは、二有り。初は門の不同なり。『摂論』を引きて弁ず。二は義の不同なり。

一には「行」に約して三性を弁ず。

二には「解」に約して三性を明かす。

「行三性」とは、第三勝相の中の如く、広く三性を弁ぜる後に無性を得る者なり。是れ「論」の如し。

「解三性」を明かさば、第二勝相の如く、広く三性の二性より無性に入る者なり。是れ広く釈せば彼の如し。二に「解三性」は只だ是れ一法のみにして更に異なること無し。方に但だ事の異なるに約するのみにして而も別相無し。

『無性疏』云。三明三性法門不同者、有二。初門不同。引『摂論』弁。二義不同。一約行弁三性。二約解明三性。行三性者、如第三勝相中、従其二性入無性者。是広釈如彼。二明解三性者、

如第二勝相、広弁三性後得無性者。是如『論』。三性只是一法更無異。方但約事異而無別相。(K47:218a)

この文によって、「行」に約する「行三性」が真諦訳『摂大乗論』の第三応知入勝相品に基づき、「解」に約する「解三性」が第二応知勝相品に基づくことが明らかになった。

まず「解三性」とは、応知勝相品が『毘仏略経』『婆羅門問経』『阿毘達磨修多羅』などの経を引いて三性を述べた上で次のような偈を説くのを指す。

自体不住故　如取不有故　三性成無性
由自体非有　自体の不住とに由るが故に
自と体との非有と　自体の不住とに由るが故に
取のみには有ならざるが故に　三性は無性を成ず

svayaṃ svenātmanābhāvāt svabhāve cānavasthiteḥ |
grāhyavat tad-abhāvāc ca niḥsvabhāvatvam iṣyate ||（MSA XI.50）(T31:121b)

これは三性の次に三無性を明かすものである。
次に「行三性」とは、真如を証する時である初地見道の説明において、応知入勝相品が所分別（空想される客体。つまり分別性）である名（nāman, 単語）と義（vastu, 単語を付与される事物）との無と、その無に依拠する能分別（空想する主体。つまり依他性）である識の無とを言った上で次のような偈を説くのを指す。

此れより実智を生じ　塵を離れて分別三あるも
若し其の非有なるを見ば　三無性に入ることを得
従此生実智　離塵分別三　若見其非有　得入三無性 (T31:124a)

yang dag ji bzhin yongs shes pas | don med par ni rtog gsum dang |
de med phyir ji bzhin yang de med par | mthong ba gsum la 'jug pa yin |（MSg III.18）

第3部　別教一乗の論理　　270

塵（*artha、実体）とは名と義との両方であって、分別性のはずであるが、依他性のはずであるが、真諦訳においては、名によって義において空想されたのが塵であることから、名と義との両方が分別性と規定される。「分別の三」とは名（nāman、単語）と自性（svabhāva、単語の表わす性質）と差別（viśeṣa、〔単語の集合である〕文章の表わす特徴）とに対する能分別であって、名に依る依他性の識である。分別性を無と見ることによって識を滅する。分別性と依他性とを無と見ることによって直接、三無性に入っている。

「解三性」が三性の理論であるのに対し、「行三性」は三性の実践である。理論において三無性は凡夫にも内在する真如であるが、修行なくして体験されることはない。凡夫に三無性が備わることは理論であるが、実際に体験するのは実践である。上述のとおり、「行三性」は初地見道において行ぜられるが、十地品を注釈する『華厳経捜玄記』巻三下に次のようにある。

実境を遣りて滅する時に即ち一分の空なる無性を得。無相の現はるるが故に唯識の想と境との並びに則ち生ぜざるを無性性を得すと名づく。此れは是れ「行」の門の唯識観法なり。若し「解」を生ずるに約せば、則ち三性後弁無性性。（T35・64c）

遣実境滅時即得一分空無相性。無相現故唯識想境並則不生名得無性性。此是行門唯識観法。若約生解、則三性後弁無性性。

見道において実境（実体的な境）を滅して無相性を得、それと同時に分別性に依る識という依他性をも滅して〔無性性を得〕。真実無性が得られる。この場合、真実性は言われていない。真実性は理論において言語によって設定された安立諦であるが、実践においては言語によって設定されない非安立諦をそのままに知るので、真実性は立てられないのである。これが「行」の門の唯識観法であって、「行三性」である。それに対し、「解」を生ず

るのに約せば三性の後に無性性を弁ずるのであって、「行三性」「解三性」とも先の説明に等しい。しかしてこの「行三性」「解三性」は道宣『続高僧伝』巻十五によって、摂論宗の霊潤の説であることが知られる。

資糧章の中に及びて衆師並びに謂はく、「三重観有り、無相と無生と及び無性性となり」といふ。潤、文を揣し旨を尋ぬるに第三重無し。故に論文の上下に唯だ両重有るのみ。……前は無相を観じて外塵の想を捨て、後は無生を観じて唯識の想を捨つ。故に第二の刹那に即ち初地に入る。……故に第三無し。三性に管約して無性を説くも、観は執を遺るに拠りて唯だ両重有るのみ。

及資糧章中衆師並謂、「有三重観、無相無生及無性性」。潤揣文尋旨無第三重。……前観無相捨外塵想、後観無生捨唯識想。第二刹那即入初地。故無第三。管約三性説三無性、観拠遣執唯有両重。

(T50:546c-547a)

資糧章とは真諦訳『摂大乗論釈』応知入勝相品第三の入資糧章である。霊潤は入資糧章においては但だ分別性と依他性との無を観ずることによってのみ三無性に入ると説いており、今の智儼の「行三性」とまったく等しい。道宣はこの説を「諸師に異なるもの有り」と評するので、この説は霊潤独特のものであり智儼はそれに従っていることが知られる。

霊潤は玄奘の訳場に列したが玄奘訳の経論に対し『十四門義』を撰して批判した。先学は「恐らく続高僧伝の成った六六四年頃には尚未だ生存して居たであらうが為に其寂年も記されておらぬ」と指摘する。六六四年は玄奘が六十五歳で没した年であるから、霊潤は玄奘より一回りほど年上であったと見てよい。智儼は玄奘より二歳下であるが、先に見たとおり霊潤が智儼二十七歳の作である『華厳経捜玄記』においてすでに用いられている。智儼はおそらく壮年期の霊潤が『摂大乗論』の注釈を作ると同時にその説を採用したのである。前章において智儼が摂論宗の曇遷を尊敬していたことに触れたが、霊潤は曇遷の高弟である弁相の弟子である。智儼の法名は智儼が地論宗を学んだ智正

第3部 別教一乗の論理　272

(559-639) によるが、この智正は『続高僧伝』巻十四 (T50:536c) によれば曇遷と同門であり、法蔵『華厳経伝記』巻三 (T51:163ab) によれば曇遷門下の霊弁 (586-663) は『華厳経』を学びに智正のもとに来たっている。智正から智儼に至る学系と、曇遷から霊潤に至る学系との間には学問上の親密な交流があったのである。

これら「行三性」「解三性」は智儼の『華厳経』解釈において重大な意味を有している。先の「解三性」の偈をもう一度掲げると次のとおりである。

自と体との非有と　自体の不住に由るが故に
取の如くには有ならざるが故に　三性は無性を成ず
由自体非有　自体不住故　如取不有故　三性成無性 (T31:121b)

これについて、真諦訳『摂大乗論釈』巻六 (T31:193c-194a) は「自」の非有と「体」の非有と「自体の不住」とが『成実論』と『五十要問答』三性三無性義はこれを改め、「自」の非有が大小乗と『成実論』との無性であり、「体」の非有と「自体の不住」のが大乗のみの無性であると説く。そして「取の如くには有ならざる」のが大乗との無性であり、「取の如くには有ならざる」について次のように述べる。

svayaṃ svenātmanābhāvāt svabhāve cānavasthiteḥ |
grāhavat tad-abhāvāc ca niḥsvabhāvatvam iṣyate || (MSA XI 50)

三には「如取不有」等なり。彼の本識の法無我の理に約す。三性の不有は其の無性を成ず。「自体は定めて自として非有・有・不二・不尽」にして諸の分別を離れたるに由るが故に、聞と思と修と地上報生善意識智との所縁の境界に非ざるが故に、無性と名づく。

三「如取不有」等。約彼本識法無我理。三性不有成其無性。由「自体定自非有有不二不尽」離諸分別故、非

聞思修地上報生善意識智所縁境界故、名無性。(T45：524b)

「自体は定めて自として非有・有・不二・不尽」であるとは、真実無性性が有性に非ず無性に非ざる無性性であることを指す。しかしてこの表現は『十地経論』初地の、次のような経偈に基づく。

自体本来空なり　有・不二・不尽なり
諸の趣を遠離し　涅槃の相に等同なり
初に非ず中と後とに非ず　言詞の所説に非ず
三世を出過し　其の相は虚空の如し

自体本来空　有不二不尽　遠離於諸趣　等同涅槃相
非初非中後　非言詞所説　出過於三世　其相如虚空 (T26：133a)

svabhāva-śūnyaṃ prasamādvayākṣayaṃ gatyā vimuktaṃ samatāpti-nirvṛtaṃ|
ananta-madhyaṃ vacasānudīritaṃ triy-adhva-vimuktaṃ nabhasā samānakam‖ (DBhS 14, 9-10)

智儼はこの偈を真実無性性を説いたものと理解したのである。『華厳経捜玄記』巻三下にはまさしく次のようにある。

『論』に云はく、「自体空とは有なり」といふ。此れは無性性を成ず。
『論』云、「自体空者有」。此成無性性也。(T35：63c)

「聞と思と修と地上報生善意識智との所縁の境界に非ざる」も『十地経論』の、次のような長行に基づく。
此の偈は思慧と及び報生智とは是れ則ち可説にして、此の智は彼の境界に非ざることを示現す。
此偈示現思慧及報生智是則可説、此智非彼境界。(T26：133b)

sbyor ba las byung ba bsam pa las byung ba'i shes pa dang | skyes nas thob pa'i rnam par shes pa ci 'dra bas bstan

さて、先に触れた『孔目章』明難品初立唯識章の結論部「第十に帰して第一義無性性を成ず」に次のようにある。

諸法の非有、唯一真如、無我の実性、以って究竟と為す、此れは是れ三乗の義なり。是の如き等の法を無尽教に摂めらると為す、即ち是れ一乗の究竟の尽理なり。

諸法非有、唯一真如、無我実性、以為究竟、此是三乗義。如是等法為無尽教摂、即是一乗究竟尽理也。

(T45：547c)

この文は諸法を「非有」と見るだけで「非有・有・不二・不尽」なる真実無性性と見ない者を三乗と述べたのである。智儼は真実無性性を十地品の所説として『華厳経』である一乗に含めていたのであろう。このことは義湘や法蔵の著作によってさらに明らかとなる。

以上は真如である三無性について見てきたが、最後に三性について見ることにする。『摂大乗論無性釈論疏』(均如『釈華厳教分記円通鈔』巻六所引)は三性のそれぞれに二つの三性があると言う。(6)整理して示せば次頁のようになるが、これらは一般的なインド唯識の説における三性説と較べて奇異の感を免がれず、また真諦の三性説と較べても問題であって、当時の摂論宗の解釈によるものであろう。これに似た解釈は敦煌出土の『摂大乗論』注釈書のうちにも見られるし、(7)分別性の中の二つの三性が智儼の師である摂論宗の法常(567-645)の『摂大乗論疏』(8)によることは均如が指摘している。

概して問題なのは分別性の解釈である。

まず分別性の中の二つの三性は凡夫の識が能取と所取との二辺として分別されていることを指す。これは真諦訳『中辺分別論』の、次のような偈を踏まえたものである。

塵と根と我と及び識と 本識は彼に似て生ず

図表 I

〈分別性の三性①〉
分別性の分別性……………所取の塵
分別性の依他性……………六七識なる能取の心
分別性の真実性……………所取の無相、能取の不生

〈分別性の三性②〉
分別性の分別性─┬─境……妄見なる実の根と塵と
　　　　　　　　└─智……実を執する心
分別性の依他性─┬─境……根と塵と我とに似たる相
　　　　　　　　└─智……似を執する心
分別性の真実性─┬─境……有漏浄品の意識が反じて大乗の法義等に似たるもの
　　　　　　　　└─智……法義を執する心

〈依他性の三性①〉
依他性の分別性……………本識の上の反異して根と塵と我とに似たる相、未だ反せざる
　　　　　　　　　　　　　種子
依他性の依他性……………本識の能く相見を成ずる種子の功能
依他性の真実性……………所治の無相、能治の不生

〈依他性の三性②〉
依他性の分別性……………本識の功能が諸法を執持して各成就せしめ相雑乱せざる義
依他性の依他性……………本識の功能が因縁に繋属すること
依他性の真実性……………本識の心真如

〈真実性の三性①〉
真実性の分別性……………無流の浄意識の中の初地以上の加行と後得とが反じて浄土と
　　　　　　　　　　　　　為りし所縁の塵
真実性の依他性……………能取の心
真実性の真実性……………所取の塵の無相、能取の心の不生

〈真実性の三性②〉
真実性の分別性……………浄識の上の菩提と涅槃との等き法の所持の相
真実性の依他性……………能持の識の功能
真実性の真実性……………所持の無相、能持の不生

但だ識のみ有りて彼無し　彼無きが故に識無し
塵根我及識　本識似彼生　但識有無彼　彼無故識無　(T31: 451b)
artha-sattvātma-vijñapti-pratibhāsaṃ prajāyate|
vijñānaṃ nāsti cāsyārthas tad-abhāvāt tad apy asat‖ (MAV 18, 21-22)

塵（五塵）と根（六根）とは所取であり、我（第七識）と識（前六識）とは能取であり、それらは識としては存在するにせよ、能取と所取との二辺として空想された実体としては存在しないので「彼無し」と言われる。智儼もそれによって能取と所取とを分別性と見なすが、一方で、依他性の中の三性や、真実性の中の三性においては、所取として分別される以前の塵と根とをも分別性と見なしている。一般的なインド唯識の説における三性説においては、分別性は凡夫の分別のうちにのみ存する実体であって、依他性の中の三性や、真実性の中の三性においては、分別性の分別性においては、実体として分別された塵と根とを分別される以前の塵と根とをも分別性と見なすのである。智儼はあくまで依他性の、依他性の分別性と、真実性の分別性とにおいては、分別される以前の塵と根とを分別性と見なすのである。こうした考えは真諦訳『摂大乗論釈』巻五が「識を以相分（認識対象）を一貫して分別性と考えていたのであろう。智儼もまた、分別性、すなわち識って分別性と為さず」(T31: 182a) と述べ、分別される以前の識を依他性と見なすのとも相違する。
次に注目されるのは、実を執する心や、似を執する心や、法義を執する心といった、能分別を分別性と述べていることである。これは真諦訳『三無性論』巻上の文「此の分別性の差別に六種有り。一には自性分別。……」(T31: 868c) を踏まえたものであるが、同論の異訳である玄奘訳『顕揚聖教論』成無性品の文「何等をか名づけて六種遍計と為す。一には自性遍計。……」(T31: 558a) によれば、この場合の分別性とは識（依他起性）のことではない（このことは『顕揚聖教論』成無性品に対応する『瑜伽師地論』本地分中菩薩地真実義品の梵文からも確かめられる）。智儼はこの違いを区別しなかったのである。

さらに注目されるのは、依他性の三性②の依他性の分別性において阿頼耶識の功能が諸法を執持して各成就せしめ相雑乱せざる義を分別性と述べていることである。『摂大乗論無性釈論疏』はこれを『摂大乗論』（MSg II.20）や『阿毘達磨雑集論』（T31: 764ab. ASBh 137, 8-20）の十種分別のうち根本分別（mūla-vikalpa）に配当しているが、この場合の分別も識（依他起性）の作用である能分別のことであって、分別性（遍計所執性）のことではない。智儼はこの違いを区別しなかったのである。

玄奘訳流行の時代においても智儼がこうした解釈を採っていたことは、彼が玄奘訳の三性説に興味を示さなかったことを立証する。智儼の分別性の解釈は法蔵『五教章』においてまったく破棄され、代って玄奘訳の遍計所執性が採用されており、法蔵のほうが玄奘訳の三性説をはるかに評価していたことが知られる（後述）。

四　義湘の三性説

『華厳一乗法界図』に次のようにある。

是の故に経中、亦有る処には三性以外に三無性を立てず、亦有る処には三性以外に別に三無性を立つ。所以は何ぞ。情に随ひて安立するは「解」の門に約するが故に別に三無性を立てず。亦有る処には三性以外に三無性を立つ。智に随ひて理を顕はすは「行」の門に約するが故に三（性）以外に三無性有ることを。

是故経中、亦有処三性以外不立三無性、亦有処三性以外別立三無性。所以者何。随情安立約解門故別立三無性。随智顕理約行門故三以外不立三無性。尚二以外無有真実。何況三性以外別有三無性。（T45: 713b）

この文は「解三性」「行三性」について述べたものであり、智儼の三性説を前提としてのみ理解される。

第3部　別教一乗の論理　　278

ただし、智儼は真実性を立てない場合を「行三性」と見ていたが、義湘は「三（性）」以外に三無性を立てない場合を「行三性」と見ている。そしてその理由として、「二以外に真実有ること無」き以上、ましてや三性以外に三無性はないはずだと主張するが、「二以外に真実有ること無」しとは真諦訳の真実性が分別性と依他性との二無に他ならないことを指すのである。

義湘はいわば三性が三無性でもあり三無性が三性でもあるような場合を「行三性」と述べるのであるが、これは「行三性」における真実無性性が有性に非ず無性に非ざる無性性であることを述べたものであろう。真諦訳においては分別性と依他性とが有性であり、相無性と生無性とが無性であったが、三性のすべてが有性、三無性のすべてが無性なのではなかった。しかるに義湘は三性を有性と見、三無性を無性と見、有性が有性でも無性でもあるような無性性に他ならないでもあるような無性性に他ならないが、ここで注目すべきなのが『華厳一乗法界図』が「一乗如実教門」を主張する次の文である。

遍計と無相と、依他と無生と、真実と無性との、三種の自性は常に中道に在り。三法以外に更に証も教も無し。是の故に当に知るべし一無分別なり。

遍計無相、依他無生、真実無性、三種自性常在中道。三法以外更無証教。是故当知一無分別。（T45：713ab）

理と事とは冥然として一無分別なり。体と用とは円融し常に中道に在り。自事以外何処得理。（T45：714b）

理事冥然一無分別、体用円融常在中道。自事以外何処得理。

理と事とを「常に中道に在り」「一無分別なり」と説くこの文は、三性と三無性とを「常に中道に在り」「一無分別なり」と説く先の文に符合する。実際に『華厳一乗法界図』（T45：713b）は三性を「性（情？）」に随ひて事を説く

ものと述べ、三無性を「智に随ひて理を顕はす」ものと述べて、三性が事、三無性が理であることを明言している。このことは智儼『五十要問答』三性三無性義においても確認できる。同書（T45:524b）は「経論に弁ずる所の三性・三無性の異相云何ぞ」と自問し、「其の解と行と、教と義との分斉の同じからざることを知る」と自答するが、このうち解と行とは「解三性」「行三性」、理と事とは三無性と三性、教と義とは三性と三無性と思われるのである。よって義湘が事と理とはそれぞれ三性と三無性とであり、事と理とが「常に中道に在り」「一無分別なり」と言うのは真実無性性であることが判明する。智儼は真実無性性を十地品の所説と見なしていたので、義湘もそれを承けて「一乗如実教門」の説と述べたのである。

三性が三無性でもあり事が理を得むということになる。すなわち、「三法（＝三性）以外に更に証（＝三無性）も教（＝三無性）も無」く、「自の事以外に何処にか理を得む」ということになる以上、「三法（＝三性）以外に更に証（＝三無性）も教（＝三無性）も無」く、三性対三無性というような相対的構造が消滅し、三性がそのまま三無性であり、三性がそのまま理であることが体験される。事がそのまま理であること、つまり、事が理と同様に無礙であることにおいてこそ、後世において事事無礙と呼ばれる事態が起こっているのであり、真諦訳の三性説が事事無礙を体験するための方法であったことが知られる。

さて義湘において特徴的なのは三性を遍計所執性と同類と見なすことである。『華厳一乗法界図』は「若し実に約して説かば、三種自性は皆な是れ凡夫の境界なり」（T45:713b）と述べ、次のように説く。

　聖者は遍計に随ふが故に三性を建立し且らく窮心を安んじ、漸漸に已後三無性を現はし夢人を覚悟せしむ。此れ即ち聖者の大善巧なり。

　　聖者随遍計故建立三性且安窮心、漸漸已後現三無性覚悟夢人。此即聖者大善巧也。（T45:713b）

これは真諦訳の三性が言語によって設定された安立諦であることから、三性を名によって執着された遍計所執性と同じであると見なしたものであろう。しかし言語によって設定されたものがそのまま遍計所執性と同類であるかは疑

と言わざるを得ない。義湘は続けて次のような問答を設ける。

問ふ。『摂論』に云ふが如く、「遍計所執は凡夫の境界なり」といふ。何が故に聖者は遍計に随ふ。答ふ。遍計の諸法は顚倒の故に有り。是の故に『論』に云はく、「凡夫の境界なり」といふも、「空を智るは聖の境界に非ず」と謂はむとには非ず。

問。如『摂論』云、「遍計所執凡夫境界。依他真実聖智境界」。何故聖者随遍計耶。答。遍計諸法顚倒故有。是故『論』云、「凡夫境界」。畢竟空故無所可対。是故『論』中非聖境界、非謂「智空非聖境界」。(T45: 713b)

これに該当する『摂大乗論釈』の文言は存在せず、これは『仏地経論』巻七の、次のような文(蔵訳にない部分)の流用であろう。

『論』の中に説くが如し、「遍計所執は唯だ凡智の境のみ。円成実性は唯だ聖智の境、亦た聖智の境なり」といふ。遍計所執は無体なるを以っての故に聖の所証に非ず。若し爾らば、聖智は一切を知らず。彼れは既に是れ無なるも、何の所知をか智らむ。若しは有と為さば則ち顚倒を成ずることを知り、若しは無と為さば則ち遍計所執自性に非ざることを知る。心の所現の無は依他起に摂められ、真如理の無は円成実に摂めらる。是の故に聖智は有と無とを知ると雖も、而も彼の遍計所執自性を縁ぜずして境と為す。

『論』中説、「遍計所執唯凡智境。円成実性唯聖智境、亦聖智境」。遍計所執以無体故非聖所証。若爾、聖智不知一切。彼既是無、智何所知。若知為有則成顚倒、若知為無則非遍計所執自性。心所現無依他起摂、真如理無円成実摂。是故聖智雖知有無、而不縁彼遍計所執自性為境。(T26: 324a)

『論』とは『瑜伽師地論』摂決択分中菩薩地であるが、義湘は智儼ほど『摂大乗論』の知識がなく、それゆえこれ

281　第2章　華厳の三性説

を『摂大乗論』と取り違えたと思われる。これに関連して、義湘の語録『道身章』(『法界図記叢髄録』巻下一所引)に次のようにある。

　三性を遣りて三無性を弁ずること、両宗同じからず。始教は但だ遍計を遣るのみ。又た但だ所執を以ってのみ遍計と為す。能執の心は依他に摂めらるるものに属す。若し爾らば、三性を遣るを以て三無性を現はすとは何ぞ。但だ遍計の中の三性を遣るのみ。謂はゆる、青色の等きを計して実と為すを依他の中の遍計と為す。若し円成を計して実と謂ふを円成の中の遍計と為す。此れは「行」の門に当たる。終教は三性を皆な遣る。亦た能計の心を合して遍計と為す。此の宗は「解」の門に当

　遣三性弁三無性、両宗不同。始教但遣遍計。又但以所執為遍計。所謂計青色等謂実為遍計耳。能執之心属依他摂。若爾、遣三性現三無性者何。但遣遍計中三性耳。亦能計心合為遍計。終教三性皆遣。計能執心為実為依他中遍計。若計円成為実為円成中遍計。此当解門。此当行門。(T45：753b)

始教・終教とも三性を遣って三無性を遣るのみであり、その遍計所執性の中に三性があると説かれる。また能執の心は終教においてはただ遍計所執性であると説かれる。これらは智儼『摂大乗論無性釈論疏』の説に較べ簡略であり、智儼の口述した説を義湘なりに纏めたものと推測される(とりわけ、もともと依他起性であるはずの青色などを遍計所執性と見なすのは、根や塵を遍計所執性と見なす智儼の説を承けていよう)。さらに始教の三性を遍計所執性と見なし、終教の三性を「解三性」「行三性」と見るのは「解三性」「行三性」が両方とも『摂大乗論』に由来し理論と実践との関係にあることを理解していないように思われ、ここからも義湘が『摂大乗論』に通暁していなかったことが知られる。義湘は智儼の唯識説の術語をそのまま用いるが、その用法は智儼の用法と一致しない義湘独特のものとなっている。

第3部　別教一乗の論理　　282

五　法蔵の三性説

『五教章』三性同異義は三性に二義があるという宣明から始まる。

円成実性……随縁・不変
依他起性……似有・無性
遍計所執性……情有・理無

このうち不変・無性・理無は真諦訳の三無性に該当する。随縁・似有・情有のうち、随縁（円成実性が縁に随って依他起性や遍計所執性になっていること）は如来蔵思想の積極的表現として法蔵が独自に採用したものであり、情有は真諦訳の依他性・分別性と同じである。三性同異義は三無性を説かないが、実は不変・無性・理無が三無性なのである。ただしあくまで真諦訳の三無性であるが。なぜこれを三無性と呼ばなかったかと言えば、それが玄奘訳の三無性とあまりに異なっていたからであろう（玄奘訳の三無性は三性の別名にすぎないが、真諦訳の三無性は真如であ
る）。法蔵は三性同異義を明らかに玄奘訳の三性説に合わせて構築しようと試みていた。智儼や義湘が分別性（遍計所執性）のうちに根や塵（ともに識の相分）をも含めていたのに対し、法蔵が遍計所執性を玄奘訳と同じく凡夫によって空想された実体のみと見なしているのに注目すべきである。

法蔵はこれら不変・無性・理無と随縁・似有・情有との両方において三性は同一であると主張して、次のように述べる。

此の三義に由るが故に、三性一際にして同じく異なること無し。

法蔵から『五教章』を贈られた義湘は語録『道身章』(『法界図記叢髄録』巻下一所引)においてこれを次のように評している。

由此三義故、三性一際同無異也。(Wu 202)

「三性」を合して「一際」なるは、三性即ち三無（性）にして三（性）に非ざるの「行」の門に約す。三性、三性の円融を示現す。此れは是れ方便の趣く所、一乗の無尽性を現はさむが為のみ。
合「三性」「一際」者、約三性即無三無非三之行門。三性示現三性円融。此是方便所趣、為現一乗無尽性耳。
(T45：753b)

これによれば、義湘は三性同異義が三無性を説かないことについて、三性が三無性であって三性に留まらない「行三性」であって、「一乗の無尽性」を現わすものであると評していた。この評は先の義湘『華厳一乗法界図』の、次のような文と一致する。

智に随ひて理を顕はすは「行」の門に約するが故に三（性）以外に三無性を立てず。
随智顕理約行門故三以外不立三無性。(T45：713b)

三性以外に三無性を立てないとは、事がそのまま理を円通し無尽を統合する別教一乗の真如を次のように定義していたのと同じであろう。

儼『孔目章』第八迴向真如章が別教一乗の真如を次のように定義していたのと同じであろう。
円通理事統含無尽因陀羅及微細等。(T45：558c)

別教の真如は事がそのまま理であることにおける事と事との無尽の相即相入であり、因陀羅網境界門や微細安立相容門などの十玄門（『華厳経』の要綱を十に纏めたもの）である。義湘は三性同異義を、事がそのまま理であることにおける事と事との無尽の相即相入を体験するための、「行三性」と見たのである。

第3部　別教一乗の論理　284

しかし実際のところ、三性同異義は三性の随縁したものだという意味において三性同一を言うにすぎず、事（三性）が無尽に相即相入するという意味において三性同一を言うものではない。三性同異義は三性と三無性とを別に説く「解三性」であって、三性がそのまま三無性であることにおける事（三性）の無礙を説く「行三性」ではない。法蔵は実は三無性を説いているが、義湘はそれに気づかず、三無性を説かない「行三性」と見たのである。

三性同異義は三性の理論である「解三性」にすぎないが、三性の実践としては、法蔵はおそらく智儼の「行三性」と同様、遍計所執性の情有と、それに依る依他起性の似有とを無と見、不変・無性・理無（三無性）に入るということを考えていたらしい（ただし情有・似有なくして円成実性の随縁もないので、実際には円成実性の随縁も無と見ることになる。後出）。と言うのも、法蔵は依他起性の似有が遍計所執性の情有に依存すると説いているからである。『五教章』三性同異義に次のようにある。

若し所執を離るれば、似は起こること無きが故に。

若離所執、似無起故。(Wu 202)

これは依他性を分別性という他に依る性と定義する、真諦訳の三性説によるものに他ならない。周知のとおり、三性同異義は清弁（中観派）・護法（唯識派）の空有の論争に言及し、その調停を試みているが、空有の論争の焦点は勝義において依他起性の有を認めるか否かにあった。清弁はそれを否定し、護法は肯定する。そして法蔵は依他起性の似有の概念によって両者を調停する。似有とは依他起性（有）が遍計所執性（無）に依る不確かな有であるという意味である。法蔵は依他起性の有を真諦の三性説によって不確かな有であると解釈し、中観派からも許容できるようにした。これが空有の論争の調停であるが、実は真諦の説を出るものでない。さらに言えば、空有の論争の調停は円測の著作にも見られ、つまり当時の仏教界の流行だったのであって、法蔵は慣れ親しんだ真諦訳の三性説が空有の論争の調停であることに気づき、流行に乗って言及したにすぎない。三性同異義の真の目的は霊潤以来の伝統的な「行三

性」「解三性」を玄奘訳に合わせて構築し直すことにあり、空有の論争の調停などは当時の仏教界の流行に乗った付け足しであって、真の目的ではないのである。

さて、随縁・似有・情有の同一と、不変・無性・理無の同一とのうち、三無性を同一の無性と規定する真諦の説に基づく。問題なのは前者である。前者は三性の同一であるが、ここにはインドの唯識派に発する複雑な問題がある。そもそも三性の同一は、法蔵とは違う意味においてではなく、すでに唯識派において考えられていた。『摂大乗論』は依他起性が「異門」(paryāya 見かたの違い)によって遍計所執性になり円成実性になると説く。それに対し『成唯識論』は依他起性と円成実性のみが同一であると説く。この二つが有体であり、遍計所執性は無体だからである。基『成唯識論述記』巻九は円成実性を依他起性と対置する際にその相違を指摘し、『摂大乗論』の三性同一を性に約するもの、『成唯識論』の二性同一を体に約するものと表現する。

『摂論』等は皆な三性を対して異と不異とを明かす。此の中、但だ依他起を対するのみなるは、此の二性に法の相対するもの有るを以ってなり。計所執に非ず。無体なるを以っての故に。彼は性に約して対す。故に三は皆な対す。此れは体に約して対す。彼の一は無体なり。故に但だ二を対するのみ。

『摂論』等皆対三性明異不異。此中但対依他起者、以此二性有法相対。非計所執。以無体故。彼約性対。故三皆対。此約体対。彼一無体。故但対二。(T43：546b)

さて、法蔵の三性同一は、性と体と、どちらに約するものであろうか。三性同一である以上、『摂大乗論』と同じく性に約するものに見えようが、実は、『成唯識論』と同じく体に約するものなのである。法蔵は依他の似有(有体)と所執の情有(無体)とがそのまま同一ではないことをはっきり認め、会通している。

問ふ。依他の似有等は豈に所執の是れ情有なるに同ぜむや。答ふ。二義に由るが故に、かるが故に異なること無

一には彼の所執は似を執して実と為すを以って、故に異法無し。二には若し所執を離るれば、似は起こること無きが故に。真の中の随縁も当に知るべし亦た爾なり。所執無くば随縁無きを以っての故に。

問。依他似有等豈同所執是情有耶。答。由二義故、故無異也。一以彼所執執似為実、故無異法。二若離所執似無起故。真中随縁当知亦爾。以無所執無随縁故。(Wu 202)

答のうち一は、遍計所執性は依他起性を所依として執せられたものであるから依他起性は遍計所執性に依って起こるものであるから遍計所執と為す。

このうち一は『摂大乗論無性釈』巻四に同じものが出る。

「是れ遍計の所縁の相なるに由るが故に、又た是れ遍計の所執の所依止なるに由るが故に、又た依他起は是れ我と色との等き遍計の所縁の相なるが故に、此の意趣に由りて依他起を仮説して遍計所執と為す。」

「由是遍計所縁相故、又是遍計所遍計故」者、由依他起是我色等遍計所執所依止故、又依他起是我色等遍計所縁相故、由此意趣仮説依他起為遍計所執。(T31：404ab)

kun tu rtog pa'i rgyu mtshan yin pa dang des kun brtags pa'i phyir ro ⁄ zhes bya ba ni 'di ltar bdag dang gzugs la sogs pa kun brtags pa'i rten yin pa dang ⁄ kun tu rtog pa zhes bya ba yid kyi rnam par shes pas bdag dang gzugs la sogs pa'i dngos por kun tu rtog ste ⁄ dgongs pa des kun brtags pa zhes nye bar 'dogs par mdzad do ‖ (MSgU 〈D〉Ri227b1-2,〈P〉Li278b1-2)

これはやや特殊な説として『成唯識論述記』巻九も注意する説である。

又た依他は是れ我と色との等き遍計所執の所依止なるに由りて、故に依他起を計所執と名づく。遍計の所縁の相

なるが故に、即ち是れ依他を計所執の所依と為し計所執と名づく。又由依他是我色等遍計所執所依止、故依他起名計所執。遍計所縁相故、即是依他為計所執所依名計所執也。

(T43：546c)

しかしこれは、あくまで性に約し「異門」によって三性を転換的に見る『摂大乗論』の立場を前提とするものであり、無性とて遍計所執の所依がそのまま遍計所執性であると見なすのはおかしい。ただ法蔵が『摂大乗論無性釈』を用いるのは智儼『摂大乗論無性釈論疏』の引き写しである可能性が高い。先に見たとおり、智儼は分別性の三性②の依他性の分別性において、実の根や塵として執着された無体のものを遍計所執性と見なしていた。一方で、依他性の三性①の依他性の分別性において、執着の所依となる、もともと有体の依他起性であるはずの根と塵と我とをも遍計所執性と為す」という『摂大乗論無性釈』の説が、智儼にとって依他性の三性①の依他性と同じものに思われたことは想像に難くない。ただし智儼の場合、遍計所執性は無体のみであるので、有体の依他起性の分別性と体の有体である依他起性と同じものに思われたことは想像に難くない。ただし智儼の場合、遍計所執性は無体のみであるので、有体の依他起性と体の同一を主張することは不可能である。

また二は依他性が分別性に依って起こるという真諦の三性説に基づいて、三性の縁起関係を示したものであるが、依他性と分別性との縁起関係は義湘の語録『道身章』(『法界図記叢髄録』巻下一所引) にも出るので、おそらく智儼によっても考えられていたと思われる。

一乗の中は、若し依他非ずば、遍計無し。則ち遍計は是れ果にして、依他は因と為す。若し遍計非ずば、依他無し。則ち依他是果遍計為因。如是之義即

一乗中、若非依他、無遍計。則遍計是果、依他為因。若非遍計、無依他。則依他是果、遍計為因。如是之義即

しかしこれは、依他起性に対する分別から分別性が生じ、また分別性という他に依って依他性が生ずるといった真諦訳の考えかたを述べたにすぎず、義湘はこれによって二性が同一であるとは言っていない。法蔵が縁起関係のみによって三性の体の同一を主張するのは論理的に不可能である。

以上、法蔵の三性同一論証は破綻しており、結局レトリックと見なすほかない。この点に気づいてか、法蔵は後年『十二門論宗致義記』巻上（T42：217b）において三性の二義を次のように改めている。

遍計所執性……情有・理無
依他起性……幻有・性空
円成実性……相無・体有

また、『華厳経探玄記』巻四（T35：175ab）においてもそれを踏襲する。

遍計所執性……情有・理無
依他起性……幻有・性空
円成実性……離相・体実

こちらのほうが如来蔵思想に基づく三性同一論証を廃棄し中観派の二諦説に沿って整理された矛盾のないものであることは夙に指摘されている。澄観が用いる三性説も常にこちらのほうであって、『五教章』の三性説ではない。
また『華厳経探玄記』の法蔵は真諦訳の三無性を用いることが多く、智儼や義湘らの世代に回帰しているかのようである。例えば同書巻四は「遍計無相観」「依他無生観」「真実無性性観」の三観を列挙し、次のように説く。

此れは広く三性二性等の観を説くものなる応し。「解」に約し「行」に約して之を分かつ。
此応広説三性二性等観。約解約行分之。（T35：179c）

是縁起耳。（T45：753b）

「解」に約し「行」に約すとは「解三性」「行三性」であり、三性二性等の観とは「解三性」が三性を説き「行三性」が真実性以外の二性を説くことに他ならない。

六 おわりに

真諦訳の三性説は唯識派が説く依他起性の有を中観派が説く空によって否定したものであり、華厳の三性説はそれを継承するものであった。唯識派と中観派との空有の論争の調停は真諦の三性説に基づくものであり、法蔵の『五教章』三性同異義の創説ではなかった。華厳の三性説は一貫して智儼が用いる真諦訳『摂大乗論』の三性説の解釈法「行三性」「解三性」の枠組みの中にあり、その「行三性」「解三性」は地論系摂論宗の祖である曇遷の孫弟子、霊潤の説であった。華厳教学の代名詞とも言うべき事と事との相即相入、すなわち後世において事事無礙と呼ばれる事態は、真諦訳の三性説の真実無性性（事がそのまま理であること）において体験されるものであった。

以上によって結論されるのは、前章において確認されたのと同様、別教を含めた初期華厳教学が曇遷の系統の地論系摂論宗の一展開であるという事実である。

真実無性性（事がそのまま理であること）における相即相入については、続く本研究第三部第三章・第四章において詳述する。

注

（1）長尾雅人 [1956]（長尾雅人 [1978] に再録）。
（2）鎌田茂雄 [1965 : 141]。
（3）太清四年（550）に『中論』観因縁品をRahulabhadraの注とともに訳し、『中論疏』二巻を著した。宇井伯寿 [1930 : 72]。
（4）この文については勝又俊教 [1961 : 784-785] を見よ。
（5）宇井伯寿 [1930 : 303]。
（6）「第一述其意者、儼公『无性疏』中、三性各開二重三性。……彼文云。於三性中、各開三性、其意云何。分別性中、有二重三性。一約心境相対、立其三性。妄見実根塵為分別性境、六七識能取心為依他性、所取無相能取不生為真実性。此義如『摂論』釈。二約麁細相対、立其三性。所取塵為分別性、六七識能取心為分別性智、如蛇境蛇智。似根塵我相為依他性、執似之心為依他性智、如藤境藤智。有漏浄品意識反似大乗法義等為真実性境、執法義心為真実性智、如四微境四微智。此如資糧章。釈依他性中立三性者、有其二種。一本識上反異為似根塵我相及未反種子名分別性、本識能成相見種子功能為依他性、所治無相能治不生名真実性。第二義者、本識功能繋属因縁名依他性、即此功能執持諸法各成就不相雑乱義同分別自体亦名真実性。真実性中立三性者、復有二重。一無流浄意識中初地以上加行後得反浄土所縁塵等為真実性、本識心真如名真実性。二明浄識三性者、本識転依名離垢浄、則自性清浄、故『仏性論』云、「先以唯一乱識、遣於外境、次以阿摩羅識、遣於乱識、究竟唯一清浄識」也。於此識上反依為菩提涅槃等法所持相為分別性、能持識功能為依他性、所持無相能持不生為真実性。」（K47 : 222a）。
（7）『摂大乗論抄』（T85 : 1009a）『摂大乗論疏』（T85 : 1043c-1046a）。
（8）法常『摂大乗論抄』巻六（均如『釈華厳教分記円通鈔』巻六所引）「其分別性二重者、法常『摂論疏』第六云。然聖者立義有多。若依止分別章及資糧章、即約心麁細相対、弁三性。謂実有外塵及執実塵心為分別性、謂有似塵及執似塵心為依他性、従浄意識及為似乗法義及執法義心為真実性。若依此義、十解十行得分別無相、第十迴向至第十迴向初心住心得依他無生、第十迴向終心得真実無生。若依相章及智差別章、即約心境有無相、対弁三性。謂以外塵無故是分別性、能取心有故是依他性、見境無相見識不生為真実性。若依此義、従十解至第十迴向住心已来観所取非有故得分別無相、第十迴向終心観能取心不生捨唯識想故得依他无生、至初地方得真実无生。」〈已上〉（K47 : 222b）。織田顕祐 [1990] は敦煌出土作者不明『明蔵摂分斉』と符合することを指摘する。しかし『摂大乗論抄』が『明蔵摂分斉』の『華厳経捜玄記』巻一上の「明蔵摂分斉」（T85 : 1009a）は上記の法常『摂大乗論疏』の三性説と明らかに重ならないので、織田の推測は再検討を要する。

(9) 自性分別／自性遍計は svabhāva-vikalpa (BoBh 51, 21-23) であり、能分別／能遍計である。

(10) 石井公成 [1996：245] は『華厳経』等の通宗を「常中道」と表現する敦煌出土地論宗文献 S613V を引いて、義湘には地論宗の影響が強いと推測する。より直接には義湘は地論宗の祖である菩提留支の『金剛仙論』の説に依拠しているようである。『金剛仙論』巻三 (T25：814c) は教法 (*deśanā-dharma) が証法 (*adhigama-dharma) から来ることについて「若爾、証法便是有相。那得上言真如証法体無名相」と自問し、「此明中道之理。不可定説有無」と自答する。「三種自性常在中道。三性以外更無証教」という義湘の説はこの『金剛仙論』の説を真諦訳の三性説に適応させたものに他ならない。

(11) 『瑜伽師地論』摂決択分中菩薩地「問。遍計所執自性、何等智所行。答。二智所行。然非出世聖智所行。問。円成実性、何等智所行。答。唯聖智所行。問。依他起自性、何等智所行。答。是二智所行。為凡智耶、為聖智耶。答。都非智所行、以無相故。問。依他起自性、為凡智耶、為聖智耶。答。都非智所行、以無相故。」 kun brtags pa'i ngo bo nyid byis pa'i shes pa 'am | 'phags pa'i ye shes sam | shes pa gang gi spyod yul ni ma yin zhe na | smras pa | gang gi spyod yul yang ma yin te | mtshan nyid med pa nyid kyi phyir ro || gzhan gyi dbang gi ngo bo nyid shes pa gang gi spyod yul ni ma yin no || smras pa | de gnyi ga'i spyod yul yin mod kyi | 'phags pa'i ye shes 'jig rten las 'das pa'i spyod yul ni ma yin no || yongs su grub pa'i ngo bo nyid shes pa gang gi spyod yul yin zhe na | smras pa | 'phags pa'i ye shes kho na'i spyod yul yin no || (T30：705a. <D>Zi 23a6-23b1. <P>'I 25a6-8)。

(12) 長尾雅人 [1956] (長尾雅人 [1978：520]) に「三無性説は法蔵では表面全く関説せられず」とある。

(13) 三性同異義は「第二依他起中、若執有体、亦有二失。一常過。謂已有体、不藉縁故。無縁有法、即是常也。又由執有、即不藉縁。不藉縁故、不得有法。即是断也」(Wu 215) と説く。もし依他起性を有と執せば、依他起性は縁を藉りないので常の過ちとなり、縁を籍りなければ依他起性はないので断の過ちとなるという意味であるが、この場合の縁とは依他起性 (分別性) を指す。長尾雅人 [1956] はこの縁を、依他起性の内部において諸の有為法が互いに因・縁となって依存しあう場合の縁であると考えて「依他・縁起とは「縁を籍る」ことの同義語に他ならない」と述べ、法蔵が縁を籍らずなどと説くことの同義語に他ならない」き如何らか実体的なものがまず考えられ」「縁を籍らざる」如き何らか実体的なものがまず考えられ」ているのではないかと述べる。これは三性同異義が真諦訳の三性説に基づくことを考慮しないものであるので、訂正を要する。

(14) 清弁・護法の空有の論争を両者の著作から跡づけたものとして江島恵教 [1992] がある。

(15) 吉津宜英 [1991：306]。

(16) しかるに三性同異義は「解三性」のみを説いて「行三性」を説かない。円成実性・依他起性・遍計所執性が同一であるという理論を説いても、遍計所執性と、それに依る依他起性とを滅するという実践を説かない。言い換えれば、すでに解脱した聖者の視点から理

(17) この文の蔵文和訳は片野道雄 [1975：133-134] に存する。

(18) なお見逃してならないのは三性同異義が体に約する点で『成唯識論』の三性説に従っていることである。長尾雅人 [1940]（長尾雅人 [1978] に再録）は『摂大乗論』の三性説に較べ『成唯識論』の三性説が「異門」による三性の転換を説かない点を問題視するが、同様のことは『五教章』の三性説にも言えるのであり、長尾雅人 [1956] による法蔵の三性説への批判はまさしく三性同異義門」による三性の転換を説かない点に重心を置くのであり（真諦訳の三性説もまた転換とは無縁であり、三性同異義と『成唯識論』の三性説との相違のみが強調されてきたが、三性同異義の構造が『成唯識論』の三性説による構造に近いことを見逃してはならない。法蔵にとって『成唯識論』は反発と尊敬とが入り混じった複雑な存在なのである。

(19) 田中順照 [1968：119]。

(20) 澄観『華厳経随疏演義鈔』巻二十（T36：152c）、巻三十七（T36：282c-283a）など。

論を説くものであって、これから解脱しようという凡夫の視点から解脱を説くものではない。その点において、長尾雅人 [1956]（長尾雅人 [1978：523, 515-516]）が「法蔵の三性説は、識論とも切離され、解脱や救済に関係する瑜伽行論とも切離されて、単に存在論的に眺められたと評せられることになる」「それは仏界の風光ではあっても、世界の成立と悟入の論理とを扱おうとする本来の三性説とは、全く質を異にするものである」と評するのは適切である。ただし、法蔵と実際には智儼の「行三性」を前提とするのであって、「行三性」は真諦訳の瑜伽行論そのものであった。三性同異義が「行三性」を説かないにせよ、法蔵の三性説が瑜伽行論と切り離されていたわけではない。このことについては本研究第三部第五章において詳しく述べる。

第三章　華厳の縁起説——因の六義——

一　はじめに

本研究第一部第一章において確認したとおり、真諦訳の三性説は有性に非ず無性に非ざる真実無性性を真如と見なし、初期華厳教学の三性説はその有性に非ず無性に非ざる真実無性性を事がそのまま理であることと言い換えるのであった。初期華厳教学の三性説によれば、真如は理と事と異ならない理、あるいは理と事と異ならない事に他ならない。そうした絶対的な事、あるいは理と理との、あるいは理と事との、無尽の相即相入が起こっているのである。

若し別教一乗に依らば、理理相即し、亦得事事相即、……（T45:714b）

ただし正確に言うならば、真実無性性は理と事との相対を否定し、理に他ならない絶対的な事、あるいは事に他ならない絶対的な理を説明するにすぎない。その絶対的な事、あるいは絶対的な理においては、未だ事と事との相即相

前章において確認したとおり、別教の唯識説は始教や終教の唯識説を完成させるのであった。本章と次章においてはその無尽を説く別教独自の論理を検討する。

無尽を説くことによってのみ、始教や終教の唯識説と同じ識を説くのであり、ただ

義湘『華厳一乗法界図』が次のように説くような、事と事との、あるいは理と事との、無尽の相即相入が起こっているのである。

入、あるいは理と理との相即相入は説明されていない。そうした相即相入を説明するのは、三性説でなく、別の論理なのである。本章と次章においてはそうした別の論理を検討する。

事事相即や理理相即は、理と事との相対を否定した次元における、同じ事態の言い換えである。真諦訳の三性説によれば、有性は有為法、無性は無為法であるので、初期華厳教学においては、事は有為法、理は無為法であるはずであるが、智儼『孔目章』五陰章は有為法であるはずの五陰（色・受・想・行・識）を「一乗をいはば即ち法界無為なり」（T45：542a）として無為法と見なしている。これは智儼が理と事との相対を否定した次元について述べているからであって、初期華厳教学の法概念の複雑なところである。本章においては無為法の理理相即をも有為法の事事相即として扱う。

有為法は〔後に見るとおり〕因・縁・果として纏められる。ゆえに有為法の相即相入は二つに分けられる。ひとつはヨコの相即相入であって因と縁との相即相入。もうひとつはタテの相即相入であって因と果との相即相入である。そのうち本章においては因と縁との相即相入を説く論理、性起説を考察する。

因の六義は『十地経論』の縁起説によって『摂大乗論』の種子説を改変したものであって、曇遷や霊潤ら、地論系摂論宗の流れを汲む智儼ならではの論理であるが、従来、法蔵『五教章』縁起因門六義法を通じてのみ研究されてきた。これは現存の智儼や義湘の著作のうちに因の六義を説いた箇所が乏しいことによる。しかし本章においてはできるだけ多くの資料を集め、智儼から義湘を経て法蔵へと続く因の六義の展開の後づけを試みる。

295　第3章　華厳の縁起説

二　縁起における因・縁・果

因の六義が仏教史においていかなる位置にあるかを把握するために、まずはインド仏教における因・縁・果を概説する。一切法は無常なる有為法、不変なる無為法に二分されくしてあり得ないと見る仏教は、因と縁とによって果が生ずる（起こる）と見る。因は直接原因、縁は間接原因、果は結果である。小乗仏教の代表的存在である説一切有部は、因を六因、縁を四縁に分類する。

ただし、因や縁という言葉は初期仏教においてはほとんど同義語として用いられており、むしろ縁起（縁りて起こること）という言葉の示すとおり、一般には果は縁によって生ずると言われていた。六因は説一切有部の迦多衍尼子（Kātyāyanīputra）の発案であって経に根拠がないので往々にして他部からの批判を受けており、大乗仏教も説一切有部の四縁を採用することはあっても、六因を採用することはまずない。『阿毘達磨倶舎論頌』分別根本品（AKBh 98-100）によって四縁の定義を示せば次のとおりである。

縁は四であると説かれる。因〔縁〕と呼ばれるのは五因である。等無間〔縁〕とは最後のものを除く已生の心心所である。所縁〔縁〕とは一切法である。能作〔因〕と呼ばれるのが増上〔縁〕である、と認められる。

catvāraḥ pratyayā uktāḥ hetv-ākhyaḥ pañca hetavaḥ ǁ (61cd)
citta-caittā acaramā utpannāḥ samanantaraḥ ǀ
ālambanaṃ sarvadharmāḥ kāraṇākhyo 'dhipaḥ smṛtaḥ ǁ (62)

四縁とは因縁と等無間縁と所縁縁と増上縁とである。

因縁（hetu-pratyaya. 因である縁）は、六因のうち五因（倶有因・同類因・相応因・遍行因・異熟因）であって、いずれも果に対して直接的な作用を及ぼすものである。五因の内容は本研究に関わらないので、五因の詳細については立ち入らない。倶舎学の専論を見られたい。

等無間縁（samanantara-pratyaya. 等しいものであり間断のない縁）は、次刹那の心心所を引く前刹那の心心所である。無常なる有為法は刹那滅（生じた瞬間に滅するもの）であるが、中でも心心所は必ず次刹那に自己と等しい心心所を引く。ただし、無余依涅槃に入る阿羅漢の最後刹那の心心所は、もはや次刹那の心心所を引かないので、除外される。

所縁縁（ālambana-pratyaya. 認識対象である縁）は、心心所の所縁となる一切法である。所縁がなければ心心所は生じない。

増上縁（adhipati-pratyaya. 助力である縁）は、六因のうち能作因である。逆に言えば、因縁以外のすべてである。果を生ずる時に邪魔にならないものは何でも増上縁となる。

このうち因縁がいわゆる因であり、等無間縁と所縁縁と増上縁とは結局すべていわゆる縁である。

さてインド大乗仏教のうち唯識派は有為法すべてを究極的には識のみと見る（無為法は識の実性と見なされる）。そして因と果との関係をめぐり、相互同時因果という説を立てる。それは伝統的に次の三因果に纏められる。

1 現行熏種子の因果（七転識の現行が阿頼耶識中に種子を熏ず）
2 種子生現行の因果（阿頼耶識中の種子が七転識の現行を生ず）
3 種子生種子の因果（現行を生じないうちは阿頼耶識中の種子が種子を生ず）

ここでいう現行（samudācāra. 顕在的活動状態）は七転識を指し、種子（bīja. 潜在的形成能力）は阿頼耶識〔の現行〕の中に存する。

刹那Aにおいて七転識の現行が滅する時、その現行は刹那Aのうちに阿頼耶識の中に種子を熏じつける。阿頼耶識

の中にはそうして熏じつけられた七転識の種子が蓄えられており、その種子の総体が一切種子識としての阿頼耶識である。つまり七転識の現行と阿頼耶識中の種子の現行とは同一刹那のうちに因果関係となるのであって、これが1の現行熏種子の因果である。刹那Aにおいて七転識の現行が熏じつけた種子は、現行を生ずるための縁が揃うまでは現行せず、阿頼耶識の中で刹那刹那に種子を生じ続ける。これが3の種子生種子の因果である。刹那Aの次の刹那の七転識の現行は、阿頼耶識中に以前から蓄えてあった種子から、次の刹那のうちに生ずる。つまり阿頼耶識（種子）と七転識の現行とは同一刹那のうちに因果関係となるのであって、これが2の種子生現行の因果である。

まとめると、1と2とは合わせて同時相互因果となる。3は異時の因果である。有為法は132の経過の繰り返しにより存続する。これが縁起である。無為法は不変であって不起である。

七転識はそれぞれ自の種子を有しており、その種子から生ずる。つまり種子も現行も複数であって、因である複数の種子が果である複数の現行を生じ、因である複数の現行が果である複数の種子を熏ずる。或る果Aは自の種子を生じ、因である複数の現行が果であるのみ果である。或る果Aは自の果から見れば因となる。ゆえに因や果のみならず、縁も種子と現行とに他ならない。個々の種子や現行は、自の因から見て果であり、他の果から見て果であり、自の果から見て因であり、他の果から見て縁なのである。或る果Aにとっての因は他の果Bにとっての縁（等無間縁・所縁縁・増上縁）である。

三　智儼における因の六義

まずは智儼にとっての、縁起を説く理由を確認する。『孔目章』行校量慈悲内縁起章に次のようにある。

仏は縁起観門を挙げたまひて以って諸法一切の無分別に会したまひ、即ち実性を成じたまふ。故に『地論』に云はく、「世諦を観じて即ち第一義諦に入るに随順す」といふ。是れ其の事なり。縁起観門に是の如き益有り。

第3部　別教一乗の論理　　298

仏挙縁起観門以会諸法一切無分別、即成実性。故『地論』云、「随順観世諦即入第一義諦」。是其事也。縁起観門有如是益。(T45：563c)

智儼によれば、縁起を説くのは「諸法一切の無分別」に会するためであり、その証拠として『十地経論』巻八の、次のような文を引いている。

云何なるをか世諦差別とする。世諦を観じて即ち第一義諦に入るに随順す。

云何世諦差別。随順観世諦即入第一義諦。(T26：169a)

kun rdzob kyi bden pa rnam par bzhag pa ji lta bu zhe na |ji ltar yongs su rtog pas don dam pa'i bden pa la 'jug pa'o | (DBhV ⟨P⟩Ngi254a3)

「世諦」「第一義諦」とは世俗諦・勝義諦である。以下の議論は『中論』において言われる二諦説に基づくので、それを図示すると次のようになる。

世俗諦（事）	有為法	縁起
勝義諦（理）	無為法	不起

図表Ⅰ

それでは「諸法一切の無分別」とは何か。これは要するに、世俗諦（事）と勝義諦（理）との無分別であり、事が理に他ならないことである。智儼は「無分別」という言葉を『華厳経』明難品の問い「仏子よ。心は性是れ一なるに云何ぞ能く種種の果報を生ぜむや」を注釈する際に集中的に用いている。たとえば『華厳経捜玄記』巻一下はこの文の意味を次のように述べる。

問ひの意云何ぞ。心は無分別を以って一性と為すに云何ぞ能く種種の事を成ぜむやといふ。

問意云何。心以無分別為一性云何能成種種事。(T35：28b)

また『孔目章』明難品初立唯識章は次のように述べる。

無記とは即ち是れ無分別の義なり。如来蔵の中に方に此の法有り。無記者即是無分別義。如来蔵中方有此法。(T45:544c)

すなわち、「無分別」とは勝義諦（理）である如来蔵が世俗諦（事）である阿頼耶識になっていること、つまり、いわゆる真如随縁の「不守自性」と同じである。通常、縁起は有為法においてのみ言われるが、智儼はその根底に無為法である如来蔵があると考える。たとえば明難品の「縁起甚深」について『華厳経捜玄記』巻一下に次のようにある。

縁起とは、黎耶は善等の三性及び無為と共に集起するが故なり。
縁起者、黎耶共善等三性及無為集起故也。(T35:28b)

これは、無為法である如来蔵（勝義諦の理）が因となり、七転識の善・悪・無記の種子が縁となって、阿頼耶識（世俗諦の事）である果が起こることを縁起と呼んだものである。のちの法蔵はこれを如来蔵縁起と呼ぶ。通常に言われる縁起、つまり四縁の縁起は、如来蔵縁起から生じた阿頼耶識と七転識との間に言われる。纏めれば、四縁の縁起を観ずることによって、如来蔵縁起における、世俗諦（事）と勝義諦（理）との無分別、つまり、事が理に他ならないことを知り得ると智儼は言うのである。

ここで結論を先に言えば、因の六義は四縁の縁起における、因と縁との（つまり、事と事との）相即相入、すなわち後世に言う事事無礙を明かし、それによって、如来蔵縁起における、事が理に他ならないこと、つまり、事が理と同様に無礙であることを知らしめるのであり、言わば、世俗諦（事）によって勝義諦（理）を知らしめるのであり、それこそが先に「世諦を観じて即ち第一義諦に入るに随順す」とあった意味に他ならない。(4)

第3部　別教一乗の論理　　300

如来蔵縁起において事が理に他ならないことは、真諦訳の三性説の真実無性性において有性（事）がそのまま無性（理）であることに等しい。前章において確認したとおり、真諦訳の三性説の真実無性性を用いて、理と事との相対を否定し、理に他ならない絶対的な事においては、事は理と同様に無礙であるはずであるが、智儼は真諦訳の真実無性性はその無礙が何によって無礙であるかを説くものではなかった。ゆえに今、智儼は因の六義を用いて、その無礙が因と縁との相即相入によって無礙であると説こうとするのである。

以上は縁起を説く理由を確認した。

以下は縁起において説かれる因の六義そのものを検討する。因の六義には二つの源泉がある。ひとつは『摂大乗論』『成唯識論』において説かれる種子の六義、ひとつは『十地経論』において説かれる深観の四句である。まず種子の六義から検討する。『華厳経捜玄記』巻三下（T35：66ab）や『五十要問答』如実因縁義（T45：531b）や『孔目章』明難品初立唯識章（T45：544c）は真諦訳『摂大乗論』によってこれを述べている。そのうち前二者は六義を因における空・有や、因の有力・無力や、縁の待・不待によって言い換えている。真諦訳・玄奘訳・智儼の順に示せば次のとおりである。

【真諦訳】	【玄奘訳】	【智儼】
①念念滅	①刹那滅	①空・有力・不待縁
②倶有	②果倶有	②空・有力・待縁
③随逐至治際	③恒随転	③有・無力・待縁
④決定	④性決定	④有・有力・不待縁
⑤観因縁	⑤待衆縁	⑤空・無力・待縁
⑥如引顕自果	⑥引自果	⑥有・有力・待縁

図表Ⅱ

因の六義においては、種子の六義の持つ意味はほとんど失われるので、以下は智儼によって言い換えられた因における空・有や、因の有力・無力や、縁の待・不待についてのみ確認する。種子の六義の詳細については唯識学の専論を見られたい。

まず空・有とあるのは因におけるネガティヴな面とポジティヴな面とを指す。この、因における空・有は、清弁・護法の空有の論争における空・有（勝義無・勝義有）や、あるいは真実無性性における無性・有性（理・事）と関係しない。因における空・有は依他起性の有を前提とし、その依他起性の有においてさらにネガティヴな面（有）とを語るものであって、空有の論争のように依他起性が空（勝義無）であるか有（勝義有）であるかを語るものではない。また同様に、因における空・有は有為法（事）の有性を前提とし、その有為法の有性においてさらにネガティヴな面（空）とポジティヴな面（有）とを語るものであって、真実無性性における空有の論争における空・有（勝義無・勝義有）でも無性（理）でもあると語るものではない。因の六義において、のちに説かれる有体・無体である。この、因の六義における空・有（勝義無・勝義有）や、真実無性性における無性・有性（理・事）に等しいのは、のちに説かれる有体・無体である。

次に有力・無力とあるのは因に力があるかないかを指し、待・不待とあるのは因が縁によるかよらないかを指す。これは先述のとおり、『十地経論』巻八が十地品に説かれる十種の十二縁起のうち、

　第八因縁生観 (hetu-pratyaya-prabhava-pratyavekṣatā. 因と縁とからの発生を考察すること)
　第九生滅縛観 (autpāda-vyaya-vinibandhana-pratyavekṣatā. 生と滅との結びつきを考察すること)
　第十無所有尽観 (abhāva-kṣayatā-pratyavekṣatā. 非存在による滅を考察すること) と呼び、その内容を次の四句分別に纏めるの

の三つを深観 (zab pa nyid yongs su brtags pa. 深い内容を観察すること) と呼び、その内容を次の四句分別に纏めるのによる（英文字は筆者が挿入）。

第3部　別教一乗の論理　　302

a 他の作すに非ず。自の因生ずるが故に。
b 自の作すに非ず。縁生ずるが故に。
c 二の作すに非ずに非ず。但だ生ずることに随順するのみなるが故に。知者無きが故に、作す時に住せざるが故に。
d 無因の作すに非ず。有に随順するが故に。

……非他作。自因生故。……非自作。縁生故。……非二作。但随順生故。無知者故。作時不住故。……非無因作。随順有故。……（T26：170b）

rang gi rgyu[corr.; rgyud] las byung ba'i srid pa'i yan lag rnams gzhan gyis ma byas pa dang|rkyen las byung ba'i phyir bdag nyid kyis ma byas pa ……|bya ba'i dus na mi gnas pas byed pa med pa'i phyir skye ba tsam dang 'brel pa'i phyir gnyi gas ma byas pa ……|srid pa'i lugs dang mthun pa'i phyir rgyu med pa las 'byung ba 'ang ma yin pa ……|（DBhV 〈P〉 Ngi257a3-6）

有力・無力という語はａｂｃｄそのもののうちには見られないが、この場合の力とは果を生ずる力である。インドではこうした力をsaktiと呼ぶ。ゆえに有力・無力はsaktimat, aśaktimatと理解されるべきである。第八・第九・第十と四句分別との対応は次のとおりである。

第八因縁生観……ａｂ
第九生滅縛観……ｃ
第十無所有尽観……ｄ

a は、因のみに果を生ずる力があり、縁によらないと解釈される。①の空・有力・不待縁と④の有・有力・不待縁とがこれに該当する。

b は、因には果を生ずる力がなく、縁のみによると解釈される。③の有・無力・待縁と⑤の空・無力・待縁とがこ

れに該当する。

②の空・有力・待縁と⑥の有・有力・待縁とがこれに該当する。②と⑥とは因を有力とするから、因のみに果を生ずる力があるはずであるが、それなのに、なぜ待縁でもあるのか。その説明は現存の智儼の著作においては明確でなく、法蔵『五教章』縁起因門六義法における同体門と異体門との説明を俟たねばならない（後述）。

c は、因のみか縁のみか果を生ずる力があり、因と縁の両方にはよらないと解釈される。つまりabと同じである。

d は、因のみか縁のみに果を生ずる力があると解釈される。つまりabcと同じである。

このうちcdの解釈は実際には『十地経論』の原意とは合致しない。まずcから確認する。『華厳経捜玄記』巻三下は第九の生滅縛観によって対治される執着を次のように提示する。

謂はく、因と縁との共力は能く果を生ずといふ執ぞ。又た因と縁との法に各少力有りて共に一果を成ずとも言ふ。若し因も縁も有力にして共に生ずと見ば、即ち理と事とに迷ひ分別する執と名づく。即ち法我我所見なり。

謂、因縁共力能感果執。又言因縁法各有少力共成一果。其縁起理通有諸義。若見因縁有力共生、即名迷理事分別執。即法我我所見。（T35：66c）

そして、その執着の対治を次のように提示する。

諸の縁生の法、〔世〕俗諦の相を成ずるは一つの縁のみに属せざるも、但だ諸の已生の法は一つの縁を去るに随ひて果は立つことを得ず。親〔なる因〕と疎〔なる縁〕（の共力）とを簡ばざるが故に。『論』に云はく、「知者無きが故に、作す時に住せざるが故に」といふ。若し因と縁と能く生ずといはば、住せざる可からず。

諸縁生法成俗諦相不属一縁、但諸已生法随去一縁果不得立。不簡親疎故。『論』云、「無知者故、作時不住故」。若因縁能生、不可不住。（T35：66c）

因を欠けば果は生じない以上、因のみが果を生ずると見ることができ、また、縁を欠けば果は生じない以上、縁のみが果を生ずると見ることができる。その場合、因と縁とが協力して果を生ずるのではなく、因と縁とは決して共存しない。智儼はcを、因と縁とは互いを知らず（「知者無きが故に」）、因と縁との共住はあり得ない（「作す時に住せざるが故に」）と理解したのである。しかるに『十地経論』の原意によれば、cは因も縁も刹那滅であって（作す時に住せざるが故に）、果は生ずる力の連続にのみ随順するという意味である。これは智儼の解釈と一致しない。

次にdを見る。『華厳経捜玄記』巻三下は第十の無所有尽観によって対治される執着を次のように提示する（文中の「自体空」とは有と無との不二である真実無性性を指す。『十地経論』巻二の経の偈「自体本来空なり。有・不二・不尽なり」に基づく解釈）。

因と縁とに執するは但だ〔世〕俗に応ずる相有るのみにして、自体空の義は現在前せざるが為に、故に是れ障なり。何とならば、但だ因と縁とが法を生ずるは即ち自体空にして、〔因と縁とは〕理として自らは〔共〕住せずして〔世〕俗諦〔の果〕を成ずることに順ず。〔世〕俗諦の果を成ずる時に、仍ち不同なる因と縁とを以って此の義を以って求むれば、〔因と縁との〕有は偏増せざるべし。若し迷ひて唯だ〔世〕俗〔に応ずる相〕有るのみと謂はば、故に是れ過失なり。即ち法我我所見なり。

為執因縁但有応俗相、自体空義不現在前、故是障也。何者、但因縁生法即自体空、理不自住順成俗諦。成俗諦果時、仍以不同因縁、以此義求、有不偏増。若迷謂唯有俗者、故是過失。即法我我所見。（T35：67a）

そして、その執着の対治を次のように提示する。

因と縁とは無性にして相に即して空を弁ず。空なるが故に「無所有」の理に随順し、其の〔有〕性を「尽」くす。

因縁無性即相弁空。空故随順「無所有」理、「尽」其性也。(T35：67b)

智儼はdを、因と縁とが共存しない以上、因が有(有性)であると見る時には因は無(無性)であって、因と縁とは有と無との二辺を離れ、空であると理解したのである。有に随順するが故に」とあるのを、因と縁とが果を生ずる時に互いに有(有性)となり無(無性)に随順しつつも無所有(無性)であると理解したことになる。しかるに『十地経論』の原意によれば、dは因が果を生ずるにせよ縁が果を生ずるにせよ、果は有(三有つまり三界輪廻)に随順して生じたものであるから無因で生じたものではないという意味である。これも智儼の理解と一致しない。

以上の智儼の理解によって四句を書き換えれば次のようになる。

a 因の力が生ずる
b 縁の力が生ずる
cd 因の力か縁の力かが生ずる

abcdのうち、cとdとはaかbかであるから、結局、智儼によれば、六義はabに纏められる。つまり、智儼四縁(因縁・等無間縁・所縁縁・増上縁)においては、因は因縁、縁は増上縁と言い換えられ得る(先に述べたとおり、等無間縁・所縁縁・増上縁は結局すべて増上縁である)。増上縁の力のみが生ずると見る時には因縁の力はまったく否定されるが、その場合には増上縁こそが因縁であると見ることができる。因縁も増上縁もすべて因縁たり得るのである。ゆえに『五十要問答』如実因縁義は次のように述べて、増上縁を因縁に含めている。

又た増上縁を自の増上果に望めて還りて親因と為す。

第3部 別教一乗の論理　306

又増上縁望自増上果還為親因。(T45:531b)

先に触れたとおり、初期仏教や小乗仏教（部派仏教）はおおむね果が縁によって生ずると表現し、上座部は二十四縁、法蔵部は十縁、説一切有部は四縁を立て、そのうちの因縁を因と定義して、因を縁のうちに含めていた。しかし一方で、説一切有部は四縁を立てながらも別に六因を立て、そのうちの能作因を縁と定義して、縁を因のうちに含める考えをも打ち出した。唯識派もまたそれを踏襲し、説一切有部の四縁を用いながらも、『瑜伽師地論』は能作因として十因を立て、『阿毘達磨集論』は能作因として二十因を立てて、縁を因のうちに含める考えを打ち出している。いま智儼が縁をうちに含め、しかも親因として十因を立て、『阿毘達磨集論』は能作因を完全に因縁と定義するものであり、説一切有部から唯識派へと続く能作因の重視の極致と言えよう。

『華厳経捜玄記』巻三下に次のようにある。

又た小乗に依るに、六因と四縁とあり。若し三乗に依らば、即ち十因と二十因との等きあり。若し一乗に依らば、即ち法に随ひて因を弁じ、一一の因縁は理と事と等しと為す。今の六つの因義は唯だ一乗のみ能く窮む。此れは別教に約して説く。

又依小乗、六因四縁。若依三乗、即十因二十因等。若依一乗、即随法弁因、為一一因縁理事各別与法界等。今六因義唯一乗能窮。此約別教説也。(T35:66c)

一乗の因縁を「法界と等しと為す」とは法界（法の領域）のうちのどの法もが或る果のために等しく因となり得るという意味である。「理と事と各別にして」とある「理」とは『華厳経捜玄記』巻三下が少し前の箇所において「其の六義は同じく是れ理法にして因事に対して顕はる」(T35:66b)と言うとおり、因の六義の道理（論理）を指すのであって、理・事と言う時の理（無為法）を指すのではない。別教においては、真実無性性（理と事との無分別）による事の絶対（事の他に理がないこと）が前提されている以上、理・事と言う時の理はまったく存在しない。法界のうち

のどの法と言うのも、事（有為法）である種子や現行を指すのである。法界のうちのどの法もが因となり得、「六つの因義」を能く窮める以上、種子の六義は種子と現行においてのみならず、現行においても認められることになる。『成唯識論』巻七によれば、因（因縁）には種子と現行との二種類がある。

因縁、謂はく有為法の親しく自果を弁ずるぞ。此体有二。一種子、二現行。(Si 323)

それでは、種子の六義はなぜ現行においても認められるのか。『摂大乗論無性釈論疏』（凝然『五教章通路記』巻二十四所引の希迪『五教章集成記』所引の『海東記』所引）に次のようにある。

智儼は種子の六義を現行においても認めるので、それゆえに種子の六義ではなく、因の六義という命名は理由なしとしない。

儼師の『摂論疏』に云はく。

六因と十因とと乃至二十因とは皆な六義を具す。是の故に此が中に一切の因と名づく。問ふ。『唯識論』に云はく、「本識の名言種の上に必ず六義を具す。余の識は間断するをもって恒随転と果倶有との義の等きを具せず」といふ。何が故に此が中に一切の因は皆六を具すと言ふ。答ふ。『唯識論』の義は初教に約して釈す。若し縁起の秘密に約せば、如来蔵を離れて一切の諸法、因と為り果を生ずるの義は永へに得可からず。故に一切の因は皆な六義を具す。此れは大乗実教の義に約す。〈已上〉

儼師『摂論疏』云。六因十因乃至二十因皆具六義。是故此中名一切因。問。『唯識論』云、「本識名言種上必具六義。余識間断不具恒随転果倶有義等」。何故此中言一切因皆具六耶。答。『唯識論』義約初教釈。若約縁起秘密義、離如来蔵一切諸法為因生果之義永不可得。故一切因皆具六義。此約大乗実教義也。〈已上〉

(T72 : 476bc)

第３部　別教一乗の論理　308

ここでは、名言種子（単に種子と言うに同じ）に限らず、種子と現行とである一切の因が六義を有する理由として、如来蔵を離れざることが挙げられている。『唯識論』とは『成唯識論』巻二である。智儼による引用においては「余の識は間断する」ゆえに恒随転や果俱有などの六義を具せずとあるが、原文においては「余の識は間断する」ということは恒随転についてのみ説かれている。

三には恒随転。謂はく要ならず長時に一類に相続して、究竟の位に至るいい方に種子と成る。此れは転識を遮す。転易し間断するをもって種子の法が与めに相応せざるが故に。此れは種子の自類相生することを顕はす。謂要長時一類相続、至究竟位方成種子。此遮転識。転易間断与種子法不相応故。此顕種子自類相生。（Si 73）

「種子の自類相生すること」とは先の三因果、

1 現行熏種子の因果（七転識の現行が阿頼耶識中に種子を熏ず）
2 種子生現行の因果（阿頼耶識中の種子が七転識の現行を生ず）
3 種子生種子の因果（現行を生じないうちは阿頼耶識中の種子が種子を生ず）

のうち、3の種子生種子の因果を指す。縁が揃わないうちは種子は現行を生ぜず、種子を生ずる。これが種子生種子の因果である。七転識は転易し間断するので、種子生種子の因果は転易せず間断しない阿頼耶識中に保たれる。しかるに実教すなわち終教においては、始教である『成唯識論』によれば、この種子においてのみ六義があるのである。つまり七転識の現行においても六義を持ち得るというのは、七転識と種子とが如来蔵であるから等しく仮であるから等しく六義を有すると説かれる。

如来蔵によって、種子のみならず一切の因が六義を有すると推測される。

これは、智儼が依拠する真諦訳『摂大乗論釈』巻二（他の諸訳にない部分）によれば、阿頼耶識と種子とは所依と能依とでありながらも別体でなく、阿頼耶識は実であって有体であり、種子は仮であって無体である。ま

た『孔目章』明難品初立唯識章によれば、阿頼耶識は実であり、余法すなわち七転識は仮である。ゆえに種子も七転識も仮かつ無体であり、阿頼耶識（如来蔵）を離れては存在しない。同じく仮かつ無体である以上、種子のみならず七転識の現行も種子の六義を有すると、智儼は言いたいのであろう。強引な理屈に見えるが、このことは弟子の法蔵の著作によって裏づけられる（後述）。

以上、因の六義は、因のみか縁のみかが果を生ずると見るものであり、また種子と現行とに六義を認めるものであった。以下は相即相入が因の六義によっていかに説明されるかを見るべきであるが、どうしても法蔵『五教章』縁起因門六義法の説明を見なければならない。よって相即相入についてはそ点の説明が明確でなく、現存の智儼の著作においてはその点の説明が明確でなく、因の六義により相即相入を説明するのは確かに智儼の発案であるので、それについても後に触れることにする。

最後に纏めれば、智儼の考える縁起は次のような二段階として区別された。

第一段階　如来蔵縁起	第二段階　四縁の縁起
理の領域（無為法である如来蔵）という因が、善・悪・無記の縁によって、事の領域（有為法）という果を起こす。	如来蔵縁起によって起こされた事の領域（有為法）において、事である一の因（因縁）が、事である他の一切の縁（等無間縁・所縁縁・増上縁）によって、事である一の果を起こす。

図表Ⅲ

第一段階は第二段階の基礎である。『摂大乗論無性釈論疏』には「如来蔵を離れて一切の諸法、因と為り果を生ずるの義は永へに得可からざるが故に」とあった。ただしこの二段階は同時であり、第一段階の次に第二段階があると

第3部　別教一乗の論理　310

いうものではない。

因の六義は、理の領域（無為法）が事の領域（有為法）を起こすという如来蔵縁起を前提とし、如来蔵縁起が起こした事の世界（有為法）においてさらに四縁の縁起が説かれる場合においても言われるものである。そして、敢えて結論を先に言えば、因の六義は、四縁の縁起における、因と縁と（つまり、事と事と）の相即相入を説くことによって、如来蔵縁起における、事が理に他ならないこと、つまり、事が理と同様に無礙であることを知らしめる、いわば、事に即して理を知らしめるものであって、ゆえに『孔目章』行校量慈悲内縁起章は縁起が説かれる理由として「事に即して理に会せしむ」ることを挙げるのである。

縁起とは、大聖は〔衆〕生を摂めたまひ、理に契びて事を捨てしめむと欲ひたまふ。聖人は理を得たまひて即ち事を無みしたまふ。故に今は実理を挙げて以って迷情に会し、諸の有情をして事に即ち無なりと知らしめ事に即して理に会せしむ。故に此の教を興したまふ。

縁起者、大聖摂生、欲令契理捨事。凡夫見事即迷於理。聖人得理即無於事。故今挙実理以会迷情、令諸有情知事即無即事会理。故興此教。（T45：563c）

これは先に見たとおり、『十地経論』に出る十の十二縁起の第十「無所有尽観」の名によるのであり、事の「無所有尽」を知らしめることを縁起の目的としたものである。ただし、その場合注意すべきなのは、智儼が事を捨てて理のみに帰することを志向しているのではないということである。『孔目章』明難品初立唯識章の「第十に帰して第一義無性を成す」（「第一義無性性」とは paramārtha-niḥsvabhāvatā の直訳であり、真実無性性のことである）に次のようにある。

諸法の非有、唯一の真如、無我の実性、以って究竟と為す、此れは是れ三乗の義なり。是の如き等の法を無尽教に摂めらると為す、即ち是れ一乗の究竟の尽理なり。

諸法非有、唯一真如、無我実性、以為究竟、此是三乗義。如是等法為無尽教摂、即是一乗究竟尽理也。

(T45：547c)

事を捨てて理（『諸法の非有、唯一の真如、無我の実性」）に帰することを志向するのは、智儼によれば三乗の説なのである（『孔目章』一切諸法勝音菩薩偈首立転法輪章は「熟教の終義」と「頓教の義」とが「唯一の真如」を立てると評する。T45：538c）。別教一乗においては、「事に即して理に会せしむ」るのであって、事そのものを捨てず、ただ、事が理と異ならないと説き、事を事のみと見る見解を捨てさせるのみである。むしろ別教においては、事そのものが理であって、事は完全無欠なのである。「無尽教」とあるのは事と事との無尽の相即相入を教えることを指し、そうした無尽の相即相入によって事が理に他ならないことを知らしめるのであるが、その詳しい説明は法蔵を俟たねばならない。

四 義湘における因の六義

『華厳一乗法界図』に次のようにある。

問ふ。因・縁と縁起とに何なる別ある。答ふ。亦別にして亦た同なり。謂はゆる別の義とは、因と縁とを相望して無自性の義を顕はす。正しく第一義〔諦〕の体なり。〔世〕俗諦は無自性なるが故に第一義〔諦〕に順ず。是の故に『経』に云はく、「世諦を観じて即ち第一義諦に入るに随順す」といふ。即ち其の義は前の龍樹の釈の如し。

問。因縁与縁起何別。答。亦別亦同。所謂別義者、因縁者随随（＝随）別。即是相即相融顕平等義。正随第一義体也。俗諦無自性故順第一義。是故『経』云、「随順観世諦即入第一義諦」。即其（十義）也。別義如是。同義如前龍樹釈。（T45：715a、テキ

問ふ。即ち其の義は是の如し。別の義は是の如し。同の義は前の龍樹の釈の如し。
いふ。

問。因縁与縁起何別。答。亦別亦同。所謂別義者、因縁者随随（一随）別。即是相即相融顕平等義。正随第一義体也。俗諦無自性故順第一義。是故『経』云、「随順観世諦即入第一義諦」。即其（十義）也。別義如是。同義如前龍樹釈。（T45：715a、テキ

ここでは因・縁と縁起とについて、同の義と別の義とが説かれている。まず同の義を検討する。同の義においては因・縁と縁起とが同じ意味である。同の義について「前の龍樹の釈の如し」とあるのは今の文の少し前のようにあるのを指す。

故に龍樹の云はく、

「因・縁の生ずる所の法を　我れは即ち是れ空なりと説く
亦た是れ仮名なりと説く　亦た是れ中道の義なり」

［yaḥ pratītya-samutpādaḥ śūnyatāṃ tāṃ pracakṣmahe │
sā prajñaptir upādāya pratipat saiva madhyamā ║］

といふ。即ち其の義なり。中道とは是れ無分別の義なり。無分別なる法は自性を守らざるが故に随縁すること無尽にして亦た是れ住せざるなり。

故龍樹云、「因縁所生法　我説即是空　亦説為（一為）是仮名　亦是中道義」。即其義也。中道者是無分別義。無分別法不守自性故随縁無尽亦是不住。（T45：714c．テキストの訂正は『法界図記叢髄録』巻下二［T45：755c］による）

この「無分別」とは先に智儼が明難品を注釈する際に何度も述べていた「無分別」であって、勝義諦の理である如来蔵が世俗諦の事である諸法となっていることを指す。いわゆる「不守自性」と同じである。

次に別の義を検討する。別の義においては因・縁と縁起とが区別される。まず因・縁は「因と縁とを相望して無自性の義を顕はす」ものであって世俗諦であると見なされる。「因と縁とを相望して無自性の義を顕はす」とは、因と縁と（つまり、事と事と）が相即相入して理と同様に無礙である以上、事や理という決まった自性はないという意味

である。つまり因の六義の考えかたである。それに対し、縁起は「相即相融にして平等の義を顕はす」ものであって勝義諦に順ずると見なされる。相即相融とは、如来蔵（無為法。理）という因が有為法（事）という果を起こす時の、理と事との「無分別」を指す。

さて義湘は「［世］俗諦は無自性なるが故に第一義〔諦〕に順ず」と述べて「世諦を観じて即ち第一義諦に入るに随順す」という「経」を引く。この「経」は先に智儼が引いていた『十地経論』である。別の義においては、世俗諦である因・縁と、勝義諦に順ずる縁起とが区別されていたが、その最後においては、因・縁から縁起へと入ることが説かれ、因・縁と縁起とが〔同の義におけるのと同様に〕帰一することが明らかにされた。

纏めれば、因・縁は世俗諦であり、事であり、因の六義の考えかたである。縁起は勝義諦であり、理に順ずるものであり、理と事との相即相融である。因の六義の考えかたによって、因・縁の無自性、つまり、事や理という決まった自性がないことを観じ、理と事との相即相融に入るのである。

智儼においては、縁起を観ずることが世俗諦（事）から勝義諦（理）へと入るための手段であり、勝義諦（理）と世俗諦（事）との「無分別」を知るための手段であった。この場合、縁起とは因の六義の考えかたであり、義湘も同じである因・縁（因の六義の考えかた）を知るための手段となっている。この場合、智儼において同の義であった縁起と因の六義の考えかたとが別の義と見なされ、縁起は目的、因の六義の考えかたは手段となる。このことは義湘が縁起に特別な意味を込めてそれを重視する一方で、因の六義を重視しないことを物語っている。

実際に、現存の資料においては、義湘は因の六義を重視していない。僅かに『道身章』（『法界図記叢髄録』巻上一所引）が、法蔵『五教章』縁起因門六義法を解釈する範囲にお

この文は四縁のどれもが因縁として絶対的に有力たり得るという意味であり、義湘は智儼がつねにこうした考えかたを述べていたことを知っていたはずである。それなのに『華厳一乗法界図』『華厳経問答』が因の六義を説かないのは、義湘自身が関心を持っていなかったからであろう。

義湘はむしろ、因・縁、すなわち因の六義の基本的な考えかたのほうに興味を持っているのである。この相即相融という表現は相即相入という表現と似て異なるものであって、相即相融という表現は義湘の好むものであって、縁起、すなわち理と事との相即相融、相即相入は、因の六義に基づく因と縁との相即相融、つまり事と事との無礙を指すが、相即相融は、事と事との無礙によって、事が理に他ならないことを知る、その場合の理と事との無礙を指すのである。そしてこの相即相融は智儼や法蔵の著作のうちに現われない表現であって、地論地論宗文献 P 8420『融即相無性論』の題名が示すとおり、地論宗の融即説を思わせる。敦煌地論宗文献 P 8420『融即相無性論』(T45：602bc)が地論宗の「五門論者」の説く融即説を、三乗終教でなく同教一乗であると評価していることを考えると、別教一乗の相即相融という表現も、地論宗の影響下にあると見て間違いあるまい。

さて、先に見たように、智儼は二段階の縁起を考えていた。

『道身』に云はく。

一乗の縁とは、一法を挙ぐるに随ひて総じて余法を摂め、余すこと無し。此の一法之縁のみ。四縁等の諸縁の実は皆な一乗に於いて消ゆ。

『道身』云。一乗縁者、随挙一法総摂余法、無余。為此一法之縁耳。四縁等諸縁之実皆消於一乗。(T45：726c~727a)

『道身章』は続けて「伝ふる所を儼師は恒に導了したまふ」と言うので、義湘は智儼がつねにこうした考えかたを述べていたはずで
(15)
『華厳経問答』巻下 (T45：602bc) にも出る。この相即相融という表現は相即相入という表現と似て異なるものであって、

315　第3章　華厳の縁起説

第一段階　如来蔵縁起	第二段階　四縁の縁起
理の領域（無為法である如来蔵）という因が、善・悪・無記の縁によって、事の領域（有為法）という果を起こす。	如来蔵縁起によって起こされた事の領域（有為法）において、事である一つの因（因縁）である他の一切の縁（等無間縁・所縁縁・増上縁）によって、事である一つの果を起こす。

図表Ⅳ

この二段階は同時であり、第一段階の次に第二段階があるというものではない。

因の六義は四縁の縁起（第二段階）について言われる。因の六義は、四縁の縁起における、因と縁と（つまり、事と事）の相即相入、すなわち後世に言う事事無礙を示すことによって、如来蔵縁起における、事が理に他ならないこと、つまり、事が理と同様に無礙であることを知らしめるものである。義湘は四縁の縁起（第二段階）をも、そこで言われる因の六義をも重視せず、ただ、因の六義が知らしめる、如来蔵縁起（第一段階）における、理が事に他ならないことのみを重視し、それを理と事との相即相融と呼ぶ。厳密に言えば、義湘は四縁の縁起も如来蔵縁起も説かないことのみを重視する。義湘が説く縁起は理と事との相即相融のみである。

如来蔵縁起にせよ四縁の縁起にせよ、智儼にとって、縁起とは語義どおり、因が縁によって果を起こすことである。しかるに義湘にとって、縁起とは単に理と事との相即相融のみである。智儼と義湘との間には、縁起の語義の理解をめぐってずれがある。地論宗においては「法身の普遍的なはたらきを強調し、諸法の融即して無障碍なるさまを言う時に『法界縁起』」という言葉は用いられたようである(16)が、義湘が言う縁起はその地論宗の法界縁起ではなかろうか。

因の六義は『十地経論』の縁起説によって『摂大乗論』の種子説を改変したものであって、『摂大乗論』を利用する点において、初期華厳教学と地論教学とを区別する特徴となっている。いな、後に見るように、法蔵（そしておそらく智儼）においては、因の六義によって説かれる相即相入こそが別教とその他の教とを区別する「無尽の縁起」の根拠となるのである。しかるに義湘によって説かれる相即相入を軽視し、地論宗に傾いて、理と事との相即相融を縁起と呼ぶ。そして現存の資料においては不思議にも無尽を強調しない。「義湘には伝統的な地論教学の影響が強く残っているのであり、地論教学に基づきつつもそうした教学を越えようと苦闘した師の智儼以上に古い教学を引きずっている部分が見られるのである」[17]という評が適切である。

五　法蔵における因の六義

『五教章』縁起因門六義法は智儼の因の六義に対する詳細な解説であり、その名が示すとおり因の六義を縁起の根拠として説く箇所である。そこに次のようにある。

問ふ。此の六義と八不との分斉云何ぞ。答ふ。八不は遮に拠り、六義は表に約す。亦た八不は情を反ずるに約し、理自ら顕はる。六義は理を顕はすに拠りて、情自ら亡ず。

問。此六義八不分斉云何。答。八不拠遮、六義約表。亦八不約反情、理自顕。六義拠顕理、情自亡。（Wu 239）

八不とは『中論』の帰敬偈において説かれる、不生不滅などの八つを指す。法蔵によれば六義と八不とは同一の事態の表裏である。「六義は理を顕はすに拠りて、情自ら亡ず」とは、先の智儼の言葉に「事に即して理に会せしむ」とあったとおり、因の六義が事と事との相即相入を説いて、事が理に他ならないこと、つまり、事が理と同様に無礙

317　第3章　華厳の縁起説

であることを示すのを指す。八不が遮（否定的表現である不生）によって直接的に空理を明かすのに対し、六義は表（肯定的表現である縁起）によって間接的に空理を知らしめるのである。

智儼は真実無性性を用いて、理と事との相対（あるいは、事に他ならない理の絶対）を説いた。その事の絶対においては、事は理に他ならない、つまり、理と同様に因に無礙であるはずであるが、真実無性性は事が何によって無礙であるのかまでを説くものでなかった。ゆえに智儼は因の六義を用いて、事が因と縁との相即相入によって無礙であると説こうとしたのである。これは法蔵も同じであって、『五教章』義理分斉は三性同異義の次に縁起因門六義法を置いている。法蔵は真諦訳の三性説を改変し、『五教章』において三性同異義を説いたが、真実無性性の役割を三性同異義に配当して因の六義の基盤とすることには変わりがない。

さて智儼によれば『十地経論』の四句と因の六義との対応は次頁の上図のようであった。

『五教章』縁起因門六義法（Wu 232）は次頁の下図のように対応させる。

『五教章』は種子の六義の名目については玄奘訳を採用し、智儼と異なっているが、内容については智儼と異ならない。ちなみに日本の伝統的な華厳教学においては②⑥をcではなくdに配当し、cに「二の作すに非ず」とあるのを因も縁も生じないと理解してcを因の六義から除外する。湯次了栄がそれを踏襲することから、現代の研究者もそれを信じているようである。しかるに「二の作すに非ず」とあるのは因のみか縁のみが生ずると理解するのが正しい。日本の伝統的な華厳教学の解釈は誤解である。

『五教章』縁起因門六義法（Wu 239）はまた『阿毘達磨雑集論』巻四の次の四句を挙げ、先の『十地経論』巻八の四句と同じように理解する。

衆縁を待ちて生ずるが故に自の作すに非ず、
衆縁有りと雖も、種子無くば生ぜざるが故に、他の作すに非ず。

図表 V

智儼

a	他の作すに非ず。自の因生ずるが故に	①	空・有力・不待縁(念念滅)
		④	有・有力・不待縁(決定)
b	自の作すに非ず。縁生ずるが故に	③	有・無力・待縁(随逐至治際)
		⑤	空・無力・待縁(観因縁)
c	二の作すに非ず。但だ生ずることに随順するのみなるが故に。知者無きが故に、作す時に住せざるが故に	②	空・有力・待縁(倶有)
		⑥	有・有力・待縁(如引顕自果)
d	無因の作すに非ず。有に随順するが故に	abcにより因と縁との無所有を明かす	

『五教章』

a	他の作すに非ず。自の因生ずるが故に	①	空・有力・不待縁(刹那滅)
		④	有・有力・不待縁(性決定)
b	自の作すに非ず。縁生ずるが故に	③	有・無力・待縁(恒随転)
		⑤	空・無力・待縁(待衆縁)
c	二の作すに非ず。但だ生ずることに随順するのみなるが故に。知者無きが故に、作す時に住せざるが故に	②	空・有力・待縁(果倶有)
		⑥	有・有力・待縁(引自果)
d	無因の作すに非ず。有に随順するが故に	abcを合わせれば無因ではない	

彼は倶つながら無作用なるが故に、共に作すに非ず。
種子と及び衆縁とは皆な功能有るが故に、無因の生ずるに非ず。
待衆縁生故、非自作。雖有衆縁、無種子不生故、非他作。彼倶無作用故、非共作。種子及衆縁皆有功能故、非無因生。（T31: 712c）

na svayaṃkṛtaḥ pratyayāpekṣaṇāt, na parakṛtaḥ satsv api pratyayeṣu nirbījasyānutpādāt, nobhayakṛtas tadubhayor nirīhakatvāt, pratyayānāṃ bīja-pratyayānāṃ śakti-sad-bhā[vā]t. nāhetusamutpanno (ASBh 34, 14-17)

ゆえに法蔵によれば、第三句に「彼は倶つながら無作用なるが故に、共に作すに非ず」とあるのは、因の力と縁の力とは両立しないという意味になる（つまり、無作用を無力と理解する）。しかるに『阿毘達磨雑集論』の原意においては、第三句は因と縁とに動きがなく（刹那滅だから）、作者たり得ないことを指す。無作用（nirīhakatva）とは動き（īhā）がないことであって、果を生ずる力がない ことではない。因も縁も「皆な功能有るが故に」と言われるとおり、果を生ずる力（śakti. 功能）を持つのである。よって法蔵の理解は原意と相違するが、法蔵の著作においてはほとんど『阿毘達磨雑集論』に対する智儼の理解に従って『阿毘達磨雑集論』を理解したのであった。法蔵の著作における『雑集論』の如きはその引用が二十三回以上に及び、時にその引用文が数頁に渉ることすらも多々ある [19] ということから考えて、智儼の著作は用いられないが、先にも述べたとおり智儼の著作においては『十地経論』あるいは現存しない智儼の著作からの引き写しかもしれない（後述）。

『五教章』縁起因門六義法の記述は、智儼の著作の記述に較べ、組織的であり明快に示される。

問ふ。若し爾らば、現行、種の因と為るは豈に六義有ることを得むや。答ふ。勝れたる縁に随ひて具せずといふ。『論』に説くが如し、「種子に六義有り」といふ。此れは初教に約す。若し縁起の秘密の義は皆な此の六義を具す

六義があることが明確に示される。

第 3 部　別教一乗の論理　　320

といはば、終教に約す。此の教の中には六七識等も亦た是れ如来蔵の随縁の義にして別の自性無きを以って、是の故に六七識も亦た是れ本識の中の六義を具す。之を思ひて見る可し。

問。若爾、現行為種因豈得有六義。答。随勝縁不具。如『論』説、「種子有六義」。此約初教。若縁起秘密義皆具此六義、約終教。以此教中六七識等亦是如来蔵随縁義無別自性、是故六七識亦具本識中六義也。思之可見。(Wu 236-237)

これを先の智儼『摂大乗論無性釈論疏』と較べれば、『五教章』が『摂大乗論無性釈論疏』を丁寧に言い換えていることは明らかであろう。七転識と種子とが如来蔵の随縁の義により六義を持つという智儼の説を、先においては、七転識と種子とが如来蔵である阿頼耶識から見て等しく仮であり、それゆえ同じ六義を持ち得るという意味として理解した。この理解は法蔵の別の著作によって裏づけられる。まず『入楞伽心玄義』に次のようにある。

種子といふは但だ是れ本識の功能差別ぞ。

次に『華厳経探玄記』巻十三に次のようにある。

謂はく七転識は皆な是れ本識の差別功能にして、別体無きが故に。

謂七転識皆是本識功能、無別体故。(T35:347a)

『成唯識論』巻二の種子の定義「何なる法をか名づけて種子と為すといふ。謂はく本識の中にして親しく自果を生ずる功能差別(*śakti-viśeṣa)ぞ」(Si 64) に他ならず、法蔵が七転識と種子とを同質の仮法と見ていたことが知られるのである。

以上、因の六義は因のみか縁のみかを因と見なすものであり、また種子と現行とに六義を認めるものであった。

321 第3章 華厳の縁起説

法蔵はこの因の六義によって相即相入を説明する。以下の説明は（後に見るとおり）智儼の発案と思われるが、明確に現われるのは『五教章』縁起因門六義法からである。すなわち、種子あるいは現行の、任意の一法であるAは、因として自の果を生ずる以外にも、縁として他の一切法である非Aが果を生ずるのに関わっている。また逆に、非Aは、因として自の果を生ずる以外にも、縁としてAが果を生ずるのに関わっている。因の六義においては縁をも因と見なし得るので、Aは非Aの果の因でもある。Aが因として非Aの果を生ずる時、Aの力が非Aの力を有するので、非Aの力にAの力が入っている。これが相入である。相入するのは、力、つまり用である。しかるに力は体を離れてあるものではないから、Aの力に非Aの力が入る時には非Aの体にAの体が即することになる。これが相即である。『五教章』十玄縁起無礙法門義に次のようにある。

　又用は体を摂め更に別の体無きを以って、故に唯だ是れ相入するのみ。此は因の六義の内に依りて準ずべし。

　又以用摂体更無別体、故唯是相入。以体摂用無別用、故唯是相即。此依因六義内準之。（Wu 250）

　用とはちょうど、真諦訳の三性説における有性（bhāva）に該当する。或る法Aのみが有性であると見る場合、他の法BCD……はまったく無性（abhāva）である。反対に、或る法Bのみが有性であると見る場合、他の法ACD……はまったく無性である。ある法Aは同時に有性でもあり無性でもある。智儼や法蔵は、有性に非ず無性に非ざる（逆に言えば有性でも無性でもある）真諦訳の真実無性性（niḥsvabhāvatā）においては、諸法が互いに有性と無性とに纏められ、Aと非Aとは互いに因と縁とになりあっていると考えるのである。

　相即相入は因とな同一空間に存する諸法は因と縁とに纏められ、Aと非Aとは互いに因と縁とになりあっている。相即相入していると考えるのである。

第3部　別教一乗の論理　　322

りあい縁となりあうあらゆる法の間に該当し、あらゆる法は互いに主（有力・有体なるもの）と伴（無力・無体なるもの）とになりあっている。『五教章』縁起因門六義法に次のようにある。

若し三乗の頼耶識の如来蔵の法無我の因の中をいはば、六義の名と義と有るも、而も主と伴とは未だ具せず。若し一乗の普賢の円因の中をいはば、主と伴とは具足し、無尽の縁起は方に究竟す。若三乗頼耶識如来蔵法無我因中、有六義名義、而主伴未具。若一乗普賢円因中、具足主伴、無尽縁起、方究竟也。（Wu 245）

三乗終教が一切の因に六義を認めるのみであるのに対し、別教一乗はその六義によって主と伴とを具し、無尽の縁起を完成するのである。この文は智儼『摂大乗論無性釈論疏』巻一（順高『起信論本疏聴集記』巻三本所引）の、次のような文とよく符合する。

又た此の『論』の下の文は甚深惣讃の語を説くと雖も、而も主と伴との等き具教の義無し、故に一乗円教に摂らるるものに非ず。

又此『論』下文雖説甚深惣讃之語、而無主伴等具教之義、故非一乗円教所摂。（DBZ92: 135b）

ゆえに、因の六義によって相即相入を説明するのも智儼の説であり、智儼『摂大乗論無性釈論疏』を依用しているのを見、その依用を、今は失われた智儼の著作からの引き写しではないかと推測したが、その著作は『摂大乗論無性釈論疏』であったかもしれない。(21)

さて『五教章』における『十地経論』の四句と因の六義との対応を再掲すれば次のとおりである。

a 他の作すに非ず。自の因生ずるが故に	①空・有力・不待縁(刹那滅)
	④有・有力・不待縁(性決定)
b 自の作すに非ず。縁生ずるが故に	③有・無力・待縁(恒随転)
	⑤空・無力・待縁(待衆縁)
c 二の作すに非ず。但だ生ずることに随順するのみなるが故に。知者無きが故に、作す時に住せざるが故に	②空・有力・待縁(果俱有)
	⑥有・有力・待縁(引自果)
d 無因の作すに非ず。有に随順するが故に	abcを合わせれば無因ではない

図表VI

因の六義の考え方によれば、一方を有力と見れば他方は無力であり、一方を無力と見れば他方は有力であるので、力は相入する。また力(用)は体を離れないので、体は相即する。ここで少しく考えたいのが待縁と不待縁との問題である。待縁は縁が有力であることに他ならず、また不待縁は縁が無力であることに他ならない。それならば、②と⑥、つまりcは、因も有力、縁も有力となる。これでは相即相入できない。しかるに智儼はcを、因のみが有力か、縁のみが有力かのどちらかと理解していた。これなら相即相入できるが、なぜそのように理解し得るのか。この疑問の解決は現存の智儼の著作には見られないが、法蔵は「待縁と不待縁との義有るに由るが故に、同体と異体との門有り」(Wu 245)と述べ、同体門と異体門との立場によって解決している。

便宜上、まずは異体門を検討する。異体門とは因の体と縁の体とを別々のものと見る立場である。これは不待縁とされるので因が有力、縁は無力である。今のところ、因の体と縁の体とは別々のものと見られているが、無体なるものの体は有体なるものの体に摂められるので、縁の体は因の体の中に摂められていく定めにある。

次に同体門を検討する。同体門とは因の体と縁の体とを別々のものと見ない立場である。つまり、縁の体が因の体の中に摂められた後のものである。これは待縁とされるので縁は有力であるが、その有力は因の中に摂められている諸縁の一々について言われる。諸縁は因の中に摂められている以上すべて無力であるが、その諸縁のうちの任意の一縁は、同じく因の中に摂められている他の一切の縁に対して有力なのである。

ゆえに、②に空・有力・待縁とあり、⑥に有・有力・待縁とあるのは、因が有力であると同時に、因の中にある一縁が、同じく因の中にある他の一切の縁に対して有力であることを指すのである。これならば因も有力、縁も有力として問題ない。こうした解釈は、AとBとが相即相入し、そのAやBの中でCとDとが相即相入し、そのCやDの中でEとFとが相即相入する、という無尽の相即相入を表現する点で技巧的である。義湘『華厳一乗法界図』においてもこれと似た議論が出、また義湘の語録と思われる『華厳経問答』においても同体と異体とが説かれることから、晩年の智儼が講義の際にこうした解釈を用いており、法蔵がそれを発展させたと推測される。(22)

さて、このような因の六義であるが、のちの『華厳経探玄記』においては法蔵はこれを放棄してしまう。『華厳経探玄記』巻十三（T35：351b）は『十地経論』の四句分別を次のように解釈する。

　a　因の力が生ずる
　b　縁の力が生ずる
　c　因の力か縁の力かが生ずる（「二力は倶ならざるが故に、共生ならず」）
　d　因の力か縁の力かが生ずる（「二無力も亦た倶ならざるが故に、無因生ならず」）

これはdの解釈において智儼や『五教章』と異なる。智儼や『五教章』はdにabcを合わせたものと述べていた。
dに対する『華厳経探玄記』の解釈は法蔵の論理学者としての才能を示すものである。それは形式論理が、

　1　A生ず

というテトラレンマをディレンマに還元することに関係する。すなわち、まず4は矛盾律に反するので削除される。次にAが生ずるのは非Aが生じないことになり、4と同じものとして削除される。『中論』の四不生句を注釈したインドの注釈家たちはこのことに気づいていた。『華厳経探玄記』が四句分別の形式を保持しつつも「二力は倶ならざるが故に」として4を削除したのは智儼や『五教章』と等しいが、「二無力も亦た倶ならざるが故に」として3を削除しインドの注釈家たちと同じ考えに至っている。論理学者としての才能において、法蔵にはおそらく智儼を上回るものがあったのである。このような考えに至った『華厳経探玄記』の法蔵にとって、因の六義は無用の分析と思われ、捨てられたものと推測される。

因が生ずるか縁が生ずるかを六つに分ける因の六義を廃し、因が生ずるか縁が生ずるかの二者択一を迫った結果、因と縁との相即相入がより強調されたと言える。『華厳経探玄記』巻十三はこのことを次のように誇っている。

是の故に無尽の大縁起の法の無礙自在なるは皆な此の門より而も開現す。

是故無尽大縁起法無礙自在皆従此門而開現矣。(T35：351c)

最後にこの「無尽の大縁起」という言葉に触れておきたい。先の『五教章』においても「無尽の縁起」という言葉が用いられていた。因と縁とによって果が生ずる場合、因の六義はその因と縁とをすべて因と見なし、因と縁とによって果が生ずる（起こる）ことが縁起であり、因と縁との相即相入は縁起ではない（因と縁との相即相入からは何も生じないからである）。しかし今の文に「無尽の大縁起」

2　非A生ず
3　Aも非Aも生ぜず
4　Aも非Aも生ぜず

「無尽の縁起」とあるとおり、因と縁とによって果が生ずることと、因と縁との相即相入との二つは区別されずに縁起と呼ばれていたようである。

さて、智儼や義湘において縁起は二段階に分けられたが、法蔵において縁起は三段階に分けられる。図示すれば次のようになる。

第一段階　如来蔵縁起	第二段階　四縁の縁起	第三段階　無尽の縁起
理の領域(無為法・如来蔵)という因が、善・悪・無記の縁によって、事の領域(有為法)という果を起こす。	如来蔵縁起によって起こされた事の領域(有為法)において、事である一の因(因縁)が、事である他の一切の縁(等無間縁・所縁縁・増上縁)によって、事である一の果を起こす。	四縁の縁起において、事である一の因(因縁)と、事である他の一切の縁(等無間縁・所縁縁・増上縁)とが相即相入する。

図表Ⅶ

この三つの縁起は同時であって、第一の次に第二、第二の次に第三というわけではない。智儼や義湘においては第二段階と第三段階とが未分化であったが、法蔵はそれらを明確に分離し、第三段階を独立した華厳の縁起として明らかにした。

智儼や義湘は第三段階における事と事との相即相入が、事が理に他ならないこと、いわゆる事と理との相即相入のみを重視するようになるようである。いわゆる事事無礙を華厳教学最高の立場とする後期華厳教学の姿勢はこうして準備されたのである。

327　第3章　華厳の縁起説

六 おわりに

　それは智儼が『十地経論』と『摂大乗論』とを等しく重視する地論系摂論宗の教養を有していたからであって、実際には『十地経論』の四句分別のみによって相即相入を明かし得た。法蔵はまさしくそれによって因の六義を廃したのである。

　法蔵は三性同異義を考案するなど、真諦訳『摂大乗論』の真実無性性をそのままでは用いたがらない傾向にあったが、ここでもまた因の六義を廃棄して、『摂大乗論』の種子の六義を用いたがらない傾向にある。因の六義の廃棄は論理的に見て妥当なことであったが、一方では智儼に見られた『摂大乗論』の重視が法蔵に見られないことを示している。これは義湘にも言えることであった。智儼が地論系摂論宗の教養に基づいて初期華厳教学を構築したのに対し、弟子たちはそうした教養を捨て、華厳教学の純粋化を図っていく。中期華厳教学はそこから生ずるのであるが、それは一面において、華厳教学の脱摂論宗化・再地論宗化でもあった。

　本章においては無尽を明かす別教の相即相入のうち、因と縁との相即相入を検討した。次章においては因と果との相即相入を検討する。

注

(1) 水野弘元 [1964]、水野弘元 [1966]。

(2) 深浦正文 [1951: 110–114]。

(3) 「仏子。心性是一云何能生種種果報。kye rgyal ba'i sras rang bzhin gcig pa'i sems la bye brag tha dad pa'i rnam pa 'di lta bu dag ……」(T9: 427a. BAS ⟨P⟩Yi219a7)。

(4) つまり智儼は『十地経論』に「随順観世諦即入第一義諦」とあるのを、世俗諦の事における空理を観じて勝義諦の理に入る、と理解したことになる。その背景には『大乗起信論』の説(おそらく『十地経論』に基づく)「復次顕示従生滅門即入真如門。所謂推求五陰、色之与心。六塵境界畢竟無念。……若能観察知心無念、即得随順入真如門故」(T32: 579c)があったと考えられる。

(5) 深浦正文 [1954: 390–396]。

(6) 石井公成 [1996] が「法蔵が新たに三性同異義を立てて空有の問題を立てたのは、有の立場に立つ護法の説と空の立場に立つ清弁の説との会通をはかるためだけでなく、因の六義では不十分であった空有不二の議論を補うことによって、相即を根拠づけるためであったと思われる」と述べるのは疑問である。

(7) 木村清孝 [1976: 552] は有力・無力の語が『荘子』郭象注に見出だされると述べ、「智儼は、この概念を直接に郭象注『荘子』から得たという可能性も存するのである」と説くが、山田史生 [1999: 268] は『郭象注をつぶさに関するに、有力・無力を老荘的発想でなく、インド的発想と見なす。

(8) 「因不知縁、縁不知因。rgyus ni rkyen mi shes so ‖ rkyen gyis ni rgyu mi shes so ‖」(T9: 427a. BAS ⟨P⟩Yi219b3)。この句を含む明難品の「縁起甚深」を智儼は今の『十地経論』の四句によって解釈していた。本研究第三部第一章を見よ。

(9) 「自体本来空 有不二不尽。svabhāva-śūnyaṃ praśamādvayākṣayam.」(T26: 133b. DBhS 14, 9)。智儼はこの偈が真実無性性を明かすと解釈していた。本研究第三部第二章を見よ。

(10) 水野弘元 [1964]。

(11) 『華厳経捜玄記』が書かれた時点では、十因は『菩薩地持経』を通じて知られていたであろうが、二十因への言及は玄奘帰国以前であって『阿毘達磨集論』が未訳であったから知られていなかったはずである。二十因への言及はインド僧からの情報によるものか、それとも後に書き加えられたものか。

(12) 「此阿梨耶識与種子、如此共生、雖有能依所依、不由別体故異。……而能依是仮無体。所依是実有体」(T31: 163a)。しかるに『成唯識論』巻二は「此(種子)与本識及所生果、不一不異。体用因果理応爾故。雖非一異、而是実有。仮法如無、非因縁故」(Si 64–65)

と述べ、種子を有体と見なす例として『瑜伽師地論』摂決択分中思所成地や『倶舎論称友疏』を挙げ、おそらく伝統的なのは種子を無体とする説一切有部に影響されたものと推測する。因の六義は種子を無体と見なす立場であって、『成唯識論』は因縁が実有でなければならないとする説一切有部に影響されたものと推測する。

なお『成唯識論』の恒随転は種子生種子の因果であるが、これは種子が有体であることによる。有体であるからこそ、自ら種子を生じ得る。しかるに種子を無体と見なす智儼もまた『孔目章』習気稠林章において薫習を「大分有二。一種子薫習、二上心薫習」（T45: 574b）と説く。種子薫習は種子生種子、上心薫習は現行薫習であろうから、智儼も種子生種子の因果の概念であり、インドの種子無体の概念と少し異なることを思い出さねばなるまい。智儼が言う無体とは逆に言えば阿頼耶識（如来蔵）を体とすることである。阿頼耶識の一部としては種子も現行も実有なのであって、種子生種子も可能と考えたい。

(13) 『孔目章』明難品初立唯識章「梨耶是実、余法是仮」（T45: 544c）。

(14) この『中論偈』は現存のどの漢訳とも一致しない。三枝充悳 [1980: 767]。

(15) 「五門論者」が地論宗であることは石井公成 [1996: 181-182] によって推測されていたが、その後、青木隆 [2000: 184-185] によって仏性門・衆生門・修道門・諸諦門・融門を説く地論宗であることが明らかにされた。

(16) 青木隆 [2000: 188]。

(17) 石井公成 [1996: 245]。

(18) 湯次了栄 [1932: 482-483]。鎌田茂雄 [1979b: 234]。立川武蔵 [1994: 282]「華厳五教章における四句分別」。石井公成 [1996: 303]。大竹晋 [2000: 45] も不勉強のゆえに同じ誤りを犯してしまったので、陳謝してここに訂正する。

(19) 坂本幸男 [1956: 400]。

(20) 体を離れて用があるものではないというこの説は、石井公成 [1996: 322 n.22] によれば「三論宗の体用相即論を利用」したものである。

(21) 『摂大乗論無性釈論疏』は『成唯識論』(659末の訳) を引いていたので、時期的に見て、『阿毘達磨雑集論』(646の訳) を依用していた可能性は十分にある。

(22) 石井公成 [1996: 314; 323 n.34]。

(23) 梶山雄一 [1978: 167]。

第四章　華厳の因果説——性起説と中観派の因果説——

一　はじめに

　有為法の相即相入が因と縁との相即相入と因と果との相即相入とに分けられるうち、前章においては因と縁との相即相入を検討した。本章においては因と果との相即相入を検討する。
　別教が仏因と仏果と（つまり、菩薩と仏と）の相即相入を説くことはよく知られているが、その論理が十分検討されてきたとは言いがたい。たとえば、常識的に考えれば、仏因と仏果とは現在と未来との法である。小乗仏教（部派仏教）の説一切有部は三世実有を説き、現在と過去と未来との法がすべて存在すると見る。これは別教においても守られる。しかるに大乗仏教は現在有体・過未無体を説き、法は現在一刹那にしか存在しないと見る。十玄門（『華厳経』の要綱を十に纏めたもの）の十世隔法異成門は三世それぞれにおいて三世を分け、それら九世を一体と見る一世を足して、十世と呼ぶ。図示すれば次のようになる。

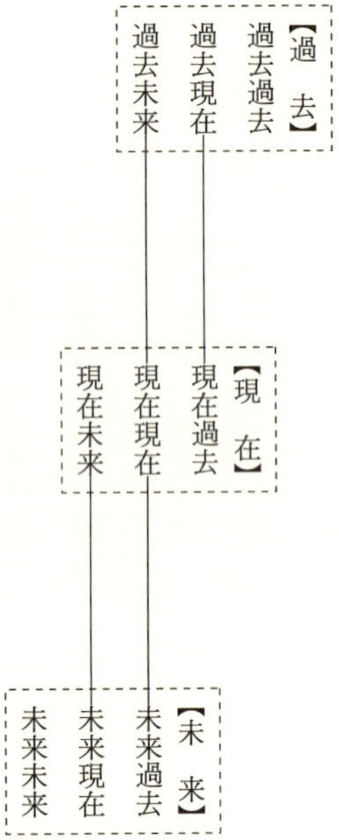

三世それぞれにおける過去と未来とは、三世それぞれの法において、過去の法から受け継いだ部分と、未来の法に受け継がれる部分とを、仮に過去と未来として立てたものである。それらは実際には三世それぞれの現在の法に含まれるので、智儼『五十要問答』三世不同義（T45: 528b）は過去現在と現在現在と未来現在とを有、他の六を無と述べる。しかもそのうち、過去現在は現在過去であり、未来現在は現在未来であって、ともに実際には現在現在に含まれるので、九世は一体となる。有とされる過去現在と現在現在と未来現在とのうち、過去現在は現在過去であり、未来現在は現在未来であるから、厳密に言えば現在における三世が有体であって、大乗仏教の現在有体・過未無体に従っている。法蔵『華厳経探玄記』巻四も経文の三世の一体を注釈する際に次のように述べており、智儼に等しい。

此が中の三世は是れ〔過去現在と現在現在と未来現在との〕三現在なり、故に即ち九世・十世を具す。爾らずば、過〔去〕と未〔来〕とは既に無なるものを、如何ぞ現〔在〕と説きなむ。是れは一乗円教なるが故に眷属を摂むるのみ。

此中三世是三現在、故即具九世十世也。不爾者、過未既無、如何説現。是一乗円教故摂眷属耳。（T35: 166a）

もし仏因と仏果とが現在と未来との法であるならば、大乗仏教において未来の法は存在しない以上、初期華厳教学

図表 I

第 3 部　別教一乗の論理　　332

二　智儼の因果説

において説かれる仏因と仏果との相即相入は不可能となる。はたしてそれでよいのであろうか。これは大きな問題であるが、従来まったく触れられていない。実は、仏因と仏果との相即相入は、現在の法と未来の法との相即相入でなく、因という概念と果という概念との相即相入であるので、それを明らかにしたい。

因と縁との相即相入は因の六義によって明かされた。因の六義はインドの唯識派における種子説の発展であり、縁起、すなわち、因と縁とによって果が生ずる（起こる）ことを前提とした。一方、因と果との相即相入は性起説によって明かされる。性起説はインドの中観派における因果説の発展であり、縁起の不生、すなわち因が果を生じないことを前提とする。このように両者は見地をたがえるが、そこには一つの共通点がある。それはともに真諦訳の三性説における真実無性性を基盤とする点である。同じく真実無性性を基盤としつつも、因と縁との相即相入を説くのが因の六義であり、因と果との相即相入を説くのが性起説なのである。本章においては、智儼から義湘を経て法蔵へと続く初期華厳教学の因果説の展開を、中観派・地論宗・摂論宗それぞれの思惟を辿りつつ、性起説の一貫した構造のうちに説き明かし、初期華厳教学の因果説が言わば裏返しの中観派の因果説であることを示す。

先に述べたとおり、性起説は真実無性性を基盤とする。真実無性性は真諦訳の三性説において真如と規定されていた。ゆえに智儼の因果説を扱う前に、智儼の真如説を検討する。

α　智儼の真如説

まずは別教の真如が真実無性性と深い関係にあることを知らねばならない。本研究第三部第二章において確認した

とおり、真諦訳においては三無性が真如であり、その三無性は一なる真実無性であった。真実無性は有性（分別性・依他性）に非ず無性（無相性・無生性）に非ざる無性性と言われ、有性や無性という決まった性がなく無性である点で、無性を性となす無性性と言われていた。真実無性性はいわば有性がそのまま無性であることの決まった性がなく無性であることの決まった性がなく無性である。これについて『五十要問答』三性三無性義は次のように述べていた。

三性の不有は其の無性を成す。「自体は定めて自として非有・有・不二・不尽」であるが故に、聞と思と修と地上報生善意識智との所縁の境界に非ざるが故に、無性と名づく。三性不有成其無性。由「自体定自非有有不二不尽」離諸分別故、非聞思修地上報生善意識智所縁境界故、名無性。（T45：524b）

「自体は定めて自として非有・有・不二・不尽」であるとは『十地経論』巻二の次のような経の偈に基づく表現であった。

自体本来空なり　有・不二・不尽なり
自体本来空　有不二不尽　（T26：133a）
svabhāva-śūnyaṃ praśamādvayākṣayam. (DBhS 14, 9-10)

「非有・有・不二・不尽」のうち、「非有・有・不二」という表現によって、真実無性性、つまり、有性（「有」）がそのまま無性（「非有」）であることが（「不二」）が表現されているのだが、「不尽」という表現によって何が表現されているのかは明らかでない。なお、『孔目章』明難品初立唯識章の「帰して第一義無性性を成ず」と題される結論部（第一義無性性とは paramārtha-niḥsvabhāvatā の直訳であり、真実無性性を指す）も次のように述べていた。

第一義無性性とは諸法の非有、唯一真如、無我の実性、以って究竟と為す、此れは是れ三乗の義なり。是の如き等の法を無尽教に摂めらると為す、即ち是れ一乗の究竟の尽理なり。

諸法非有、唯一真如、無我実性、以為究竟、此是三乗義。如是等法為無尽教摂、即是一乗究竟尽理也。

（T45：547c）

これは諸法の「非有」のみを真如とする三乗と、「非有・有・不二」なる真実無性性を真如とする一乗の「無尽教」とを区別したものであるが（「無尽」は「不尽」と同じ）、ここでも「無尽」という表現によって何が表現されているのかは明らかでない。本章においてはまず真実無性性がなぜ「不尽」「無尽」となるのかに注目したい。『孔目章』第八迴向真如章は別教の真如の次のように定義する。

理と事とを円通し無尽を統合する因陀羅と及び微細との等きなり。

円通理事統含無尽因陀羅及微細等。（T45：558c）

すでに本研究第三部第二章において、智儼が言う理と事とが順に真実無性性の無性と有性とに該当することを確認した。ゆえにここに「理と事とを円通し無尽を統合する」とあるのは、先に「非有・有・不二・不尽」とあったのと同じ意味として理解されなくてはならない。

「理」＝「非有」
「事」＝「有」
「円通」＝「不二」
「無尽」（不尽）＝「不尽」

智儼は「理」と「事」との「円通」（非有）と「有」との「不二」、つまり、理がそのまま事であることにおける事と事との「無尽」（不尽）の相即相入を、別教の真如と考えていたのである。事と事との相即相入には、前章において検討したような、因と縁との相即相入と、本章において検討するような、因と果との相即相入とがあるが、前者が真実無性性におけることは前章において確認したとおりである。「因陀羅と及び微細との等き」とは、十玄門（『華

『華厳経』の要綱を十に纏めたもの）のうち因陀羅網境界門や微細相容安立門である。両方とも『華厳経』において説かれる事と事との相即相入を指す。

さて、別教の真如がそのまま事であることを指すことは、たとえば『五十要問答』心意識義が真如の同義語である法界を理と事との未分化の状態と捉えることから知られる。

所成理事是法界能。（T45：522c）

また、『華厳経捜玄記』巻四上が真如の同義語である法界について次のように述べることからも知られる。

法界とは、是れ何の観の境なる。答ふ。此の『経』の文と及び『地論』とに依るに二義有り。一には若し『地論』の判に依らば、即ち是れ第一義諦の理の観の境なり。此れは三乗に約して判ず。二には若し『経』の上下の文に依らば、即ち理・事の二観の境に通ず。其の法は大きく通じ、局るに非ず。仍ち位は無為に在るのみ。

法界者、是何観境。答。依此『経』文及『地論』判、即是第一義諦理観境。此約三乗判。二若依『経』上下文、即通理事二観境。其法大通、非局。仍位在無為耳。（T35：76b）

乗判。二若依『地論』判、智儼はその法界が理と事との二つに通ずると説く。理に局るのではない。しかもその理と事とはともに無為と説かれる。通常、理は無為であり事は有為であるが、智儼は理がそのまま事であると見て、事を無為と説くのである。これは『孔目章』五陰章が五陰（色・受・想・行・識）を「一乗をいはば即ち法界無為なり」（T45：542a）と述べ、通常では有為である五陰を無為と説くことからも裏づけられる。

以上によって、別教の真如が真実無性性に基づくことが確認された。

さて、インドの唯識派においては、真如は初地において証せられる。しかるに別教においては真如はすでに十信満

第3部　別教一乗の論理

において証せられる。十信満の梵行品を注釈する『華厳経捜玄記』巻二上（T35：35bc）は経文に四尋思と四如実智と正観とが説かれていると述べる。本来、四尋思と四如実智と正観とは初地において真如を証する際に言われるが、智儼はこれらが十信満においてすでにあると言うのである。『華厳経捜玄記』巻二上は梵行品の宗について次のように述べている。

無念理観は当に是れ自体果涅槃円寂行なるべし。

無念理観当是正観自体果涅槃円寂行也。即為此品宗。(T35：35b)

「無念理観」とは正観であって真如を証することである。智儼は正観を次のような経文に配し、真諦訳に従い真如を三無性と見なす（蔵訳の構文を見るかぎり漢訳に難がある。ここでは智儼の理解のとおりに訓む）。経文と智儼の注釈との対応を示せば次のとおりである。

『華厳経』の経文 (T9：449bc) ┆ 智儼『華厳経捜玄記』の注釈 (T35：35c)

菩薩摩訶薩正しく無障礙を念じ、三世の諸法の平等なることは猶ほ虚空の如く二相有ること無しと観察分別せば、

菩薩摩訶薩正念無障礙、観察分別三世諸法平等猶如虚空無有二相、

第二に「菩薩正しく無障礙を念じ」とは正観を弁ず。文に三有り。初は無相を弁ず。

第二菩薩正念無障礙者弁正観。文有三。初弁無

是の如く観ずる者は智慧方便に罣礙する所無く、一二に「是の如く観ずる者」の下は依他無生を弁ず。

337　第4章　華厳の因果説

切法に於いて而も相を取らず、一切諸法は無自性なるが故に。

如是観者智慧方便無所罣礙、於一切法而不取相、一切諸法無自性故。

二 如是観者下 弁依他無生。

於一切仏及諸仏法平等観察猶如虚空。是名菩薩摩訶薩方便修習清浄梵行。

一切の仏と及び諸の仏法とに於いて猶ほ虚空の如しと平等に観察す。是れを菩薩摩訶薩方便をもって清浄なる梵行を修習すと名づく。

三 一切仏下 弁真実無。

そしてこのような三無性観による利益として、次のような経文を配している(これについても、蔵訳の構文を見るかぎり漢訳に難がある〔注(2)を見よ〕。ここでは漢文として普通に訓まれるであろうとおりに訓んでおく)。

菩薩摩訶薩是の如く観ぜば、少なき方便を以って疾やかに一切の諸の仏功徳を得べし。常に二無き法相を楽観察し、斯こに是の処(ことわり)有るをもって、初発心時に便ち正覚を成ずべし。一切法の真実の性を知りて、慧の身を具足し、他に由らずして悟るべし。

菩薩摩訶薩如是観者、以少方便疾得一切諸仏功徳。常楽観察無二法相、斯有是処、初発心時便成正覚。知一切法真実之性、具足慧身、不由他悟。(T9:499c)

「初発心時に便ち正覚を成ず」とはいわゆる信満成仏(後述)の教証とされる文である。智儼によれば、信満成仏

第3部 別教一乗の論理 338

は十信満の梵行品において三無性を証することによって起こるのである。真諦訳においては三無性が真如であり、その真如は一なる真実無性性（理がそのまま事であること）であった。『孔目章』第八迴向真如章はこの真実無性性によって別教の真如を「理と事とを円通し無尽を統合する因陀羅と及び微細との等きなり」と定義した。これと同じ考えはすでに『華厳経捜玄記』巻一上において見られる。

此が中に普賢の分斉を釈して八門を以って因陀羅を明かす。以って之を知る可し。

一には理、
二には土、
三には身、
四には教、
五には法、
六には行、
七には時、
八には事。
事とは即ち塵の等きぞ。
凡く大意を論ずるに、文に約せば二有り。
一には但だ使と習との煩悩と及び報と有るのみなるは並びに凡境に入る。自外は聖境に入る。聖〔境〕の中に二有り。謂はく理・量の二法ぞ。此の二に各二法有り。因陀羅網境界は即ち理の中の量なり。及び量の中の一分なるのみ。此れ思ひて之に準ず可し。

此中釈普賢分斉以八門明因陀羅。可以知之。一理、二土、三身、四教、五法、六行、七時、八事。事即塵等也。凡論大意、約文有二。一但有使習煩悩及報並入凡境。自外入聖境。聖中有二。謂理量二法。此二各有二

法。因陀羅網境即理中量也。及量中之一分耳。此可思準之。(T35 : 19a)

普賢とは別教の菩薩である。真如である因陀羅網境界門は菩薩の十信満から証せられるのでここでは理・土・身・教・法・行・時・事により明かされるのが因陀羅網境界門であると言われている。内容を説明すれば次のとおりである。

理……無　為　法

土……依　　　報（有為法である五塵）

身……正　　　報（有為法である六根）

教……能　　　詮（有為法である不相応行法のうち名・句・味。cf.『華厳経捜玄記』巻一上。T35 : 14c）

法……所　　　詮（有為法と無為法との一切法）

行……心　　　所（有為法）

時……不相応行法（cf.『五十要問答』三世不同義。T45 : 528b）

事……有　為　法（六塵など）

つまり、土・身・教・法・行・時・事は事（有為法）を七つに細分化したものであり、八つを纏めれば理（無為法）と事（有為法）とになるのであって、ここでもやはり理と事とを円通するのが因陀羅網境界門なのである。

ここでは、因陀羅網境界門は聖境の中に理・量の二法があるうち、理の中の量であり、量の中の一分であると言われている。聖境の中に理・量の二法があるとは、聖境の中に如理智（yathāvad-bhāvikatā）と如量智（yāvad-bhāvikatā）と、つまり無分別智と後得智との認識対象となる、二法があるという意味である（これは弟子の法蔵の言葉によって裏づけられる。後述）。図示すれば次のようになる。

量bかつ理aである因陀羅網境界門は『華厳経』において説かれる相即相入を指す。これは離言の智である如理智と、言語の智である如量智との両方の認識対象である。つまり如理智により自内証され、如量智により他者に伝達される真如の可説面である。理bは言語の智である如量智の認識対象とはならない真如であり、真如の不可説面である。これは自内証のみの真如であり、真如の不可説面である。しかしてこの説に関しては『五十要問答』涅槃義に次のようにあるのが注目される。

無住処涅槃は因と及び果とに通ず。これに二種有り。理と量とに約して二を分かつ。釈は『摂論』の如し。(T45 : 523c)

無住処涅槃通因及果。此有二種。約理量分二。釈如『摂論』。

しかるに、真諦訳『摂大乗論釈』を検しても無住処涅槃について「理と量とに約して二を分かつ」箇所は見あたらない。ただし、巻十二が無分別智に五種の差別を説くうち第三において無住処差別が出、その直前である第二の無分別差別において次のような文が出る（他の諸訳にない部分）。

菩薩は所知の分の中に於いて具さに人・法の二空に通達し、一切所に於いて如理と如量との智を生ず。衆生を利益する分の中に於いて一切衆生の利益の事、謂はく自と他との身、に依りて発願し修行す。此の二分の中に於いて各二分を具す。

菩薩於所知分中具通達人法二空、於一切所生如理如量智。於利益衆生分中依一切衆生利益事、謂自他身、発願修行。於此二分中各具二分。(T31 : 245c)

如理智と如量智とが言われ、「此の二分の中に於いて各二分を具す」と言われるのは、先の『華厳経捜玄記』にお

341　第4章　華厳の因果説

いて如理智と如量智とが言われ、「此の二に各二法有り」とあったのに等しい。ゆえに『五十要問答』はこの文を指したと考え得る。真諦訳『摂大乗論釈』の原意において、「此の二分の中において各二分を具す」とは「所知の分」において「人・法の二空」を具し、「衆生を利益する分」において「自と他との身」を具すという意味である。しかるに『華厳経捜玄記』は真諦訳『摂大乗論釈』の「所知の分」「衆生を利益する分」を順に理・量と呼び、「二分」をも理・量と見なして、理の中に理bと量bとを具し、量の中に量aと理aとを具すと解釈するのである。智儼がこのように解釈したのは、おそらく『十地経論』巻二の文によるのである。

今言はく、

「我は但だ一分を説くのみ」

pradeśamātram [corr.; praveśamātram] tu tato 'bhidhāsye [corr.; bhidhāsye]. (DBhS 15, 2)

といふ。此の言に何なる義か有る。是の地に摂むる所に二種有り。一には因分、二には果分なり。「説く」とは謂はく解釈す。「一分」とは是れ因分ぞ。果分に於いて一分と為るが故に。

今言、「我但説一分」。此言有何義。是地所摂有二種。一因分、二果分。「説」者謂解釈。「一分」者是因分。於果分為一分故。(T26:133c–134a)

de las phyogs tsam bshad par bya zhes bya ba ji ltar sbyar zhe na | sas bsdus pa'i ye shes de ni rnam pa gnyis te | rgyur gyur pa dang 'bras bur gyur pa'o | de bas na rgyur gyur pa bshad par bya ste | khong du chud par bya'o zhes ston to | de'i 'bras bur gyur pa'i phyogs gcig go | (DBhV ⟨P⟩Ngi161a8–161b1)

の文によれば、因分は果分の一分であり、果分の中に因分と果分とがある。智儼はこの『十地経論』の文を、理の中に理と量とがあり、量の中に理と量とがあると解釈したと推測したい。先の図のうち理と量とを因分と果分とによって置き換えると次のようになる。

真諦訳『摂大乗論釈』においては如理智（無分別智）と如量智（後得智）とは十地のものである。また『十地経論』においても因分と果分とは十地のものである。しかるに先に確認したとおり、別教においては十信満の菩薩がすでに真如を証するので、如理智（無分別智）と如量智（後得智）とは解行位（十信満から十地）のものとなり、因分と果分とも解行位のものとなる。のちの『孔目章』請分末証教二大章に次のようにある。

因分とは是れ教大ぞ。果分とは是れ義大ぞ。……証分は言を絶す。……若し見聞に約せば、即ち其の教・義の二大有りと説く。若し見聞を将ゐて普賢の解行と証義とに約せば、即ち其の教・義の二大を分かつことを得ず。若し普賢の解行位と証義の証に対せば、亦た見聞は是れ教大なりと言ふきことを得。

因分者是教大。果分者是義大。……証分絶言。……若約見聞、則不得分教義二大。若約普賢解行証義、即説有其教義二大。若将見聞対普賢証、亦得可言見聞是教大。（T45:562bc）

これを纏めると次のようである。

〔凡夫の境界〕
果分 ┐
　　├ 因陀羅網境界門
因分 ┘
　　　　　　　　　　　可説
果分 ─────────────
　　　　　　　　　　　不可説

図表Ⅲ

　　　　　見聞位（凡夫から十信）の認識対象
（因）
　　　　　解行位（十住から十地）の認識対象
因分
　　　　　証入位（十地満）の認識対象
果分
　　　　　　　　　　　　　　　可説
　　　　　因陀羅網境界門 ─────
　　　　　　　　　　　　　　　不可説

図表Ⅳ

別教の真如である因陀羅は因分である。因分は離言の智である如理智（無分別智）と言語の智である如量智（後得智）との両方の認識対象となる真如である。これは菩薩が証する範囲の真如であり、解行位（十住から十地まで）の菩薩によって証される。果分は言語の智である如量智（後得智）の認識対象とならない真如である。これは菩薩が

証する範囲の真如ではない。仏が証する範囲の真如である。これは証入位（十地満）の菩薩が仏となる時に証される。

ところで、果分は不可説であるにせよ、離言の智である如理智（無分別智）によって果分を証した仏はその後で言語の智である如量智（後得智）によって果分を可説化し得るのではないか、という見かたもできよう。実は、仏が成道の時に説いた『華厳経』はそのように可説化された果分なのではないか、に果分を示したものであるが、それは言語の智である如量智（後得智）によって可説化された果分ではないのである。仏が成道の時に説いた『華厳経』は確かに果分を示したものであるが、それは言語の智である如量智（後得智）によって可説化された果分ではないのであるが、言語の智である如量智（後得智）によって可説化された果分ではないからである。果分を直接示す光明は菩薩たちに降り注ぎ、光明を受けた菩薩たちはそれによって可説化された果分ではないからである。それが言語として現在残っている『華厳経』である。現在残っている『華厳経』は菩薩たちが果分である仏の光明を因分の範囲において理解し、言語の智である如量智（後得智）によらず光明によって直接示された不可説の果分であり、可説化した因分なのである。果分はあくまで不可説である。あらゆる経は仏が言語の智である如量智（後得智）によって説いたものである。現在残っている『華厳経』も菩薩が言語の智である如量智（後得智）によって説いたものである。しかるに成道の時に説かれた『華厳経』のみは仏が言語の智である如量智（後得智）によらずに三昧（定）の光明によって直接起こしたものである。ゆえに『孔目章』融会三乗決顕明一乗之妙趣は次のように言うのである。

一乗の同別教義は海印定に依りて起これり。普眼の所知なり。三乗教義は仏の後得法住智に依りて説けり。
一乗同別教義依海印定起。普眼所知。三乗教義依仏後得法住智説。（T45:586b）

「起これり」と「説けり」との違いを味わうべきである。仏の境界の真如は不可説の果分は別教という教（言説）によっては示され得ない。ゆえに別教は菩薩の境界の真如である可説の因分を「理と事とを円通し無尽を統合する因陀羅と及び微細との等きなり」と言説化し、別教の真如と呼ぶのである。

β 智儼の因果説

智儼の因果説は次のような七種の成仏の範疇に纏められる。[4]

① 無念成仏……勝義諦（理）における因と果との相即
② 一念成仏……世俗諦（事）における因と果との相即（実践上）
③ 念念成仏……②の連続
④ 信満成仏……②の最初
⑤ 旧来成仏……世俗諦（事）における因と果との相即（理論上）
⑥ 不定成仏……時間の長い世界と短い世界との相違
⑦ 同時成仏……時間の長い世界の一刹那が時間の短い世界の因と果とを含むこと

以下の論議は『中論』において言われる二諦説と深く関わるので、本章が関わる範囲においてそれを簡単に図示すると次のようである。

世俗諦（事）	勝義諦（理）
縁起	不起
生滅	不生不滅
因果	無因無果
念念	無念

図表 V

縁起する有為法は念念（刹那刹那）において生滅し、ある念（刹那）とある念（刹那）との関係において因果が設定

される。真諦訳の三性説はこの有為法を有性（＝分別性・依他性）と呼んだ。しかるに、縁起する有為法は空性を性質とし、その空性は不起（不生）なる無為法であるから無念（無時間）であり、不生不滅であり、無因無果である。真諦訳の三性説はこの無為法を無性（＝無相性・無生性）と呼び、初期華厳教学はその無性を理と呼んだ。これが勝義諦の領域である。

不生不滅であり、無因無果であり、無念である勝義諦の理においては、仏と菩薩との区別もなく、その意味で菩薩は仏であると言える。『孔目章』釈四十五知識文中意章において別教の成仏の一つとして①無念成仏が言われるのは勝義諦の理において菩薩と仏との区別がないことを成仏と言うものである。

五に無念疾得成仏とは、「一切法は不生なり、一切法は不滅なり、若し能く是の如く解せば、是の人は真仏を見る」が故に。

今の文においてはこの①無念成仏は別教であるが、『孔目章』初明十地品十地章においては終教の成仏としても述べられている（英文字は筆者が挿入）。

　a　四には一念成仏なり。無分別真如に約するが故に此の説を作す。
　b　第五に証に約して以って一念成仏を明かす。初地の中に於いて一念に証するが故に。
　c　六には十地の後に於いて一念に果を証するを一念成仏と名づく。

上の諸の一念とは、謂はゆる無念なり。

四者一念成仏。約無分別真如故作此説。第五約証以明一念成仏。於初地中一念証故。六於十地後一念証果名一念成仏。上諸一念者、所謂無念也。（T45：561a）

これらの一念は皆な無念であると言われている。このうちｂは終教の菩薩が初地見道の一刹那において煩悩障の種

第3部　別教一乗の論理　　346

子を断じ阿羅漢に等しいという見地から成仏を言うものであり、cは十地満の金剛喩定の菩薩が一念相応慧（eka-kṣaṇasamāyuktā prajñā）により仏と成るという通常の見地から成仏を言うものである。いま別教において言われる①無念成仏は勝義諦の理においては菩薩と仏との区別はないという見地から成仏を言うものである。この①無念成仏は終教と共通の説である。

さて『十地経論』巻八は『華厳経』十地品第六地の唯心説を勝義諦と世俗諦とを用いて注釈する。

「是の菩薩は是の念を作さく、三界は虚妄にして但だ是れ一心のみの作なり」

云何なるをか第一義諦差別といふ。是の如く第一義諦を証せば則ち解脱を得といふ彼の観なり。故に『経』に曰はく、

tasyaivaṃ bhavati, cittamātram idaṃ yad idaṃ traidhātukam. (DBhS 98, 8-9)

といふが故に。論に曰はく。

「但だ是れ一心のみの作なり」

云何第一義諦差別。如是証第一義諦則得解脱彼観。故『経』曰、「是菩薩作是念、三界虚妄但是一心作」故。
論曰。「但是一心作」者、一切三界唯心転故。(T26：169a)

don dam pa'i bden [corr.; 'den P] pa rnam par bzhag pa ji lta bu zhe na |ji ltar de yongs su shes pas grol bar 'gyur ba de yongs su brtag pa ste |gang gi phyir te |**'di snyam du sems te |'di ltar khams gsum pa 'di sems tsam ste** zhes gsungs pa ste | khams gsum pa ni sems gyur pa tsam du zad pa'i phyir ro | (DBhV ⟨P⟩Ng1254a1-3)

蔵訳を参照するかぎり『十地経論』が言う勝義諦は三界が心の転変のみ（*cittapariṇāmamātra）であることを意味し、三界が理（不起、不生不滅、因果、無念）であることを意味しない。『十地経論』において勝義諦は唯識（縁起、生滅、因果、念念が心の転変のみであること）を指すのであって、中観派において勝義諦が理（不起、不生不滅、無因無果、無念）を指すのと同じでない。しかるに智儼は『十地経論』において

347　第4章　華厳の因果説

言われる勝義諦を中観派において言われる勝義諦、つまり理と解釈し、先の『華厳経捜玄記』巻四上にあったとおり、「第一義諦の理」と呼ぶのである。

法界とは、是れ何の観の境なる。答ふ。此の『経』の文に依るに二義有り。
一には若し『地論』の判に依らば、即ち是れ第一義諦の理の観の境なり。此れは三乗に約して判ず。
二には若し『経』の上下の文に依らば、即ち理・事の二観の境に通ず。其の法は大きく通じ、局るに非ず。仍ち位は無為に在るのみ。

法界者、是何観境。答。依此『経』文及『地論』有二義。一若依『地論』判、即是第一義諦理観境。此約三乗判。二若依『経』上下文、即通理事二観境。其法大通、非局。仍位在無為耳。(T35: 76b)

これは少なくとも『十地経論』の原意ではない。しかるに智儼が誤りかと言えば、そうではなく、漢訳『十地経論』は智儼のように読むのが正しい。そのことは漢訳者菩提留支の『唯識論』(『十地経論』の次の文から裏づけられる。

心に二種有り。何等をか二と為す。
一には相応心、
二には不相応心なり。
相応心とは、謂はゆる一切の煩悩結使と受と想と行との等きは諸の心と相応するぞ。是れを以っての故に言はく、「心と意と識と及び了別との等きは一にして名は異なるが故に」といふ。不相応心とは、謂はゆる第一義諦にして常住不変の自性清浄心ぞ。故に言はく、「三界は虚妄にして但だ是れ一心のみの作なり」

*cittamātram idaṃ bho jinaputrā yad idaṃ traidhaukam.
(9)

第3部 別教一乗の論理　　348

ここでは先の経文の第一義諦の一心が常住不変の自性清浄心、つまり理と見なされている。漢訳『十地経論』の第一義諦はおそらく智儼のように「第一義諦の理」と見なすべきなのである。

さて、法界を理とする『十地経論』は三乗であり、法界を理・事の二とする『華厳経』は一乗である。別教一乗においては、真如が「理と事とを円通し無尽を統合する因陀羅及び微細との等きなり」と定義されるとおり、真如なる法界（この二つは同義語）は理がそのまま事であるものである。よって法界を勝義諦の理のみとするのは三乗に同ずる説であって別教一乗の究極である説ではない。別教一乗の究竟の説は、勝義諦の理がそのまま世俗諦の事であるので、勝義諦の理における①無念成仏を世俗諦の事においても認めることなのである。それが性起説である。『孔目章』性起品明性起章に次のようにある。

起在大解大行離分別菩提心中名為起也。由是縁起性故説為起。起即不起。不起者是性起。(T45: 580c)

「起」とは勝義諦の理における不起を指す。しかるに智儼は「起といふは大解大行の離分別菩提心の中に在るを名づけて起と為す。是れは縁起性なるに由るが故に説きて起と為す」とも言う。本来不起であるはずのものが解行位（十信満から十地まで）の「離分別菩提心」の中にのみ起こってくるのであり、「離分別菩提心」が縁起性（依他起性）であることから、不起なるものを敢えて起と呼ぶのである。これは不起がそのまま縁起であることであり、勝義諦の

といふ。

心有二種。何等為二。一者相応心、二者不相応心。相応心者、所謂第一義諦常住不変自性清浄心。不相応心者、所謂第一義諦相応。以是故言、「心意与識及了別等義一名異故」。「三界虚妄但是一心作」。(T31: 646c)

理がそのまま世俗諦の事であることである。

不起なるものはなぜ解行位の「離分別菩提心」にのみ起こるのか。それは先に確認したとおり、別教の菩薩が解行位の始めである十信満の梵行品において、真如である三無性（すなわち一なる真実無性性）を証することに関係する。

梵行品において『華厳経捜玄記』巻二上は次のように説く。

言ふに即ち菩提に即せば、……又た即ち普賢は自体円明究竟因果を証得す。此の解約一乗耳。（T35：35c）

「普賢」とは別教の菩薩である。『華厳経捜玄記』巻二下は普賢菩薩品から性起品までが「自体円明究竟因果」とは地論宗において用いられる概念である自体因果（自体縁集）である。[12]「毘尼心」は自体縁集（自体因果）を次のように定義する。

本来常爾にして不増不減なり。常に非ず無常に非ず。非常非無常。（T85：672ab）

このうち「常に非ず無常に非ず」「本来常爾」という点は、『孔目章』性起品明性起章が性起を「本来究竟し修造を離る」（T45：580c）と表現する点に等しく、「自体円明究竟因果」は性起とほぼ同じ意味であることも見られる。それならば、「自体円明究竟因果」の起こる場である「離分別菩提心」であることも確実であろう。つまり「離分別菩提心」と は真如である三無性（すなわち一なる真実無性性）を証する心であって、インドの唯識派における無分別智に該当する。

実際に『孔目章』梵行品初明通観章は梵行品において真如である三無性を証する定を「一無分別智定」（T45：550a）

第3部　別教一乗の論理　　350

と呼んでおり、「離分別菩提心」が無分別智であることを裏づける。先に確認したとおり、『五十要問答』三性三無性義は三無性を次のように解釈していた。

三性の不有は其の無性を成ず。「自体は定めて自として非有・有・不二・不尽なるが故に、聞・思・修と地上報生善意識智との所縁の境界に非ざるが故に、無性と名づく。

三性不有、成其無性。由「自体定自非有有不二不尽」離諸分別故、非聞思修地上報生善意識智所縁境界故、名無性。(T45：524b)

このうち「諸の分別を離れたるに由るが故に」とあるのは三無性を証する「離分別菩提心」の名称に符合する。さらに「自体は定めて自として非有・有・不二・不尽」とあるのは先に確認したとおり『十地経論』巻二の経の偈「自体本来空なり 有・不二・不尽なり」によるが、地論宗の憬『法鏡論』(表員『華厳経文義要決問答』巻三所引、SZ8：430c) はこの偈を自体縁集（自体因果）の例として挙げている。地論宗の自体因果を摂論宗の三無性によって解釈した所に華厳宗の性起説が誕生するのである。

さて智儼が「非有・有・不二・不尽」と言うとおり、真諦訳において、三無性は一なる真実無性性であり、有性がそのまま無性であることであった。そして智儼において、性起は起がそのまま不起であることに等しい。つまり、本来不起であるはずのものが離分別菩提心においてのみ起こってくるのは、離分別菩提心が有性がそのまま無性であることを証することから、つまり起がそのまま不起であることを証するからなのである。十信満において有性がそのまま無性であり、本来不起であるはずのものが縁起してくる性起が起こるのである。

不起がそのまま縁起であることは、勝義諦の理における成仏を世俗諦の事においても認め得る。先には、不生不滅であり、無因
俗諦の事であるならば、勝義諦の理がそのまま世俗諦の事であることである。勝義諦の理がそのまま世

無果であり、無念である勝義諦の理の世界において仏と菩薩との区別がないことに基づいて①無念成仏が説かれたが、今度は、生滅であり、因果があり、念がある世俗諦の事の世界においても勝義諦の理の世界と同様の成仏、つまり仏と菩薩との区別がないことを説き得るのである。

四に一念に依る疾得成仏とは、普賢法に契ひて一念に即ち成仏するが如し。此れは〔世〕俗諦の念に依る。

「〔世〕俗諦の念に依る」とは、この②一念成仏を勝義諦の無念における①無念成仏と区別したのである。先に確認したとおり、終教において一念成仏は①無念成仏ではなく、世俗諦の念における②一念成仏であると断わったのである。ゆえにここでは別教の一念成仏を説く。別教においては勝義諦の理がそのまま世俗諦の事であり、無念がそのまま念である。その意味では、別教の菩薩は世俗諦の一念ごとにおいて、勝義諦の無念における成仏と同様に成仏することになる。ゆえに③念念成仏を説く。

若し一乗教に依らば、念念の中に於いて成仏す。

『孔目章』初明十地品十地章も同様に次のように説く。

約一乗義者、十信終心乃至十解位十行十廻向十地仏地一切皆成仏。(T45:561a)

一乗の義に約せば、十信の終心と十解位と十行と十廻向と十地と仏地との一切に皆な成仏す。

とあるのを教証とする。先に確認した「十信の終心」とあるのは十信の梵行品に「初発心時に便ち正覚を成ず」とあるのはこの梵行品において真如である三無性(すなわち一なる真実無性性)を証するのであって、③念念成仏はこの十信満を始まりとする。これを伝統的に④信満成仏と呼ぶ。『五十要問答』巻上に次のようにあ

四依一念疾得成仏者、如契普賢法一念即成仏。此依俗諦念也。(T45:585c)

釈四十五知識文中意章は②一念成仏を説く。

義は③念念成仏を説く。

『孔目章』成仏前後

若依一乗教、於念念中成仏。(T45:519c)

第3部 別教一乗の論理　352

る。

一乗教に依らば、分として終教の相と同じ。既に十信已来、即ち仏を成じ即ち菩薩を成ず。

依一乗教、分与終教相同。既十信已来、即成仏即成菩薩。(T45：520c)

④信満成仏は③念念成仏における無数の成仏の一つであり、④信満成仏のみを特に取り上げるのは、「分として終教の相と同ず」とあるように、終教の不退が信満であるのに類比したまでである。初期華厳教学は④信満成仏を説くが、④信満成仏を重視するものでない。

むしろここで注目すべきは「即ち仏を成じ即ち菩薩を成ず」とある点である。これは、仏と見る場合には仏のみ、菩薩と見る場合には菩薩のみであることを指す。『孔目章』普荘厳童子処立因果章に次のようにある。

一乗教に依らば、一切の因縁と理事と教義と人法と因果との等きを具す。又た総じて唯だ因縁有るのみと為る義は親因に摂める。

互ひに因果を親因に摂る。

一即一切・一切即一にして、盧舎那仏と普賢行因とは因果を成就す。三乗等と別なり。

互為因果義親因所摂。此約終教。又総雖有因縁、具一切因縁理事教義人法因果等。又総雖有因縁、乃至一即一切・一切即一、盧舎那仏普賢行因成就因果。与三乗等別。(T45：540a)

まず終教が「総じて唯だ因縁有るのみ」と言われるのは、『孔目章』普荘厳童子処立因果章に「其の三乗の義は因縁、増上を摂むることを得」(T45：540a)とあるとおり、増上縁を因縁に含めるからである。これについては前章において検討した。

しかるに別教は「因縁有るのみと雖も、乃至一即一切・一切即一にして、盧舎那仏と普賢行因とは因果を成就す」と言われる。勝義諦の理がそのまま世俗諦の事である以上、別教の世俗諦においては勝義諦においてと同様、因果がないとも言える。ただし、世俗諦は因や果という概念を用いるので、ゆえに別教は、別教の世俗諦において因果が

いことを、因のみ、果のみと表現する。仏因のみと見る場合、仏果はまったく存しない。仏果のみと見る場合、仏因はまったく存しない。仏因と仏果とは相手をまったく摂めあい、つまり相即している（前にも述べたが、相即とはAとBとが合わさることではない。AとBとが両立し得ず、同時にAのみかBのみになることである）。「一即一切・一切即一にして、盧舎那仏と普賢行因とは因果を成就す」とあるのは、普賢菩薩と盧舎那仏とが相即して、仏因のみが果を成就すると理解されねばならない。④信満成仏は仏のみに成るのではなく、菩薩のみにも成るのである。ここで思い出すべきは、性起が「自体円明究竟因果」とも呼ばれていたことである。性起は因と果とを究竟するのであって、果のみを究竟するのでない。

つまりところ、別教の世俗諦においては勝義諦においてと同様、因果がないにせよ、世俗諦は因や果という概念を用いるので、別教の世俗諦において因果がないことは仏因のみか仏果のみかが明一乗之妙趣に次のようにあるのはそれをよく示している。文中に「同体依持」とあるのは自体因果（自体縁集）と同じであって、性起を指す。

又た同体依持、以って因果を明かすが如きは、理性体融し、因に在るを因と為し、果に在るを果と為す。其の性は平等なり。

又如同体依持以明因果、理性体融、在因為因、在果為果。其性平等。（T45：586b）

ゆえに因と果との相即というのもあくまで因という概念と果という概念との相即であって、現在の菩薩と未来の仏との相即でない。大乗仏教においては現在有体・過未無体であるので、有体である現在の菩薩は無体である未来の仏と相即できない。

別教の菩薩が④信満成仏の以降に②一念成仏を続け、つまり③念念成仏するならば、別教の菩薩は十信・十住・十行・十廻向・十地・仏地という段階的な修行を経過しつつ、その十信なら十信の中において十住・十行・十廻向・十

地・仏地のすべてを経過すると言える。ゆえに『孔目章』融会三乗決顕明一乗之妙趣は次のように説く。

故に『華厳』の中にては信と解と行と理と事との等き一切の法門を成す。斯の聖巧に拠りて一言の下に玄の復た玄なるのみ。亦た前後の諸の位の法相の不同を簡び、位の中に含む所は即ち一乗無礙陀羅尼門に会す。

故『華厳』中信解行等諸位、以信一言成其信位、位中所含即通成解行理事等一切法門。亦簡前後諸位法相不同、及会普眼境界一乗無礙陀羅尼門。拠斯聖巧一言之下玄復玄耳。(T45:586a)

智儼の別教一乗はあくまで十信満以来の一切の一念における③念念成仏であって、十地満の一念に成仏しないならば、③念念成仏は成立しない。

さて普賢菩薩と盧舎那仏とが因のみか果のみか果のみかを成就することについて、『孔目章』普荘厳童子処立因果章に次のようにある。

若し但だ十信に仏と作ると言ふのみにして十地の終心に仏と作ると論ぜずば、則ち是れ三乗教なり。

若但言十信作仏不論十地終心作仏、則是三乗教。(T45:521a)

別教一乗の成仏はあくまで十信満以来の一切念における③念念成仏であって、十地満の一念に成仏しないならば、④信満成仏してすべてが終わりというような楽天的な教えではない。何度も何度も成仏しながら修行を続けるのである。もし④信満成仏を主張するのみであれば、むしろ三乗教と見なされる。『五十要問答』信満成仏義に次のようにある。

普賢の因果は凡夫世間の剋く得るに従らず。何を以っての故に。若し未だ成ぜず、則ち普賢と説かず。若し已に成ぜば、則ち旧来此の如し。道理の時事は皆な悉く同じからず。凡夫の法は本来無物にして物の能く成ずる無し。普賢を凡に対せば旧来有に非ずして成す可き所無し。唯だ普賢のみを望めて成を説き不成を説く。

普賢因果不従凡夫世間剋得。何以故。若未成、則不説普賢。若已成、則旧来如此。道理時事皆悉不同。凡夫

之法本来無物無物能成。普賢対凡旧来非有無所可成。唯普賢望普賢説成説不成。(T45：540a)

真実無性性（理がそのまま事であること）は凡夫においても内在する真如であるから、仏因と仏果との相即（勝義諦の理において仏因と仏果との区別がないこと）は凡夫においても認められるのであって、理論において凡夫は何の力も持たないから、世俗諦の事においても何の意味も持たない。しかし「凡夫の法は本来無物にして物の能く成ずる無し」⑤旧来成仏が凡夫にとって仏因と仏果との相即の意味を体験し、力を持つようになってからである。十信満の菩薩が実践において真実無性性を証し、仏因と仏果との相即の意味を持つのは、⑤旧来成仏している。⑤旧来成仏が意味を持たないというのは厳しい態度であるが、これは理論とともに実践をも重んじた智儼の若い時からの考えであった。『華厳経捜玄記』巻三下に次のようにある。

修生本有とは、其の如来蔵の性は隠れて諸の纏に在り、凡夫は即ち迷ひ、処して而も覚せず。若し迷へる時に対せば、名づけて有と為さず。故に『無相論』に云はく、「若し有らば見る応し」といふ。又『摂論』に依るに云はく、「得ると得ざると見ると見ざると有り」等也。今無分別智を得て、始めて法身を顕はし、纏に在りて浄を成ず。先に有力なること無く彼の無法に同ず。今用を成ずることを得て本先に無かりしに異なる。故に名づけて本有と為すと説く可からざるを説きて修浄と為す。

『無相論』つまり『三無性論』巻上（T31：870c）と『摂大乗論』巻中（T31：121c、MSg II.32D）とはともに真諦訳であり三無性を説く箇所を指す。つまり如来蔵とは三無性（すなわち一なる真実無性性）であるが、それを「若し迷へる時に対せば、名づけて有と為さず」とするのが智儼の考えなのである。我々は初期華厳教学の種姓説が、習所成種姓

『摂論』云、「有得不得見不見」等也。今得無分別智、始顕法身、在纏成浄。先無有力同彼無法。今得成用異本先無。故不可説名為本有説為修浄。（T35：63a）

のない時は本性住種姓もなく、一闡提に同じと説くものであったのを思い出すべきである。初期華厳教学を貫くのは無（0）か有（1）かの完全な01思考であり、信が決定する前はまったく無、信が決定した後はまったく有である。信の決定がいかに難しいかは我々のよく知る所であるが、それでもなお、何としても信を決定しなくてはならないのである。初期華厳教学は単純に如来蔵を説いたり楽天的に成仏を説いたりするものではない。

ここまではいわば娑婆世界における因果について見てきたが、大乗仏教は多世界説を採り、娑婆世界の他にも無量の諸世界を説く。ここからはやや視点を変えて、娑婆世界と諸世界とを通じて因果を見ることにする。前章において検討したとおり、現在一刹那の同一空間もすべて相即相入して因と縁とになって存在する法はすべて相即相入する。ゆえに現在一刹那の同一空間において存する諸世界もすべて相即相入する。ところで『華厳経』寿命品によれば娑婆世界の一劫は阿弥陀仏刹の一日一夜であるから、阿弥陀仏刹の現在一刹那は娑婆世界の現在一刹那より遥かに長いことになる。しかも阿弥陀仏刹より時間の長い世界は無量に存在すると言われ、そうした世界の現在一刹那の法が娑婆世界の現在一刹那の法と相即相入している以上、時間の長短は相対的である。ゆえに『五十要問答』一念成仏義は⑥不定成仏を説く。

一乗の義に依らば、成仏の時節は並びに皆不定なり。十方の世界の時節は同じからずして、……有為の諸の劫は相作及び相入す等と為す。故に定まる時無し。

依一乗義、成仏時節並皆不定。為十方世界時節不同、……有為諸劫相作及相入等。故無定時。（T45：520a）

さらに、或る世界の現在一刹那が他の世界の無量の時間に該当する以上、諸世界に時代を隔てて生きる衆生の成仏も或る世界の長大な現在一刹那に摂められる。ゆえに『孔目章』融会三乗決顕明一乗之妙趣は⑦同時成仏を説く。

一乗法義の成仏は一切衆生と共に同時に成仏し、後後後後後後後後に皆な新新に断惑す。

一乘法義成仏共一切衆生同時同時同時同時同時同時同時同時同時成仏、後後後後後後後後後皆新新断惑。(T45：586c)

後後後後後後後後後の新新の断惑は個々の世界ごとの③念念成仏を指すのである。このような⑦同時成仏はあくまで一刹那の長さが世界ごとに異なり、ある世界の現在一刹那に他の世界の一切の時間が摂まることに基づいて同時成仏と説くのであって、たとえば『成唯識論』巻一が外道の所説として次のように批判するような同時解脱と意味が異なるのである。(16)

又た所執の我は一切の有情、為し同にやある、為し異にやある。若し同なりと言はば、一りが業を作らむ時に一切も作る応し。一りが果を受けむ時に一切も受く応し。若し異なりと言はば、諸の有情の我は更がひに相遍せりといふが故に、一切も体も相雑しぬ応し。又た一りが業を作り一りが果を受けむ時には、一切の我と、処、別なること無きが故に、一切も作せられ受せらるる応し。業と果と及び身とはまく作し受する所各属する所有るをもって斯の過無しといはば、理た然らず。業と果と及び身には一りも解脱する所の法いい一切の我と合せりといふものを、此れにのみ属して彼には非ずといふこと理に応ぜざるが故に。一りが解脱せむ時には一切の我と合せりと応し。修し証する所の法いい一切の我と合せるが故に。

又所執我一切有情、為同、為異。若言同者、一作業時一切応作。一受果時一切応受。若言異者、諸有情我更相遍故体応相雑。又一作業一受果時、与一切我処無別故、応名一切所作所受。若謂作受各有所属無斯過者、理亦不然。業果及身与諸我合、属此非彼不応理故。一解脱時一切応解脱。所修証法一切我合故。(Si 14-15)

さて、以上のような智儼の因果説によれば、成仏とは仏因と仏果との相即であり、仏果のみか仏果のみとなる成仏と大きく異なる。智儼は仏果のみか仏果のみとなる成仏とである。それは他の教において説かれるような、仏果のみとなる成仏

義湘においても智儼の場合と同様にまず真如説を検討し、次に因果説を検討する。

三　義湘の因果説

α　義湘の真如説

『華厳経問答』巻下に次のようにある。

問ふ。五門論者等は自体縁起の中に約して円明具徳無礙自在義を明かす。儼師の別教一乗の普法と何なる別有りや。答ふ。此の義別かち難し。然るに少しく方便有り。謂はく彼の〔五門論者の〕師等は相融離性自体門に約して無礙自在義を明かす。即ち相事に約して如如無礙義を明かすに非ず。故に同教の分斉に在り。此の〔儼〕師等は即ち相に約して無障礙義を明かす。故に別教の分斉に当たるのみ。問ふ。如来蔵の自体の中にして無礙自在を

を説かないのであろうか。説かないのである。『五十要問答』成仏不成仏義に次のようにある。

一乗教に依らば、皆な前の機に対し、若し成仏を須ゆれば、則ち数数に成じ、皆な新たに断結し成仏し、亦た学地に住せずして成仏す。若し成ぜざる機に対せば、則ち常に成ぜず。大海は諸位の中に於いて溢満すること有ること無きが如きに由る。即ち『楞伽経』の菩薩一闡提是れなり。

依一乗教、皆対前機、若須成仏、則数数成、皆新断結成仏、亦不住学地成仏。若対不成機、則常不成。由如大海於諸位中無有溢満。即『楞伽経』菩薩一闡提是。（T45:520c-521a）

別教の菩薩は仏のみとなることはなく、『楞伽阿跋多羅宝経』巻一（T16:487b, LAS 66, 11）の菩薩一闡提、すなわち衆生の成仏が完了するまで成仏せず衆生を助け続ける菩薩として、永遠に菩薩のみでもあり続けるのである。

これは「五門論者」(地論宗)と智儼との相違を扱ったものであるが、すでに十分な検討が行なわれているので深くは触れない。今注目すべきは、智儼の説が「相事に約して如如無礙義を明かす」とされる点である。智儼は別教の真如を「理と事とを円通し無尽する因陀羅及び微細との等きなり」と定義したが、義湘はこれを、理がそのまま事であり、事の他に理がない状態における、事と事との無礙と理解するのである。別教の真如が、理がそのまま事であることにおける事と事との無礙であることを、より明確化したものと言える。

明かすは即ち是れ熟教等の義なり。何が故に同教の分斉となるが故に。一乗に同ず。是の義の故に同教の分斉なるのみ。一乗別教の義は〔如来〕蔵の相に在りて明かすのみ在り。此の〔五門論者の〕義は但だ〔如来〕蔵の体にのみ在り。

問。五門論者等約自体縁起中明円明具徳無礙自在義。与儼師別教一乗普法有何別乎。答。此義難別。然少有方便。謂彼師等約相融離性自体門明無礙(礙?)自在義。非即約相事明如如無礙義。故在同教分斉。此師等即約相明無障礙義。故当別教分斉耳。問。如来蔵自体中明無礙自在即是熟教等義。何故為同教分斉乎。答。此師等不別教分斉故。一乗別教義在於蔵相明也。此義但在於蔵体。同一乗。是義故同教分斉耳。(T45: 602b)

β 義湘の因果説

智儼の因果説は七種の成仏の範疇に纏められたので、義湘についても同じ範疇を用いて異同を確認する。不生不滅であり、無因無果であり、無念である勝義諦の理においては、菩薩(仏因)と仏(仏果)との区別もなく、その意味において菩薩は成仏していると言える。それが①無念成仏であった。『華厳一乗法界図』は『十地経論』巻五の、次のような文を引く。

論に曰はく。一切法は不生不滅とは、清浄法の中に於いて増すを見ず、煩悩妄想の中に於いて減るを見ず。因縁集まりて生ぜるが故に。後の清浄の中に一法の増す可きも無し。後の煩悩妄想の中に一法の減ず可きも無し。然るに対治の因縁に依るが故に、煩悩妄想を離れ、転た勝れたる清浄般若現前す。『経』の如し、

「一切法の不生不滅を因縁によりて而も有りと観ず」

といふが故に。

sa sarvadharmāṇāṃ asaṃkrāntitāṃ cāvināśitāṃ ca pratītya-pratyayatayā vyavalokayati. (DBhS 50, 1-2)

論曰。一切法不生不滅者、於清浄法中不見増、於煩悩妄想中不見減。因縁集生故。後清浄中無一法可増。後煩悩妄想中無一法可減。然依対治因縁故、離煩悩妄想、転勝清浄般若現前。如『経』、「観一切法不生不滅因縁而有」故。(T26:158b)

chos thams cad rnam par dag par 'pho ba med pa nyid dang | kun nas nyon mongs par rnam par 'jig pa med pa nyid du mthong ste | rten cing 'brel par 'byung ba'i phyir ro | rnam par dag pa der yang ci yang bzhag pa med la | kun nas nyon mongs pa las kyang ci yang bsal ba med de | gnyen po la brten nas kun nas nyon mongs pa rnam par ldog cing | rnam par dag pa yang mngon te | gang gi phyir | **chos thams cad rkyen la rten pa nyid yin pas 'pho ba med pa nyid dang | rnam par 'jig pa med pa nyid du rtogs pas** zhes gsungs pa'o | (DBhV 〈P〉Ngi 23b1-4)

そしてこれについて次のように述べる。

是の故に『経』に言はく、「煩悩法の中に一法の減るも見ず、清浄法の中に一法の増すも見ず」といふ。是れ其の事なり。有る人説きて言はく、「是の如き等の経文は理に即するに約して説けり、事に即して説けるには非ず」といふ。若し三乗方便教門に約せば、合して此の義有り。

是故『経』言、「菩薩（煩悩？）法中不見一法減、清浄法中不見一法増」。是其事也。有人説言、「如是等経

361　第4章　華厳の因果説

文約即理説、非即事説」。若約三乗方便教門、合有此義。(T45：714b.テキストの訂正は『法界図記叢髄録』巻下二［T45：755a］による)

すなわち「有る人」がこの文を勝義諦の理において菩薩と仏との区別がないことを説くものと解釈したのに対し、義湘はそうした解釈を三乗と見なすのである（この文の原意は、清浄法と煩悩法とは相互依存概念であって単独存在しないが、修行においては仮に煩悩法の対治を説くのであるから、「有る人」の解釈は原意に近い）。「有る人」の解釈は①無念成仏に他ならないが、なぜそれを三乗と見なすのかと言えば、別教一乗は勝義諦の理においてのみならず、世俗諦の事においても仏因と仏果と（つまり、菩薩と仏との）の区別がないことを説くからである。『華厳一乗法界図』に続けて次のようにある（なお、文中「其の理を尽くさず」とある理とは論理を指し、理と事とのうちの理を指すのではない）。

若し一乗如実教門に依らば、其の理を尽くさず。理と事とは冥然として一無分別なり。体と用とは円融して常に中道に在り。自の事以外に何処にか理を得む。

若依一乗如実教門、不尽其理。理事冥然、一無分別。体用円融、常在中道。自事以外、何処得理。(T45：714b)

別教においては、理と事とが「一無分別」であって、事こそが理であるから、理において仏因と仏果と（つまり、菩薩と仏と）の区別がないことを、事においても認め得るのである。

智儼は『華厳経』明難品を注釈する際に、真諦訳の三性説において説かれる、有性に非ず無性に非ざる真実無性性を、如来蔵における理と事との「無分別」と言い換え、また、その理と事との「無分別」が十信満の梵行品において「離分別菩提心」によって証せられると説いた。「離分別菩提心」は真如である真実無性性を証する心であって、インドの唯識派における無分別智に該当し、また、

真如である真実無性性を証する定は「一無分別智定」とも表現されていた。十信初の明難品において説かれた理と事との「無分別」は、十信満の梵行品の「一無分別智定」において、「離分別菩提心」によって証せられるのである。「離分別菩提心」の中に、不起の理がそのまま縁起の事として起こってくること、つまり、不起がそのまま縁起であることが達成される。それが性起であった。『華厳経問答』巻下における性起の定義は先の智儼の性起の定義とほぼ等しい。

起と言ふは、即ち其の法性、離分別菩提心の中に現前在するが故に云ひて起と為す。

言起者、即其法性離分別菩提心中現前在故云為起。是即以不起為起。（T45：610b）

と言われる以上、勝義諦の理の無念（無時間）において説かれる①無念成仏を、別教は世俗諦の事の念（刹那）においても説き得る。智儼はこれを③念念成仏と呼んだ。『華厳経問答』巻下も成仏について次のように説いており、智儼と同じである。

三乗教は勝義諦の理の無念において①無念成仏を説くのみであるが、別教は世俗諦の事の一念ごとにおいて②一念成仏を説く。智儼はこれを②一念成仏と呼び「此れは俗諦の念に依る」と注意しており、『華厳一乗法界図』も別教における成仏を一念と規定し、「一念とは事念に約して説く」（T45：712c）と注意している。「自の事以外に何処にか理を得む」と言われる以上、勝義諦の理の無念（無時間）において説かれる①無念成仏を、別教は世俗諦の事の念（刹那）においても説き得る。

三乗教の中には但だ一真如法身一体無二義に約して以って説くのみ。未だ別別相続事事門中に是の如き義を明かさず。

三乗教中但約一真如法身一体無二義以説耳。未明別別相続事事門中如是義。（T45：600a）

一乗教に約せば実に法の念念に毎に成仏する等なり。前に説けるが如し。

約一乗教、実法念念毎成仏等。如前説也。(T45：612b)

注目すべきは『華厳経問答』巻下に次のようにあることである。

既に無分別の理を聞き、但だ無分別智を以ってのみ乃ち証すとは、念念に無分別智方便を修するのみ。余事無きなり。

既聞無分別之理、但以無分別智乃証者、念念修無分別智方便可(耳?)。無余事也。(T45：612c)

「無分別智」とは智儼が梵行品を注釈する際に、念念修無分別性を証することから可能となるのである。③念念成仏は無分別智によって念念において真実無性性を証することから可能となるのである。智儼によれば、④信満成仏は十信満の梵行品において初めて真実無性性が証せられ、その結果、梵行品の経文に「初発心の時に便ち正覚を成ず」とあるとおり、正覚が成ぜられることを指していた。『華厳一乗法界図』もこの経文を④信満成仏の証として引いており、智儼と同じである。

問ふ。何を以ってか知ることを得む、信位の菩薩乃至仏は同じ処に頭を並ぶと。亦た『地論』に釈するが如し、「信地の菩薩乃至仏は六相をもって成ず」といふ。故に明らかに知んぬ是の如き義有りと。

問。所 (何?) 以得知、信位菩薩乃至仏同処並頭。如下『経』云、「初発心時便成正覚」。亦如『地論』釈、「信地菩薩乃至仏六相成」。故明知有如是義。(T45：715b)

「信地菩薩乃至仏六相成」。なお、真実無性性(理がそのまま事であること)は凡夫においても内在する真如であるから、仏因と仏果との区別がないことが、世俗諦の事においても認められること)は凡夫においても認められるのであって、理論において凡夫は⑤旧来成仏している。しかし「凡夫の法は本来無物にして物の能く成ずる無し」であって、凡夫は何の力も持たないから、⑤旧来成仏は凡夫にとって何の意味も持たない。⑤旧来成仏が意味を

持つのは、十信満の菩薩が実践において真実無性性を証し、仏因と仏果との相即を体験し、力を持つようになってからである。『華厳一乗法界図』も次のように説いており、智儼と同じである。

菩薩未だ断ぜずば成仏と名づけず。菩薩断尽し福智成じ竟はる。菩薩未断不名成仏。菩薩断尽福智成竟。自此已去名為旧来成仏。此れより已去を名づけて旧来成仏と為す。(T45:714a)

さらに智儼は『華厳経』寿命品によって、世界ごとに時間の長さが違う以上、成仏にかかる時間は不定であると見なし、⑥不定成仏を説いたが、現存の資料においては義湘はこれを説いていない。ただ『華厳経問答』巻下に次のようにある。

一乗の中の仏は自他並びに同じく成ず。故に已に成じつる以去も唯だ果地に住するのみにして因行を修せずとにはむとには非ず。或ひは成仏すること一切衆生と与に、前前に已に成じ、後後に亦た成ず。故已成以去非唯住果地不修因行。或成仏与一切衆生、前前已成、後後亦成。(T45:600a)

一乗中仏自他並同成。

このうち「仏は自他並びに同じく成ず」とあるのは智儼の説いた⑦同時成仏であって、時間の短い世界のあらゆる因果が時間の長い世界の一刹那に該当することを指す。「前前」や「後後」の成仏は③念念成仏である。

以上が義湘の因果説であるが、資料の不足のため詳細な思想が知られないのが残念である。ただ基本的に智儼の因果説と同じであることは確かである。

　　四　法蔵の因果説

法蔵においても智儼・義湘の場合と同様にまず真如説を検討し、次に因果説を検討する。

α　法蔵の真如説

『華厳経探玄記』巻八は別教の真如を次のように定義する。

> 諸の事を円通し無尽を統合すること因陀羅網及び微細との等きが如し。
> 円通諸事統含無尽如因陀羅網及微細等。(T35:270a)

これは智儼『孔目章』第八迴向真如章の定義にほぼ等しい。

> 理と事とを円通し無尽を統合する因陀羅と及び微細との等きなり。
> 円通理事統含無尽因陀羅及微細等。(T45:558c)

ただし、智儼が「理と事とを円通し」と述べたのを法蔵は「諸の事を円通し」と言い換え、無尽の相即相入が事の領域において起きることをより明確に述べている。先に確認したとおり、法蔵が「理と事とを円通し」と言うのは有性がそのまま無性であること、つまり、事がそのまま理であること、事が理と同様に無礙であることを理由として、事の領域において、因と縁との相即相入や、因と果との相即相入が言われるのであった。正確に言えば、因と縁との相即相入は真実無性性のみならず因の六義をも理由とする。しかるに、『五教章』三性同異義が真諦訳の三性説を改変し玄奘訳の三性説と折衷した相即相入を指すのである。法蔵はできるだけ真実無性性を表立たせずに済ませようとする傾向を有している。それは法蔵が玄奘訳の三性説の全盛の時代に生きており、真諦訳の三性説を大々的に用いるのに躊躇しているからであると思われる。真実無性性を大々的に用いない以上、法蔵において「諸の事」の相即相入は何を理由とするのであろうか。『華厳経探玄記』巻四 (T35:173c) は相即相入の理由として、縁起相由と法性融通との二つを挙げる。縁起相由とは因の六義の考えかたである。この二つは『華厳経旨帰』以降の法蔵の著作その理由は法性融通であると言われる。

に頻出する。『華厳経旨帰』自身は縁起相由・法性融通のほかにも八つの理由（各唯心現・如現不実・大小無定・無因生・果徳円極・勝通自在・三昧大用・難思解脱）を挙げているが、『華厳経旨帰』は法性融通を「彼の所依の理に随ひて皆な一の中に於いて現ず」（T45：595b）と定義するが、それに関して注目されるのが円測『仁王経疏』巻下本の次の文である。

問ふ。須弥と大海とは芥子の中に入るといふは、麁と細と相違せむ。如何ぞ能く入るや。解して云はく。西方の諸師は略して三釈を作す。

一に云はく。一切諸法は如を用って性と為す。所依の如は諸の相の分かれたるを離るるを以って、能依の諸法に定まれる大小無し。此の道理に由りて、細と須弥とは等し。

一に云はく。唯識の理に依るに一切諸法は皆な識を離れず。心に随ひ変ずる所も亦た定まれる相無し。是の義を以っての故に、細と須弥とは等し。

一に云はく。一切諸法の因と縁との道理は皆な定まれる相無し。此の因と縁とに由りて、細と須弥とは等し。

問。須弥大海入芥子中、麁細相違。如何能入。解云。西方諸師略作三釈。一云。一切諸法用如為性。以所依如離諸相分。能依諸法無定大小。由此道理、細須弥等。一云。依唯識理一切諸法皆不離識。随心所変亦無定相。以是義故、細須弥等。一云。一切諸法因縁道理皆無定相。由此因縁、細須弥等。（T33：413c-414a）

西方の諸師の三釈のうち第一釈は「所依の如」という表現が法性融通力の説明に出る「所依の理」という表現と符合する。また第二釈は『華厳経旨帰』が挙げる、ほかの八つの理由のうちの各唯心現と符合する。この各唯心現の説明は『五教章』十玄縁起無礙法門義における十玄門（『華厳経』の重点を十点に纏めたもの）のうちの唯心迴転善成門の説明と符合せず、むしろ今の第二釈の説明と符合する。法蔵は『華厳経探玄記』においてしばしば円測『解深密経

367　第4章　華厳の因果説

疏』の記述を転用しているので、『仁王経疏』をも読んでいたのでないかと推測される。以上のように、法蔵は真実無性性を大々的に用いなくなった結果、事と事との相即相入の理由を必要とし、おそらくは円測の伝える西方の諸師の第一釈に基づいて、法性融通を考案したものと推測される。

さてインドの唯識派は初地において真如を証すると説くが、智儼は別教の菩薩がすでに十信満から真如を証すると説いた。先に確認したとおり、智儼は十信満の梵行品のうちに、初地と同様に、四尋思と四如実智と正観とが説かれていると解釈し、正観を三無性観と見なす。三無性観によって真如である三無性性を証するのである。法蔵もまた同じである。正観である三無性観を言わないのは、先に述べたとおり、法蔵が玄奘訳の三性説の全盛の時代に生きており、真諦訳の三性説を大々的に用いるのに躊躇しているからであろうか。しかし法蔵もまた十信満において真実無性性に当たるものを説く。『華厳経探玄記』巻五は「初発心時に便ち正覚を成ず」を含む先の経文を、次のように注釈するからである。

釈すらく常に悲・智と空・有との等きに二法無きを以っての故に、是の故に疾く得。

釈以常楽観悲智空有等無二法故、是故疾得。（T35：202c）

ここで空・有に二法無しとあるのが、無性がそのまま有性であることである真実無性性に該当するのは確実である。別教の菩薩は十信満において空と有と（つまり、無性と有性とや、理と事と）の無二を楽観し、十住以降において「諸の事を円通し無尽を証すること因陀羅網と及び微細との等きが如し」という別教の真如を証し続けるのである。

さて、智儼は別教の真如である因陀羅網境界門を理の中の量と規定し、量の中の理と規定していた。

第3部 別教一乗の論理　368

量bと理aとである因陀羅網境界門は離言の智である如理智（無分別智）と言語の智である如量智（後得智）との両方の認識対象であり、菩薩が証する範囲の真如である。これは菩薩が証する範囲の真如ではなく、仏が証する範囲の真如である。理bは言語の智である如量智の認識対象とならない真如である。『五教章』十玄縁起無礙法門義も因陀羅網境界門について次のように述べており、智儼と同じである。

此れは是れ如理智の中の如量境なり。

此是如理智中如量境也。（Wu 286）

智儼が理の中に理と量とを分け、量の中に理と量とを分けるのは、『十地経論』巻十二の文によって言い換えられた。『十地経論』巻二は果分の中に不可説の果分と可説の因分とを認めるので、智儼は理の中に理と量とを分けたと考えられた。先の図を因分と果分とや、可説と不可説とによって置き換えると、次のようであった。

『五教章』十玄縁起無礙法門義は次のように説く。

夫れ法界縁起は乃ち自在無窮なり。今は要門を以って略して摂めて二と為さむ。一には究竟の果証の義を明かす。即ち十仏の自の境界なり。

図表VI

〔凡夫の境界〕
理 ─┬─ 量
    │
理 ─┴─ 量
b   a
        因陀羅網境界門
    理 ─── 量
    b   a
        量

図表VII

果分 ─┬─ （果）─── 証入位（十地満）の認識対象 ─── 不可説
      │
      └─ 因陀羅網境界門
              │
因分 ─┬─ （因）─┬─ 解行位（十住から十地）の認識対象 ─┐
      │   └─ 見聞位（凡夫から十信）の認識対象 ─┴─ 可説

369　第4章　華厳の因果説

二には縁に随ひ因に約して教義を弁ず。即ち普賢の境界なり。初義は円融自在、一即一切・一切即一にして、其の状相を説く可からざるのみ。……因陀羅及び微細との等きを論ぜず。此れは不可説の義に当たる。何を以っての故に。教が与めに相応せざるが故に。『地論』に「因分可説、果分不可説」と云ふは即ち其の義なり。

夫法界縁起乃自在無窮。今以要門略摂為二。一者明究竟果証義。即十仏自境界也。二者随縁約因、弁教義。即普賢境界也。初義者円融自在、一即一切即一、不可説其状相耳。……不論因陀羅及微細等。此当不説義。何以故。不与教相応故。『地論』云「因分可説、果分不可説」者即其義也。(Wu 246)

これは次のように纏められる。

```
                 ┌─〔凡夫の境界〕
                 │        ┌可 説──普賢の境界
         果 分───┤        │
           因 分─┤        │        ┌因陀羅網境界門
                 │        │        │微細相容安立門 など
                 └────────┴不可説──十仏の境界
```

図表 VIII

法蔵が言う普賢の境界は十住から十地の菩薩の認識対象であり、智儼が言う解行位の認識対象とまったく同じである。また法蔵が言う十仏の境界は智儼が言う証入位の認識対象、つまり十地満の菩薩が十仏となる時の認識対象(それは十仏の境界に他ならない)と等しい。ゆえに法蔵の説は智儼の説とまったく同じである。

ちなみに『五教章』建立乗は因分と果分との無二を波と水との無二に喩える。一には性海果分。是れ不可説の義なり。何を以っての故に。教が与めに相応せざるが故に。故に『地論』に「因分可説、果分不可説」と云ふは是れなり。二には縁起因分。即ち普賢の境界なり。此の二は無二にして全体遍収す。其れ波と水との猶し。之を思ひて見る可し。

370 第3部 別教一乗の論理

「一性海果分。是不可説義。何以故。不与教相応故。則十仏自境界也。故『地論』云「因分可説、果分不可説」者是也。二縁起因分。即普賢境界也。此二無二全体遍収。其猶波水。思之可見。(Wu 64)

この喩えは正直なところあまり良いものとは思われない。この喩えによって従来不必要な誤解が二つ生じているように感じられる。

まず一つは因分と果分とを事と理として誤解するもの、因分と果分とは事と理とでない。因分と果分とは二つとも事がそのまま理であるものであり、こる事と事との相即相入である。ただ、因分は普賢の境界であって言語の智である如量智の認識対象となるので、「教が与めに相応」し、また果分は十仏の境界であって言語の智である如量智の認識対象とならないので、「教が与めに相応」しないのである。この「教」とは別教であり、別教は因分を指し示す言説である。

もう一つは因分と果分との無二を菩薩と仏とでなく、普賢の境界と十仏の境界との無二と誤解するもの。初期華厳教学は確かに菩薩と仏との相即相入を説くが、因分と果分とは菩薩と仏とでなく、普賢の境界と仏との無二を菩薩と仏との無二と誤解するものが十仏の境界の一分だという意味にすぎず、仏因(菩薩)と仏果(仏)とが相即相入するという意味ではない。因分と果分との無二は普賢の境界が十仏の境界を離れないという意味にすぎない。

次に『五教章』以降の『華厳経探玄記』を検討する。同書は十住・十行・十迴向・十地のそれぞれの注釈において因分と果分とを分け、果分は仏智の所行(gocara, 認識対象)であって不可説と見なす。纏めると次のようになる。

〔凡夫の所行〕
因分 ── 十住・十行
　　　　　十迴向・十地の菩薩の所行 ── 可説
果分 ── 仏智の所行 ── 不可説

図表 IX

これもまた智儼や『五教章』と等しい。智儼と法蔵とは同一の考えで一貫されているのである。

別教の真如である因陀羅網境界門や微細相容安立門は因分である。因分は菩薩が証する範囲の真如であり、離言の智である如理智と言語の智との両方の認識対象となる。果分は仏が証する範囲の真如であり、如量智の認識対象となる。果分は不可説であって別教という教（言説）によっては示し得ない。ゆえに別教は菩薩が証する範囲の認識対象となる如量智と言語の智とである如量智と言語の智としての認識対象とならない。別教の真如と呼ぶのである。

されるのは、先に述べたとおり、因分としての真如を言説化したものと理解されねばならない。

ただし、因分は如量智の認識対象であるゆえに可説であるが、如理智の認識対象とならないゆえに不可説である。果分は如量智の認識対象とならないゆえに不可説であるが、自らのうちに因分という可説の側面を有するゆえに可説の側面をも有している。このように、因分にも不可説の側面があり、果分にも可説の側面がある。このうち果分に可説の側面があることは『華厳経探玄記』以前の法蔵も注意する所であって、『五教章』十玄縁起無礙法門義（Wu 246）はこれを「形対」の果分と呼び、また『華厳経文義綱目』（T35: 494b）はこれを「随縁果」と呼んでいる。そして『華厳経探玄記』巻十（T35: 295c）は因分に可説と不可説とがあり、果分に可説と不可説とがあると明言している。

以上が法蔵の因果説であり、義湘同様、基本的に智儼の因果説と同じであることが知られる。

β 法蔵の因果説

智儼の因果説は七種の成仏の範疇に纏められたので、法蔵についても同じ範疇を用いて異同を確認する。仏と凡夫との区別もなく、その意味において凡夫は仏であると言える。これが①無念成仏であった。『五教章』行位差別に次のようにある。

若し頓教に依らば、一切の時分は皆な不可説なり。但だ一念不生のみ即ち是れ仏なるが故に。一念とは、即ち無念なり。

若依頓教、一切時分皆不可説。但一念不生即是仏故。一念者、即無念也。(Wu 397)

また『大乗起信論義記』巻中末に次のようにある。

然るに大覚の者は夢の四相は唯だ一の浄心のみにして体性の前後を弁ず可きもの無しと知りたまふ。……故に

然大覚之者知夢四相唯一浄心無有体性可弁前後。……故

『摂論』に云はく、

「夢に処して年を経たりと謂ふも 寤むれば乃ち須臾の頃なり 故に時は無量なりと雖も 摂めて一刹那に在り」

といふ。此が中の一刹那とは、即ち謂はく無念なり。

量 摂在一刹那」。此中一刹那者、即謂無念。(T44: 259b)

rmi lam na ni lo gcig kun| yud tsam gyis kyang dmigs pa ste| des na dpag med dus dag kyang| skad cig nyid du 'du bar 'gyur|| (MSgU <D>Ri250b6-7, <P>Li305b1-2)

『摂論』云、「処夢謂経年 寤乃須臾頃 故時雖無

また『華厳経探玄記』巻十六に次のようにある。

「若し終教に約せば、並びに是れ如来蔵縁起にして挙体即ち如にして恒沙の徳を具するもの乃ち是れ衆生なり。故に『不増不減経』に云はく、

「衆生は即ち法身なり。法身は即ち衆生なり。法身と衆生とは義は一にして名は異なり」

sattvadhātur eva dharmakāyaḥ. dharmakāya eva sattvadhātuḥ. advayam etad arthena vyañjana-mātra-bhedaḥ. (RGV 41, 15-17)

といふ。解して云はく。此の宗は理に約して衆生は即ち是れ仏なりといふ。若約終教、並是如来蔵縁起挙体即具恒沙徳乃是衆生。故『不増不減経』云、「衆生即法身。法身即衆生義一名異」。解云。此宗約理衆生即是仏。(T35:413c)

これらの文においては終教と頓教との成仏における一念(一刹那)が無念(無時間)と見なされ、理に約するものと言われており、智儼と同じである。智儼はこの①無念成仏が別教にも通ずると述べたが、法蔵も同じであるらしく、今の『華厳経』の所説のうち如夢現(時間の長短の無礙)の証として引かれる『摂大乗論無性釈』巻六所引の頌(T31:419a)を、『華厳経旨帰』(T45:595a)は『大乗起信論義記』において引かれる「離分別菩提心」の中に起こってくる。それが性起であった。性起においては世俗諦の事の念は勝義諦の理そのものが、縁起である世俗諦の事においても証することによって、不起である勝義諦の理における成仏を世俗諦の事においても認めることにあった。理がそのまま事であることであって、別教の究竟の説は勝義諦における成仏の事がそのまま世俗諦の事であることであった。

ただし、智儼によれば、別教の真如は勝義諦の理がそのまま世俗諦の事であることであって、十信満以降の別教の菩薩は世俗諦の理の一念において成仏を説くものであったが、十信満以降の別教の菩薩の念は勝義諦の理の無念と同じである。①無念成仏は勝義諦の理の無念において成仏し得るのである。智儼はこれを②一念成仏と呼び、②一念成仏の連続を③念念成仏と呼んだ。『華厳経探玄記』巻四は『華厳経』賢首品の、次のような文の中とは一切時なり」(T35:189b)と注釈する。

菩薩は一切断を希望し 一念頃に於いて十方に遊び
十方に示現すること満月の如く 無量の方便をもって衆生を化す
彼の十方世界の中に於いて 念念に仏道を成ずることを示現す

る。

正法輪を転じ涅槃に入り　現に舎利を分かちて衆生の為にす
菩薩希望一切断　於一念頃遊十方　於一念頃如満月　示現十方如満月　無量方便化衆生
於彼十方世界中　念念示現成仏道　転正法輪入涅槃　現分舎利為衆生　(T9:434bc)
de dag mi rtog rnam par mi rtog ste | hun gyis grub par phyogs rnams thams cad du |
zla ba lta bur gzugs brnyan ston byed cing | thabs mang stong gis sems can 'dul ba byed |
de dag skad cig re re byang chub tu | rnam par sangs rgyas phyogs bcu kun tu ston |
'khor lo bskor dang mya ngan 'das zhi dang | sku gsum rgya chen de bzhin dpa' bo ston | (BAS ⟨P⟩Yi 240b3-5)

また、『五教章』行位差別に次のようにある。

即ち因果は無二にして始終は無礙なり。一一の位の上に於いて即ち是れ仏なるは是れ此の義なり。

即因果無二始終無礙。於一一位上即是菩薩即是仏者是此義也。(Wu 379)

「一一の位の上に於いて」とは念念においてである。注目すべきは「即ち是れ菩薩にして即ち是れ仏」という点であって、これは、仏因のみと見る時は仏因のみ、仏果のみと見る時は仏果のみであることを指す。このことは智儼によっても説かれていた。勝義諦がそのまま世俗諦であり、勝義諦における因のみ、世俗諦における果のみと表現しても因果がないにせよ、世俗諦においては因や果という概念が用いられるので、因のみ、果のみと表現するのである。これについて、『五教章』十玄縁起無礙法門義に次のようにある。

此の一乗の義は因は同体にして一縁起を成ず。何を以っての故に。果を得ざるが故に非因なり。若し得ずば、因は即ち因を成ぜず。此一乗義因果同体成一縁起。由彼此相即故。若不得者、因即不成因。何以故。不得果故非因也。

(Wu 280)

この文の後半は明らかに『中論』観因果品第二十偈後半のパロディである。法蔵は故意に、『中論』が因と果との異を否定する文を下敷きにして、因と果との相即を説く文を書いている。

若し因と果と是れ一ならば　　生と所生とは一ならむ
若し因と果と是れ異ならば　　因は則ち非因に同じならむ
若因果是一　生与所生一　若因果是異　因則同非因（T30:27b）

ekatve phala-hetvoḥ syād aikyaṃ janaka-janyayoḥ |
pṛthaktve phala-hetvoḥ syāt tulyo hetur ahetunā ||⁽²⁴⁾

世俗諦においては因果関係が考えられている。しかしその因果関係を、因と果とが一なのか異なのかと吟味すると、実はどちらも成り立たないことが判明する。ゆえに『中論』は勝義諦において因果関係はありえないと主張する。因のみと果のみかありえないならば、果のみと見る場合には因はまったく存しない。このようにして同時に因のみか果のみとなることが相即である（再三述べていることである）。因と果との相即は、因果関係がありえないという『中論』の因果説を、裏側から述べたものなのである。こうして見ると、『中論』が因果関係は存しないと説くのに対し、初期華厳教学は因のみか果のみか同時にAのみかBのみかとなることである。

かつて、中村元が『中論』と初期華厳教学とについて次のように述べたことがあった。ともに因果関係のような全体的連関を破壊するものであって、各部分は全体的連関の中における一部分にほかならないから、部分を通じて全体を見ることができる。実に『中

第3部　別教一乗の論理　　376

論」のめざす目的は全体的連関の建設であった。このように解するならば、『中論』の説く縁起と華厳宗の説く縁起とはいよいよ類似していることが明らかである。……『中論』の縁起説は華厳宗の思想と根本においては殆ど一致するといってよい。

これに対して田中順照が述べた言葉に耳を傾けるべきである。

あるものは彼を自らの中に含む此れであるか、または、此れをその中に含む彼かである。しかも彼と此れとは隠顕一際である。『中論』に説く縁起説は華厳宗の思想とその根本において一致すると説かれるとき、このことが隠顕一際が理解されているだろうか。一即一切ということは、「各部分は全体的連関の中における一部分に過ぎないから、部分を通して全体を見ることができる」と説かれるとき、この隠顕一際が理解されているだろうか。部分が全体的連関の中の部分であるのではない。一が絶対的個 absolute individuality なのである。そこには部分がその中に帰入すべき全体的連関なるものはない。……かくて、賢首の説く縁起相由は相依の関係においては彼と此れとが存立し得るというのではない。決して、有為法と無為法とを統一する相依の関係を確立しようとしている的思惟の矛盾を指摘することにあって、『中論』に説く縁起は相互依存であり、華厳宗の説くところと根本において一致するということは、一面において竜樹を誤れるだけでなく、他面において、華厳宗の説くところを誤るのではない。……かく解する時、竜樹の『中論』に説く縁起は華厳宗の説くところと一致するといわなければならぬ。

さて、法蔵が「因果は同体にして一縁起を成す」と言う縁起とは、因という概念がなければ果という概念もあり得ないといった双方向的な縁起（たとえば右という概念がなければ左という概念もないとか、子という概念がなければ親という概念もないという縁起）を指すのであり、中観派が parasparāpekṣatā と呼ぶものに該当する。ゆえに、続けて「此れを得ば即ち彼を得。彼と此れとは相即するに由るが故に」と言われる因果の相即とは、因という概念と果という概

念との相即であって、現在の仏因（菩薩）と未来の仏果（仏）との相即ではない。大乗においては現在有体・過未無体であって、有体である現在の仏因（菩薩）と無体である未来の仏果（仏）とは相即できない。前章において確認したとおり、因と縁との相即相入においては、因の力と縁の力とが相入し、因の体と縁の体とが相即するのであって、因と果との相即ではない。いま、因と果との相即においては、因の体と果の体とが相即するのでなく、因という概念と果という概念とが相即するのである。なお、法蔵は因と果との相即においては因と果との相即しか言わないが、因の力と果の力とが相即するような、果を生ずる力の相入でなく、因と縁との相入におけるような、そうした、力が概念に備わるものである以上、概念も互いに相入する。

中観派が因と果とのような相互依存的な二概念の単独存在を否定するのに対し、初期華厳教学は因という概念のみか果という概念のみが同時的に単独存在すると考える。ゆえに『華厳経探玄記』巻四は次のように説く。

　若し因門を以って取らば、則ち常に是れ菩薩。若果門取、則恒是仏。（T35:189b）

別教の菩薩はただ仏のみになるのではなく、菩薩のみにもなる。決して仏のみとなるのではない。初期華厳教学を信満において仏のみとなると説く楽観主義と見なすのは、初期華厳教学に対する思索の貧しさ以外の何者でもない。それが③信満成仏は十信満において真如を証することから始まるのであって、④信満成仏は

③念念成仏における無数の成仏の一つにすぎず、④信満成仏のみを特に取り上げるのは終教の信満不退に類比したまでである。このことは智儼によっても説かれていたが、『五教章』行位差別にも次のようにある。

　彼の〔終〕教の中には信満不退に方に位に入ることを得るを以って、今は即ち彼の位に入ることを得る処に寄し

て、一時に此の一切の前後の諸位の行相を得るといふ。

以彼教中信満不退方得入位、今即寄彼得入位処、一時得此一切前後諸位行相。(Wu 383)

さて、ここまでの①無念成仏・②一念成仏・③念念成仏・④信満成仏については、法蔵は智儼に同じであった。しかるにここから検討する⑤旧来成仏については、法蔵は智儼と根本的に異なる。まずは問題となる『華厳経』性起品の文を示す。

仏子よ、如来身の中に悉く一切衆生の菩提心を発するを見はす。菩薩行を修し、等正覚を成じ、乃至一切衆生の寂滅涅槃を見はすこと、亦復た是の如し。皆な悉く一性、無性なるを以っての故に、無相・無尽・無生・無滅なるが故に、我に我性非ざるが故に、衆生に衆生性非ざるが故に、覚に所覚無きが故に、法界に自性無きが故に、虚空界に自性無きが故に。是の如く一切無性を等覚して、無尽智・自然智をもって衆生を度脱したまふ。

仏子、如来身中悉見一切衆生発菩提心。修菩薩行、成等正覚、乃至見一切衆生寂滅涅槃、亦復如是。皆悉一性、以無性故、無相無尽無生無滅故、我非我性故、衆生非衆生性故、覚無所覚故、法界無自性故、虚空界無自性故、如是等覚一切無性、無尽智自然智、一切如来無極大悲度脱衆生。」(T9：627a)

'di ltar thams cad dngos po med pa'i rang bzhin mtshan nyid med pa'i rang bzhin dang | mi skye mi 'gag pa'i ltar thams cad kyang mya ngan las 'das pa zhi ba'i dbyings su yang dag par gzhol ba'i bar du rab tu ston te | des ni rang gi sku de nyid la sems can thams cad kyang mngon par 'tshang rgya ba'i dmigs pa ston to || de bzhin du sems can thams cad kyang mya ngan las 'das pa zhi ba'i dbyings su yang dag par gzhol ba'i bar du rab tu ston te | des ni pa'i rang bzhin dang bdag med pa'i rang bzhin dang | sems can la sems can med pa'i rang bzhin dang | sangs rgyas rnam par mi rtog pa'i rang bzhin dang | chos kyi dbyings kyi rang bzhin dang | nam mkha' dbyings kyi rang bzhin thugs su chud de | de lta bu'i rang bzhin mngon par rdzogs par sangs rgyas nas ma lus par thugs

『華厳経探玄記』巻十六はこの文を次のように注釈する。

su chud pa dang | chos kyi dbyings rab tu brnyes pa dang | de bzhin gshegs pa'i thugs rje chen po rgyun mi 'chad pas sems can gyi don yongs su sgrub pa mdzad do || (BAS <P>Sh126b7-127a3)

ここでは円教の衆生が事に約して成仏しており、「理と事とを具足」しているとは円教の菩薩に等しく世俗諦の事において①無念成仏のように勝義諦の理において仏に等しいのみならず、②一念成仏・③念念成仏を具足しているという意味である。すなわち⑤旧来成仏である。しかるに智儼『孔目章』普荘厳童子処立因果章は次のように述べていた。法蔵はこれを旧来と表現する。若し未だ成ぜずば、則ち普賢と説かず。若し已に成ずれば、即ち普賢と説く。普賢の因果は凡夫世間の剋く得るに従らず。何を以っての故に。若し已

問ふ。此が中に現はす所の衆生の成仏は是れ事に約すと為すや、是れ理に約すと為すや。答ふ。皆悉く一性、無性なるを以っての故に。此れは是れ別教の中の義なり。若し是れ理に約すといはば、即ち一切衆生は並びに悉く旧来発心すること亦た竟はりぬ。修行も亦た竟はりぬ。成仏も亦た竟はりぬ。此の経文の如し。……汝は今初の人天位の中に就きて彼の衆生を観るに、当相即ち空なるも猶ほ亦た得ず。況はむや復た円教の中の事を見ることを得るをや。問。此中所現衆生成仏為是約事、為是約理。若是約事、何故標中乃云「有発心修行」等。答。此是、別教中義。……若円教、即一切衆生、並悉旧来発心亦竟。修行亦竟。成仏亦竟。具足理事。如此経文。……汝今就初人天位中観彼衆生、当相即空猶亦不得見円教中事。（T35：413b）

何が故に標の中に乃ち下に釈して「発心と修行と有り」等と云ふ。答ふ。

380　第3部　別教一乗の論理

に成ぜば、則ち旧来此の如し。道理の時事は皆な悉く同じからず。凡夫の法は本来無物にして物の能く成ずる無し。普賢を凡に対せば旧来有に非ずして成ず可き所無し。普賢因果不従凡夫世間剋得。何以故。唯普賢望普賢説成説不成。若未成、則不説普賢。若已成、則旧来如此。道理時事皆悉不成不同。凡夫之法本来無物無物能成。普賢対凡旧来非有無所可成。唯普賢望普賢説成説不成。

「若し未だ成ぜずば、則ち普賢と説かず」「普賢を凡に対せば旧来有に非ず」と説かれるとおり、智儼によれば、凡夫は決して旧来成仏していない。⑤旧来成仏は凡夫が普賢（別教の菩薩）になった時に初めて知られるのであって、それ以前には「物の能く成ずる無し」なのである。それに対し法蔵は凡夫が「旧来発心すること亦た竟はりぬ。修行も亦た竟はりぬ。成仏も亦た竟はりぬ」と同様「一切衆生は已に成仏し竟はりぬ」と説く。実は智儼『孔目章』阿僧祇品時劫章も成仏までの時間に関し、法蔵と同様「一切衆生は已に成仏し竟はりぬ」と説くことがある。

若し一乗の義をいはば、即ち無尽劫なり。何を以っての故に。一乗に依るに一切衆生は已に成仏し竟はりぬと為し、復た衆生は新新に成仏し亦た学地に住せずして而も正覚を成ずと為す。此れに拠りて時分を限らず。故に無尽なり。

若一乗義、即無尽劫。何以故。為依一乗一切衆生已成仏竟、復為衆生新新成仏亦不住学地而成正覚。拠此不限時分。故無尽也。（T45：576b）

しかるにこれは、先に確認したとおり、諸世界の時間の長さが異なり、ある世界の無量の時間が別の世界の一刹那であることから「一切衆生は已に成仏し竟はりぬ」と説かれたのであって、修行をしない凡夫が成仏していると説くものではない。智儼も衆生が旧来発心し旧来修行していることを認めないわけでなく、『孔目章』第八会入法界品初弁廻心章（T45：583c）は舎利弗らが「宿種の善根」を現じて、つまり旧来発心し旧来修行した善根を現じて、別教に廻心すると説いている。しかるにそれは凡夫が旧来発心し旧来修行しているのではなく、菩薩が旧来発心し旧来修

行しているのである。智儼が現実に発心して修行することの大切さを重視し、発心せず修行しない凡夫に旧来成仏を認めないのに対し、法蔵は凡夫が旧来発心し旧来修行しているとはいかなることか。上の性起品の文によれば、一切衆生は仏と同じく無性・無相・無尽・無生・無滅であり、その点で、仏は一切衆生が発心し修行したと見、大悲をもって度脱する。これは理における①無念成仏に該当しており、法蔵が事における衆生の②一念成仏・③念念成仏・⑤旧来成仏と解釈するのはかなり無理な解釈である。ゆえに『華厳経探玄記』巻十六は次のように会通する。

問ふ。彼准此釈結、似約理性説衆生成仏。何故標中有発心等五位因成仏等八相果。答。此是以法性融通門釈。謂事随理、以融通故、得相即相入也也。（T35：414a）

問。彼准此釈と結とに准ずるに、理性に約して衆生の成仏を説くに似たり。何が故に標の中に発心等の五位の因と成仏等の八相の果と有る。答ふ。此れは是れ法性融通門を以って釈す。謂はく事は理に随ひ、融通を以っての故に、相即相入を得るが故なり。

法蔵は経文が理における成仏を言うように見えるのは法性融通によるのであり、法性融通によって事における成仏を可能ならしめると解釈するのである。法性融通が真実無性に代わって登場した、事と事との相即相入の理由であることは、すでに述べたとおりである。

さて、先に検討したとおり、因の六義によれば、現在一刹那の同一空間に存する諸世界もすべて相即相入する。ゆえに現在一刹那の同一空間に存する諸世界もすべて相即相入する。『華厳経』寿命品によれば娑婆世界の一劫は阿弥陀仏刹の一日一夜であるから、阿弥陀仏刹の現在一刹那は娑婆世界の現在一刹那より時間の長い世界は無量に存在すると言われ、そうした世界の現在一刹那は他の世界の無量の時間に該当する。そうした世界の現在一刹那の法が娑婆世界の現在一刹那の法と相即相入している以上、時間

の長短は相対的である。ゆえに『五教章』修行時分は⑥不定成仏を説く。若し円教に依らば、一切の時分は悉く皆な不定なり。何を以っての故に。謂はく諸劫は相即するが故に、相即するが故に。

若依円教、一切時分悉皆不定。何以故。謂諸劫相入故、相即故。（Wu 398）

「諸劫は相即相入するが故に」とある「諸劫」は諸の世界の劫であって、同一世界の諸の劫ではない。諸の世界の劫が、時間の長い別の世界の長大な現在一刹那に摂められ、その長大な現在一刹那が、別の世界の現在一刹那と相即相入するという意味である。決して、同一世界の諸の劫がそのまま相即相入するという意味ではない。大乗仏教においては現在一刹那のみが存在し、劫は仮法であって存在しない。同一世界の諸の劫は仮法であって相即相入し得ない。ゆえに相即相入し得るのも、ある世界の現在一刹那に還元された、諸の世界の劫のみである。『華厳経』は常に釈迦仏の成道と同時に説かれていると主張する。

即ち此の異界の有らゆる時劫も亦た各別に相収し、或ひは互ひに相摂す。若しは念にして若しは劫なり。無尽なること前に同じ。悉く彼の時に於いて恒に此の法を説く。

即此異界所有時劫亦各別相収、或互相摂。若念若劫。無尽同前。悉於彼時恒説此法。（T45：590c）

これが⑦同時成仏である。一切衆生は釈迦仏の成道と同一刹那において、釈迦仏の説法の座と相即相入しつつ、成仏しているのである。

⑥不定成仏と⑦同時成仏とについては法蔵は智儼と同じである。結局のところ、法蔵は⑤旧来成仏においてのみ智儼と異なるのである。

第4章 華厳の因果説

五 おわりに

智儼の因果説は事（有性）がそのまま理（無性）であるという真実無性性を基盤とし、理の無念における仏因と仏果との平等を事の念においても認め、仏因と仏果との相即相入を説くものであった。それは、因と果とが相互依存的な二概念が単独存在できないとする中観派の因果説を、因という概念のみか果という概念のみかが単独存在するというふうに裏側から述べて、因という概念と果という概念との相即相入として説いたものであった。義湘と法蔵との因果説は智儼の因果説を踏襲していたが、法蔵は真実無性性を用いるのに躊躇し、代わりに法性融通を用いていた。これは玄奘訳の三性説の全盛時代に生きていた法蔵が真諦訳の三性説の真実無性性を大々的に用いることを躊躇したからと考えられる。また法蔵は凡夫において仏因と仏果との相即相入を認めたが、これは法蔵が実践に対して関心を持っていなかったからと考えられる。智儼と法蔵との因果説はほぼ同一構造を持ちながらも、時代と関心の違いによって微妙な相違を見せている。

注

(1) 『十地経論』の第一義真心を終教と見なす法蔵『五教章』心識差別の説（T45：485a）はこの『華厳経捜玄記』の説を踏襲したものである。吉津宜英 [1991：364] が法蔵を批判して「この第六地の一文が始教と判ずる唯識文献の中で多用され、重視されたことが、この一文を円教の項で扱いにくい最大の理由であろう。師の智儼がその一心所摂の一文に関して法界縁起の体系を提示したのと比較する時に、法蔵のこの一文の扱いは極めて限定的で、厳しいと言わざるをえない」と述べるのは不当である。なお吉津宜英 [1991：363] は夜摩天宮会菩薩説偈品の如心偈についても、法蔵がそれを終教や頓教と解釈しているとみなして法蔵は円教の事事無礙とも解釈していることは大竹晋 [1998] によって指摘された。また吉津宜英 [1996] は明難品の「縁起甚深」についても、法蔵がそれを終教や頓教と解釈していると見なして法蔵の教判的限定を批判するが、それが誤りであって法蔵は「縁起甚深」を智儼同様、阿頼耶識と七転識との相即相入と解釈していることは本研究第三部第一章において指摘した。

(2) 「菩薩摩訶薩正念無障礙。観察分別三世諸仏平等猶如虚空無有二相、如是観者智慧方便無所罣礙、於一切法而不取相、一切諸法無自性故、於一切仏及諸仏法平等観察猶如虚空、是名菩薩摩訶薩方便修習清浄梵行」。（T9：449bc）

蔵文の試訳は次のとおり。「この梵行というものは何らかであると、そのようには〔梵行を〕得ずに、〈三時において平等なる性質としてむすぼれなく作意すること〉と、〈心において無障かつ無二に行ずること〉と、〈無障の加行〉と、〈無相の法を把握すること〉と、〈無相の法を知ること〉と、〈仏の法を知ること〉と、〈あらゆる仏の法を正しく思うこと〉とによって、あまねく清浄なる梵行に作意すべきです」。

tshangs par spyod pa'i chos de gang zhig ces de ltar mi dmigs shing| dus gsum mnyam pa nyid du nam mkha' yongs su rgyas par bya ba dang| chags pa med par yid la bya ba dang| sems la bsgrib pa med par dang| gnyis su med par shin tu spyod pa dang| bsgrib pa med pa'i sbyor ba dang| mtshan ma med pa'i chos bzung ba dang| mtshan nyid med pa'i chos rab tu shes pa dang| sangs rgyas kyi chos rab tu shes pa dang| sangs rgyas kyi chos thams cad la yang dag par rdzogs pa'i byang chub tu mngon par 'tshang rgya bar yid la bya'o|（BAS〈P〉Ri17b6-18a1）

「菩薩摩訶薩如是観者、以少方便疾得一切諸仏功徳。常楽観察無二法相、斯有是処、初発心時便成正覚。知一切法真実之性具足慧身、不由他悟」。（T9：499c）

de de ltar bzhugs pa nyon mongs pa chung bar sangs rgyas kyi chos thams cad kyang mngon du 'gyur ro|des chos de dag gnyis su med par rtogs pas sems dang po skyed pa nyid kyis bla na med pa yang dag par rdzogs pa'i byang chub tu mngon par 'tshang rgya ba'i gnas yod do| chos thams cad sems kyi rang bzhin du shes pa gzhan gyi dring mi 'jog par shes rab kyi phung po dang yang ldan par 'gyur ro‖ (BAS 〈P〉Ri18a8-18b2)

蔵文の試訳は次のとおり。「彼はそのように見据えるので、わずかばかりの煩悩においてあらゆる仏法すら目のあたりとなるでしょう。彼がこれらの法を〈無二〉として見据えたうえで初めての心を起こすことによって、無上正等覚を覚るための足場があるのです。あらゆる法を、心を本性とするものと知ることで、他の助け(*para-saṃpratyaya)を設けずに、慧(*prajñā)の集まり(*skandha)をも伴うことになりましょう」。蔵訳によれば、この経文は〈菩薩はわずかな煩悩のうちにすら〈初発心の時に無上正等覚を得る〉という仏法を見、それに伴うことによって初発心するが、その初発心が無上正等覚を覚るための足場である〉と述べているのであって、決して〈初発心の時に無上正等覚を得る〉という信満成仏を述べているのではない。

(3) 吉津宜英 [1991: 347] はこの文について「智儼は法蔵の言うように果分(義大、証大)を十仏の自境界とはしていないことをここで明らかにしておきたい」と述べる。しかるに証入位は十仏の仏身に証入するための認識対象である果分は十仏の自境界とすべきでなかろうか。法蔵は智儼によっていると思われる。

(4) 細かく言えば七種の他にも『華厳経』の成仏について、『孔目章』釈四十五知識文中意章 (T45: 585c) は「勝身に依りて一生に即得」もの (普荘厳童子・兜率天子・善財童子・『法華経』の龍女)、「見聞に依りて生を径て疾く剋す」もの (善財童子が各善知識の許で普賢法を得ること)《十地経》『十地経論』の転生時益)、「一時に依る」もの (法宝善知識)、「八地已上に於いて即ち其の仏を成ず」もの (いわば教証 (āgama) であり、因果説第二篇第七章「成仏道の実践」がある)、『十地経論』(T45: 561ab) は「第十地に在りて亦た別に成仏す」るもの初明十地品十地章 (T45: 561ab)。これらは経文が保証する成仏であって、ここでは扱わない。なおこれらを含めた智儼の成仏説についての研究として木村清孝 [1976] 第二篇第七章「成仏道の実践」があるが、そこにおける解釈は本研究における解釈とかなり異なる。いちいち記さないので読み較べられたい。

(5) 『華厳経』夜摩天宮菩薩説偈品の偈「一切法無生 亦復無有滅 若能如是解 斯人覩如来」(T9: 464b. BAS 〈P〉Ri60 b3-4) の取意である。

bzhin gang gis shes pas ni‖gang la skye ba med pa yi‖yang dag sangs rgyas mthong ba yin‖

(6) この意味における一念成仏は『五十要問答』一念成仏義においても三乗教の一念成仏として「二会縁従実時、法性無多少長短、一成即一切成、一切成即一成故」(T45: 520a) と説かれ、『孔目章』初明十地品十地章においても始教の迴心教の成仏として「三約謂真如無分別空一念、即成其仏」(T45: 560c) と説かれ、始教の直進教の成仏として「別空理一念、即成其仏」(T45: 560c) と説かれる。著者問題のある著作ながら『華厳一乗十玄門』においても大乗の一念成仏として「一者会縁以入実性無多少、故明一念成仏

第3部 別教一乗の論理　386

(7) 義」（T45：518a）と説かれる。

(8) この意味における一念成仏は『五十要問答』一念成仏義においても三乗教の一念成仏として「一由覚理、位満足時、唯一念故」（T45：520a）と説かれる。著者問題のある著作ながら『華厳一乗十玄門』においても大乗の一念成仏として「二者行行既満、取最後念、名為成仏」（T45：518a）と説かれる。

(9) 『孔目章』摂生戒中明四倒章において「若拠終教、地前伏上心、初地滅種子、第十地已還漸滅習気、仏地永断」「二者行行既満、取最後念、名為成仏」（T45：518ab）と説かれる。

(10) 『孔目章』請分中転依章において「若約熟教、地前随伏、初地頓断、二地已去断其習気」（T45：562ab）と説かれる。

(11) 『唯識二十論』はこの部分の梵文を欠落しており、今は原田和宗［1999：103-108］によって考証された梵文によった。

(12) 石井公成［1996：59］。

(13) 青木隆［2000：183-184］。

(14) 『華厳経』を体融と規定するのは石井公成［1996：182］によれば地論宗以来の説である。

(15) 石井公成［1996：104 n.21, n.22］。

(16) 「仏子。如此娑婆世界釈迦牟尼仏刹一劫、於安楽世界阿弥陀仏刹為一日一夜。kye rgyal ba'i sras dag gang bcom ldan 'das de bzhin gshegs pa shā kya thub pa'i sangs rgyas kyi zhing 'jig rten gyi khams mi mjed 'di'i bskal pa ji tsam pa de ni/ 'jig rten gyi khams bde ba yod pa'i sangs rgyas kyi nyin zhag gcig go」（T9：589c. BAS ＜P＞Li274b2-3）。

(17) 景雅『華厳論草』（T72：67c）によれば、一一一六年に日本華厳宗の俊源が維摩会において一成一切成を主張したところ、日本法相宗の永縁はそれを『成唯識論』に出る外道の同時解脱の主張と同じであると非難した。

(18) 石井公成［1996：181-182］。『五門論章』が地論宗であることは石井公成［1996］によって推測されていたが、その後、青木隆［2000：184-185］によって、仏性門・衆生門・修道門・諸諦門・融門を説く地論宗の徒であることが明らかにされた。おそらくこの誤植に基づいて石井公成［1996：228］は「皆成を認めない新訳唯識家が『仏地経論』のこの箇所を教証として使ったため、義湘は反発して同じ箇所を『仏地経論』を『十地経論』と誤植している。

(19) 鎌田茂雄［1979a：247］の訳注は義湘が引く『十地経論』を『仏地経論』と誤植している。おそらくこの誤植に基づいて石井公成［1996：228］は「皆成を認めない新訳唯識家が『仏地経論』のこの箇所を教証として使ったため、義湘は反発して同じ箇所を用いたのであろうか」「いずれにせよ、理仏性と行仏性とを区別し、行仏性の果である『事』としての仏の果徳と因とをまったく別のものと見て五姓各別を説いた新訳唯識家たちであったと見てよいであろう」と述べるが、無意味であって訂正を要する。石井公成［1996：245］は義湘が言う「一無分別」について「二無分別」とは、智儼が通観章において「一無分別智定」にして『孔目章』梵行品において「一無分別の相を離る」と規定していた一行三昧の立場であって、三乗たる頓教の法門に他ならない」と述べる。しかるに『孔目章』梵行

387　第4章　華厳の因果説

(20) 根無一力 [1986:133-144]。

(21) 舘野正生 [1994:262]「理事の融通が述べられるが、これは因分果分の無二無礙に通ずる内容である」。舘野正生 [1997b:286]「正しくこの形対の果分、即ち因分として説かれる果分こそ理事無礙の「理」に相当するものであり」。

(22) 舘野正生 [1997a]。

(23) 『華厳経探玄記』巻五「十住有二分。一果分。円融不可説。二因分。不可説故此中不論」（T35:218b）。同書巻六「釈十行有二分。一果分。当不可説。非此所論。二因分。是即果分玄絶、当不可説。因分約機、十「一就実十地。唯仏所知。仏智所行名為果分。……二随相十地。菩薩所知。菩薩所行名為因分。是即可説」（T35:299a）。

(24) 三枝充悳 [2000:590]。

(25) 中村元 [1965] (中村元 [1981:168])。

(26) 田中順照 [1968:64-65] なお中村元 [1965] は石井公成 [1996:138 n.44] によっても「そこまで肯定的に断じてよいかどうか疑問である」と評されている。

(27) ちなみに、本研究第三部第一章において確認したとおり、阿頼耶識と七転識との相互同時因果は、初期華厳教学の見かたによれば、もっぱら阿梨耶識と染汚法とが更互に因果となると説くものであり、これを一般化して諸法の間の関係に適用し、特に普賢行を行ずる因としての菩薩と果としての仏との相即を立証しようとするものであるため、染縁起を明かすものであり、阿頼耶識と七転識との相即、阿頼耶識と七転識との相互同時因果と見なす。しかし仏因と仏果との相即は、あくまで因果概念の相即であって、阿頼耶識と七転識との相即、阿頼耶識と七転識との相互同時因果とは関係ない。阿頼耶識と七転識との相互同時因果は同一刹那に実在するまったく別の二者の間の因果であるが、仏因（菩薩）と仏果（仏）との二者が同一刹那に実在するとすれば、同じ人間が同一刹那に二人いることになってしまう。

(28) 三本・宮本は「一切」である。蔵訳 thams cad から判断すれば「一切」が正しい。

第五章　華厳の断惑説――「行唯識」と「解唯識」――

一　はじめに

本研究第三部第二章においては初期華厳教学の三性説が地論系摂論宗の霊潤の三性説に基づき、理論である「解三性」と、実践である「行三性」とに分けられることを確認した。初期華厳教学の三性説として著名であるのは法蔵『五教章』三性同異義であるが、三性同異義は理論である「解三性」の範囲にとどまり、実践である「行三性」に言及しない。ゆえに従来、初期華厳教学の三性説は識論や瑜伽行論と切り離された単なる存在論と見なされがちであった。しかし、初期華厳教学の三性説すべてが識論や瑜伽行論と切り離されていたわけではない。智儼は「解三性」「行三性」に対応する唯識の理論と実践として「解唯識」「行唯識」を説き、そのうち「解唯識」において識論を、「行唯識」において瑜伽行論を展開し、義湘や法蔵もそれを継承する。それらは広義の断惑説の文脈において説かれる。本章においては、智儼から義湘を経て法蔵へと続く初期華厳教学の断惑説の展開を、「行唯識」「解唯識」の一貫した構造のうちに説き明かす。

二 智儼の断惑説

　智儼の著作においては、唯識を意識唯識と梨耶唯識（本識唯識）とに分け、それを交互に「行唯識」「解唯識」に配当する記述が見受けられる。『華厳経捜玄記』巻三下に次のようにある。

　唯識とは、二種有り。
　一には梨耶識。諸法を持し生ず。識を離れて即ち無し。
　二には意識唯識を明かす。生死涅槃と染浄との等き法は意地に現在し、識を離れて即ち無し。梨耶唯識は始めには是れ解の境にして行の所依に非ず。意識唯識は此れ終わりには即是れ正解の所依なり。心は終わりにして意は始めなり。前に反じて知る可し。

　唯識者、有二種。一梨耶識。持生諸法。離識即無。二明意識唯識。生死涅槃染浄等法現在意地、離識即無。梨耶唯識始是解境非行所依。意識唯識此終即是正解所依。心終意始。反前可知。（T35：64b）

　また『孔目章』明難品初立唯識章に次のようにある。

　総じて説くに唯識に其の二種有り。
　一には解唯識、
　二には行唯識なり。
　意識唯識の如きは初には即ち行に順じ後には即ち解に順ず。本識唯識は初には即ち解に順じ後には即ち行に順ず。
　広くは『疏』に説くが如し。

　総説唯識有其二種。一者解唯識、二者行唯識。如意識唯識初即順行後即順解。本識唯識初即順解後即順行。

第3部　別教一乗の論理　　390

広如『疏』説。(T45：547b)

後者の言う『疏』とは前者を指す。これらを纏めると次のようになる。

梨耶唯識（本識唯識）……初めは「解唯識」の所依、後には「行唯識」の所依

意識唯識……初めは「行唯識」の所依、後には「解唯識」の所依

「解唯識」「行唯識」は本研究第三部第二章において検討した真諦訳の三性説の解釈法「解三性」「行三性」に対応する。「解三性」は三性の理論であって、三性を無と見て三無性に入るものであった。真諦訳において三無性は真如と規定され、一なる無性と見なされて、有性（分別性・依他性）に非ず無性（相無性・生無性）に非ざる真実無性性と呼ばれていた。『華厳経捜玄記』巻三下は先の文に続けて「解唯識」「行唯識」を次のように説く。

実境を遣りて滅する時に即ち一分の空なる無相性を得すと名づく。此れは是れ「行」の門の唯識観法なり。若し「解」を生ずるに約せば、則ち三性の後に無性性を弁ず。

遣実境滅時即得一分空無相性。無相現故唯識想境並不生名得無性性。此是行門唯識観法。若約生解、則三性後弁無性性。(T35：64c)

唯識を知らず、実境（実体的な境）に執着していた者も、見道において実境という分別性を滅して無相性を得る。このように二性の滅から三無性を得るのと同時に分別性に依る識という依他性をも滅して〔無生性を得、〕真実無性性を得る。それに対し、無性性を得るのが「行」の門の唯識観法であって、「行唯識」である。それに対し、「解唯識」「行唯識」が「解三性」「行三性」に対応する唯識の理論と実践とであることが知られる。

「唯識の想」とは、意識と相応する〈唯だ識のみ〉という想である。「唯識の境」とは、阿頼耶識が顕現する境であり。梨耶唯識（本識唯識）が初めは「解唯識」の所依とされ、後には実践である「行三性」によって〈分別性である実境とともに〉滅せられる理論である「解唯識」の所依とされるのは、意識が初めは実境である「行三性」によって理解され、後には実践である「行三性」によって〈唯だ識のみ〉という想を起こし、実境を滅するが、同時に実境に依る依他性である自らも滅せられ、後には理論である「解三性」によって仏菩薩の「正解の所依」となるからである。「正解」というのは、要するに、大円鏡智などの智であろう。本研究第二部第三章において確認したとおり、智儼は大円鏡智などがすべて意識を所依として生ずると述べていた。

以上のように考えると、意識唯識という概念は真諦訳『仏性論』巻四の、次のような文に基づくと推測される。

云何ぞ能く此の（能取・所取の）二辺を離れることを得むや。意識に依りて唯識といふ智（*vijñaptimātra-jñāna）を生ずることに由る。唯識といふ智とは即ち塵体無しといふ智（*arthābhāva-jñāna）是れ唯識といふ智を生ぜり。若し成ぜば、則ち能く還りて自の本の意識を滅す。何を以っての故に。塵に体無きを以っての故に、意識は生ぜず。若し意識の生ぜざるが故に、唯識も自ずから滅するが故に。意識は幻師の如く、唯識といふ智は幻虎の如し。意識は能く唯識を生ずるを以っての故に、唯識観成ぜば還りて能く意識を滅す。何を以っての故に。塵の等きが無なるに由るが故に、意識は生ぜず。譬へば幻虎の還りて幻師を食らふが如し。提婆法師の偈を説きて言ひたまふが如し、

「意識は三有の本なり　諸の塵は是れ其の因なり
若し塵の無体なるを見ば　有の種は自然に滅すべし」

[srid pa'i sa bon rnams shes te | yul rnams de yi spyod yul lo |]

といひたまふ。

云何能得離此二辺。由依意識生唯識智。唯識智者即無塵体智是唯識智。若成、則能還滅自本意識。何以故。以塵無体故、意識不生。意識不生故、唯識自滅故。意識如幻師、唯識智如幻虎。以意識能生唯識故、唯識観成還能滅於意識。何以故。由塵等無故、意識不生。譬如幻虎還食幻師。如提婆法師説偈言、「意識三有本　諸塵是其因　若見塵無体　有種自然滅」。(T31:809bc)

なお、この文は『中辺分別論』巻下の、次のような文に基づく。

所取に分別の一辺あり、能取に分別の一辺あり。此の二辺を離れしめむが為に、仏は幻師の譬へを説きたまふ。云何ぞ此の如しや。唯識といふ智の作す所なり、塵無しといふ智は唯識といふ智を滅除す。所取分別一辺、能取分別一辺、為離此二辺、仏説幻師譬。云何如此。唯識智所作、無塵智。無塵智者滅除唯識智。塵無体故、識亦不生。(T31:463a)

yul la bdag med mthong nas ni│srid pa'i sa bon 'gag par 'gyur║(CŚ〈D〉Tsha 16a5,〈P〉Tsha 17b8-18a1)

grāhye 'pi vikalpo 'ntaḥ grāhake 'pi. etasya vikalpa-dvayāntasya parivarjanārthaṃ māyā-kāra-dṛṣṭāntaḥ. vijñapti-mātra-jñāna-kṛtaṃ hy arthābhāva-jñānam. tac cārthābhāva-jñānam, tad eva vijñapti-mātra-jñānaṃ nivarttayati. arthābhāve vijñapty-asambhavād ity etad atra sādharmyam. (MAV 72, 12-16)

一見して判るとおり、『中辺分別論』は意識を言わない。また『仏性論』における提婆法師の偈は『四百論』破辺

393　第5章　華厳の断惑説

執品の偈であるが、蔵訳においては意識でなく、単に識とあるのみである（他の漢訳においても同じ）。意識の重視は真諦に特有の付加であり、智儼の意識唯識はそれを継承するのである。

『仏性論』における「唯識といふ智」は『十地経論』巻八の文を注釈する際に『華厳経捜玄記』巻三下によっても採り上げられている。まずは『十地経論』を挙げる。

云何なるが余処に解脱を求むることを。是の凡夫は是の如く愚痴顛倒にして、乃ち余処の我我所の中に於いて解脱を求む。

云何余処求解脱。是凡夫如是愚痴顛倒、常応於阿梨耶識及阿陀那識中求解脱、乃於余処我我所中求解脱。
（T26：170c）

gzhan las thar ba yongs su tshol ba ji lta bu zhe na | kun gzhi dang | jug pa'i rnam par shes pa rnams las thar ba yongs su btshal bar bya ba'i rigs pa las | de ltar kun tu rmongs shing phyin ci log tu gyur pa de dag gzhan du bdag lam yongs su tshal te | (DBhV <P>Ngi258a2-3)

『華厳経捜玄記』はこれを次のように注釈する。

余処に解脱を求むることとは「凡夫は愚痴顛倒にして、常に梨耶識の中と及び陀那識の中とに於いて解脱を求む応きを」といふ。此の義云何ぞ。梨耶の縁起の法の中に求め、及び妄なる我といふ境の中に解脱を求む応し。即ち識といふ境を用ゐて我といふ境を治し、唯識といふ智を以つて我といふ智を治すなり。

余処求解脱者「凡夫愚痴顛倒、常応於梨耶識及阿陀那識中求解脱」。此義云何。応於梨耶縁起法中求、及於妄我境中求解脱。即用識境以治我境、以唯識智治我智矣。（T35：68b）

「識といふ境を用ゐて以つて我といふ境を治す」とは、凡夫は唯識を知らずして我（分別性）という境に執着しているので、それを阿梨耶識（阿頼耶識）という境によって治すのである。これは梨耶唯識に該当する。「唯識といふ

第3部　別教一乗の論理　394

智を以って我といふ智を治す」とは、阿陀那識（末那識）相応の我という智は阿梨耶識（阿頼耶識）を我（分別性）と執着しているので、それを意識相応の唯識という智によって治すのである。これは意識唯識唯識に該当する。なぜ、意識相応の唯識という智によって阿陀那識の唯識を治し得るかと言えば、先に確認したとおり、唯識という智は分別性を滅し、それと同時に、分別性という他に依る性である依他性、つまり、八識すべてを滅するからである。治すとは、ここでは、滅すという意味である。

以上のとおり、識はすべて「行唯識」において真実無性性を体験することによって滅する。ところで、真実無性性は、有性（分別性・依他性）に非ず無性（相無性・生無性）に非ざる無性性と言われていた。ゆえに、識が滅すると言っても、有性（依他性）が無となるというわけではなく、有性に非ず無性に非ざるもの、つまり、有と無とを離れたものになるのである。言い換えれば、識は決して無とはならない。このような真実無性性の存在論は智儼の断惑説に大きな影響を与えているので、以下はそれを検討する。

まずは『十地経論』巻二の経の偈を掲げる。

　自体本来空なり　有・不二・不尽なり
　諸の趣を遠離し　涅槃の相に等同なり
　初に非ず中と後とに非ず　言詞の所説に非ず
　三世を出過し　其の相は虚空の如し

　自体本来空　有不二不尽
　遠離於諸趣　等同涅槃相
　非初非中後　非言詞所説
　出過於三世　其相如虚空　(T26：133a)

svabhāva-śūnyaṃ praśamādvayākṣayaṃ gatyā vimuktaṃ samatāpti-nirvṛtam|
ananta-madhyaṃ vacasānudīritaṃ triy-adhva-vimuktaṃ nabhasā samānakam‖ (DBhS 14, 9-10)

本研究第三部第二章において確認したとおり、『華厳経捜玄記』巻三下や『五十要問答』(T45：524b) は冒頭の句「自体本来空なり　有・不二・不尽なり」を真実無性性の表現と理解していた。続く句「三世を出過し　其の相は虚空の如し」については『十地経論』に次のようにある（丸数字は筆者が挿入）。

①依止を転じ常身に依止するがごとくには非ず。「無常なり、意識智は。無常なる因縁法に依止するをもって」と修多羅の如き中に決定して説くが如くには非ず。此の解脱は声聞と縁覚との智に同じく、障有る解脱によりて解脱を得可しや。不なり。「其の相は虚空の如し」といふ。一切の煩悩障礙無きが故に。
云何依。偈言、「出過於三世」。転依止依止常身故。非如「無常、意識智依止無常因縁法」如修多羅中決定説。云何解脱。偈言、「其相如虚空」。無一切煩悩障礙故。此解脱可同声聞縁覚智。有障解脱得解脱耶。不也。

(T26：133b)

'o na ji lta bu zhe na | **dus gsum rnams las grol** zhes bya ba ste | gnas gyur pa la gnas pa'i phyir te | ji ltar rkyen mi rtag pa la brten pas rnam par shes pa yang mi rtag pa nyid do zhes mdo sde gzhan dag las rnam par bzhag pa lta bu ni ma yin no || ci de nyan thos dang rang sangs rgyas kyi ye shes lta sgrib pa dang bcas pa'i rnam par grol bas rnam par grol ba zhig gam smras pa ma yin no || 'o na ji lta bya zhe na | **nam mkha' mnyam** zhes bya ba ste | shes bya'i sgrib pa thams cad med pa'i phyir ro || (DBhV <P>Ng i159a5-7)

『孔目章』明難品初立唯識章は『十地経論』のこの文を用いて識の滅を説明する（丸数字は筆者が挿入）。

今滅と言ふは、『楞伽経』に云はく、「唯だ心相のみ滅す。心体の滅するに非ず」といふ。解して云はく。心相は空に即するが故に滅する所無し。是れを名づけて滅と為す。故に『地論』に、②「云何ぞ滅するや。虚空の如し」といふ。是の如く滅す。問ふ。頼耶の相の滅するは何なる位に在りて尽く。答ふ。初地に在りて尽く。何を

第3部　別教一乗の論理　　396

以っての故に。『地論』に云はく、①「十地に依止を転じ常身に依止するが故に。『無常なり、意識智は。無常なる因縁法に依止するをもって」といふが如くに非ず」といふ。此の文証に拠らば、初地に即ち頼耶を捨つ。故『地論』云、「云何今言滅者、『楞伽経』云、「唯心相滅、非心体滅」。解云。心相即空故無所滅。是名為滅。故『地論』云、「十地転依止依止常身滅。如虚空。如是滅。問。頼耶相滅在何位尽。答。在初地尽。何以故。『地論』云、「十地転依止依止常身故。非如『無常、意識智。依止無常因縁法』。拠此文証、初地即捨頼耶。(T45:547a)

まず『楞伽経』に「唯だ心相のみ滅す。心体の滅するに非ず」とあるのは『楞伽阿跋多羅宝経』巻一の、次のような文を指す。

是の故に大慧よ、自の真相識の滅するに非ず。但だ業相のみ滅す。若し自の真相滅せば、蔵識則ち滅せむ。是故大慧、非自真相識滅。但業相滅。若自真相滅者、蔵識則滅。(T16:483b)

punar nirūdhyamāna ālayavijñāna-nirodhaḥ syāt.

tasmān Mahāmate na sva-jāti-lakṣaṇa-nirodho vijñānānāṃ kiṃ tu karma-lakṣaṇa-nirodhaḥ. sva-jāti-lakṣaṇe (LAS 38, 17-19)

『楞伽阿跋多羅宝経』の原意によれば、阿頼耶識の心相（業相）の滅は、文字どおり、滅すること（無となること）に他ならない。しかるに智儼はそれを「心相は空に即するが故に滅する所無し」と読み替えて、阿頼耶識に滅することがないのが滅であると説く。その証拠として挙げられるのが『十地経論』の①である。『十地経論』の②であり、また、阿頼耶識が初地に滅することの証拠として挙げられるのが同じく『十地経論』の①である。『十地経論』の原意によれば、②は一切の煩悩障礙（蔵訳によれば所知障）が滅して虚空の如くからっぽになったという意味であるが、智儼はそれを一切の煩悩障礙（つまり、雑染種子である阿頼耶識）には虚空の如く滅すべき所がないという意味として理解するのである。

阿頼耶識について用いられる「心相は空に即するが故に滅する所無し」という表現は、『孔目章』明難品初立唯識章においては末那識について用いられる「空に即し実無し」という表現として用いられる。

八に原に還り実を顕はすとは、末那識は本是れ生死の初めに無く、今智を以って求むるに空に即し実無きに由る。故に「一切法は皆な如なり、衆聖賢も亦た如なり」といふ。

八還原顕実者、由末那識本是生死初無、今以智求即空無実。故「一切法皆如、衆聖賢亦如」。（T45：546c）

この文と似た文は『五十要問答』菩提樹為始義にも現われる。

若し迷に拠りて論ぜば、心を挙げて念を動ずるは並びに是れ遍計にして空に即し法無し。今仏智に由りて、善く本性を覚し、相を息めて原に還り、教の綱維を設くるは皆な是れ仏智なるが故に、仏に拠るを始めと為す。仏を離れて以外に一法も有ること無し。

若拠迷論、挙心動念並是遍計即空無法。今由仏智、善覚本性、息相還原、設教綱維、皆是仏智故、拠仏為始。離仏以外無有一法也。（T45：521b）

これらを比較するに、次のような類似が知られる。

『孔目章』明難品初立唯識章	『五十要問答』菩提樹為始義
「原に還り実を顕はす」	「相を息めて原に還る」⑹
「末那識」	「遍計」
「空に即し実無し」	「空に即し法無し」
「一切法は皆な如なり、衆聖賢も亦た如なり」	「仏を離れて以外に一法も有ること無し」

図表Ⅰ

これまでの文脈から言えば、「原に還りて実を顕はす」「相を息めて原に還る」とは諸法の真如である真実無性性を証するという意味になる。末那識は有性である。真実無性性は有性と無性との区別がないことである。有性である末

第3部　別教一乗の論理　　398

那識は「行唯識」において確かに滅して真実無性が得られるが、真実無性が有性と無性との区別がないことである以上、有性である末那識は実には滅しない（つまり、無性のみとはならない）。真実無性を証した後の末那識は有性を滅することなしに、真実無性という真如の一部となる。ゆえに「一切法は皆な如なり。衆聖賢も亦た如なり」「仏を離れて以外に一法も有ること無し」と言われる。

そうであるならば、阿頼耶識について言われる「空に即し実無し」や、〔末那識と意識との〕遍計について言われる「空に即し法無し」とはいかなる意味かと言えば、これは識の惑には体（自性）が無いから空であるという意味に他ならない。智儼は別教において惑に体を認めず、用のみを認める。たとえば『孔目章』十纏義章に次のようにある。

若し一乗に約せば、纏義は自体に約せず、唯だ用義に約するのみ。

また、『孔目章』六十二見章に次のようにある。

若し一乗に依らば、〔六十二見の〕自体を説かず、但だ其の用を論ずるのみ。（T45：552a）

若依一乗、不説自体、但論其用。（T45：551c）

阿頼耶識は雑染種子識であり、末那識は我執の根本であり、遍計は末那識と意識との妄分別であり、すべて惑であるが、それらには惑としての体（自性）が無いので空（無自性）であり、惑としての用のみがあると智儼は言うのである。惑としての用には惑としての体（自性）が無いので空であるが、惑としての用があると「空に即するが故に滅する所無し」「空に即し実無し」「空に即し法無し」と言われる。敢えて言えば、惑としての用の体は浄としての体なのであり、浄としての体が惑としての用を起こしているのである。『勝鬘経』が「自性清浄心にして而も染有るは了知す可きこと難し」と言うとおり、心浄思想（如来蔵思想）において惑の存在は難関である。天台教学は如来性悪説を唱え、如来の体は惑を含む〔が使わない〕の

み）と説いてこの難関を回避する。しかるに華厳教学は唯浄説を唱え、惑に惑としての体がなく、浄としての体が惑としての用を起こしていると説いてこの難関を回避するのである。惑としての用と、浄としての体とは、事（有為法）と理（無為法）とでもあり、真実無性性における有性と無性とでもある。

なお、ここで言われている空は、相互依存するものが単独存在できないことを指す空でなく、基体の有において或る属性が無であることを指す空（いわゆる『小空経』系の空であり『入楞伽経』の彼彼空）である。この二種の空は仏教において長い歴史を持つ。中観派は前者を採り、唯識派は後者を採る。また如来蔵思想に立つ菩提留支訳『金剛仙論』は法無我においてこの二種の空の区別があると述べ、人無我の空と合わせて二無我三空を説く。初期華厳教学と併せて図示すれば次の頁のとおりである。

識は惑としての用であるが、その惑としての用には惑としての体がないので滅することはできない。滅するとは体を滅することだからである。しかるに「是れを名づけて滅と為す」ともある。惑としての用は滅せられることがないと知るならば、それを滅と為と呼ぶのである。真実無性性で言えば、有性である阿頼耶識や末那識や意識は、有性と無性との無分別である真実無性性を証する（知る）ことにより、有性を滅することなしに滅せられる。

ただし、真実無性性を証する前には識は有性であるが、真実無性性を証した後には識は有性に非ず無性に非ざる無性である。それと同様に、真実無性性を証する前には識は惑としての用であるが、真実無性性を証した後にはもはや惑としての用でないのではあるまいか。ここで注目されるのが『華厳経捜玄記』巻四下の次のような文である。

一には一心体は染と浄とに通ずと為す。故に之に約せず。

二には今性起を論ぜば、智即ち是れ心なり、浄に約して弁ずるが故なり。故に文に云はく、「智に依止無し」と

図表 II

	相互依存するものが単独存在できないことを指す空	基体の有において或る属性が無であることを指す空
中観派・唯識派	【中観派】因・果や因・縁のように相互依存するものは単独では存在できないのであって、有とも無とも言えず空。	【唯識派】識の有において能取・所取が無であるのが空。
『金剛仙論』の法無我二空 ①巻三(T25：812a) ②巻三(T25：816b) ③巻七(T25：851b)	①「其の体は生滅にして、因縁は虚妄にして本来空寂、乃至仮名にして亦た無なるが故に空と名づく」 ②「此の十二入なる有為の諸法は本来不生にして体相無きが故に空なり」 ③「因縁法体は本来空寂なり」	①「仏性真如の古今に一定し体に方相無きことを知るをもって、亦た法空と名づく」 ②「無為の法なる仏性涅槃は万相無きが故に空なり」 ③「仏性法体は万相無きが故に空なり」 (cf.『勝鬘経』の空如来蔵)
華厳教学	【相即相入】因と果とや因と縁とのように相互依存するものは相即相入によって単独で存在できる。相互依存するものは相即相入の際に有と無とになりあうのであって、有とも無とも言えず空。	【断惑】惑としての用の有において惑としての体が無であるのが空。

いふ。

一為一心体通染浄。故不約之。二今論性起、智即是心、約浄弁故也。故文云、「智無依止」也。(T35：80c)

「一心体は染と浄とに通ず」とあるとおり、凡夫においては浄としての体（心体）が惑（染）としての用と、浄としての用とを起こす。しかるに仏菩薩の性起においては、浄としての体（心体）が智としての用のみを起こすことは弟子の義湘の言葉によって裏づけられる。後述）。凡夫においては惑としての用（心相）は浄としての体（心体）に依止しているが、性起にあっては智としての用は浄としての体（心体）そのものであって、自己以外を依止としない。このとき、性起における智としての用は真実無性性を証することによって浄化された識なのであって（本研究第三部第四章において確認したとおり、性起は真実無性性を基盤とする）、インドの唯識派の考えかたによって言えば、転依（転識得智）した識なのである（初地に阿頼耶識を滅する証拠として挙げられていた『十地経論』の文①が転依の説明であるのを思い出すべきである）。惑としての用は真実無性性を証することによって、浄としての体と異ならない智としての用へと転換されるのである。惑としての用は体がない以上滅することができず、ただ智としての用へと転換されるのである。

このようにして初地において「行唯識」によって断惑は完了される。惑としての用はなくなる。ただし断惑そのものは初地の前から行なわれているのである。『華厳経捜玄記』巻一下に次のようにある。

此の下に解を生じ障を断ずるに凡そ四義有り。
一には信を生ずるに約す。即ち初地にて使種を断ず。
二には位に約す。即ち解位にて使と習種とを俱に断ず。
三には行に約す。即ち十信の満心にて使と習種との等きを俱に断ず。

四には実に約す。即ち本来断ずることを須ゐず。自体浄なり。準じて之を思ふ可し。

> 此下生解断障凡有四義。一約生信。即初地断使種。二約位。即解位使習種倶断。三約行。即十信満心使習種等倶断。四約実。即本来不須断。自体浄也。可準思之。(T35: 27c)

このうち、四の「自体浄」とは惑に惑としての体がなく、浄としての体のみがあることを指す。一から三の「使種」と「習種」とは惑の種子であり、「習種」は惑の習気であって、あらゆる惑の種子と習気とである。本研究第三部第三章において確認したとおり、同一空間に存在するものはすべて相即相入する。ゆえにその意味においては、十信満において一つの惑の種子と習気とを断じたならば(惑に惑としての体はないので実際には断ずることはできず、ただ惑に惑としての体がないと知ることを断ずると呼ぶのにすぎないが)、あらゆる惑の種子と習気とを断ずることになる。いわば「一断一切断」である。しかるに、十信満においてあらゆる惑の種子と習気とを断ずるはずなのに、十解や初地においてもまたあらゆる惑の種子と習気とを断ずると説かれている。これもまた、先に引いた『十地経論』初地の経の偈によるのである。もう一度、経の偈を引くと次のとおりである。

> 自体本来空なり　有・不二・不尽なり
> 諸の趣を遠離し　涅槃の相に等同なり
> 初に非ず中と後とに非ず　言詞の所説に非ず
> 三世を出過し　其の相は虚空の如し

> 自体本来空　有不二不尽　遠離於諸趣　等同涅槃相
> 非初非中後　非言詞所説　出過於三世　其相如虚空 (T26: 133a)

> svabhāva-śūnyaṃ praśamādvayākṣayaṃ gatyā vimuktaṃ samatāpti-nirvṛtam|
> ananta-madhyaṃ vacasānudīritaṃ triy-adhva-vimuktaṃ nabhasā samānakam‖ (DBhS 14, 9–10)

このうち「初に非ず中と後とに非ず」とあるのを、『十地経論』は次のように注釈する。

此の智、漏を尽くすは、為し初の智断ずとやする、為し中なりとやする、為し後なりとやする。初の智断ずるに非ず、亦た中にも後にも非ず。偈に言はく、「初に非ず中と後とに非ず」といふが故に。云何ぞ断ずるや。燈焔の唯だ初にも中にも後にも非ざるが如し。前と中と後とを取るが故に。

此智尽漏、為初智断、為中、為後。非初智断、亦非中後。偈言、「非初非中後」故。云何断。如燈焔唯非初中後。前中後取故。(T26：133ab)

ci ye shes de'i rgyun gyi thog mas zag pa zad par byas pa zhig gam|'o na de bar dang tha mas zag pa zad par byas zhe na|de ni de ltar zag pa zad par byed pa ma yin par rig bya'o||'o na ji lta bya zhe na|mar ma'i 'od 'phro bas ras tshig pa da ma dang bar mas ma yin pa bzhin no||mtha' smos pas ni brog ma yang smos par 'gyur te| sngon gyi mtha' yin pa'i phyir ro| (DBhV ⟨P⟩Ngi159a2-4)

これについて、『五十要問答』心数及心所有法義に次のようにある（丸数字は筆者が挿入）。

若約終教及一乗、則①「非初非中後」。「前中後取故」。即断而無相及不可断故。(T45：526a)

経に①「初に非ず中と後とに非ず」。②「前と中と後とを取るが故に」。即ち断じて而も相無きことと及び断ず可からざることとの故に。

若し終教と及び一乗とに約せば、則ち①「初に非ず中と後とに非ず」とあるのを智儼は「断じて而も相無きこと」と解釈する。すなわち、惑を断じたとしても過去・現在・未来のいずれにおいても断惑という様相がないことである。惑としての体があるかぎり惑としての用を起こしているならば、浄としての体が惑としての用に常になくならず、たとえ十信満においてすべて断惑したとしても、十解においても再びすべて断惑しなければならず、過去・現在・未来のいずれにおいても断惑という様相がないのである。

第3部　別教一乗の論理　　404

また、論に②「前と中と後とを取るが故に」とあるのを智儼は「断ず可からざること」と解釈する。すなわち、惑としての用にはもともと浄としての体あるのみであって惑としての体あるとしての用が過去・現在・未来のいずれにおいても断惑を取ることになるのであって、そこにおいて知られるのは惑としての体はないと知るざることである。先に確認したとおり、もし惑としての体はないと知るならば、それによって断惑は終了するのであって、それを知るのは初地においてであった。

若し果を取るに局らば、唯だ障は空なりといふ義に通達するのみ。一切障の滅といふ果と及び地位との等きを得。

若局取果、唯通達障空義。得一切障滅果及地位等。(T35:53c)

「障は空なり」とは、先において、惑が「空に即するが故に滅する所無し」「空に即し実無し」「空に即し法無し」と言われていたのと同じである。初地に至らないうちは、たとえ十信満においてすべて断惑したとしても、十解において再びすべて断惑しなければならないが、初地において惑が断ぜられることがないと知るのである。初地にのみ「障は空なりといふ義に通達」することを認めるのは、智儼が十信満以来の普賢(別教の修行者)の法は十地に至って証得されると考えているからである。たとえば『孔目章』盧舎那仏品中雲集文末普賢文中立一乗三乗義章に次のようにある。

若し普賢位を証得することをいはば、六相方便の十地位の中に在り。何を以っての故に。十地は義を証し普法に会するに依るが故に。

また『孔目章』第九迴向未明住地始終寛狭相摂分斉微細差別義章に次のようにある。

若し証得普賢位、在六相方便十地位中。何以故。依十地証義会普法故。(T45:537c)

若し総別の義に拠らば、信位の終心に即ち普賢の法を剋し、若し始終に拠らば、証位に方に得るが故に。

若拠総別義、信位終心即剋普賢法、若拠始終、証位方得故。(T45:559b)

405　第5章　華厳の断惑説

性起は信満成仏の時から起こるが、真に完成されるのは初地なのである。「初に非ず中と後とに非ず」は智儼の著作において多く引かれる。

以上のように、智儼の断惑説は真実無性性を基盤としており、それは「解唯識」によって理論づけられ、「行唯識」により実践されて終了するのであった。最後に「行唯識」「解唯識」に関し、『五十要問答』唯識略観義の説く「行知識」「解知識」が注目される。

観を習せむと欲はば先に二の知識に近づくべし。一には「行知識」、二には「解知識」なり。其の静処に依りて、自身は随所に相応し、戒を持すること清浄にして、至心に懺悔し、十方の仏と一切の賢聖と及び善神王との加被を請ひ已りて、身は結跏趺坐し、左手を右手の上に置き、正しく其の身を端じ、目を閉じ息を調へ、舌を以って上齶に約せば、正しく心は縁に住すべし。現ずる所の境の相を自の心の作と知らば、分別は随ひて息みて、其の心は即ち住すべし。縦使ひ未だ住せざりて以って初めに不調を作すも、習して月日を経ば其の心は則ち次には連なりて住して定を成ずべし。是れ其の方便なり。若し魔事の相の起こること有らば、則ち道場に就きて行道を悔過すべし。魔事の相起こるは時に臨みて消息すべし。心但し相を絶しめむと欲はば、有らゆる諸の疑ひは皆な須らく策勤すべし。必ず成ずること疑はず。「解知識」に対して其の魔事を決すべし。懈怠ならば則ち成弁することと無し。煩悩減少するは是れ観成ぜし相なり。此れは一乗と及び三乗教とに通ず。初は三乗に順じ、後は一乗に順ず。後は熟なり。主伴を具足するが故に。

欲習観者先近二知識。一行知識、二解知識。依其静処、自身随所相応、持戒清浄、至心懺悔、請十方仏一切賢聖及善神王加被已、身結跏趺坐、左手置右手上、正端其身、閉目調息、以舌約上齶、正心住縁。所現境相知自心作、分別随息、其心即住。縦使未住以初作不調、習経月日其心則止、次連成定。是其方便。若有魔事相起、則就道場悔過行道。魔事漸軽、所有諸疑臨時消息。対解知識決其魔事。心但欲使相絶、皆須策勤。必

第3部 別教一乗の論理　406

成不疑。懈怠則無成弁。煩悩減少是観成相。此通一乗及三乗教。初順三乗、後順一乗。後熟。具足主伴故。（T45：532a）

この「行知識」「解知識」は「行唯識」「解唯識」に対応すると推測されているが、それはおそらく妥当である。『孔目章』寿命品内明往生義（T45：577b）が極楽往生に対応し、臨終時の善知識の「行と及び解者と」を親増上（増上縁）と規定するのも、「行知識」「解知識」に頼って、唯識の理論と実践とを通じて、無分別智を発し、極楽往生するという意味であると理解してよい（無分別智によって真如を証して不退を得、それによって極楽往生するのである。本研究第一部第二章において確認したとおり、智儼によれば、不退を得ない菩薩は極楽往生できない）。こうした記述によって気づかされるのは、智儼における「行唯識」「解唯識」がかなり具体性を帯びていることである。たとえ「行唯識」「解唯識」は初地に至らなければ完成されないにせよ、「懈怠ならば則ち成弁すること無し」であって、今からの修練なしには初地における完成もないのである。

三　義湘の断惑説

十地品において説かれる唯識観について『華厳経問答』巻上に次のようにある。

即ち二種の唯識を以って順観の体と為す。謂はく一には梨耶唯識。即ち真識を以って体と為す。二には意識唯識。即ち妄識を以って体と為す。逆観は前に同じく一の縁起の無性性の観を成ず。

即以二種唯識為順観体。謂一梨耶唯識。即以真識為体。二意識唯識。即以妄識為体也。逆観同前成一縁起無性性観也。(T45：605b)

これは智儼が説いていた梨耶唯識と意識唯識とに対する略釈である。智儼によれば、凡夫は識という依他性を知らずして実境（実体的な境）という分別性の実境を滅し、その際に、分別性の実境を証するのであった。義湘もそれに沿っているが、「行唯識」「解唯識」は言われていない。意識は最後には滅して、真実無性性を証するのである。義湘は意識を単に妄識とするのみである。義湘においては、仏菩薩の「正解の所依」になるというのが智儼の考えであったが、義湘は意識を滅するといるという「行唯識」的（実践的）な姿勢は感じられない。

ただこの他の義湘の説は智儼の説を主体的によく把握したものであるので、以下はそれらを検討する。まずは義湘の語録『道身章』（『法界図記叢髄録』巻上二所引）に次のようにある。

相和尚曰はく。惑とは但だ用のみにして体無し。智は体と用とを具ふ。問ふ。体無くば何ぞ用有ることを得むや。答ふ。体は是れ無住の実相なり。迷なる用を惑と為し、迷なる用の息むのみ。

相和尚曰。惑者但用無体。智具体用。問。無体何得有用。答。体是無住実相。迷用為惑、迷用息耳。(T45：729c)

これはほぼ、先ほどの智儼の説そのままである。「惑とは但だ用のみにして体無し」とあるのは、智儼が惑に惑としての体がなく、浄としての体があると説き、また、智は体と用とを具ふ」とあるのも、智儼が凡夫においては浄としての心体が智としての用を起こすと説き、また、惑としての用（義湘が言う「迷なる用」）を起こし、仏菩薩の性起においては浄としての心体が智としての用を起こすと説いているのと同じである。「智は体と用とを具ふ」

の用は浄としての体に依止するが、智としての用は浄としての体そのものであって自己より他を依止としないと説いたのと同じである。これに関して『大乗止観法門』巻一の次の文が注意される。

是こを以って『経』に言はく、「清浄法の中に一法の増すも見ず」といふ。即ち是れ本より性染を具し始有に非ざるなり。「煩悩法の中に一法の減るも見ず」といふ。即ち是れ本より清浄を具し減ず可からざるなり。「然るに退治の因縁に依る、清浄般若の転た勝れたるもの現前す」といふ。即ち是れ浄なる業の薫ずるが故に聖を成ずるなり。「煩悩妄想の尽くるは此こに在り」といふ。即ち是れ染なる業の息むが故に凡を転ずるなり。

是以『経』言、「清浄法中不見一法増」。即是本具清浄非始有也。「煩悩法中不見一法減」。即是本具性染不可減也。「然依退治因縁、清浄般若転勝現前」。即是浄業熏故成聖也。「煩悩妄想尽在於此」。即是染業息故転凡也。（T46：646c）

「浄なる業」「染なる業」とあるとおり、この文は浄や染を業（はたらき）として把えており、智儼と義湘とが智や惑を用（はたらき）として捉えるのと近い。また、この文は智儼と同じく染（煩悩法）は滅すべからずと説き、義湘が「迷なる用の息むのみ」と言うのと同じく「染なる業の息む」のみと説いている。ここで引かれている『経』は実は経ではなく、『十地経論』巻五の、次のような文の取意である。

一切法は不生不滅とは、清浄法の中に於いて増すを見ず、煩悩妄想の中に於いて減るを見ず。後の清浄の中に一法の増す可きも無し。後の煩悩妄想の中に一法の減る可きも無し。然るに対治の因縁に依るが故に。後の清浄の中に、転た勝れたるの清浄般若現前す。

一切法不生不滅者、於清浄法中不見増、於煩悩妄想中不見減。因縁集生故。後清浄中無一法可増。後煩悩妄想中無一法可減。然依対治因縁故、離煩悩妄想、転勝清浄般若現前。（T26：158b）

chos thams cad rnam par dag par 'pho ba med pa nyid dang | kun nas nyon mongs par rnam par 'jig pa med pa

義湘は『華厳一乗法界図』（T45: 714b、ただし字が誤っているので『法界図記叢髄録』巻下二も見よ。T45: 755a）において この『経』とまったく同じ文（『大乗止観法門』が『経』として取意した『十地経論』の文）を引くので、『大乗止観法門』を知っていたのは確実である。『大乗止観法門』が智儼の尊敬する曇遷の作であろうことは本研究第三部第一章において論ぜられたとおりであるが、あるいは智儼の断惑説は曇遷の断惑説を受け継いだものであって、それゆえ智儼や義湘は『大乗止観法門』と類似の表現を用いているのかもしれない。なお法蔵もまた『大乗止観法門』と類似の表現を用いているので、後に検討する。

さて、惑としての用に惑としての体がなく、浄としての体が惑としての用を起こしているならば、浄としての体が惑としての用を断ずることになるのであった。智儼はそのことを『十地経論』巻二の経の偈を引いて述べていた。義湘の語録『道身章』（『法界図記叢髄録』巻上一所引）も同じ偈を引いて述べてあるかぎり惑としての用は常になくならず、断惑は不可能である。ただし初地において、惑としての体がないということを知るならば、それが惑としての用を断ずることになるのであった。智儼はそのことを『十地経論』巻二の経の偈を引いて述べていた。

徳を以って之を言はば、始めより障無し。惑を以って之を望まば、〔障は〕無尽の徳を覆ふ。若し断ずる所有りといはば、断ずる所は何ぞ。文に云はく、「初に非ず中と後とに非ず。前と中と後とを取るが故に」といふ。三時の中に断の相を得ざるも、而も覚せる以去は三時に障無し。道理は断と不断との中に在らず。機に随ひて断と言ひ、又た断ずる所無しといふ。機と為らむと欲はば教を尋ねて証入すべし。断と断無きとの無礙の実相は是の如く設くるのみ。

第3部　別教一乗の論理　　410

以徳言之、従始無障。以惑望之、覆無尽徳。若実無所断者、何故迷人未得。若有所断者、所断者何。文云、「非初非中後」。前中後取故。三時之中不得断相、而覚以去三時無障。道理不在断不断中。随機言断、又無所断。欲為機者尋教証入。断与無断無礙実相如是設耳。(T45：729c)

初地未満には惑としての相を得ず」と言われる。また初地以後には惑としての体がないと知られる以上、「覚せる以去には三時に障無し」と言われる。『華厳一乗法界図』に「未だ断ぜざる已還には名づけて断と為さず」「現に断ずる已去を名づけて断と為す」とあるのも同じ意味である。

問ふ。惑を断ずること云何ぞ。答ふ。『地論』に説くが如し、「初に非ず中と後とに非ず」「前と中と後とを取るが故に」「云何ぞ断ずるや。虚空の如し」といふ。是の如く断ずるが故に、未だ断ぜざる已還を名づけて旧来断と為す。

問。断惑云何。答。如『地論』説、「非初非中後」「前中後取故」「云何断。如虚空」。如是断故、未断已還不名為断、現断已去名為旧来断也。(T45：714b)

また、智儼は十信満以来の普賢(別教の菩薩)の法は十地に至って証得されると考え、初地において障が空であることに通達すると述べていたが、義湘の語録『華厳経問答』巻上にも次のようにあって、智儼と同じである。

問ふ。位に依りて普法を示現する中をいはば、地前の解行等の中に已に満に顕せり。何ぞ十地の中に復た顕すことを用ゆるや。答ふ。顕はす所の普法は位に随ひ残すこと無く現はると雖も、而も位の増勝するに随はば、門別なり。無きに非ず。謂はく前には随分を現はす。初発心の一念等に約して満を顕はせり。今十地の中には満を挙げて随分を現はす。謂はく仏は「虚空」を証智すと挙げて十を説くを以って尽くすが故に。法門同じからず。

問。依位示現普法中、地前解行等中已満顕示。何用十地中復顕乎。答。雖所顕普法随位無残現、而随位増勝、門別、非無。謂前挙随分顕満。約初発心一念等顕満故。今十地中挙満現随分。謂挙仏証智虚空以説十尽故。法門不同也。(T45：603b)

なお、義湘はかなり具体的に断惑の方法を述べているので、それについても検討してみたい。『華厳経問答』巻下に次のようにある（この文とほぼ同文が『道身章』にも出る。『法界図記叢髄録』巻下一所引、T45：753c）。

一乗の縁起の法は計情の及ぶ所に非ず。計情の及ぶ所に非ざると雖も、而も遠く求めず。返情即ち是れなり。問ふ。返情と言ふは其の方便を知らず。云何ぞ。答ふ。方便は無量なりと雖も、而も其の要をもって之を言はば、①見る所の処に随ひて、即ち心を著せざるを是と為す。②聞く所の法に随ひて、聞くが如くには取らず、即ち能く其の由る所を解せば、又即ち法の実性を解す。

一乗縁起之法非計情所及、雖非計情所及、而不遠求。返情即是也。問。言返情者不知其方便。云何。答。雖方便無量、而其要言之、随所見処、即不著心為是。随所聞之法、不取如聞、即能解其所由、又即解法実性也。

(T45：609a)

まず①「見る所の処に随ひて、即ち心を著せざるを是と為す」とあるのはきわめて禅宗的な実践である。しかし、それは特に義湘において特徴的な実践というわけでなく、智儼においても行なわれていた可能性がある。なぜなら、次に②「聞く所の法に随ひて、聞くが如くには取らず、即ち能く其の由る所を解せば、又即ち法の実性を解す」とあるのは智儼『孔目章』一乗三乗義章が「文に随ひ義を解する」ことをいましめるのと同じ意味だからである。

文に随ひ義を解するは是れ三乗法なり。虚を知り無分別に契ふは是れ一乗法なり。何を以っての故に。文に随ひて取らば、是れ則ち不定なり。此れは『楞伽経』の義に依りて説く。無分別に契ふは無尽に同ずるが故に。

第3部　別教一乗の論理　　412

ここでは禅宗において重んじられる『楞伽経』が言及されているが、「文に随ひ義を解する」ことはインドの唯識派の文献においても厳しくいましめられており、智儼はそれを知っていたはずである。実際に、智儼は翻依 (pari-ṇāmanābhisaṃdhi, 転変秘密)[16]、すなわち、文章の表面的な意味に従わず、文章の裏側に秘密の意味を読み取る唯識派の経典解釈方法に多大な関心を寄せていた。智儼『孔目章』秘密翻依行檀起行作業同異章に次のようにある。

翻依とは別の文義に依りて異なる文義を顕はすを名づけて翻依と曰ふ。……若し智を用ゐて体と為す。翻依の義は正しく三乗に在り。論道と同じ。……又た論道を興こすに始と終との別有り。初教の中は法理を窮め言申を尽くさず。言は申ぶることを剋するを以つての故に。論ぜざるを正と為す。法理を窮め言申を仮らざるに由るが故に。

翻依者依別文義顕異文義名曰翻依。即用智為体。翻依之義正在三乗。与論道同。……又興論道有始終別。若至初教、即須言論為正。初教中不尽法理。以言剋申故。若至終教、不論為正。由窮法理不仮言申故。

……若至初教、即須言論為正。初教中不尽法理。……若至終教、不論為正。

（T45：547b）

始教は「言論を須ゆるを正と為す」のみで「法理を尽くさず」、ただその言論において翻依によって何とか法理を明かそうとする。終教は言論の限界を知って「論ぜざるを正と為す」ので「法理を窮め」、智儼『孔目章』明難品初立唯識章が「熟教の文の如きは彼の初教（の迴心教）の細分別に対して即ち是れ其の真なり。何を以つての故に。名言語の境界に在るに由るが故に」（T45：557b）と述べて、自ら究竟に非ざるは即ち是れ其の妄なり。「名言語の境界に在る」と規定するとおり、やはり言論において翻依によって法理を明かすのには変わりない。智儼には経の言説を文字どおり受け取ることに対する深い懐疑

（T45：557c-558a）

熟教と迴心熟教とであって、始教の直進教と終教とを指す）も「名言語の境界に在る」と規定するとおり、やはり言論

があるのである。それは若い時にさまざまな経論を読んでも結局謎を深めるばかりで、経蔵の前に礼して誓って手に取ったのが『華厳経』巻一であり、以後『華厳経』の研究に専念したという『華厳経伝記』巻三の逸話（T51：163c）が伝えるとおり、経論同士が矛盾しており、文字どおりに受け取ったのでは合理的な仏教理解ができなくなるからに他なるまい。始教にせよ終教にせよ名言語の境界に在るのに変わりなく、名言語の境界にないのは不立文字の頓教と『華厳経』とのみである。現在我々が見る『華厳経』は仏の光明を受けた菩薩が言説によって語ったものであるが、本来の『華厳経』は仏が定において言説によらず光明によって菩薩に与えたものであり、名言語の境界にないのである。ゆえに『孔目章』融会三乗決顕明一乗之妙趣は次のように説く。

一乗の同と別との教義は海印定に依りて起これり。

　一乗同別教義依海印定起。普眼所知。三乗教義依仏後得法住智説。（T45：586b）

一乗の教義は三乗のような説かれたものではなく、起こったものなのである。智儼は究極的には言説によらない本来の『華厳経』の教義に接近することを目指しており、その手段として、言説によらず言説の秘密の意味を読む翻依に関心を示すのであるし、また『孔目章』盧舎那仏品中雲集文末普賢文中立一乗三乗義章において不立文字の頓教を次のように高く評価するのである。

　頓は其の（小乗と始教と終教との）上に属し、（『華厳経』といふ）本教の義を分かつ。

　　頓属其上、分本教義。（T45：538b）

義湘が禅宗的な実践を説くのも、智儼のこうした姿勢を受け継ぐものに他ならない。

以上、唯識の理論である「解唯識」や、唯識の実践である「行唯識」を説かない点を除けば、義湘の断惑説における理論と実践とは智儼と同じであった。おそらくは、義湘は智儼に較べ唯識説に対する関心が薄かったというのが

第3部　別教一乗の論理　　414

「行唯識」「解唯識」を説かない理由であると考えられる。

四　法蔵の断惑説

法蔵は意識唯識と梨耶唯識（本識唯識）とを説かず、従って「行唯識」「解唯識」をも説かない。智儼が『華厳経捜玄記』巻三下において意識唯識と梨耶唯識（本識唯識）を説くまさにその箇所の経文を注釈する際に、法蔵は『華厳経探玄記』巻十三（T35：346c-347c）において十重唯識（仏教における唯識説を十に纏めたもの）を説く。十重唯識は基『大乗法苑義林章』唯識義林の五重唯識観を改変したものであるが、五重唯識観が観法つまり実践を説くものであるのに対し、十重唯識は実践とは関わりない理論となっている。意識唯識と梨耶唯識（本識唯識）とが唯識の理論である「解唯識」と、唯識の実践である「行唯識」とにまたがるのに対し、法蔵は「解唯識」に相当する理論のみを残したのである。「解唯識」「行唯識」は真諦訳の三性説に基づいており、玄奘訳の三性説からは認められないので、玄奘訳全盛の時代に生きていた法蔵はそれらを用いるのを躊躇したのであろうか。ただし、法蔵も理論である十重唯識とは別に実践を言わねばならぬと思っていたようであり、十重唯識を説いた後に次のように述べている。

又た是れは教に約し「解」に就きて而も説けり。若し観といふ「行」に就かば、亦た十重有り。一巻の『華厳三昧』の中に説くが如し。

又是約教就解而説。若就観行、亦有十重。如一巻『華厳三昧』中説。（T35：347c）

この「解」「行」は智儼の「解唯識」「行唯識」に対応する。『華厳三昧』においては十重唯識観という実践、つまり「行唯識」に該当する「行」が説かれていたのであろうが、現存しないので何とも言えない。現存する『華厳発菩提心章』（『華厳三昧章』と題される別テキストとほぼ全同）を『華厳三昧』に同定する説もあるが、『華厳発菩提心章』は

415　第5章　華厳の断惑説

唯識観の書ではなく「行」を説かないので、その説は採りがたい。ただし法蔵の著作には智儼の著作に見られぬ理論的展開が認められ、法蔵の特長は実践でなく理論にあると思われるので、以下はそれに注意しつつ検討を行なうことにする。まずは『五教章』断惑分斉に次のようにある。

若し円教に依らば、一切の煩悩は其の体性を説く可からず、但だ其の用に約するのみ、即ち深甚にして広大なり。一切煩悩不可説其体性。但約其用、即甚深広大。(T45: 495c)

これは先に確認したとおり、智儼の説によっている。惑には惑としての用のみがあり、浄としての体が惑としての用を起こす。それが智儼の説であった。さて、浄としての体がなぜ惑としての用を起こすのか。浄としての体は善としての用しか起こさないではないか。

例えば『大乗起信論』が心の用大について次のように述べているのによれば、浄としての体に善としての用を認めると解釈する。

三には用大。能く一切の世間と出世間との善因果を生ずるが故に。三者用大。能生一切世間出世間善因果故。(T32: 575c)

この問題について智儼は注意したように見えないが、『華厳経探玄記』巻八は注意して、始教と終教とにおいては真如随縁が一切に及ぶ以上、円教においては真如随縁が一切の用のみを認めると解釈する。

又は別しては随縁は一切法に通ずるをもって総じて是れ真の用なり。……円教に約して顕はすのみ。又別随縁通一切法総是真用。……約円教顕耳。(T35: 270a)

用大を善因果のみならず善悪因果を生ずるものと見なす説は、すでに『大乗止観法門』巻一が「浄なる業」「染なる業」を説くことに触れたが、それも同じ説である。先に『大乗止観法門』巻二(T46: 648c)において智儼が注意せずに残したこうした細かな問題を、先人の説を援用して解決することこそ、博識な法蔵が行なうべき仕

416 第3部 別教一乗の論理

事の一つであった。

また、智儼によれば、凡夫においては浄としての体が惑としての用を起こすが、仏菩薩の性起にあっては浄としての体が智としての用のみを起こすのであった。『華厳経探玄記』巻十六はこれを細かく説いている。

問ふ。一切の諸法は皆な性に依りて立つ。何が故に下の文に「性起の法は唯だ浄法に約すのみ、染を取らず」といふ。答ふ。染と浄との等き法は同じく真に依ると雖も、但だ違と順との異なるが故に、染は無明に属し、浄は性起に帰す。問ふ。染は性起に非ず、真を離るる応し。答ふ。真に違ふを以っての故に、説きて「衆生は即ち如なり」等といふ。……染は真の体を離れざるを以っての故に、此れ性起に摂めらるるに非ず。若し惑を留めて浄なる用有るものに約せば、亦た性起に収めらるるものに入る。

問。一切諸法皆依性立。何故下文「性起之法唯約浄法、不取染」耶。答。染浄等法雖同依真、但違順異故、染属無明、浄帰性起。問。染非性起、応離於真。答。以違真故、不得離真。以不順真用故、非此性起摂。若約留惑有浄用、亦入性起收。(T35: 405c)

ここで注目すべきは、性起に対する法蔵の説明「問ふ。染は性起に非ず、真を離るる応し。答ふ。真に違ふを以っての故に、真の用に属せず」が、先にも触れた『大乗起信論』の用大に対する法蔵の諸著の説明とまったく等しいことである。例えば『大乗起信論義記』巻上に次のようにある。

「三には用大。能く一切の世間と出世間との善因果を生ずるが故に」。……何が故に唯だ善と言ふのみにして不善と云はざるといはば、不善の法は真に違ふを以っての故に、是れ所治なるが故に、其の用に非ず。若し爾らば、諸の不善の法は真を離るる応し。釈して云はく。真に違ふを以っての故に、真を離ることを得ず。真に違ふを

第5章 華厳の断惑説

また『華厳経探玄記』巻八に次のようにある。

「三用大。能成一切世間出世間善因果故」。……何故唯言善不云不善者、以不善法違真故、是所治故、非其用也。若爾、諸不善法、応離於真。以違真故、不得離真、非其用也」(T44:251a)。

「三には用大。能く一切の世間と出世間との善因果を成ずるが故に」。問ふ。不善等の法は既に真の用に非ず、如の用に非ず。此の『論』の意は、諸の善法は真に順ずるを以っての故に、如の用なりといふ。真に違ふに由るが故に、真を離るることを得ず。真に違ふに由るが故に、並びに是れ真の用に非ず。
「三用大。能成一切世間出世間善因果故」。問。不善等法既非真用、応離如体。答。由違真故、不離真。由違真故、非如用。此『論』意、以諸善法順真故、並是真用」。(T35:269c-270a)

また、『大乗起信論別記』に次のようにある。

不善の等き法も亦た真如の相と用とに作ることを得ず。若し是れ相と用となりといはば、亦た多くの過有るべし。且らく二義を以って之を釈せむ。

一には因果の雑乱する過なり。彼の善因に随ひて苦果を得す応し。
二には聖人は真如を証得し、不善の悪業を起こす応し。此の過有るが故に不善は真如を以って体と作すことに応ぜざるべし。答ふ。正に不善の法は彼の真如を用って体と作すを以っての故に違ひて相応せざるを以ってと則ち不善と名づく。又た真に違ふに由るが故に、真を離れず、是れ用ならず。
不善等法亦不得作真如相用。若是相用、亦有多過。且以二義釈之。一者因果雑乱過。随彼善因応得苦果。二者聖人証得真如、応起不善悪業。有此過故不善不得作真如相用。問。若爾、不善不応以真如作体。答。正以

不善之法用彼真如作体、故以違不相応則名不善。又由違真故、不離真。由違真故、不是用也。（T44：288b）

すなわち、性起に対する法用の説明と、『大乗起信論』の用大に対する法蔵の説明とはまったく同じなのであって、『大乗起信論義記』『大乗起信論別記』といった同時期の著作は性起を用大と同一視するほどにおいて一致している。『華厳経探玄記』巻下末（T44：275a）は『大乗起信論義記』『大乗起信論』『大乗起信論別記』をそこまで用いるのは智儼において見られなかった点である。

それはともかくとして、法蔵においても智儼におけるのと同様に、仏菩薩の性起は智としての用のみを起こし、惑としての用は起こさない。惑としての用は識であり、その識が智としての用へと転換されるのは唯識派における転依に対応するが、実際に智儼は『十地経論』が初地の転依と見なす経文「三世を出過し」等に基づいて、転依が初地に達成されると説いていた。これは法蔵も同じである。この経文を注釈する『華厳経探玄記』巻十に次のようにある。

言「出過於三世」者第四転依相。謂此微智依止真如常住法身。以是究竟転依故、能依所依倶悉浄故、出於三世遷動相也。問。所依本有可得是常。能依修智豈無生滅。答。初教随相修智生滅。終教已後智如境故、始覚同本覚故、亦非無常。（T35：297b）

終教已後は初地の転依の後、能依と所依とが常であると説かれるが、終教已後という時、別教も含まれるのは明らかであって、終教と別教とにおいては識から智への転換は初地に起こるのである。ただしここでも「本覚」という

『大乗起信論』の語が終教已後、つまり別教においても用いられている。結局のところ智儼の断惑説と法蔵の断惑説との違いは、後者が「行唯識」「解唯識」を説かず、『大乗起信論』を重用する点にあるのである。

五　おわりに

初期華厳教学の断惑説は、浄としての体が惑としての用を起こしていると見て、惑としての用を智としての用へと転換するものであった。それは『十地経論』の初地の偈の内容を『摂大乗論』の真実無性性によって裏づけるものであって、地論系摂論宗の流れを汲む智儼ならではの説であった。智儼は断惑が唯識の理論である「解唯識」と、唯識の実践である「行唯識」とによって達成されると説いたが、義湘と法蔵とは「行唯識」「解唯識」を受け継がなかった。智儼の「行唯識」「解唯識」は地論系摂論宗の祖、曇遷の孫弟子である霊潤の説「行三性」「解三性」に対応するものであって、義湘や法蔵はそれを用いたがらない傾向にある。智儼が地論系摂論宗の教養に基づいて初期華厳教学を構築したのに対し、弟子たちはそうした教養を捨て、華厳教学の純粋化を図っていく。中期華厳教学はそこから生ずるのであるが、それは一面において華厳教学の脱摂論宗化・再地論宗化であった。

注

(1) 長尾雅人［1978：523］「法蔵の三性説は、識論とも切離され、解脱や救済に関係する瑜伽行論とも切離されて、単に存在論的に眺められたと評せられることになる」。

(2) 宇井伯寿［1923：278］は漢訳諸論において引用されたこの偈の異訳を集めている。『入大乗論』「識是種子義 遊行於六塵 若見諸塵空 有芽則断滅」。『般若燈論』「識是諸有種 彼識行境界 見境無我已 有種子是滅」。『広百論本』「識為諸有種 境是識所行 見境無我時 諸有自然滅」。

(3) 阿陀那識は蔵訳に転識とあるが、智儼は真諦訳の経論において末那識が阿陀那識と呼ばれることに基づいて、阿陀那識を末那識と理解したようである。

(4) ただし智儼が引いている文は『大乗起信論』の文（T32：578a）である。

(5) 『維摩詰所説経』巻上に「二切衆生亦如也、一切法亦如也、衆賢聖亦如也、至於弥勒亦如也。gang sems can thams cad kyi de bzhin nyid dang | gang chos thams cad kyi de bzhin nyid dang | gang 'phags pa thams cad kyi de bzhin nyid de ni byams pa khyod kyi yang de bzhin nyid do ||」（T14：542b、<P>Bu198a8-198b1）とある。

(6) 石井公成［1996：244］はこの『五十要問答』菩提樹為始義の文を挙げて「智儼にも『還原』の語が一例だけある」と述べる。しかるに上に挙げたとおり、『孔目章』明難品初立唯識章においても「今息相還原、運心所造更不別有、従如実来。是如実法故」（T45：540b）と出る。

(7) 「自性清浄心而有染者難可了知。prakṛti-pariśuddhasya cittasyopakleśārtho dusprativedhyaḥ.」（T12：222b、RGV 15, 6-7）。

(8) 長尾雅人［1978］「空性における「余れるもの」」。高崎直道［1980：302-305］。

(9) 法蔵『五教章』断惑分斉には「又此断惑分斉準上下経文有四種。一約証。謂十住中断。二約位。謂十住已去断。三約行。謂十信終心断。四約実。謂無可断。以本来清浄故。広如『経』『説』」（Wu 459）とある。これは今の『華厳経捜玄記』巻上下とほぼ等しいが、智儼が種子と習気とを分けるのに対し、法蔵は「以所障法一即一切具足主伴等故、彼能障惑亦如是也。是故障不分使習現種」（Wu 459）と説き、別教においては現行と種子と習気とを分けないと見る。ただしこれは智儼『孔目章』十纏義章が「所障義大、纏過亦重」（T45：552a）と説き、『孔目章』六十二見章が「所迷義衆多、能迷用亦大」（T45：551c）と説くのに等しいので、智儼もまた現行と種子と習気とが一即一切であることを認め、その意味においては現行と種子と習気とを分けないと見ていたに違いない。なお法蔵は『華厳経探玄記』においては別教においても種子と現行（使習）とを認めており、たとえば同書巻五は十住の所治の惑を「約一乗、即治滅性滅三障四障使習等故」（T35：196b）と規定している。

(10) 十信と十解と初地とのみならず、実際には十信と十解と十週向とにおいても「一断一切断」によってすべての障を断ずる。『華厳経捜玄記』巻一下は十信の所治の惑を「一瞋障百法明門之障」（T35:27c）、巻二上は十住の所治の惑を「是前百障。応位断」（T35:33bc）と規定し、巻二下は十週向の所治の惑を「一乗如前」（T35:42c）と規定する。これらは『華厳経』普賢菩薩行品において、一の瞋を伏して百の障を断ずると説かれていることによる。

(11) その意味においては、実は種子を断じたとは言えず、現行を断じたと言うべきである。『孔目章』請分中転依章に「円教一断一切断。亦如前説。断皆『非初非中後』断也。普賢解行位中漸差等伏」（T45:562b）とある「伏」も現行を伏したという意味かと推測される。

(12) 『華厳経捜玄記』巻一下（T35:27c）は一乗と三乗とに共通と見なし、『孔目章』請分中転依章（T45:562b）は円教と見なす。法蔵『五教章』断惑分斉は「又此教中、正転惑時、智起惑滅。広如『十地論』説」（Wu 432）と述べて、終教のみと見なすが、「又前三乗等諸門断惑、若入此教、即入此教。若随前後、是三乗等。此拠別教言」（Wu 459）と述べて、三乗であっても「一障一断・一断一切障・一断一切断」を説くものは別教に入ると見なす。これによるならば、『孔目章』「円教一断一切断」の経偈を別教の断惑と認めていたことになろう。

(13) 木村清孝 [1977:597]。

(14) 石井公成 [1996:228] はこの「云何断。如虚空」を「虚空」を比喩として挙げている性起品の記述」と見なす。しかし、先に確認したとおり、これは『十地経論』である。

(15) 石井公成 [1996:245]「どのような対象を見ても「心を著さず」という点にある以上、現実の実践をめざす習禅者と違いはない」。

(16) 智儼がしばしば用いるインドの唯識派の文献を例とするならば、たとえば『十地経論』巻二「随声取義、有五種過。一不正信、二退勇猛、三誑他、四誹仏、五軽法。sgra ji bzhin du don gzung na ni nyes dmigs rnam pa lnga yod de| mos pa'i gnas ma yin pa nyid kyi nyes pa dang | rtsol ba mnyam par 'gyur ba'i nyes pa dang | gzhan la bslu ba'i nyes pa dang | ston pa la skur pa 'debs pa'i nyes pa dang | chos spong bar byed pa'i nyes pa'o ||」（T26:133c. DBhV <P>Ngi 160b7-161a1）。また『阿毘達磨雑集論』巻十二「復次何縁、一分衆生、於方広分広大甚深、雖生勝解、而不得出離耶。由深安住自見取故、常堅執著如言義故。深安住自見取者、恒堅封執不了義経故。常堅執著如言義者、恒堅封執不了義経故。如聞一切法畢竟無自性言故、便撥一切諸法性相皆無所有。如是於余不了義経、堅執」

(17)『大乗荘厳経論』『摂大乗論釈』『阿毘達磨雑集論』などに出る。坂本幸男 [1958 : 532-537]。
　『言義亦爾。是故雖信大乗、而不得出離、以大乗経由種種意説故。adhimucyamānānāṃ apy ekatyānāṃ aniryāṇaṃ nītārthaṃ sūtram a[na]nviṣya svayaṃ dṛṣṭiparāmarśāsthāyitayā yathārutam arthārutaṃ vā yathā sarvadharmaniḥsvabhāvatā-vacanāt sarvalakṣaṇenasarvabhāvāpavādinaḥ. evam anye 'pi yathārutārthāviniveśino mahāyāne na niryāntīti veditavyaṃ, nānābhiprāyabhāṣitatvāt mahāyānasya.』(T31 : 75la. ASBh 112, 14-17)。
(18) 石井公成 [1996 : 120-121] によって詳しく検討されている。
(19) 舘野正生 [1999 : 66] は『華厳経伝記』巻五が『華厳三昧観』について「用於天台法華三昧観、諸修行者足為心鏡耳」(T51 : 172b) と述べるのを、「天台の法華三昧観に用ふれば、諸の修行者は心鏡と為すに足るのみ」と訓み、「(この『華厳三昧観』を) 天台の『法華三昧懺儀』に用い (補っ) たならば、諸々の修行する者は、心鏡とすることが充分できるのである」と訳す。そして『華厳発菩提心章』(=『華厳三昧』)は「観」を説くことによって、『法華三昧懺儀』が「行」を説くのを補うのであって、前者が「行」を説かないのは当然と見なす。
(20) 慧遠の諸著作も『大乗止観法門』と同じである。石井公成 [1996 : 103 n.13]。常盤大定 [1930 : 200]。
(21) これは智儼『孔目章』盧舎那仏品中雲集文末普賢文中立一乗三乗義章が一乗の解行位の所依身について「如『法華経』龍女身者義当即是留惑感彼同生之身」(T45 : 537c) と説くのに該当し、別教の菩薩が煩悩障を故留して分段生死のまま成仏するのを指す。

結論

一 はじめに

　教会としての華厳宗と、教理としての華厳教学とのうち、本研究は後者の初期の様相のみを扱った。ゆえに教会としての華厳宗に属する興味ある側面、たとえば当時の社会と密接な関係を有する儀礼である懺悔法などはすべて扱われなかった。本研究は教会における智儼や義湘や法蔵の実生活をまったく明らかにせず、ただ教理における彼等の世界観を明らかにしたのみであるので、教会と教理とを合わせた立体的研究については、これを将来に委ねなければならない。今はあくまで教理の面において、初期華厳教学が仏教史においていかに位置づけされるべきものであるかを結論する。

　まずは第一部から第三部までに明らかにしたことがらを挙げる。

第一部　大乗始教・大乗終教・別教一乗の構造

　ここでは始教と終教と別教との関係を論じ、始教や終教から別教への流れを明らかにした。

第一章 始教・終教・別教の関係

智儼の教学は『十地経論』に基づく地論宗の神秘的な『華厳経』理解が『摂大乗論釈』に基づく摂論宗の精緻な唯識説によって基礎づけられたものであり、従前の中国華厳思想と智儼の教学とを隔てる点は真諦訳『摂大乗論釈』の重視に他ならない。本研究は、こうした地論宗と摂論宗との交叉点から生じた智儼の教学と、その強い影響下にある義湘の教学と、『五教章』までの法蔵の教学とを初期華厳教学と呼んだ。実際の研究の範囲は『華厳経探玄記』までの法蔵の教学と、『五教章』においても初期華厳教学と共通の思想が見られるからであり、かつ、初期華厳教学が変容する過程を示すためであった。

五教判は初期華厳教学の発端である智儼『華厳経捜玄記』から実質的に存在し、そのうち始教・終教・別教において説かれる識はいずれも阿頼耶識説に準拠し、その識の体（実質）はいずれも如来蔵であった。すなわち、始教と終教と別教とは同一の識を別々の角度から説くものに他ならない。ただ一つだけ異なるのは、別教の唯識説が無尽であって始教と終教との唯識説を完成させる点であった。

智儼と『五教章』の法蔵との間においては、終教の内容が相違した。智儼は『大乗起信論』のような、じかに菩薩のためだけに説かれた教を始教の直進教の代表と見なしたが、法蔵は『大乗起信論』を終教の代表と見なした。これによって、法蔵の教学においては終教はじかに菩薩のためだけに説かれた教となり、小乗の声聞が終教の廻心教を経て菩薩へと廻心することが考慮されなくなった。このことは法蔵が五教の連続性を重視しないことを示している。

第二章 始教・終教・別教における行位

始教・終教・別教の行位はいずれも疑経『菩薩瓔珞本業経』の五十二位説の延長線上にあり、その不退は順に十廻向・十住・十住であった。ただし別教においては実際には退は存しなかった。

結論　426

始教・終教・別教の不退の菩薩は仏国土に往生し得た。特に智儼は三乗教（始教・終教・頓教）において説かれる阿弥陀仏国土を一乗（別教）への入り口と見なしたが、法蔵はまったくそのことに言及しなかった。このことは法蔵が五教の連続性を重視しないことを示している。

第三章　始教・終教・別教における種姓

インドの唯識説においては、成仏のための力として、本性住種姓と習所成種姓との二種姓が説かれる。前者は修行の前からある先天的な力であり、後者は修行によって得られる後天的な力である。智儼も法蔵も本性住種姓を因、習所成種姓を縁と見なした。因が欠けては果が生じない。また、縁が欠けては果が生じない以上、縁の力のみが果を生じ、因の力のみが果を生じると見る時には縁の体（存在）に備わるものであるから、因の力のみが果を生じると見る時には縁の体（存在）のみがある。

ゆえに、仏果を生じるのは習所成種姓のみか、本性住種姓のみである。両者が協力して生ずるのではない。ゆえに、習所成種姓のみと見る場合、習所成種姓が種姓すべてを代表するので、本性住種姓は習所成種姓の中に含まれる。ゆえに、修行せず習所成種姓がないならば、本性住種姓もないことになり、修行して習所成種姓が成じたならば、初めて本性住種姓も成ずる。本性住種姓といえども、修行しないならば、ないに等しい。

始教は本性住種姓がなく成仏できない無種姓の者を説くが、それは修行せず習所成種姓がないうちは本性住種姓もないという意味にすぎない。実には修行して習所成種姓を成じたならば、本性住種姓も成じて成仏の資格を得る。このことは初期華厳教学があらゆる者に成仏の可能性を認める立場に立ちつつも、楽天主義に陥ることを戒め、修行に意義を見出だすという強い倫理的性格を有することを示している。

第四章　始教・終教・別教における生死

インドの唯識説においては、修行のための生死として、分段生死と変易生死との二種生死が説かれる。智儼も法蔵も始教においては分段生死のみ、終教においては分段生死と変易生死との二つ、別教においては分段生死と変易生死とは実質的に同じものであって、終教が変易生死を説くのは変易生死すら説かないことによって終教に勝ることを示すためであって、実際には差異はなかった。彼らによれば、分段生死と変易生死を受けるための縁を、智儼と『五教章』の法蔵とは所知障の種子と規定した。これは『華厳経探玄記』の法蔵が『大乗起信論』によって智儼の説を改めたからである。このことは法蔵による『大乗起信論』の重視を示している。

第五章　始教・終教から別教への廻入

智儼も義湘も法蔵も一闡提と声聞と独覚とが直接に別教に廻入することを認めず、まず始教や終教や頓教に廻入してから別教に廻入すると説いた。特に智儼は一闡提の廻入の方法を詳しく説いたが、義湘や法蔵は説かなかった。このことは義湘や法蔵が五教の連続性を重視しないことを示している。

智儼や法蔵は始教や終教や頓教を学ぶ菩薩が十地の初地までに別教に廻入すると説いたが、義湘は最も鈍根なる者が始教や終教や頓教を学んで仏となってから別教に廻入すると説いた。これは地論宗の説に他ならない。このことは地論宗に対する義湘の傾斜を示している。

第二部　大乗始教・大乗終教の論理

第一部第一章においては始教と終教とが別教と同一の識を別々の角度から説くものであり、ただ無尽を説かない点

結論　428

でのみ別教と異なることを確認したので、この第二部においては別教の唯識説の基礎である始教と終教との唯識説を検討した。

とりわけ、第一部第一章において確認したとおり、智儼と法蔵との間においては終教の内容が異なるので、始教と終教とをともに『摂大乗論』に摂める智儼の説が、始教を『成唯識論』、終教を『大乗起信論』へと分断する法蔵の説へとどのように変化したかを究明した。

第一章 始教の阿頼耶識と終教の阿頼耶識

まず阿頼耶識に対する智儼の解釈を検討し、それが『摂大乗論』における阿頼耶識に対する、摂論宗の祖である曇遷の弟子の弁相や、弁相の弟子の霊潤の解釈と共通することを明らかにした。智儼と『五教章』の法蔵とは、終教は阿頼耶識が如来蔵であるという真実のみを説き、始教は阿頼耶識が異熟識であるという方便をも説くと見なした。その根拠は『摂大乗論』であった。しかるに『華厳経探玄記』の法蔵は、始教は阿頼耶識が異熟識であるという方便のみを説き、終教は阿頼耶識が如来蔵であるという真実のみを説くと見なした。始教の根拠は『成唯識論』であって、『摂大乗論』は触れられなくなった。智儼においては始教と終教とが通底していたが、法蔵においては始教と終教とはまったく接点を失ってゆく。智儼が一なる『摂大乗論』において二教の通底を認めるのに対し、法蔵は始教を『成唯識論』など、終教を『大乗起信論』と規定して二教を分断する。このことは法蔵が五教の連続性を重視しないことを示している。

第二章 始教の末那識と終教の末那識

まず末那識に対する智儼の解釈を検討し、それが『摂大乗論』における末那識に対する真諦の解釈に由来することを明らかにした。

429　結論

智儼は始教の迴心教の末那識が仏位にもあると規定した、始教の迴心教の根拠は『成唯識論』であり、法蔵は始教の末那識と終教との末那識が地上にないと規定した。始教の直進教と終教との根拠は『摂大乗論無性釈』である。『五教章』の法蔵は始教の末那識が仏位にもあると規定し、終教の根拠は『成唯識論』であり、終教の末那識が十地満まであると規定した。始教の根拠は『摂大乗論無性釈』『転識論』であり、『華厳経探玄記』の法蔵は始教の末那識が仏位にもあると規定し、終教の根拠は『成唯識論』であり、終教の末那識は『大乗起信論』であった。

第三章 始教の意識と終教の意識

智儼は始教の迴心教の転識得智が八識すべてにおいて起こり、始教の直進教と終教との転識得智が意識においてのみ起こると規定した。始教の迴心教の根拠は『成唯識論』であり、始教の直進教と終教との転識得智が阿頼耶識においてのみ起こる根拠は『摂大乗論無性釈』であった。法蔵は始教の転識得智が八識すべてにおいて起こり、終教の根拠は『大乗起信論』であった。智儼が一なる『摂大乗論』において二教の間に通底を認めるのに対し、法蔵は始教を『成唯識論』、終教を『大乗起信論』と規定して二教を分断する。このことは法蔵が五教の連続性を重視しないことを示している。

第四章 始教の心所と終教の心所

智儼は始教の心所を『摂大乗論』『転識論』を根拠として規定し、終教の心所を『成唯識論』を根拠として規定し、終教の心所を『大乗起信論』などの如来蔵系経論を根拠として規定した。法蔵は始教の心所を『成唯識論』を根拠として規定した。

結論

第三部　別教一乗の論理

第一部第一章においては始教と別教とが同一の識を別々の角度から説くものであり、別教はただ無尽を説く点でのみ始教と終教とに異なることを確認し、また第二部においては別教が無尽を説くための論理である相即相入を検討したので、この第三部においては別教の唯識説の基礎である始教と終教との唯識説を検討したので、この第三部においては別教の唯識説の基礎である始教と終教との唯識説を検討した。智儼が一なる『摂大乗論』において二教の間に通底を認めるのに対し、法蔵は始教を『成唯識論』、終教を『大乗起信論』と規定して二教を分断する。このことは法蔵が五教の連続性を重視しないことを示している。

第一章　阿頼耶識説と相即相入——『華厳経』明難品と『摂大乗論』——

智儼や法蔵は『華厳経』明難品を十甚深に区分するが、それが地論系摂論宗の祖である曇遷に基づくことはよく知られている。智儼や法蔵は十甚深の最初である縁起甚深を『摂大乗論』『十地経論』によって解釈し、さらに『十地経論』を縁起甚深によって解釈したが、それは曇遷『華厳経明難品玄解』『十地経論』に基づくと推定された。なかでも智儼や法蔵は或る事Aと或る事Bとが「互いに相知せず」という明難品の経文を、AとBとが相即相入するという意味であった。また古くから曇遷の作と伝えられる、地論宗的色彩の強い著作『大乗止観法門』は明難品の経文を多く用いているが、明難品に対する義湘の解釈は『大乗止観法門』の解釈に共通するところが多かった。とりわけ、義湘は事と事との相即相入を説いたが、これは『大乗止観法門』においても見られる地論宗の説に他ならない。

このことは、同じく曇遷を源流としながらも、智儼や法蔵が『華厳経明難品玄解』を介して曇遷の摂論宗的傾向を継承したのに対し、義湘が『大乗止観法門』を介して曇遷の地論宗的傾向を継承したことを示している。

第二章 華厳の三性説——「行三性」と「解三性」——

智儼と義湘と法蔵との三性説は真諦訳『摂大乗論』の三性説に対する解釈法「行三性」「解三性」の枠組みの内にあったが、それは曇遷の孫弟子、地論系摂論宗の霊潤の発案であった。「行三性」とは三性の実践、「解三性」とは三性の理論である。「行三性」においては有性に非ず無性に非ざる真実無性性を体験することが目指されるが、そうした有性に非ず無性に非ざる真実無性性は事がそのまま理であることと言い換えられた。事がそのまま理であることにおいては事が理と同様に無礙なのであって、そこにおいてこそ事と事との無礙、すなわち事と事との相即相入が起こっているのである。

なお法蔵『五教章』三性同異義は「解三性」を玄奘訳の三性説に合わせて構築し直したものであり、真諦訳『摂大乗論』を重視する智儼の姿勢が法蔵からは失われていくことを示している。

第三章 華厳の縁起説——因の六義——

「行三性」によって体験される事と事との無礙、すなわち事と事との相即相入は、因と縁との相即相入と、因と果との相即相入とに分けられる。ここでは因と縁との相即相入を説くための論理である、因の六義は『摂大乗論』において説かれる種子の六義と、『十地経論』において説かれる縁起の四句分別とを合成し、実際には『十地経論』のほうに多く依存しており、縁起において、種子と現行との両方に六義を認めるものであるが、因のみか、縁のみに果を生ずる力があることを六つに分けて説いたものに他ならない。因が欠けても縁が欠けても果が生じない以上、因と縁とは互いに相手に対して全面的に無力であり、相手から見て全面的に有力と見る場合には、縁の力は因の力に入っており、縁のみを全面的に有力と見る時には、因のみが全面的に有力である。これが相入である。一方、力は体に備わるものであるから、因のみを全面的に有力と見る場合には、縁の力は因の力に入っており、縁のみを全面的に有力と見る時には、縁のみが全面的に有力であって縁の体は因の体に入っており、縁のみを全面的に有体であって

体であって因の体は縁の体に入っている。これが相即である。

智儼は通常の四縁の縁起における因と縁との無礙、すなわち事と事との無礙は、事が理と同様に無礙であることを示し、如来蔵縁起における、事が理に他ならないことのみを縁起と呼んだ。義湘が呼ぶそう義湘は四縁の縁起をも如来蔵縁起をも説かず、ただ事が理に他ならないことのみであると推測された。

した縁起は、地論宗において説かれる法界縁起と同じであると推測された。

法蔵は四縁の縁起と如来蔵縁起とを説くのに加え、因と縁との相即相入を無尽の縁起と呼んだ。

なお、法蔵は後年になって因の六義を放棄し、『十地経論』に依拠する智儼の姿勢が法蔵からは失われていくことを示している。

第四章 華厳の因果説——性起説と中観派の因果説——

ここでは前章に引き続いて、因と果との相即相入を説くための論理である性起説を検討した。真諦訳の三性説において説かれる、有性に非ず無性に非ざる真実無性性を、初期華厳教学は事がそのまま理であることと言い換えた。もし事がそのまま理であるならば、事においては理における同様、因果はないとも言える。真実無性性を証することによって、因果がない理の領域が、そのまま事の領域において起こってくる。それが性起である。しかし事においてはあくまで因や果という概念があるので、ある事が同時に因のみか、果のみかであると説くことによって表現される。これは因と果との相即相入である。中観派は因果がないと説くことを、因のみか果のみかであるということによって説く。このことは初期華厳教学の因果説が裏返しの中観派の因果説であることを示している。

第五章 華厳の断惑説——「行唯識」と「解唯識」——

智儼と義湘と法蔵とは別教の惑について、浄なる体が惑としての用を起こすと述べた。惑としての用は染なる体を

欠くので空である。

智儼はそうした空が十地の初地において証せられると考え、その時に阿頼耶識や末那識や意識という惑としての用が滅すると述べた。しかし、惑としての用の体は浄であって滅し得ないので、惑としての用が空であると知ることを滅と呼ぶに過ぎない。その時に、惑としての用は、滅しないままに智としての用へと転換される。こうした考えを基礎づけるのは、真諦訳の三性説において説かれる、有性に非ず無性に非ざる真実無性性においては、有性は決して滅しないということである。転換の具体的な方法について言えば、先の「行三性」「解三性」に対応する唯識観、「行唯識」「解唯識」によって、意識や末那識や阿頼耶識という惑としての用を、智としての用へと転換させる。

義湘もほぼ智儼に従うが、「行唯識」「解唯識」を説かない。法蔵もほぼ智儼に従うが、智としての用を『大乗起信論』の説く用大と同一視する。

このことは真諦訳『摂大乗論』に依拠する智儼の姿勢が義湘・法蔵からは失われていくことを示している。

二 中国仏教史的見地における初期華厳教学

本節においては前節に基づいて、中国仏教史における初期華厳教学の位置を結論する。

本研究が初期華厳教学と呼んだものは、地論宗と摂論宗との交叉点から生じた、智儼と弟子たちとの『華厳経』解釈であった。それは『十地経論』に基づく地論宗の神秘的な唯識説によって裏づけられたものであった。ただそれは、智儼の完全な創案というよりも、もともと曇遷『華厳経』解釈を継承するものであったふしがある。摂論宗の祖である真諦、地論系摂論宗の祖である曇遷、曇遷の弟子である弁相、弁相の弟子である霊潤らの説は、初期華厳教学の

結論　434

基礎である始教と終教との説におおむね重なり、さらに、始教と終教との説を無尽を説くことによって完成させる別教の説にも重要な点において重なっていた。現存するわずかな資料からですら、これほどの重なりが確認できるのであるから、実際には我々が初期華厳教学と見なすものの基本的な発想の多くが地論系摂論宗のものであった可能性が高い。

ゆえに、華厳宗という教会の側面を考慮せず、華厳教学という教理の側面のみを見れば、初期華厳教学は無尽を説くことを伴う地論系摂論宗の説と言っても過言ではない。無尽を説くことを『華厳経』の特徴と見なすのは地論宗の初期の指導者である慧光の『華厳経疏』の示唆によって智儼が始めた説であり、地論系摂論宗の説ではなかった。ゆえに、厳密に言えば、智儼の教学の独自性はそこだけに求められる。智儼の教学の独自性はおそらく我々が信じてきたよりもはるかに少ないのであって、かなりの面で地論宗の教理を踏襲していた可能性がある。そもそも智儼自身はみずからが華厳教学という特別なものを創設したとは思っていなかったであろう。彼はただ、地論宗の慧光の説に従って『華厳経』の特徴を無尽を説くことに求め、その無尽を摂論宗の唯識説によって説明した、ひとりの地論系摂論宗の学者だったのである。智儼の教えを特別なものと見なし、華厳教学というような呼びかたによって独立化させていったのは、地論系摂論宗についての知識を失った、後世の人々である。

後世の人々が初期華厳教学の前身たる地論系摂論宗についての知識を失ったのは、主として地論系摂論宗の衰退という理由に基づくが、それに加えて、義湘や法蔵が積極的に、初期華厳教学における地論系摂論宗の要素を排除したことにも基づく。義湘と法蔵との教学は智儼の教学に較べ摂論宗的色彩をほとんど現わさず、かわりに地論宗的色彩を著しく増したものであった。義湘はしばしば地論宗そのままの説を鼓吹し、法蔵は地論宗と関係の深い『大乗起信論』を大いに援用していた。彼等は智儼が受け継いだ地論系摂論宗の伝統のうち、摂論宗の要素を減少させ、地論宗

435 結論

の要素を増幅させたと言ってよい。そしておそらくその際に、地論宗の一部に綿々と存在した『華厳経』至上主義を吸収し、『摂大乗論』を所依とする教理を排除し、現在一般に考えられているような、『華厳経』のみを所依とする華厳教学を造っていったものと思われる。それは、初期華厳教学の脱摂論宗化・再地論宗化であった。

華厳教学という、後世に固まった概念による先入見をまったく排除すれば、中国仏教史における初期華厳教学は地論系摂論宗の直系であり、無尽を説くことを重視する地論系摂論宗の説として位置づけし得るというのが、現時点における客観的な結論である。それが華厳教学と呼ばれるようになったのは、地論系摂論宗についての知識を失った、後世の人々によってなのである。

三 通仏教的見地における初期華厳教学

筆者はもともと東西交渉史に関心を持っていたので、仏教の研究をするにせよ、インド仏教のみの研究や、中国仏教のみの研究をする気はなかった。また仏教の研究を始めてからも、インド仏教と中国仏教とを本質的に異なるものと見なす一部の研究に違和感を持っていた。筆者はむしろ、インド仏教の精神が中国仏教にいかに受け継がれたかに興味を持っていた。初期華厳教学は、国際交流華やかなりし唐の仏教界における、中国人による、インドの唯識説を用いた、インドの『華厳経』の解釈であったので、筆者は自分の関心に一致する研究対象に巡りあえたわけで、実に幸運であったと考える。

少し前までの偉大な仏教学者のうちには、インド仏教を踏まえた上で中国仏教について優れた研究を行なう人物がいたが、それは彼らの仏教理解の深さが仏教に内在する共通論理を抽出し得るまでに至っており、インド仏教以来断絶せずに受け継がれている仏教の論理を中国仏教においても見出だし得たからであったと思われる。近年は研究が細

結論　436

分化したために、インド仏教と中国仏教との双方に通暁することは難しくなったが、それでも筆者はせめて姿勢だけでもかつての学者に倣い、インド仏教から中国仏教へと受け継がれた仏教の論理を明らかにしようと試みた。その仏教の論理とは阿毘達磨や中観や、そして特に唯識であって、初期華厳教学が唯識派や地論宗や摂論宗を経由して唯識の論理を継承していることを明らかにしたつもりである。初期華厳教学がインド唯識を誤解した箇所があるにせよ、どこで誤解したのかを明らかにしたつもりでもある。

本研究を行ないつつ、筆者はたしかに、初期華厳教学の論理とインド仏教の論理との通底を見出だすことができた。たとえば、阿頼耶識と七転識とが相互同時因果となって相手に全面的に依存しあう以上、阿頼耶識は七転識のうちに属し、七転識は阿頼耶識のうちに属して、相即相入しているという考え（本研究第三部第一章）は、「諸法は識に於いて蔵さる識の諸法に於けるも亦た爾なり」という『阿毘達磨大乗経』の考えを端的に述べたものに他ならない。また、因という概念と、果という概念があり得ないという〔本研究第三部第四章〕は、因のみ、あるいは果のみしかないという考えを、裏返しに述べたものに他ならない。従来はそうしたことがほとんど理解されず、初期華厳教学は本質的に非インド的（中国的）、あるいは非仏教的だという誤解がまかり通ってきたが、これは非常に残念なことである。

インド以来の仏教の論理が初期華厳教学に脈々と伝わっていることを、本研究によって拙いながらも伝えることができれば、筆者にとってこれ以上の幸福はないのである。

　　四　本研究以降の展望

筆者は今後、本研究を踏まえ、三つの研究を行ないたいと考えている。一つは中国仏教文献のうちに伝えられるイ

華厳教学の研究である。

まず、中国仏教文献のうちに伝えられるインド僧の説については、本研究を行なううちにその重要性に気づき、いくつか言及したのであるが、それを本格的に研究したいという意欲を強く有している。中国仏教文献は古いインド僧の説をしばしば伝えており、中国仏教の独自の解釈と思われるものが、実は古いインド僧の説に由来することもある。そのことを特に菩提留支や真諦の著書の逸文を通じて実感した。それらの逸文を、梵文や蔵訳として残るインド仏教文献と照合し、インド仏教史の研究に役立てたい。

また、インドと中央アジアとにおける華厳思想についても、本研究においても関係の及ぶ範囲においていくつか触れたのであるが、さらに研究を進めたいという意欲を強く有している。その内容としては、①インド仏教文献における『華厳経』引用箇所の収集、②蔵訳『華厳経』の和訳などが挙げられる。

さらに、奈良朝と平安朝とにおける日本華厳教学についても研究を進めたいという意欲を強く有している。華厳宗はもともと『華厳経』を根本聖典としたものであって、これにいそしむ経宗であったが、奈良朝と平安朝との日本華厳宗はむしろ『五教章』を根本聖典としてその注釈に妍を競う論宗としての性格を強めた。すなわち『成唯識論』を根本聖典としてその注釈に妍を競う法相宗と性格が近くなったのであって、日本華厳宗は中国華厳宗以上に法相宗のような細かな唯識学上の議論に没頭することとなったのである。中世の論義の内容を見ると、華厳宗の論義、たとえば景雅『華厳論草』のうちには法相宗の『成唯識論同学抄』と共通する内容が見られる。このような華厳宗の高度な唯識学化は日本華厳宗のみの特殊的性格であるが、それを研究する際には本研究の成果が前提となるはずである。

結論　438

五　おわりに

　智儼が『華厳経捜玄記』を著したのは二十七歳の時であり、それは本研究提出時の筆者の年齢に当たる。感覚的な言いかたであるが、同じ年齢であり、同じ年齢の意欲を有していたからこそ、智儼の初期華厳教学に接近し得た面もあるように思えてならない。筆者は阿毘達磨や唯識や中観などのインド仏教の基礎を学んでから華厳教学を学んだのでも、華厳教学を学んでからインド仏教の基礎を学んだのでもなく、両方を同時に学んだ。そして、両者を学びながら両者が同じ問題を扱った箇所を常に突き合わせ、両者が出した解答の同異を常に明らかにしようと意識してきた。筆者は智儼が学んだインド仏教の経論を同様に学び、それに対する智儼の理解としての初期華厳教学をも学んだのであって、いわば精神的に、智儼の思想形成に立ち会い、また義湘や法蔵とともに智儼の講筵に列したのである。筆者が二十歳頃から仏教を学び、二十七歳に至ってひとつの区切りとして本研究を纏めたのは、智儼が若き日から仏教を学び、二十七歳に至って立教開宗して『華厳経捜玄記』を著したのと、なにやら無縁でないように思えてならない。

　最後に厚く感謝申し上げたいのは、御多忙のなか貴重な時間を割いて本研究の審査に尽力された、主査竹村牧男先生、副査野田茂徳先生、片岡一忠先生、佐藤貢悦先生、小野基先生に対してである。未熟な筆者であるものの、諸先生からの御指導を得て、よりよき方向へと研究を進めてゆきたい。

付論一 「理理相即」と「理理円融」——『華厳止観釈』論攷——

一 はじめに

新羅の義湘が「理理相即」なる観念を有し、それを五教判のうち別教に配当したことはよく知られている。しかし、「理理相即」ならぬ「理理円融」なる観念を日本華厳教学が有し、広く用いていたことは今に至るにほとんど知られていないように思われる。例えば景雅『華厳論草』に次のようにある。

凡そ花厳円宗の心は、三種円融を説きて、法性円通の旨を顕はす。一には事理円融。理事互ひに融じ、相入し相即す。二には理理円融。法界は一味にして、唯だ理のみ、妄無し。三には事事円融。当相、円融し、縁起を待たず。今此の三種円融は専ら『花厳止観釈』に出づるのみ。次いでの如く終・頓・円の三教に配す。

凡花厳円宗心者、説三種円融、顕法性円通旨。一者事理円融。理事互融、相入相即。二理理円融。法界一味、唯理無妄。三事事円融。当相円融、不待縁起。今此三種円融専出『花厳止観釈』。如次配終頓円三教。（Ｔ72：67bc）

ここでは「事理円融」（終教）と「理理円融」（頓教）と「事事円融」（円教）との三つが説かれているが、「理理円融」は頓教に配当されており、義湘が説く「理理相即」が別教に配当されるのと同じでない。義湘の先駆的研究を行なった坂本幸男は夙にこの「理理円融」に着目し、これと「理理相即」とが無関係であることを指摘していた。ただ

し坂本は両者の相違を述べるだけに留まり、「理理円融」の出自については興味を持たなかったように見える。『華厳論草』に「今此の三種円融は専ら『花厳止観釈』に出づるのみ」とあるとおり、「理理円融」は『花厳止観釈』なる書物を出どころとするのであった。この『花厳止観釈』を検討し、華厳教学史における「理理円融」の基礎的位置づけを行なうのが本稿の目的である。

なお、原文の「花厳止観釈」が『花厳止観釈』という書名であるか、「『花厳止観』（の中）の釈」であるかを判断することは難しい。今回はひとまず『花厳止観釈』という書名であると判断するが、後に述べるとおり、「『花厳止観』（の中）の釈」である可能性もある。

二 『花厳止観釈』について

「理理円融」は『花厳止観釈』を出どころとする。それでは『花厳止観釈』とはいかなる書であろうか。この書は存否が不明であり、また、筆者が知るかぎり、いかなる目録においても掲載されないが、その題名から推測して、この書は杜順の作と伝えられる書『華厳五教止観』の注釈であった可能性がある。『華厳五教止観』は五門によって構成されており、そのうち第三の「事理円融門」は終教に配当されている。『花厳止観釈』の作者はこの終教の「事理円融門」にちなんで「理理円融」「事事円融」を考案し、順に頓教と円教とに配当したと推測することが可能である。

なお、作者については『華厳論草』に次のようにあるのが注目される。

大師、此れ等の義を釈して云ひたまはく、「当相、空に即するの理は、人天乗の妄情、猶ほ之を悟らず。豈に妄見を以って、法性円融を難ずるや。故に『経』に云はく、「普賢の眼を以って見ば、一切衆生は皆な已に究竟しつ」といふ」と云云いひたまへり。

大師、釈此等義云、「当相即空之理、人天乗妄情、猶不悟之。豈以妄見、難法性円融乎。故『経』云、「以普賢眼見、一切衆生皆已究竟」云云。(T72:67c)

ここで引かれている文は、その内容において、『華厳経』性起品を注釈する法蔵『華厳経探玄記』巻十六の次のような文と相似するが、その文面が正確に一致するわけではない。

汝は今、初めの人天位の中に就きて、彼の衆生を観るに、当相、空に即するをも、猶ほ亦た得ず。況んや復た円教の中の事を見るを得るをや。

汝今就初人天位中、観彼衆生、当相即空、猶亦不得。況復得見円教中事。(T35:413c)

『華厳論草』における他の書の引きかたが極めて正確であることから判断すると、『華厳経探玄記』を取意の形式によって引いたとは考えられず。豈に妄見を以って、法性円融を難ずるや」が、『華厳論草』が法蔵の著書以外を引いたのでなく、他の箇所において法蔵『五教章』断惑分斉の文を「大師、経文を釈して云ひたまはく」(T72:68b)と引いていることから判断すると、懸案の文の冒頭の「大師」は法蔵を指すと考えられる。ゆえに、『花厳止観釈』は法蔵の作と見なされていたとおぼしい。このことは天台宗の尊舜『二帖抄見聞』(1501)の文「彼三重ノ円融ト云ハ香象大師ノ釈ヨリ出タリ」(TendZ29:140a)によっても裏づけられる。なお、杜順『華厳五教止観』の改変版として法蔵の作と伝えられる『遊心法界記』が現存することを考慮すると、杜順『華厳五教止観』の注釈として法蔵の作と伝えられる『花厳止観釈』が存在したとしても決して不思議でない。

管見のかぎりにおいては、『花厳止観釈』の流伝に関する資料は日本のものしか確認されておらず、しかも極めて

443　付論1　「理理相即」と「理理円融」

乏しいが、以下、流伝のあらましを示してみる。

まず『花厳止観釈』独特の三種円融に触れた最初の人物は、やや心もとないながらも空海（774-835）と考えられる。その著『秘密曼荼羅十住心論』巻九の第九極無自性心（華厳宗）に次のようにある。

能証と所証とは平等無二なりと云ふと雖も、然も猶ほ二門の真如に於いて究竟の説を作す。亦た三種の世間は互ひに相ひ円融し無尽無尽の義を説くと雖も、迹は猶し此域に逗し、影は此床に休む。無尽の教義、一声より出づ。三種円融、二門の境に優遊す。誰れか真如に更に所依有りと信ぜむ。

雖云能証所証平等無二、然猶於二門真如作究竟説。亦雖三種世間互相円融説無尽無尽義、迹逗此域、影休此床。無尽教義、従一声出。三種円融、優遊二門境。誰信真如更有所依。（T77：357c）

このうち「三種円融」が後世の諸注釈によって事理円融・理理円融・事事円融と解釈されるようになった。「三種円融」は、直前に「三種の世間は互ひに相ひ円融し」とあるような、器世間と衆生世間と智正覚世間との円融とも解釈され得るが、「二門」が心生滅門と心真如門と、つまり、事と理とであることを考慮すると、事理円融と理理円融と事事円融とである可能性も否定されない。

『般若心経秘鍵』の「建」の段（華厳宗）にも次のようにある。

初めの「建」とは、謂はゆる建立如来の三摩地門是れなり。「色は空に異ならず」より「亦復た是の如し」に至るものは是れなり。建立如来は即ち普賢菩薩の秘号なり。普賢の円因は円融三法を以って宗と為す。故に以って之に名づく。又た一切如来菩提心行願の身なり。頌に曰はく。

色と空とは本より二ならず　事と理とは元来同じ
無礙に三種を融ず　金と水とは其の宗を喩ふ

初「建」者、所謂建立如来三摩地門是れ。「色不異空」至「亦復如是」是也。建立如来即普賢菩薩秘号。普賢

付論1「理理相即」と「理理円融」　444

円因以円融三法為宗。故以名之。又一切如来菩提心行願之身。頌曰。色空本不二　事理元来同　無礙融三種

金水喩其宗（T57: 11c）

このうち長行の「円融三法」と頌の「無礙に三種を融ず」とが後世の諸注釈によって事理円融と理理円融と事事円融とであると解釈されるようになった。これも先と同様、器世間と衆生世間と智正覚世間との円融と解釈され得るが、前に「事理元来同」とあることを考慮すると、事理円融と理理円融と事事円融とである可能性も否定されない。

次に、空海から真言を受学し、その高弟の一人に数えられた人物として、日本華厳宗第七祖、道雄（?-851）がいる。彼の門下の作と見られる『華厳宗所立五教十宗大意略抄』に次のようにある。

問ふ。円融は幾種なりや。答ふ。三種有り。問。円融幾種乎。答。有三種。謂事理円融、理理円融、事事円融也。云々。（T72: 199c）

これが『花厳止観釈』に基づくことは疑いない。

以上が現存の文献のうち、『花厳止観釈』の三種円融に触れたと思われる最も古い一群である。よって、平安時代の初め、九世紀の前半が初出となる。奈良時代の作と見られる寿霊『五教章指事』が三種円融に言及しないことを考慮すると、空海以前に日本において知られていた可能性は少ない。平安時代の日本華厳宗の文献はほとんど現存しないが、真言宗の斉遍『般若心経秘鍵開門訣』巻下（1097）の次のような文によって、十一世紀の日本華厳宗の文献においても三種円融が扱われていたことが知られる。

三種円融の義とは、華厳宗の章疏文処を勘ずるに云はく。理理円融と、理事円融と、事事円融となり、云々。て三種円融の義と曰ふ。

三種円融義者、勘華厳宗章疏文処云。理理円融、理事円融、事事円融、是名曰三種円融義也。（T57: 41b）

なお石井公成は『華厳三論両宗論題』なる写本が現存し、そのうち華厳宗側に「理理円融」の項があること、また

『理理円融』と題する写本が二部（一部は実英の著）現存することを報告している。『華厳三論両宗論題』は鎌倉時代において三論宗が衰退するより前の文献であろうから、おそらく平安時代の作かと思われる。なお石井は「『華厳三論両宗論題』では「事事無礙」は論題となっていない」と指摘する。「事事無礙」を含む澄観の日本華厳宗の文献において用いられていないので、このことも『華厳三論両宗論題』を平安時代の作と見なす根拠となる。澄観の四法界説が浸透する以前には、日本華厳宗においてはもっぱら『花厳止観釈』の三種円融説が用いられていたのである。

鎌倉時代の初め、十二世紀の終わりになると、景雅が『華厳論草』(1189)において、その弟子、聖詮が『五教章深意鈔』巻七(1199)において、ともに『花厳止観釈』に言及している。ただし、『五教章深意鈔』は『華厳論草』における言及（前掲）の引き写しである。

十三世紀の後半になると、華厳宗に通暁し、『五教章聴書』（佚）を著した真言宗の頼瑜が『般若心経秘鍵開蔵鈔』巻下(1262)において三種円融に疑念を呈している。

彼の宗の釈義を検するに、事々無礙を談ずと雖も、未だ理々無礙の説を見ず。

検彼宗釈義、雖談事々無碍、未見理々無碍説。(ShingZ16：34a)

これは空海『般若心経秘鍵』における「円融三法」「無礙融三種」（前出）が三種円融を指すという古来の解釈に対する疑念である。頼瑜は『諸宗教理同異釈』の華厳宗の段においても次のように述べ、華厳宗に理理無礙の義の優越を主張している。

真言宗の理理無礙は是れ本宗に文無し。設ひ事に従ひ理理と云ふを許すも、事を全ふするの理なり。故に全く秘宗の理理無辺の義に同じに非ず。

又理理無礙是本宗無文。設許従事云理理、全事之理。故全非同秘宗理理無辺之義。(DBZ3：79a)

付論1 「理理相即」と「理理円融」　446

頼瑜の主張はこの頃の日本華厳宗において『花厳止観釈』がすでに失われていたことを推測させる。当時日本華厳宗においては澄観の著作の重視が進みつつあり、おそらく三種円融説自体も四法界説の浸透とともに急速に力を失ったと思われる。それで頼瑜も「彼の宗の釈義を検するに、事々無碍を談ずと雖も、未だ理々無碍の説を見ず」と述べたのであろう。

頼瑜と同時代を生きた凝然（1240-1321）は『華厳宗経論章疏目録』のうちに『華厳宗所立五教十宗大意略抄』を掲載しているので、少なくとも三種円融の名については知っていたはずであるが、管見の及んだかぎりの著作においてはそれについて何も述べていない。

ところが十四世紀の中頃になると、真言宗の杲宝（口）・賢宝（記）『般若心経秘鍵聞書』巻四（1348）において注目すべき記述が現われる。

『杜順止観』に云はく、「一には事理円融、大乗終教なり。二には理〻円融、大乗頓教なり。三には事事円融、一乗円教なり」といふ。〈文〉（ShingZ 16：147a）

この『杜順止観』が『花厳止観釈』であることは疑いない。筆者は『花厳止観釈』を杜順に関係する著作だったのであろう。ただし、気にかかるのは『杜順止観』という題名である。先において、われわれは原文の「花厳止観釈」という書名であるのか、『花厳止観』（の中）の釈」であるのかに疑念を抱いた。ここに至って、われわれはその疑念を解決するための二つの選択肢を手に入れたことになる。

① 『杜順止観』という呼びかたは原文の「花厳止観釈」を『花厳止観』（の中）の釈」と解釈する根拠となり得る。

しかるに、その場合、『杜順止観』『花厳止観』と呼ばれるものは、法蔵の未知の著作であると結論されざるを得ない。また、その場合、なぜ法蔵の著作が『杜順止観』という新たな疑問が生じるが、その疑問に対しては、法蔵が杜順の説を纏めた著作であったと推測することによって、回答することもできる。

② 一方、たとえば無著『摂大乗論』に対する注釈である世親『摂大乗論釈』がしばしば『摂大乗論』と同様、杜順『華厳五教止観』に対する注釈である法蔵『花厳止観釈』が『杜順止観』と呼ばれたと解釈することもできる。

今回は、とりあえず、②を選択して、懸案の文献を『花厳止観釈』と呼ぶことにする。

なお、これと同じ文は、少しく後の宥快『般若心経秘鍵鈔』巻七（ShingZ16：294b）においても引かれる。注目されるのは同書が次のようにも言うことである。

古くは華厳に於いて、理理円融と云ふ事、之無し。凡そ円融は必ず差別に依るが故に。……故に理理円融と云ふ事、文義倶に之無し。但だ理理円融と云ふ事、彼の宗盛んに之を釈す。理は無差別なりと雖も、彼と此との事法に約し、彼の理をして円融せしむ。故に相違すること無し。

古於華厳、理理円融云事、無之。凡円融必依差別故。……故理理円融云事、文義倶無之、云云。但理理円融事、彼宗盛釈之。理雖無差別、約彼此事法、彼理令円融也。故無相違。（ShingZ16：294a）

ここでは、頼瑜が「又た理理無礙は是れ本宗に文無し」と言うのと同じく「古くは華厳に於いて、理理円融と云ふ事、彼の宗盛んに之を釈す」とも言うことが注目される。一方で「理理円融といふ事、彼の宗盛んに之を釈す」はすでに失われていたと思われるが、十四世紀以降の日本華厳宗においてはなぜか再び「理理円融」が云々されるようになっていたのである。石井公成によって指摘された実

付論1 「理理相即」と「理理円融」 448

英（1553-1637）の著『理理円融』はそうした「理理円融」説の復興を承けたものであろう。なお坂本幸男は「徳川時代に亮海がその五教章講録に於て理理無礙を説いて、これを頓教分斉に配した」ことに触れているが、亮海（1698-1755）は真言宗の僧侶であるから、その「理理無礙」も彼の創案ではなく、上来掲げてきたような、空海『般若心経秘鍵』に対する諸注釈に基づいたのであろう。

以上が筆者によって把握されている『花厳止観釈』およびその思想の流伝の概要である。先に見たとおり、『花厳止観釈』は『華厳経』性起品に対する法蔵『華厳経探玄記』の解釈とよく似た文を有していた。ゆえに、『花厳止観釈』が法蔵の作と伝承されることに不自然さはない。しかし、それが法蔵の真作なのか、それとも『華厳経探玄記』に基づいて作られ、法蔵に仮託された作なのかという問題がある。『華厳五教止観』がおそらく杜順の作でなく、五教という概念が固まった法蔵以降において杜順に仮託された作であることは、こんにち華厳教学研究者の誰もが認めることであるから、『華厳五教止観』の注釈である『花厳止観釈』はより後世において法蔵に仮託された作であると見なすのが妥当ではなかろうか。

三 「理理相即」の検討

義湘が説く別教の「理理相即」と、『花厳止観釈』が説く頓教の「理理円融」との区別を検討するために、まず義湘が説く「理理相即」がいかなる概念であるのかを考察したい。「理理」と言われる以上、義湘は別教における理を複数と考えているのであるが、このような、別教における複数の理は智儼の考えにおいても確認される。智儼『孔目章』（T45:538c）は「熟教終義」と「頓教之義」とが「唯一真如」を立てると述べているが、そのことは別教における真如の理が無尽であることを意味している。義湘が説く「理理相即」はそうした無尽の理の相即に他ならない。無

尽の理については近年さまざまな発言が行なわれているが、単なる感想もしくは文献学的考察に留まり、究極的存在である理がなぜ無尽とされるのか、論理的考察を行なったものは皆無であると言ってよい。筆者は無尽の理が智儼の重視する真諦訳『摂大乗論』の三性説に基づくと考えているので、以下、それを示し、後に「理理円融」と「理理相即」とを区別する際の一助とする。

真諦の経論における三性説は、三無性を真如と見なす点において、梵文や玄奘訳や蔵訳によって知られる一般的なインド唯識の説における三性説と大きく異なる。真諦訳の三性と三無性との名称を示せば次のようになる（括弧内は対応する玄奘訳）。

〈三 性〉

分 別 性（遍計所執性）……有 性
依 他 性（依他起性）……有 性
真 実 性（円成実性）

〈三無性〉

相 無 性（相 無 性）……無 性
生 無 性（生 無 性）……無 性
真実無性（勝義無性）……無性性

分別性と相無性とについては真諦訳の三性説は一般的なインド唯識の説における三性説と異ならない。分別性は凡夫の脳裏においてのみ有である空想の産物を指し、それは存在論的に言えば無であって、それの存在論的な相（特徴）が無であることが相無性である。しかるに、依他性と生無性とについては、真諦訳の三性説における生無性は識である依他性の発生の否定（すなわち不生）であり、一般的なインド唯識の説における生無性が識である依他性の自

然生の否定(すなわち縁起生の肯定)であるのと相違する。真諦訳の三性説は彼個人の中観派的教養によって一般的なインド唯識の説における三性説から著しく改変されたと考えられる。真諦訳の三性説によれば、真実性はこの分別性と依他性との二無に他ならない。真実性は分別性と依他性との二無であるので、三性はすべて無であり、三無性は同一の無性である。これが真実無性は諸法が分別性や依他性としては有性であり、相無性や生無性としては無性であることから、有性(*bhāva)に非ず無性(*abhāva)に非ざる無性性(*niḥsvabhāvatā)、あるいは、無性(*niḥsvabhāva)を性とする無性性(*niḥsvabhāvatā)と言われる。真諦訳の三性説はこの真実無性性を真如と規定する。また、三性は言語によって有性とも無性とも設定され得ないので非安立諦と規定される。真実無性性(同一の三無性)は言語によって設定され得ないので、三性と三無性とを二諦的に区別し、その上で、二を複眼的に見る絶対の境地、すなわち真実無性性を究竟とするものである。

さて、義湘『華厳一乗法界図』の三性説のくだりは次のような問いから始まる。

問ふ。証分の法、言相及ばず、言教の法、事の中に在らずや。

答ふ。証分之法、言相不及、言教之法、在於事中者、証教両法、常在二辺過為。(T45: 713a)

問。証分の法、言相及ばず、言教の法、事の中に在らざるならん。

答ふ。若し情に約して説かば、証・教の両法、常に二辺に在り。若し理に約せば、証・教の両法、旧来中道、一のように答える。

「証分の法」とは三無性、「言教の法」とは三性を指す。三無性が「証分の法」と表現され、三性が「言教の法」と表現されるのは、真諦訳の三性説において三無性が非安立諦(真如)、三性が安立諦だからである。義湘はこれに次

451　付論1 「理理相即」と「理理円融」

無分別なり。所以に知ることを得、遍計と無相と、依他と無生と、真実と無性との、三種の自性は常に中道に在り。三法以外に更に証も教も無し。是の故に当に知るべし一無分別なり。

答。若約情説、証教両法、常在二辺。若約理、証教両法、旧来中道、一無分別。所以得知、遍計無相、依他無生、真実無性、三種自性、常在中道。三法以外、更無証教。是故、当知一無分別。(T45：713ab)

ここで参考になるのが『華厳一乗法界図』が「一乗如実教門」を主張する次のような一文である。

理と事とは冥然として一無分別なり。体と用とは円融し常に中道に在り。自の事以外に何処にか理を得む。

理事冥然一無分別。体用円融常在中道。自事以外何処得理。(T45：714b)

さて、この三無性の理について、智儼『五十要問答』三性三無性義に興味ぶかい記述がある。

理と事とを「常に中道に在り」「一無分別なり」と説く先の文に符合する。つまり三性は事、三無性は理なのである。先の文において「言教の法、事の中に在らば」とあったのも、三性が事であることを裏づける。

此の三性の印、総ぜば則ち一と為り、別せば則ち四と為り、広くは則ち無量なり。

此三性印、総則為一、別則為四、広則無量。(T45：524b)

「此の三性」とは三無性を指す。「一」とは真実無性性を指す。そして「四」とは真諦訳『摂大乗論釈』巻六の三無性の説明において次のようにあるのを指す。

諸法の永へに実に無性なるに由りて、一切の無生等の四義は成ずることを得。

由諸法永実無性、一切無生等四義得成。(T31：194a)

四義とは『摂大乗論』において説かれる無生・無滅・本浄・自性涅槃である。真諦訳の三性説によれば、三無性は同一の無性を三つの面から表現したものにすぎない。そして、智儼によれば、その表現は三つに止まらず、無生・無

付論1 「理理相即」と「理理円融」　452

滅・本浄・自性涅槃の四つや、広くは無量であっても良い。三無性の理（三無性とは言われるが、実は同一の無性であるから一なる理である）に対する表現は無尽なのである。智儼はこれを次のように締めくくっている。此の法門は法界性の無辺の用に応ずるに由るが故に。

此文在三乗、亦通一乗用。何以故。由此法門応法界性無辺用故。（T45：524bc）

義湘が別教における理を複数と考え、「理理相即」を説くのは、三無性の理に対する表現が無尽であると考えていたであろうが、一方で、三無性の理そのものは一であると考えていたであろうことである。

さて、義湘が「理と事とは冥然として一無分別なり」と言うのは有性（事）に非ず無性（理）に非ざる真実無性性を指している。すなわち、理と事との区別がなく、理がそのまま事であることである。これとの関連において、智儼『孔目章』第八廻向真如章が別教の真如を次のように定義するのが注目される。

理と事とを円通し無尽を統合する因陀羅と及び微細との等きなり。

円通理事統含無尽因陀羅及微細等。（T45：558c）

智儼は別教の真如を、理と事との区別がなく、事がそのまま理であることにおける事と事との無尽の相即相入、つまり、十玄門（『華厳経』の要綱を十に纏めたもの）のうちの因陀羅網境界門と微細相容安立門との二つと規定するのである。後世、事事無礙と呼ばれるのはこれである。

「理と事とを円通し無尽を統合する因陀羅と及び微細との等きなり」と言われる時、理と事との区別はなく、事はそのまま理なのであって、決して、事の因陀羅網境界門と、理の因陀羅網境界門とが別個に存在するのではない。

このことは弟子の法蔵が『華厳経探玄記』巻八において諸事の因陀羅網境界門（理と異ならない事の因陀羅網境界門）

などのことを言うことによって裏づけられる。

　諸の事を円通し無尽を統合すること因陀羅網と及び微細との等きが如し。

　円通諸事統含無尽如因陀羅網及微細等。(T35：270a)

　因陀羅網境界門や微細相容安立門のような多重の相即相入は〝もの〟と〝もの〟との間の質礙の否定である。ゆえに、相即相入する諸の〝もの〟は質礙する体あるもの、つまり事と事とでなければならない。理の因陀羅網境界門など、つまり理と理との間の相即相入という観念はなかったと推測する。智儼は無尽の理を説くが、それは「無生」「無滅」「本浄」「自性涅槃」などという無尽の表現によって、さまざまな表現によって、仮に分節された三無性の理に過ぎない。三無性の理そのものは一であって、有体であるが、無体である。体の無いものは相即相入できない。よって筆者は、智儼に「理理相即」という観念は三無性の上における仮立（言語による設定）であって、無体である不相応行法について、『五十要問答』不相応義は次のように述べる。

　一乗の不相応義の名数は法界と等し。理も亦た無窮なること、法界の如し。

　一乗不相応義名数与法界等。理亦無窮、如法界也。(T45：524a)

　これは、不相応行法の理（「道理」という意味であって、真如という意味ではない）が、仮立である以上、その表現の数だけ無窮に分節できるという意味である。ここで、智儼は不相応行法の理の相即相入をまったく述べていない。体の無いものは相即相入できないからである。ゆえに、無尽の理も、一なる理に対する「無生」「無滅」「本浄」「自性涅槃」などという無尽の表現を意味するに過ぎず、決して無尽の理の相即を意味するのならば、それは義湘が智儼の説を非論理的に把握したものと見なさざるを得ない。ただし、後世の義湘の門流においては、「理理相即」における理に体があるという解釈があったようである。義湘系の『簡義章』（『法界図記叢髄録』巻上一所引。T45：727b）は先の『華厳一乗法界図』

付論1　「理理相即」と「理理円融」　　454

における「自の事以外に何処にか理を得む」という状態について「則ち亦た『三乗の理は平等なり、一乗の理は差別なり』と言ふことを得」と言っている。これは、理が事と異ならない以上、事としての差別があり、事としての体があるので、「理理相即」は可能であるという説である。しかるに、これとて不可解なのは変わりない。なぜなら、理と事との無分別は言語によって設定され得ない非安立諦であって、無分別智の対象であり、事と事とや理と理とは言語によって設定されたものであって、後得智はかならず事のフィルター（事である後得智の相分）を介して対象を見る以上、「理理相即」と見えるものも、結局、「理」として表現された事における「事事相即」に他ならないからである。智儼に「理理相即」の明言が見られない以上、こうした説を智儼にまで遡らせることはできない。

さて、智儼や義湘が真諦訳の三無性に依拠したのに対し、法蔵『五教章』三性同異義の画期性はそうした真諦訳の三無性を放棄した点にあった。法蔵は代わりに三性のうちに二義を開き、真諦訳の三無性を三性の二義のうちの一義として吸収したのである。

円成実性……随縁・不変
依他起性……似有・無性
遍計所執性……情有・理無

三無性は二義のうち不変・無性・理無に該当するが、法蔵は法相唯識における用法に従い、理を円成実性の別名として用い、事を依他起性の別名として用いるので、不変・無性・理無が理と呼ばれることはなくなった。これは複数の理という智儼以来の考えを後退させ、初期華厳教学における理は円成実性という唯一の理へと一元化されたのである。初期華厳教学において円教の理が一なる理と見なされるようになったのは、ここに始まる。円教の一なる理を終教や頓教の一なる理と同一視することは、慧苑や澄観の世代になるとまったく普通になる。『華厳止観釈』もそうし

た世代の作であると思われる。

四 「理理円融」の検討

『花厳止観釈』は「事事円融」を円教に配当していた。法蔵は事と事との組み合わせのみを円教とすることはなかったが、それでも「華厳独自の法門として事事無礙的なあり方を強調している。事と事との組み合わせを円教の代表とすることは澄観らに顕著な傾向であって、『花厳止観釈』は思想史的に見て法蔵より澄観に近い。ただしこの書は澄観によって説かれない「理理円融」を説いている。法蔵系である澄観は義湘系の「理理相即」を継承しなかったが、同じく法蔵系である『華厳論草』は「理理円融」を説くのは興味ぶかい。「理理円融」を「法界は一味にして、唯だ理のみ、妄無し」と説明し、かつ、それを頓教に配当していた。「一味」と表現することは智儼が頓教の真如を「唯一真如」と評していたことと符合する。つまり「理理円融」は無尽の理が相即することでなく、法界が一なる理として融け合うことである。「理理円融」と「理理相即」は別なのである。

ここで法蔵の著作に目を転じてみる。『華厳経探玄記』巻十五（T35：385ab）に次のような五つの相即が出る（②の「相即」は原文に「相則」とあるも意を以って改む）。

①「理事相即」…………『般若心経』
②「二理相即」…………『維摩経』
③「以理従事、名説事相即」…………『無行経』

④「以理融事、二事相即」(約法性融通力)……『華厳経』
⑤「以縁起相由力、二事亦相即」……『華厳経』

②「二理相即」の例として引かれる『維摩経』(T24：542b)は法蔵によって「衆生と賢聖とは即ち如なるをもって、衆生と賢聖とは、事としては別であるが、事に内包される真如の理においては別でない。これが「二理相即」と表現されている。

ところで、天台宗の貞舜『天台名目類聚鈔』(1394 以降) に次のようにある。

一に華厳の三種円融の事。答ふ。一に事理円融。事は諸波の如し、仍ち水と波と相即す。二に事事無礙。波と波と相即す。三に理理無礙。水と水円融也。(TendZ22：25a)

一 華厳三種円融事。答。一事理円融。事如諸波、理如水、仍水波相即。二事事無礙。波波相即也。三理理無礙。水与水円融也。

この説明が信頼できるかは判らないが、水波の喩えは『華厳五教止観』の「事理円融門」に出るので、これが『花厳止観釈』本来の説明である可能性も皆無でない。ここでは諸波を構成する水と水との同質性が「理理無礙」に例えられているが、これは今の『華厳経探玄記』の「二理相即」と相似する。『華厳経探玄記』が「二理相即」の例として引く『維摩経』の説と見なす『花厳止観釈』が頓教の説としてしばしば用いられる経である。『華厳経探玄記』が「二理相即」の例として引く『華厳経探玄記』の「二理相即」と、『花厳止観釈』の「理理円融」とはおそらく同一線上にある。『花厳止観釈』の「理理円融」は異なる事に内包される真如(空性)の理が同一であるという見地から説かれる、或る事の理と、別の事の理との相即あるいは円融である。それは義湘の語録と見られる『華厳経問答』巻下(T45：602b)が「相事に約して如如無礙義を明かすに非」ざるものと評する「五門論者」の説に該当する。智儼は諸の事がそのまま理であるという見地から、諸の事の無礙を説明するが、「五門論者」は諸

の事に内包される理が同一であるという見地から、諸の事に内包される理の無礙を説明する。「五門論義者」は石井公成によって地論宗の僧と想定されているが、さらに興味ぶかいのは「そのような理に基づいた如如無礙義は、北宗文献にもしばしば見られるのである」という石井の指摘である。石井は「須弥と芥子とは俱に是れ色如にして、同一の如相」であるからこそ、『維摩経』において須弥山が芥子粒に入ると説かれるのであり、同『大乗無生方便門』の文を引いている。『華厳経探玄記』が「二理相即」を『維摩経』に配当するのは、まさしく北宗禅のこうした主張を意識したからであるのでなかろうか。そして『花厳止観釈』は、そうした法蔵の意識を踏まえた上で、「理理円融」を頓教に配当しているのであろうか。石井は「法蔵は頓教について述べる際は経典に即して一般的に語ろうとしているが、これは現実の勢力としての禅宗を無視しようとする態度の現われと考えられる」と推測している。なお、③は諸の事に内包される理が同一であると説かれる、理を所依とする諸の事の相即であるから、「二理相即」の別面であってしばしば北宗禅を指すものと思われる。③の例としてしばしば引かれる『無行経』も初期華厳教学によって頓教の例としてしばしば用いられる経である。①「理事相即」が『花厳止観釈』の「理事円融」に該当することは言うまでもない。

以上、「花厳止観釈」における三種円融が『華厳経探玄記』当時の法蔵の教えに基づくのであろうが、それは慧苑、法銑、澄観と相承する学系において見られないので、『花厳止観釈』の作者は彼等と別の学系に属していたと思われる。慧苑が頓教を教判から外したことはよく知られている。また澄観『華厳経疏』巻四十六（T35：854a）は『華厳経探玄記』における五つの相即を「以理従事、故説相即」「以理融事、一多相即」「約縁起相由力……令一多相即」という三つの相即に改め、同『華厳経随疏演義鈔』巻七十五（T36：592c）はそれらを順に事理無礙、事事無礙（縁起相由門）、事事無礙（法性融通門）、事事無礙（縁起相由門）に配当している。「二理相即」を設置した法蔵の意図を澄観が理解していたとは思われない。

五 おわりに

本稿は基礎的な研究に終始したが、『花厳止観釈』の内容や、日本華厳宗における「理理円融」思想の展開は翻刻資料のみによっては十分に把握され得ないので、今後、未刊行資料によって研究される必要がある。また紙幅の都合から触れなかったが、三種円融は真言宗においては『般若心経』の「色不異空」「空不異色」「色即是空、空即是色」に配当されて論議され、天台宗においては円融三諦や一念三千の解釈に際して利用されるというふうに、中世日本の諸宗において重視されている。日本華厳宗の文献は僅少であることが予想されるので、他宗の研究者も交え、各宗の資料から共観的に研究を進めることが望ましい。

注

(1) 坂本幸男 [1956:438]。
(2) 石井公成 [1996:252, n.56]。
(3) あるいは円超『華厳宗章疏并因明録』(T55:1133b) や永超『東域伝燈目録』(T55:1146a) において掲載される杜順『華厳教分記』(『五教分記』) 一巻あるいは三巻がこれに当たるのであろうか。この書は一巻本として記載されることがあるので、『五教章』を指すのでないことは確実であるが、凝然『華厳宗経論章疏目録』においては未渡の書として掲載される。
(4) 坂本幸男 [1956:438]。
(5) 石井公成 [1996:235]。

(6) この四義は『大乗荘厳経論』(MSA XI.51) によって原語が得られる。anutpanna, aniruddha, ādiśānta, prakṛtinirvṛta.
(7) 石井公成［1996：329］。
(8) 石井公成［1996：182］。
(9) 石井公成［1996：238］。
(10) 石井公成［1996：252, n.54］。

付論二 『華厳経関脈義記』の著者問題

一 はじめに

『華厳経関脈義記』は日本の諸目録によってのみ法蔵に帰せられる文献であり、近代のおおよその研究者はそれを法蔵の真作として積極的に扱うことに躊躇しているようである。ただし偽作の証明は未だ行なわれておらず、同書の真贋は長らく解決を棚上げされてきた感がある。筆者はこの書を検討した結果、これが法蔵の真作ではなく、弟子の著作であると得知するに至った。今、その概要を公表し、同学のかたの叱正を乞い、併せてこの著作に対する研究が広がることを希望する次第である。

なお同書には、日本所伝本と、敦煌出土本とが存する。著者の名前はどちらの本にも記載されていない。両本は大体において一致するが、日本所伝本は『八十華厳』に、敦煌出土本は『六十華厳』に合わせた記述となっている。おそらく敦煌出土本が本来の形であり、日本所伝本は著者自身か後世の人間によって、『八十華厳』に合わせて改められたものであろう。本稿においては敦煌出土本を用い、日本所伝本については必要に応じて言及する。

二　元暁撰述説の検討

澄観の作と伝えられるも、慧苑以降澄観以前の作と推定される『新訳華厳経七処九会頌釈章』は『華厳経』入法界品の文殊菩薩について次のように述べる。

　新羅の元暁法師の『華厳関脈義』を案ずるに云はく。初めに文殊を見るを得るは、善財の信心始位を明かし、乃至最後に見ざるは、善財の智満位等を明かす。

　案新羅元暁法師『華厳関脈義』云。初得見文殊者、明善財之信心始位、乃至最後不見者、明善財之智満位等。
（T36：712c）

ここに引用されるのは、まさしく『華厳経関脈義記』の、次のような文である。

　初めに文殊を見るは、即ち善財の信心の始めにして、後に見ざるは、即ち善財の智満の終はりなりなるを以ってなり。

　以初見文殊、即善財信心之始、後不見、即善財智満之終。（T45：658b）

よってこの書が元暁の作と見なされていたことが判る。しかしこの記述は承認され得ない。下に詳しく扱うように、『華厳経関脈義記』は多くの点において『華厳経探玄記』に基づいている。『華厳経探玄記』が新羅にもたらされたのは元暁の死後であるから、『華厳経関脈義記』が元暁の作である可能性はない。また元暁に『華厳関脈義』という著作があったという記録は他に見あたらない。

ただしこの記述は、この書が法蔵の作ではないという考えに、一応の保証を与えるものであろう。

三 「関中」の検討

『華厳経関脈義記』は「四勢」によって『華厳経』を解釈している。「四勢」とは①「展転無尽勢」②「巻摂相無勢」③「巻展無礙勢」④「問答取之文勢」の四つである。この「四勢」は法蔵の他の著書において用いられておらず、従来の研究者がこの書を偽撰と疑うのも、おそらくそこに由来する。ただし、澄観『華厳経疏』『華厳経随疏演義鈔』の第九「総釈経題」は経名の注釈において十門を開き、その第五から第八門にかけて、この「四勢」を用いている(なお、のちの『華厳経行願品疏』の第九「釈経名題」においても流用されている)。対照すれば次のとおりである。

『華厳経関脈義記』	澄観
①展転無尽勢	
②巻摂相無勢	⑤展演無窮
③巻展無礙勢	⑥巻摂相尽
④問答取之文勢	⑦展巻無礙
	⑧以義円収

図表Ⅰ

最後の④「問答取之文勢」が⑧「以義円収」となっているのは異なるようであるが、⑧「以義円収」は、実は『華厳経関脈義記』の②「巻摂相無勢」に三門あるうちの第二門の名である。『華厳経随疏演義鈔』巻十六はこの四門について次のように述べる。

第五に展演無窮等とは、然るに此の下の四門は皆な関中の意なり。(T36:122a)

第五展演無窮等者、然此下四門皆関中意。

「関中」は長安を指す言葉であるが、鳩摩羅什の門下を指すのに用いられる。たとえば『高僧伝』巻七に「関中僧肇」(T50:367a)とあり、吉蔵『法華玄論』巻三に「関中僧叡」(T34:385c)とある。澄観のいう「関中」が誰を指

すかについては、『華厳経随疏演義鈔』巻四十三が『華厳経疏』巻二十二の文「人とは、霊の土木に於いて有るの称なり」(T35：662a)を注釈して次のように述べているのが注目される。

『疏』に「七人者、有霊於土木之称」者、即関中生公語。(T36：328a)

「関中生公」とは竺道生である。「関中」の説は『華厳経随疏演義鈔』において他に三つ引かれているが、それらもすべて竺道生『法華経疏』および『大般涅槃経疏』(佚文)に該当する。便宜上、訓読を省略して示せば次のとおりである。

〔『法華経』方便品の偈「仏種従縁起 是故説一乗」(T9：9b)について〕

故関中云。如稲自生稲不生余穀。……関中云。仏報唯仏、其理不差。……故説一乗耳。(巻七。T36：55b)

→竺道生『法華経疏』巻上 (SZ227：5b)

〔『法華経』方便品の偈「此中無枝葉 唯有諸貞実」(T9：7c)について〕

関中釈云。繁柯既亡、則貞幹存焉。(巻八十四。T36：661c)

→竺道生『法華経疏』巻上 (SZ227：4c)

〔『大般涅槃経』寿命品の文 (T12：377c-378a)について〕

〔『経』「失琉璃宝没深水中」〕者、常与無常、理本不偏、言兼可珍、而必是応獲、由乗漫乖之、為失宝也。(巻八十二。T36：642b)……上生公釈。

→道生曰。常与無常、理本不変、言兼可珍、而必是応獲、由二乗漫修、乖之為失也。乖則永隠、謂没深也。

(『大般涅槃経集解』巻七。T37：406b)

これらの文証から、澄観が言う「関中」は竺道生であると断定できる。澄観は、竺道生の考えに従って、四門を立てたのである。

鳩摩羅什の門下の『華厳経』研究については、まったくと言ってよいほど資料が残っていない。ただ、「六十華厳」の翻訳は元熙二年（420）であり、再校は承初二年（421）であり、彼が『六十華厳』を読んだとしても不思議でない。竺道生は、独立した書物としてではないであろうが、何か『華厳経』について書き物をし、その中で四門を述べたのかもしれない。あるいは、竺道生に帰せられる偽作が唐代において造られていたことを考えると、澄観が読んだのはそうした偽作であったのかもしれない。いずれにせよ、『華厳経関脈義記』の四勢を知っていたが、それが竺道生に由来することも知っていたので、四門を「関中の意」と述べたと考えられる。

四 「師」「古尊徳」の検討

『華厳経関脈義記』の日本所伝本と敦煌出土本とのうち、日本所伝本は敦煌出土本に較べ明らかに冒頭部分を欠いている。その冒頭部分は一乗の教が測り難いことを説いた上で次のように述べている。

但だ聴集を起こすこと数年、愛楽を弥増し、師の訓へに依傍し、少しく見聞有り、故に私記を篇と為し、名づけて『関脈義記』と為す。

但起聴集数年、弥増愛楽、依傍師訓、有少見聞、故私記為篇、名為『関脈義記』也。（T45：656a）

さて、ここで言われている「師」とは誰であろうか。「師」の出てくる箇所はもう一つある。すなわち次のようである。

文殊を以って般若位に当て、普賢を法界門に当つ。所以は、師云ひたまはく、「三蔵言はく、『有る経に是の如き説を作す』といふ」といひたまふ。

しかしてこの文は『華厳経』入法界品を注釈する『華厳経探玄記』巻十八の、次のような文に関係する。

以文殊当般若位、普賢当法界門也。所以者、師云、「三蔵言、『有経作如是説』」。（T45：658b）

是の文殊位は般若位に属し、後の普賢位は法界門に属す。

是文殊位属般若位、後普賢一位属法界門。（T35：451a）

智儼の著作においてこうした文は見当たらない。「師」とは法蔵であり、「三蔵」とは、おそらく、入法界品の欠文を法蔵とともに補った日照なのである。『華厳経探玄記』においては「三蔵言はく、『有る経に是の如き説を作す』」という文は見当たらないが、日照の説は入法界品の注釈において二回用いられている（T35：452c；459a）。よって、『華厳経関脈義記』に対応するような文は見当たらない。

また『華厳経関脈義記』は入法界品の善知識を次のように分類する。

謂はく知識会の中、また始めは文殊より、終はりは瞿夷に至るまで、総じて四十一人有るを名づけて会縁入実相と為す。……

第二に初めは摩耶より、後には徳生童子に至るまで、総じて十一人有るを名づけて摂徳成因相と為す。……

第三に弥勒一人を名づけて摂徳成因相と為す。……

第四に後の文殊一人を名づけて智照無二相と為す。……

第五に普賢一人を名づけて顕因広大相と為す。……

謂知識会中、又始従文殊、終至瞿夷、総有四十一人名為会縁入実相。……第二初従摩耶、後至徳生童子、総有十一人名為寄位修行相。……第三弥勒一人名為摂徳成因相。……第四後文殊一人名為智照無二相。……第

これは『華厳経探玄記』巻十八（T35：451ab）における分類と同じである。そして『華厳経関脈義記』は次のように述べる。

又た古尊徳、既に判後の文殊を判じて、名づけて智照無二相と為す。(T45：658b)

「古尊徳」というのは『華厳経探玄記』の著者である法蔵とも思えるが、法蔵が『華厳経探玄記』における分類は智儼が「師」と呼ばれる以上、「古尊徳」と呼ばれるのはおそらく別の人物である。『華厳経探玄記』における分類はおそらく智儼かと思われる。義天『新編諸宗教蔵総録』巻五上（T35：90b）における分類を踏襲したものであるから、『華厳経捜玄記』において掲載される回済『儼尊者行状』の題名や、義湘の門流の著作における記述によれば、智儼は周囲から「儼尊者」と呼ばれていた。よって『華厳経関脈義記』も「古尊徳」という呼びかたを用いていると考えられる。

五 おわりに

以上で検討を終わるが、公平に見て、この書は法蔵の作でなく、法蔵の弟子の作であることが明らかになったと思われる。ここではこの弟子が誰であるかについて私見を述べる。

石田茂作編纂の「奈良朝現在一切経疏目録」によれば、天平十九年（747）に『華厳経開脈義記』、天平二十年（748）に『華厳経開脈義』の書写記録がある。これは現存の『華厳経関脈義記』かと思われる。ただし「関脈」でなく「開脈」である。

ところで、高麗の義天『新編諸宗教蔵総録』のうちに、法蔵の弟子、文超の作として『開脈』一巻。文超述」（T

55:1166c）が載る。これも同じ「開脈」である。そして、『新編諸宗教蔵総録』における『華厳経開脈義（記）』の名はない。「奈良朝現在一切経疏目録」における『華厳経開脈義（記）』と、『新編諸宗教蔵総録』における「開脈」とは同じなのではあるまいか。

『新編諸宗教蔵総録』のうちには文超の著作としてもう一つ『自防遺忘集』十巻が載る。海東には、文超の著作はこの二つしか伝わらなかったのであろう。このうち『自防遺忘集』は日本に伝来し、第十巻の断簡が現存する。あるいは「開脈」も日本に伝来したのであって、それが誤って法蔵撰『華厳経関脈義記』と見なされたのではあるまいか。

ちなみに、前述のとおり、日本所伝本においては敦煌出土本にある以下のような著者の言葉が欠落している。

但だ聴集を起こすこと数年、愛楽を弥増し、師の訓へに依傍し、少しく見聞有り、故に私記を篇と為して『関脈義記』と為す。

原文「但起聴集数年、弥増愛楽、依傍師訓、有少見聞、故私記為篇、名為『関脈義記』也」（T45：656a）

但起聴集数年、弥増愛楽、依傍師訓、有少見聞、故私記為篇、名為『関脈義記』也のうち「起」字はやや訓読しにくいが、もしこれが「起」字に似た「超」字であるならば、「但〔文〕超、聴集すること数年」と訓むことができ、このことは『華厳経関脈義記』の作者を文超に擬する筆者の説と矛盾しない（念のために敦煌出土本の写真版を確認したところ、この「起」字は他の箇所の「起」字とは明らかに異なって、「超」字に見える書体によって書かれていることが判明した）。また、「師」という表現についてであるが、『華厳経義鈔』巻十の断片も「師云ひたまはく」として法蔵の説を引いており、このことも『華厳経関脈義記』の作者を文超に擬する筆者の説と矛盾しない。

ただし、『自防遺忘集』の現存部分のうちに『華厳経関脈義記』と共通する内容は見出だせない。自ら「聴集を起こすこと数年」の作であると言うことから考えて、文超の著作だとしても、かなり初期の著作であると見なされるものの、『自防遺忘集』の内容が教理的に複雑であるのに対し、『華厳経関脈義記』の内容がやや単純であるのは否めない。また『自防遺忘集』の現存部分のうちに『華厳経関脈義記』と共通する内容は見出だせない。

付論2 『華厳経関脈義記』の著者問題　　468

べきである。

いずれにせよ、『華厳経関脈義記』が法蔵の著作でなく、法蔵門下の著作であることだけは、以上の論攷によって確かとなったと考える。

注

(1) 藤丸要 [1992]。
(2) この可能性については石井公成から個人的に教示を受けた。竺道生に帰せられる偽作については鎌田茂雄 [1965:418] を見よ。
(3) なお澄観『三聖円融観門』にも「以文殊二智、証普賢体用。此之一門、古徳親問三蔵、言『有経説未伝此方』」(T45:671b) とある。これは明らかに『華厳経関脈義記』に基づく記述である。
(4) なお澄観『三聖円融観門』にも「古徳銘後文殊、為智照無二相」(T45:671b) とある。これも明らかに『華厳経関脈義記』に基づく記述である。
(5) 石田茂作 [1930] 所収。
(6) 上海古籍出版社 [1999:349]。これを見るにあたっては京都大学人文科学研究所の齋藤智寛助教の協力を得た。
(7) 神奈川県立金沢文庫 [1975:14]。
(8) ただし李恵英 [2000:76] は文超『開脈』と『華厳経関脈義記』との関係について「『金沢文庫資料全書』に現存しているただ一つの文超の断篇である『華厳経義鈔』一巻と比較すれば、文体が似ていないので、文超の著作ではないと推測される」と述べる。

付論三 『金剛般若波羅蜜経略疏』の著者問題

一 はじめに

智儼撰と記される『金剛般若波羅蜜経略疏』(以下『金剛般若波羅蜜経略疏』)は朝鮮半島においてのみ伝承され、中国においては宋の時代に朝鮮半島から逆輸入され、日本においては鎌倉時代に宋から初めて輸入された。宋において開板されたのは続蔵経の識語によれば乾道已丑(1169)である。日本に齎されたのは建暦元年(1211)、入宋した俊芿(1166-1227)によってである。凝然『華厳孔目章発悟記』巻一に次のようにある。

其の『金剛疏』は近頃建暦元年歳次辛未に、入宋留学沙門俊芿法師、之を賷ひて帰朝し、此れ従り已後、世間に流布す。

其『金剛疏』近頃建暦元年歳次辛未、入宋留学沙門俊芿法師、賷之帰朝、従此已後、流布世間。(DBZ7 : 251 a)

さて『金剛疏』に関しては、これを智儼の真作と認める説[1]と、それを疑う説[2]とがあって決着がついていない。筆者は『華厳経関脈義記』を検討する間、この書の著者問題について少しく気づくところがあった。今、その概要を公表し、同学のかたの叱正を乞い、併せてこの著作に対する研究が広がることを希望する次第である。

二 「統法師」の検討

『金剛般若経略疏』巻上は同経の「教の興こりの由る所」を次のように述べている。

初めに教の興こりの由る所とは、『金剛般若波羅蜜経』は蓋し是れ実智の美称、真徳の通号なり。宗は沖寂に本づき、神は湛一に凝る。独り幽原に曜やき、円かに等覚を明らかにす。含暉は至って朗かにして分別を泯ぼし、冥津は玄く曠やかにして縁数を隠す。斯れ乃ち衆生の本際、涅槃の円旨、因縁の実性、法界の説府と謂ふ可し。一言に摂めざる所無く、殊説に更に異盈無し。但だ聖化は機に随ふが為に、真性は虚融にして斯れ在らざる無しと知る。一言に摂めざる所無きが為に、爰に根熟の声聞を引き、遂に分別分を張り、以つて空文堅固の教を成ず。

初教興所由者、『金剛般若波羅蜜経』者蓋是実智之美称、真徳之通号。宗本沖寂、神凝湛一。独曜幽原、円明等覚。含暉至朗而泯於分別、冥津玄曠而隠於縁数。斯乃可謂、衆生之本際、涅槃之円旨、因縁之実性、法界之説府。是知真性虚融斯無不在。一言無所不摂、殊説更無異盈。但為聖化随機、明教門非一。為進初心菩薩、爰引根熟声聞、遂分張別分、以成空文堅固之教矣。(T33：239a)

他の智儼の著作において見られないたぐいの美文であるが、このうち「一言に摂めざる所無く、殊説に更に異盈無し」という表現に注目したい。『華厳経関脈義記』に次のような文がある。

『経』に云はく、「一の即ち多なることと多の即ち一なること 義味の清浄にして悉く具足することとを知る」等といひ、又た云はく、「一の中に無量を解し 無量の中に一を解す」等といふが故に。統法師云はく、「一言に略尽せざる無く、殊説に更に異盈無し」といふ。此の謂ひなり。

『経』云、「知一即多多即一　義味清浄悉具足」等、又云、「一中解無量　無量中解一」等故。統法師云、「一言無不略尽、殊説更無異盈」。此之謂也。(T45：657b)

ここでは「統法師」なる人物の言葉が引かれている。この「統法師」の言葉「一言に略尽せざる無く、殊説に更に異盈無し」は先の『金剛般若経略疏』における表現「一言に摂めざる所無く、殊説に更に異盈無し」と著しく似通っている。ここで二つの可能性が考えられる。ひとつは、『華厳経関脈義記』が「統法師」の言葉を借用したのと同様、『金剛般若経略疏』も「統法師」の言葉を引用したのであるという可能性。もうひとつは、『金剛般若経略疏』は智儼の作でなく「統法師」の作であるという可能性。

まず、第一の可能性について検討する。唐以前の中国仏教において「統法師」に近い呼称を持つ僧侶を探すと、浮かび上がるのは一人である。すなわち北斉の昭玄統であった法上（495-580）であって、「上統法師」（道宣『続高僧伝』巻二十三。T50：625a。法琳『弁正論』巻五。T50：967b）、『神僧伝』（『斉国大統法師』（道宣『集古今仏道論衡』巻一。T52：398b）、「尚統法師」（T52：522a）などと呼称された人物である。彼の呼称における「統」は役職であって、僧名の一部ではない。法上は地論宗に属する僧侶であって華厳宗と密接な関係があるから、『華厳経関脈義記』における「統法師」が法上である可能性もなくはない。ただし、もし『華厳経関脈義記』と『金剛般若経略疏』とが等しく法上の著作から例の言葉を引用していたならば、例の言葉は名文句として当時かなり有名であったはずである。しかるに、それには疑問がある。なぜなら、澄観『華厳経随疏演義鈔』巻十六はおそらく『華厳経関脈義記』をもとに「古人云はく、『一言に略尽せざる無く、殊説に更に異盈無し』といふ」(T36：123a)と述べているが、「古人」と曖昧にしている以上、澄観はこの言葉の主である「統法師」が誰であるのか判らなかったらしいからである。「古人云」と曖昧に考えると、「統法師」が法上のような有名な僧侶である可能性は若干低くなるように思われる。

次に、第二の可能性について検討する。『金剛般若経略疏』はおおむね智儼の発想を思わせる発想に基づいて書か

付論3　『金剛般若波羅蜜経略疏』の著者問題　472

れており、法蔵の発想を思わせる思想は見出だせない。述べる中において次のように述べている。たとえば『金剛般若経経略疏』巻上は同経の「蔵摂の分斉」を

①此の経の為す所の名は小乗に同じ、②有らゆる法門は主と伴と具せず、③述ぶる所の文義は唯だ一法に局るのみ、④唯だ理門を説くのみにして其の解行を遂ぐ。此れを以って験と為すに、一乗に即するに非ず。若し流す所に従はば、皆な一に依りて起こる。

此経所為名同小乗、所有法門主伴不具、所述文義唯局一法、唯説理門遂其解行。以此為験、非即一乗。若従所流、皆依一起。(T33：239a)

ここでは①から④までの四つの理由によって『金剛般若経』が一乗でないことが示されている。まず、①は智儼『五十要問答』諸経部類差別義および智儼『孔目章』道品章が次のように説くのと等しい。

『金剛般若』は是れ三乗始教なり。初会愚法の声聞に会するが故に。義意は文に在り。

『金剛般若』是三乗始教。初会愚法声聞故。義意在文。(T45：523b)

迴心の道品は愚法小乗を引かんが為の故に名は小乗に同ず。

迴心道品為引愚法小乗故名同小乗。(T45：554c)

また、②は智儼『摂大乗論無性釈論疏』巻一(順高『起信論本疏聴集記』巻三本所引)において『摂大乗論』が円教でないと見なされる理由と同じである。

又此の『論』の下の文は甚深惣讃の語を説くと雖も、而も主と伴との等き具教の義無く、故に一乗円教の摂む所に非ず。

又此『論』下文雖説甚深惣讃之語、而無主伴等具教之義、故非一乗円教所摂。(DBZ92：135b)

また、③と④とは要するに『金剛般若経』が理（空性）だけを重視する（つまり、理と事との両方を重視しない）と

いう意味であって、『華厳経捜玄記』巻四上が『十地経論』を『華厳経』とに区別する理由と同じである。

法界とは、是れ何の観の境なる。答ふ。此の『経』の文と及び『地論』とに依るに二義有り。一には若し『地論』の判に依らば、即ち是れ第一義諦の理の観の境なり。此れは三乗に約して判ず。二には若し『経』の上下の文に依らば、即ち理・事の二観の境に通ず。其の法は大きく通じ、局るに非ず。仍ち位は無為に在るのみ。

　法界者、是何観境。答。依此『経』文及『地論』判、即是第一義諦理観境。此約三乗判。二若依『経』上下文、即通理事二観境。其法大通、非局。仍位在無為耳。（T35：76b）

このように、『金剛般若経経略疏』はおおむね智儼の発想を思わせる発想に基づいて書かれているのであるが、智儼とまったく同じであるかと言えば、そうではない。たとえば、先に引用した『金剛般若経』の「教の興こりの由る所」のうち、「初心の菩薩に進めんが為に、爰に根熟の声聞を引き、遂に分かちて別分を張り、以って空文堅固の教を成す」という文を例に挙げよう。ここで出る「根熟の声聞」（大乗を聴聞したことによって菩薩の機根が成熟した声聞）という表現は智儼『五十要問答』諸経部類差別義においても出る。

　『涅槃経』等と及び『大品経』とは三乗終教なり。根熟の声聞の為に説くが故に。『涅槃経』等及『大品経』三乗終教。為根熟声聞説故。（T45：523b）

これによれば、「根熟の声聞」は終教の所化となる声聞である。しかるに、先にも引いたとおり、智儼『五十要問答』諸経部類差別義は『金剛般若経』を終教でなく始教の迴心教と見なし、その所化となる声聞を「根熟の声聞」でなく「愚法の声聞」（大乗を聞いたことがない小乗の声聞）と呼んでいる。

　『金剛般若』は是れ三乗始教なり。初に愚法の声聞に会するが故に。義意は文に在り。『金剛般若』是三乗始教。初会愚法声聞故。義意在文。（T45：523b）

付論３　『金剛般若波羅蜜経略疏』の著者問題　　474

つまり、『金剛般若経略疏』は智儼の術語を用いているが、その術語の用法は智儼本来の術語の用法からずれているのである。ただし、『金剛般若経略疏』が おおむね智儼の発想を思わせる発想に基づいて書かれているのは間違いないので、この疏は智儼の近辺にいた人物によって書かれた可能性が高い。ゆえに、もし第二の可能性を採用するならば、「統法師」は智儼の弟子であったと見なし得る。もっとも、現存の資料において、「統」字を有する名前の持主は智儼の弟子のうちに見当たらない。もし智儼の弟子であったとしても、彼はさほど有名でなく、ただ『華厳経関脈義記』の作者にとってのみ親わしい人物であったと推測される。

三　おわりに

結局のところ、『金剛般若経略疏』の著者問題に明確な解答は出ないが、今回の検討によって基本的な問題点は見えてきたかと思われる。今後、智儼の諸著作と本疏との同異を、思想と文体との両方において吟味することによって、智儼の真作であるか否かを明らかにすることができよう。

注

(1) 木村清孝 [1977: 402] は『金剛経』の流行という社会的趨勢の中で、かれが『金剛経』の注解を行なったと推定することは決して不自然ではないと思われる」と述べる。

(2) 石井公成 [1996: 251, n.49] は『金剛般若経略疏』が慧琳 (738–820) の『大蔵音義』や、般若三蔵 (782 来唐) 訳の『守護国界経』を引くことから、「少なくとも現行本の形については、智儼の作とすることはできない」と述べ、また、教判などは智儼の他の著作と共通する点があるので、「智儼の疏や講義に基づいて増広ないし作成された可能性もある」と述べる。

(3) 『華厳経』菩薩十住品「若一即多多即一 義味寂滅悉平等 gcig pa rnam pa tha dad mang po dang ‖ don dang de bzhin yi ge dngos rnams dang ‖」(T9: 448b, BAS 〈P〉R114a7–8)。最初の「若」字が『華厳経関脈義記』においては「知」字になっているが、そのままにした。

(4) 『華厳経』如来光明覚品「一中解無量 無量中解一 gang gis gcig la mang shes shing ‖ mang po 'ang gcig tu rab rtogs te」(T9: 423a, BAS 〈P〉Y120?b6)。

(5) この第一の可能性と法上に注目すべきであることとについては石井公成から個人的に教示を受けた。

(6) 石井公成 [1996: 251, n.49] は「智儼の著作と伝えられる『金剛般若経略疏』は、『金剛般若経』を尊重して一乗を主張したことに対する華厳側の反発なのであろう」と述べることが主な目的である」「習禅者の一部が『金剛般若経略疏』が『金剛般若経』を一乗経典と見なす理由は、智儼『華厳経捜玄記』『摂大乗論無性釈論疏』『五十要問答』『孔目章』においてその並行例を有する。ゆえに、筆者は『金剛般若経略疏』がとりわけて『金剛般若経』は一乗経典でないことを強調するために造られたとは思わない。習禅者批判も明確なかたちにおいては見られないと思うので、『金剛般若経略疏』の撰述目的については今後の研究を俟ちたい。

付論四 『大乗密厳経疏』の著者問題

一 はじめに

法蔵の作と伝えられる『大乗密厳経疏』(以下『密厳経疏』)全四巻は経の解題を含む第一巻のすべてを欠損している。筆者はこの第一巻の佚文を後世の文献から収集し、それを手掛かりとして同疏の検討を試みたが、その結果、これが法蔵の真撰ではなく、地論宗の文献であるという結論に達した。今、その概要を公表し、同学のかたの叱正を乞い、併せてこの著作に対する研究が広がることを希望する次第である。

二 問題の所在

『密厳経疏』は、従来、法蔵が『法界無差別論疏』において『密厳経疏』の名を挙げていることによって、真撰と見なされてきた。先行研究は『法界無差別論疏』の記述を根拠として『密厳経疏』を六九〇年・法蔵四十八歳までの作と見なす。その『法界無差別論疏』の記述とは次のようなものである。

又た『密厳経』下巻の頌に云はく、

「譬へば金と石との等（ごと）きは　本より来のかた水の相無きも

この頌は『密厳経』阿頼耶微密品 (T16 : 739c) からである。法蔵は『入楞伽経』『大乗起信論』などを引いたのちにこの頌を引いているので、そこから考えれば、『密厳経疏』のうちには『密厳経』のみならず『入楞伽経』『大乗起信論』などをも包括した、「如来蔵の随縁して衆生と作ること」についての纏まった論述があったはずである。そして、それはおそらく上の頌を注釈する際に論述されているのである。

しかるに、該当する『密厳経疏』の箇所を見ると、この頌は僅かに「一には金石の喩え。蔵識に縁起の用有りて能く法に随ひ転ずることに喩ふ」(SZ21 : 161c) と言われるだけであって、他に何の論述もない。『密厳経疏』も確かに随所において『入楞伽経』などの如来蔵経典を援用しているが、「如来蔵の随縁

又『密厳経』下巻頌云、「譬如金石等　本来無水相　与火共和合　若水而流動　蔵識亦如是　体非流転法　諸識共相応　与法同流転」。如是等文皆明如来蔵随縁作衆生也。広釈此義、成立多門。如『密厳疏』中具説。

(T44 : 68b)

といふ。是の如き等の文は皆な如来蔵の随縁して衆生と作ることを明かす。広く此の義を釈して、多くの門を成立す。『密厳疏』の中に具さに説くが如し。

ji ltar me ldan lcags rnams dang ∥ spra tshil dag kyang rgya skyegs kyang ∥ chu dang mnyam par khu bar 'gyur ∥ 'on kyang chu'i yon tan med ∥ de ltar kun gzhi rnam shes pa ∥ rnam shes bdun dang lhan cig tu ∥ rtag tu las su 'jug par byed ∥ rnam par shes pas yun du spangs ∥ (GhVS〈P〉Cu 46a1-2)

火が与めに共に和合し　水の若く而も流動するが如く
蔵識も亦与めに是の如く　体いい流転法に非ざるも
諸識が与めに共に相応し　法と同じく流転す

付論4　『大乗密厳経疏』の著者問題　478

して衆生と作ること」についての纏まった論述は見あたらない。『法界無差別論疏』が指示する『密厳経疏』は本当に現存の『密厳経疏』であるのか、疑問が持たれるのである。

さらに疑問なのは、澄観『華厳経随疏演義鈔』巻三十一において引用される『密厳経疏』が現存の『密厳経疏』と異なることである。澄観は『華厳経疏』巻十四において『密厳経』巻下から次のような頌を引用し、『華厳経随疏演義鈔』においてそれに対する『密厳経疏』の注釈を引用している。

仏は如来蔵を説きて 以って阿頼耶と為したまふ
悪慧は知る能はず 蔵は即ち頼耶識なるも

仏説如来蔵 以為阿頼耶 悪慧不能知 蔵即頼耶識 (T16: 747a)

snying po de la kun gzhir gsras || de bzhin gshegs pa mdzad ||
snying po kun gzhir bsgrags par yang || blo zhan rnams kyis ma shes so || (GhVS ⟨P⟩Cu62b1-2)

その『疏』の注釈とは次のようなものである。

彼の『疏』に釈して云はく。

上半は頼耶の体を定む。謂はく是れ如来蔵にして、妄染と合するを阿頼耶と名づく。更に別体無し。此れは是れ実教の説く所なり。故に仏説を引く。下半は権教に会すと名づく。謂はく彼の権教を守る者は、如来蔵の頼耶を作すことを了する能はざれば、当に知るべし彼は是れ悪慧の人なり。此れは是れ権を守るの人を訶し、実説に帰せしむるなり。

彼『疏』釈云。上半定頼耶体。謂是如来蔵、与妄染合名阿頼耶。更無別体。此是実教所説。故引仏説。下半明会権教。謂彼守権教者、不能了如来蔵作頼耶者、当知彼是悪慧之人。此是訶守権之人、令帰実説。(T36: 234bc)

ところが、現存の『密厳経疏』はこの頌を次のように注釈している。

次に一行有るは仏の説教を明かす。今上の二句は仏教の意を明かし、下に二句有るは異執者を破す。蔵識と頼耶とは各別体なりとの執は、天親菩薩の立つる所の義にして、今此の破に当たる。悪慧は蔵即ち是れ頼耶識なりと知識する能はず。(SZ21：170a)

次有一行明仏説教。今上之二句明仏教意、下有二句破異執者。蔵識頼耶各別体執、天親菩薩所立之義、当今此破。悪慧不能知識蔵即是頼耶識。(SZ21：170a)

また、澄観は同じ『華厳経疏』巻十四において続けて『密厳経』巻下から次のような頌を引用し、『華厳経随疏演義鈔』においてそれに対する『密厳経疏』の注釈を引用している(なお、この頌は蔵訳になし)。

如来清浄蔵 世間阿頼耶
如金与指環 展転無差別 (T16：747a)

その『密厳経疏』の注釈とは次のようなものである。

彼の『疏』に釈して云はく。此の頌は釈して前の義を成ず。上半は法説にして二位を牒挙す。下は喩へに約して上を釈す。謂はく金を以つて指環を作すが如きは、環の相虚無にして、金の体露はに現ず、故に「無差別」と云ふ。亦た衆生は迷ふが故に阿頼耶を成じ、如来は悟るが故に如来蔵を成ずるも、体に二有ること無し、故に「無差」と云ふ。

彼『疏』釈云。此頌釈成前義。上半法説牒挙二位。下約喩釈上。謂如以金作於指環、環相虚無、金体露現、故云「無差別」。如来蔵作頼耶、頼耶相虚、蔵性理現、故云即是也。亦可衆生迷故成阿頼耶、如来悟故成如来蔵、体無有二、故云「無差」。(T36：234c)

現存の『密厳経疏』は次のように注釈している。

次に一行有り、名異なるも体は即ち殊ならずと示顕す。文に依りて見る可し。下は喩へを引きて況ふ。阿頼耶の体殊ならずと雖も、随縁して相別なるをもって、所以に名別なることに況ふ。故に経の中に蔵識と頼耶との二名の差別を説く。

次有一行、示顕名異体即不殊。依文可見。下引喩況。況阿頼耶体雖不殊、随縁相別、所以名別。故経中説蔵識頼耶二名差別。(SZ21: 170a)

これも澄観が引用する『密厳経疏』と異なる。筆者は、澄観が引用する『密厳経疏』のほうが法蔵の真作であり、現存の『密厳経疏』は別人の作であると考えている。以上、現存の『密厳経疏』と法蔵との間には積極的な関連を見出だすことができないことを確認した。

三　教　判

実は、『密厳経疏』は、かつて、日本華厳宗においてその偽撰を疑われたことがあった。同じく偽撰説が絶えなかった『華厳経問答』について、その文がいかに粗野であり、法蔵の著作に似ないかを述べる際に、凝然『五教章通路記』巻六に次のようにある。

賢首大師の製する所の文章は、簡にして又要、精にして又た美、読むに随ひて意を得、解するに随ひて旨を領す。『教章』と『玄記』と『旨帰』と『綱目』と『梵網戒疏』と『門論疏』との等き、皆な此の類なり。『密厳経疏』に至りては、文言少しく異なるも、四字をもって句を成じ、事に混濫無く、要妙精雅にして、中正冷なり。

賢首大師所製文章、簡而又要、精而又美、随読得意、随解領旨。『教章』『玄記』『旨帰』『綱目』『梵網戒疏』『門論疏』等、皆此類也。至『密厳経疏』、文言少異、四字成句、事無混濫、要妙精雅、中正冷焉。(T72:

凝然は『密厳経疏』を真撰と見なしているわけであるが、一方で、その凝然が『密厳経疏』の文章は法蔵の常のものに較べ「文言少しく異なる」と言っていることに注意しなければならない。さらに、三性説における浄分依他起性について述べる際に、『五教章通路記』巻二十一に次のようにある。

古徳の『私記』に云はく。

問ふ。『密厳疏』に浄分依他無し。何ぞ浄分依他起性を立つるや。答ふ。彼は香象の『疏』に多くの謬まり有るが故に。故に必ずしも依る可からず。具さには下に明かすが如し。〈已上〉

彼の下の文に云はく。

問ふ。遍計所執、体是れ無ならば、何ぞ『密厳疏』、無とする人を破して「聖人は見ず。先に見ざるが故に、三性の道理を宣説す可からず」と云ふや。答ふ。東徳云はく。彼の『疏』は香象の『疏』に非ず。略して三つの違ひ有るが故に。

一には香象は一切処に五教を立つるも、而も彼の『疏』の中は漸・頓の二教を立つ。

二には『章』は所執性に約して畢竟無と説くも、而も無とする者を破す。

三には処処の文は『楞伽』と『密厳』との等き経と『宝性』と『起信』との等きの論とは是れ終教なり、『思益』と『無行』との等き経と亦た『起信』の等き論とは頓教なりといふも、而も彼の『疏』は『密厳経』は是れ頓教なりといふ。

故に彼の『疏』に非ず。然るに『無差別疏』は法身と衆生との無差別の義を釈きて、多門を成立す。『密厳疏』の中に具さに説くが如し」といふ。智璟大徳云ひたまはく《『五教記』》、「香象は『華厳疏』、『密厳疏』三巻とを作る」といひたまふ。故に彼の『疏』なりと知る。未だ三つの違ひの諸文を勘へ

ず、後に勘合す可きのみ。〈已上〉

昔、『密厳疏』に於いて、其の二説有り。一には香象の『疏』に非ず。二には智璟大徳と、長載大徳との如き、竝びに香象の説きぬる所と云ひたまふ。今、彼の『疏』を詳らかにするに、有る古徳は、彼の製する所に非ざるも、而も亦た彼を引きて義理を成立すと言ひたまふ。との等き例と参差することと有り。章疏は、文詞は簡約にして、句逗守らず、宗数の布置は唯だ旨を顕はすに在るのみ。至相大師の製する所の章疏は、文詞は簡約にして、句逗守らず、宗数の布置は唯だ旨を顕はすに在るのみ。香象大師、多くは之に同ずること有り。『教章』の中の十玄義等の如き、大途風芳、皆な彼の蹤式に倣ふ。亦た其の四字をもって句を成ずること有り。『旨帰』等のの如し。然るに宗義に於いては、彼と此れとは一同なり。是の故に前後は筆体に拘らず、『密厳疏』の如きに至りては、筆体恒に定まること、浄影の『章』の如し。宗義に於いては、別の乖違無し。時として余に異なること有るも、会同せば妨げ無し。古徳は全く穿鑿するに非ず。是れ其の出だす所の過失は是れ強き難に非ず。

古徳『私記』云。問。『密厳疏』無浄分依他。何立浄分依他起性。答。彼非香象『疏』。其義有多謬故。故不可依。具如下明。〈已上〉彼下文云。問。『密厳疏』、破無人云「聖人不見。先不見故、不可宣説三性道理」。答。東徳云。彼『疏』非香象『疏』。略有三違故。一香象一切処立五教。而彼『疏』中立漸頓二教。二章約所執性説畢竟無、而破無者。三処処文、『楞伽』『密厳』等経『宝性』『起信』等論、是終教、『思益』『無行』等経亦頓教。故非彼論。是終教、『思益』『無行』等経亦頓教。故非彼論。是終教、『思益』『無行』等経亦頓教。故非彼差別疏』説法身衆生無差別義「広釈此義、成立多門。如『密厳疏』中具説」。智璟大徳云〈『五教記』〉「昔於密厳疏、象作『華厳疏』二十巻、『密厳疏』三巻」。故知彼『疏』。未勘三違諸文、後可勘合耳。〈已上〉「香有其二説。一非香象『疏』。二如智璟大徳、長載大徳、竝云香象所説。有古徳、言非彼所製、而亦引彼成立

483　付論4　『大乗密厳経疏』の著者問題

義理。今、詳彼『疏』、四言成句、章体規矩、無有参差『不（五）教章』『探玄』等例。然文言精美、祖章皆悉同。至相大師所製章疏、文詞簡約、句逗不守、宗数布置唯在顕旨。香象大師、多有同之。如『教章』中十玄義等、大途風芳、皆倣彼躅式。亦有其四字成句。精妙絶、如『旨帰』等。然於宗義者、彼此一同。是故前後不拘筆体。至如『密厳疏』者、筆体恒定、如浄影『章』。於宗義者、無別乖違。時有異余、会同無妨。古徳全非穿鑿。是其所出過失非是強難。(T72: 461bc)

ここでは古徳の『私記』が引かれている（「昔、『密厳疏』に於いて、其の二説有り」以下はそれに対する凝然の批評である）。そしてその中においては、偽撰を主張した「東徳」の説と、真撰を主張した人々の説とが挙げられている。「東徳」が指摘した「三つの違ひ」のうち、一においては、『密厳経疏』における教判が漸頓二教判であって五教判でなかったことが言われている。二においては、『五教章』の三性説と『密厳経疏』の三性説とが相違することが言われている。三においては、『処処の文』において終教と見なされる『密厳経』が『密厳経疏』においては頓教と見なされることが言われている。二についての検討は後廻しとして、今は一と三とを検討する。

まず、一について凝然は次のように反論する。

初めに五教を立てるを難ずるは、香象の文疏、釈する所の典に随ひ、立つる所に在有り。『起信論』と『十二門論』と『無差別論』と『梵網経』と『般若心経』との等き諸の疏の如きは五教を立てず。『密厳疏』に至りて、何ぞ必ずしも五を立てむや。

初難不立五教者、香象文疏、随所釈典、所立有在。如『起信論』『十二門論』『無差別論』『梵網経』『般若心経』等諸疏不立五教。釈『華厳経』、具立五教、広摂諸教、備判『華厳』。至『密厳疏』、何必立五。(T72: 461c〜462a)

これは確かに凝然が言うとおりである。

また、三について凝然は次のように反論する。

後に頓教に摂むるを難ずるは、此れは即ち難に非ず。依用す可からず。大師の判ずる所は、宗に随ひ教を立つ。是の故に全く五の中の頓の例に非ず。此れは即ち難に非ず。依用す可からず。大師の判ずる所は、宗に随ひ教を立つ。『楞伽心玄』と『起信門』との等き諸の疏の中は、四宗を建立し、諸教を摂ず。『梵網疏』の中は、化・制の二教、以って諸の典を摂ず。若し難ずる所の如くば、此れ等を用ゆ応からず。今『密厳疏』は頓漸門をもって諸の教を収摂す。今の経を判ずるを以って、諸の文、宗に随ひ、判ずる所も皆な爾なり。今『密厳疏』の義に至りて、用ゐずと言ふ可からず。

後難摂于頓教者、此判直進迴心二門、建立四宗、摂判諸教。『梵網疏』中、化制二教、以摂諸典。若如所難者、応不用此等。今『密厳疏』頓漸門収摂諸教。以判今経、諸文随宗、所判皆爾。至『密厳疏』義、不可言不用。

(T72：462a)

これは、現存の『密厳経疏』の頓教と漸教とは順に直進と迴心との為ための門を指すのであって、その頓教は五教判のうちの頓教を指すのでないという意味である。直進とは直接に大乗へと進む者、迴心とは小乗から大乗へと迴心する者である。

なお、蛇足であるが、「東徳」の言うとおり、法蔵には『密厳経』を頓教と規定する例が本当にないのであろうか。筆者が気づいたかぎりにおいては、『華厳経探玄記』巻一に次のようにある。

実は、あるのである。

四には本に非ず影に非ず。唯だ心の外に仏の色等無きのみに非ず、衆生の心の内の現ずる所の仏も亦た本当相空なり。是れ識のみにして別の影無きを以っての故に、色等は性として離れ所有無きが故に、一切は無言にして無言も亦た無なるが故に、是の故に聖教は即ち是れ無教の教なり。『経』に云ふが如し、「如来

は出世せず、亦た涅槃有ること無し」といふ等を明かす。龍樹等の宗、多く此の義を立つ。

四非本非影。如頓教中。非直心外無仏色等、衆生心内所現之仏亦当相空。以唯是識無別影故、色等性離無所有故、一切無言無亦無故、是故聖教即是無教之教。如『経』云、「如来不出世、亦無有涅槃」。又『密厳経』明仏常在法界無不出世等。龍樹等宗、多立此義。(T35:118bc)

このうち『経』は『華厳経』(T9:483c) を指し、『密厳経』(T16:724b) は取意の文である。ただしこの頓教は直進門を指すのではなく、五教判のうちの頓教を指すのであるから、現存『密厳経疏』の頓教と一致しない。

なお、筆者が興味ぶかく思うのは、現存『密厳経疏』の文体について凝然が「『密厳疏』の如し」と評していることである。浄影の『章』とは地論宗の浄影寺の慧遠の『大乗義章』を指す。実は筆者は凝然のこの感想が現存『密厳経疏』の文体についてのみならず、内容についても当てはまると考えているので、以下、そのことを具体的に述べてみたい。

順高『起信論本疏聴集記』巻二本において次のような文が引かれている。便宜上、訓読を省略し、漢文のみを示す(英文字は筆者が挿入。○は原文にあるものであり、おそらく省略を示す)。

『密厳経疏』二云。

a 聖教雖衆、略要唯二。謂声聞蔵、及菩薩蔵。声聞法、名声聞蔵。教菩薩法、名菩薩蔵。

b 声聞蔵中、所教有二。一声聞々々、二縁覚聞。

c 声聞々々者、此人本来、求声聞道、楽観四諦、成声聞性、於最後身、値仏欲小。如来為説四真諦法、而得悟道。本声聞性、今後聞声、是故名為声聞々々。

d 縁覚声聞者、是人本来、求縁覚道、常示観察十二縁法、於最後身、値仏為説十二因縁、而得悟道。本縁覚性、

このうちfの「漸入」「頓悟」がそれぞれ漸教と頓教との所被の人、つまり廻心と直進とを指すと思われる。

ところで、地論宗の浄影寺の慧遠の『維摩経義記』巻一に次のようにある。

声聞声聞者、是人本来、求声聞道、常楽観察四真諦法、成声聞性。於最後身、値仏欲小。如来、為説四真諦法、而得悟道。本声聞性故、今復聞声、而得悟道。是故、名為声聞声聞。……

縁覚声聞者、是人本来、求縁道、常楽観察十二因縁法、成縁覚性、於最後身、値仏為説十二因縁、而得悟道。本縁覚性、於最後身、聞悟道。是故名為縁覚声聞。……

　a　声聞声聞者、是人本来、求声聞道、謂声聞蔵、及菩薩蔵。教声聞法、名声聞蔵。教菩薩法、名菩薩蔵。
　b　其二是何。
　c　声聞声聞、二縁覚声聞。
　d　聖教雖衆、要唯有二。
　e　『地持』亦云、「十二部中、唯方広部、是菩薩蔵。余十一部、是声聞蔵」。故知聖教無出此二。此二亦名大乗小乗、半満教等。名雖変改、其義不殊。〈文〉(DBZ92：78b-79a)

　f　菩薩蔵中、所教亦二。一是漸入、二是頓悟。○
　g　『地持』復言、「十二部経、唯方広部、是菩薩蔵。余十一部、是声聞蔵」。故知聖教無出此二。此二雖殊、同期小果、籍教斉処等。以是義故、斉号声聞。

　e　此二雖殊、同期小果、籍教処等。以是義故、斉号声聞。
　f　菩薩蔵中、所教亦二。
　g　『地持』復言、「十二部経、唯方広部、是菩薩蔵。余十一部、是声聞蔵」。故知聖教無出此二。此二亦名大乗小乗、半教満教等。名雖変改、其義不殊。(T38：421ab)

　これを先の『密厳経疏』巻一の佚文と較べると、著しい対応が認められる。「漸入」「頓悟」もここに出ている。よって、『密厳経疏』の漸頓二教判は地論宗の漸頓二教判と同一であると考えられる。

『維摩経義記』と同様の文は慧遠『大般涅槃経義記』巻一と『十地経論義記』巻一とにおいても見られる。『密厳経疏』の文は慧遠の著作に依拠して造られたのである（なお上の『維摩経義記』『十地経論義記』の文も、それぞれの冒頭部分である）。筆者は現存の『密厳経疏』を、法蔵の真撰でなく、地論宗、特に慧遠の弟子の系統の著作であろうと考える。実は、この他にも『密厳経疏』のうちには慧遠の説と等しい部分がいくつか存在する。次節においては心識説についてそれを示し、裏づけとする。

四　心識説

現存の『密厳経疏』は心を三種に分けている。本覚真心・妄識心・分別事識之心である。

心に三種有り。一には本覚真心。是の如き六塵、真心より縁起し、似有として顕現するも、唯心を究尋せば、心外に法無し。二には妄識心。謂はく無明より乃至顕識心の中に、分かれて見相二分を出だす、故に唯識と言ふ。三には分別事識之心。謂はく顕識心の現ずる所の相分を、妄執して実と為すも、所執は実に無し、故に唯識と云ふ。

　心有三種。一本覚真心。如是六塵、真心縁起、似有顕現、究尋唯心、心外無法。二妄識心。謂従無明乃至顕識心中、分出見相二分、故言唯識。三者分別事識之心。謂顕識心所現相分、妄執為実、所執実無、故云唯識。(SZ21: 128c)

この三種は慧遠が用いる真識・妄識・分別事識の三種によるものと思われる。慧遠『維摩経義記』巻三本に次のようにある。

ここでは慧遠『大乗義章』八識義の、次のような文を指す。文中において指示されている「八識章」とは慧遠『大乗義章』の、妄識は第七識、真識は第八識と規定されている。

心識に八有り、相従して三と為る。一には分別事識。謂はく六識心ぞ。二には是れ妄識。謂はく第七識ぞ。三には是れ真識。謂はく第八識ぞ。此三如彼八識章中具広分別。（T38：493c）

心識有八、相従為三。一分別事識。謂六識心。二是妄識。謂第七識。三是真識。謂第八識。此三如彼八識章中具広分別。

真識を一と為し、妄識に六有り、事識に四有り。妄識の六とは、『起信論』に説くが如し。……事識の四とは、『論』の中に説くが如し。

真識為一、妄識有六、事識有四。妄識六者、如『起信論』説。一無明心、二者業識、三者転識、四者現識、五者智識、六者相続識。……事識四者、如『論』中説。一執取相、……二計名字相、……三起業相、……四業繋苦相。（T44：530c～531b）

これによれば、事識（六識。慧遠によれば分別事識と同じ）は『大乗起信論』において説かれる執取相・計名字相・起業相・業繋苦相の四つである。また、妄識（第七識）は『大乗起信論』において説かれる無明心・業識・転識・現識・智識・相続識の六つである。

『密厳経疏』は妄識心の中について「無明より乃至顕識心の中に、分かれて見相二分を出だす」と述べ、妄執して実と為すも、所執は実に無し」と述べていた。「顕識」とは真諦訳『顕識論』のみにおいて現われる言葉であるので、「顕識」と『大乗起信論』において説かれる識との対応を理解することは難しいが、『密厳経疏』の次の文が手掛かりになる。

初めに「意」と言ふは、無明識より相続識に至るを、総じて名づけて「意」と為す。能く分別なる六識心を生ずるが故に。「意識」とは、分別なる意識なり。

初言「意」者、従無明識至相続識、総名為「意」。能生分別六識心故。「意識」者、分別意識。「余諸識」者、五識心也。(SZ21:131b)

これによれば、「意」(第七識)は無明識から相続識までである。これは妄識(第七識)を無明心・業識・転識・現識・智識・相続識の六つと規定する慧遠の説と同じなのである。

ちなみに法蔵は『大乗起信論義記』において、業識・転識・現識、つまり三細をそれぞれ阿梨耶識の自体分・見分・相分と見なす。また、智識・相続・執取相・計名字相・起業相・業繋苦相、つまり六麁を六識と見なす。そして、第七識を『大乗起信論』において説かれないものと見なす。これは『大乗起信論』において第七識が説かれていると見なす『密厳経疏』と一致しない。

『密厳経疏』の第七識についてさらに検討する。

然して末那識に其の二種有り。一には法執末那。謂はく無明より乃至相続を、総じて妄意なる末那識心と言ふ。二には人執。相続より去のかた、未だ事識なる四惑に至らざるに、末那、執を起こし、相続等の微細なる諸法を、以って我と為すが故に、亦た末那と名づく。

末那識有其二種。一法執末那。謂従無明乃至相続、総言妄意末那識心。二者人執。従相続去、未倒(至?)事識四惑、末那起執、相続等微細諸法、以為我故、亦名末那也。(SZ21:137c)

ここでは法執末那と人執末那との二つが説かれている。法執末那は無明から相続識までであって、まだ「事識なる四惑」に至らぬうちに、末那識が相続識など先に確認した「妄識心」「意」である。人執末那は相続識以後、

を我として執着するので、それを人執末那と言うのである。ここで注意すべきは「事識なる四惑」という表現であって、これは分別事識を執取相・計名字相・起業相・業繋苦相の四つと規定する慧遠の説と一致する。『密厳経疏』における分別事識之心は慧遠の説における分別事識と同じなのである。先に『密厳経疏』における妄識心が慧遠の説における三種識と同じであることを確認したので、これで真識と合わせて、『密厳経疏』における三種心が慧遠の説における三種識とまったく同じであることが明らかになった。これは現存の『密厳経疏』が慧遠の弟子の系統の著作であるという筆者の見解を裏づける。

五 三性説

先に触れたとおり、凝然『五教章通路記』巻二十一は現存の『密厳経疏』の偽撰の根拠として「東徳」が指摘した「三つの違ひ」を挙げており、そのうち第二は「二には『章』は所執性に約して畢竟無と説くも、而も無とする者を破す」というものであった。周知のとおり、法蔵『五教章』三性同異義は遍計所執性を「情有・理無」と規定している。この規定は本来『成唯識論』巻八 (Si: 370) において現われる規定であって、『五教章』における遍計所執性は「東徳」が言う「畢竟無」、つまり、存在論的に無であるものとして規定されるのである。

しかるに『密厳経疏』はそうした規定を明らかに論破しようとしている。存在論的に有である五法（相・名・分別思惟・聖智・如如）のうちに分別性（遍計所執性）を含めない『仏性論』巻二 (T31: 794b) について、『密厳経疏』巻二 (SZ21: 131c) は、分別性が〔存在論的に有として〕聖智の境でないならば、聖者は三性を説けなくなってしまうと批判する。『密厳経疏』自身の主張は次のとおりである。

分別性と言ふは、謂はく虚妄心の構画し計度するは、境に称はざるが故に、名づけて分別と為す。能に就きて名

と為す。又此の妄心、所執の境に於いて、遍計し著するが故に、遍計心の執する所に存する境を遍計性と名づくといはむとには非ず。此れは能所に約して、合して名と為す。

言分別性者、謂虚妄心構画計度、不称境故、遍計著故、名遍計所執性。非遍計心所執存境名遍計性。此約能所、合為名也。(SZ21：131c)

『密厳経疏』は遍計所執性を妄心と見なすのである。これはおそらく慧遠『大乗義章』八識義が三性のうちの分別性（遍計所執性）を説明する際の、次のような文と係わる。

分別と言ふは、妄に就きて妄を論ず。妄心は虚構し、情相を集起し、随ひて而も取捨す、故に分別と曰ふ。……分別之体、故説為性。(T44：528a)

言分別者、就妄論妄。妄心虚構、集起情相、随而取捨、故曰分別。……分別之体、故説為性。

これによれば、慧遠は分別する側である妄心を分別性と名づくといはむとには非ず
[2]
と言うのは、要するに、遍計所執性は存在論的に無であるものを言うのではないという意味である。しかるに『密厳経疏』が法蔵の真撰であるならば、『密厳経疏』は遍計所執性を存在論的に無であるものとして規定していた。もし『密厳経疏』が「遍計心の執する所に存する境を遍計性と名づくといはむとには非ず」と言うのは、要するに、遍計所執性は存在論的に無であるものとして規定していた、実に奇妙である。

周知のとおり、『五教章』の三性説は次のように定義されるのであった。

円成実性……不変・随縁
依他起性……似有・似無
遍計所執性……理無・情有

ここでは、遍計所執性は執せられた理無・情有のものであるが、執する妄心ではない。次に、『密厳経疏』と成立

付論4 『大乗密厳経疏』の著者問題　492

年代が近いはずの、『十二門論宗致義記』巻上（T42：217b）の三性説を示せば次のようである。

遍計所執性……理無・情有
依他起性……性空・幻有
円成実性……理無・体有

ここでも遍計所執性は理無・情有のものであるが、妄心ではない。さらに『華厳経探玄記』巻四（T35：175ab）の三性説を示せば次のようである。

遍計所執性……理無・情有
依他起性……性空・幻有
円成実性……離相・体実

これは『十二門論宗致義記』の三性説とほぼ同じである。

このように、法蔵の他の著作の三性説においては、遍計所執性は一貫して理無・情有と規定されるのであって、『密厳経疏』の三性説は同一人のものとは思われない。『密厳経疏』は分別性が聖智の境でないならば、聖者は三性を説けなくなってしまうと批判していたが、『華厳経探玄記』巻七には「妄計は情有・理無なるをもって、聖智の境に非ず」（T35：241b）という言葉が出る。その点でも『密厳経疏』の真撰説には疑問を覚えざるを得ない。

なお凝然『五教章通路記』巻二十一は「東徳」が指摘した「三つの違ひ」の第二に対し、次のように反論する。有る人は但だ理無の一辺に就きて、無体法を取るのみ、故に非義を成ず。

次に所執の無を破するを難ずるは、今の宗の所執は是れ有体を取り、而も無体を兼ねて、所執性と為す。有人但就理無一辺、取無体法、故成非義。次難破所執無者、今宗所執是取有体、而兼無体、為所執性。（T72：462a）

「今の宗」つまり『密厳経疏』の宗における遍計所執性が無体のみであるのと区別しなければならないが、「有る人」つまり「東徳」は『密厳経疏』の宗における遍計所執性を、『五教章』の宗における遍計所執性と混同しているので誤りになると凝然は言うのである。しかし上に挙げたとおり、法蔵は『十二門論宗致義記』と『華厳経探玄記』とのような、宗の異なる著作において、ともに遍計所執性を理無・情有と規定していた。ゆえに凝然の反論は説得力に乏しい。

六 おわりに

以上で検討を終わるが、公平に見て、この書を法蔵の作とする積極的理由は何もないことが明らかになったと思われる。ここではこの書の伝来について私見を述べる。

まず、現存の『密厳経疏』が別人の作であり、法蔵には、たという前提から始める。堀池春峰編纂の「大安寺審祥師経録」(no. 28)によれば、日本華厳宗初祖、審祥の所持本のうちに、法蔵撰と記される『密厳経疏』四巻があった。これは現存の『密厳経疏』は審祥によって新羅から齎されたのであろう。ここで問題となるのが、現存の『密厳経疏』を法蔵の作とする最古の記録である。おそらく『密厳経疏』を法蔵に帰するのが、新羅に始まるのか否かである。

新羅の華厳教学は地論教学と密接に結びついていたから、地論宗の著作である現存の『密厳経疏』を法蔵の著作とする考えも、あるいは新羅に始まるのかも知れない。先に、現存の『密厳経疏』に対して「三つの違ひ」を挙げた「東徳」なる人物に触れたが、「○徳」というふうに僧名の一字に「徳」字をつける呼びかたは新羅の仏教において多く見られるので、もし「東」字が僧名の一字であるならば、「東徳」も新羅人であった可能性がある。ただし、高麗

付論4 『大乗密厳経疏』の著者問題　494

の義天『新編諸宗教蔵総録』のうちに『密厳経疏』の名は見あたらないので、現行の『密厳経疏』にせよ法蔵の『密厳経疏』にせよ、義天の時代の朝鮮半島においては失われていたらしい。

次に考えられるのは、審祥が新羅から現行の『密厳経疏』と法蔵の『密厳経疏』との両方を持ち帰ったということである。実は、『密厳経疏』には四巻本と三巻本とがあったらしい。四巻本は現存の『密厳経疏』であって、円超『華厳宗章疏并因明録』や永超『東域伝燈目録』や凝然『華厳宗経論章疏目録』に出るものである。三巻本は清代の『法界宗五祖略記』に出るものであって、大陸の伝承に基づくものである。この相違を、調巻の違い、または『法界宗五祖略記』の誤りとして片づけることは容易であるが、筆者にとっては看過しえない問題のように思われる。なぜなら、正倉院文書のうちには『密厳経疏』一部三巻 法蔵師 在審祥師書中」という記述があり、審祥は四巻本の『密厳経疏』の他に、三巻本の『密厳経疏』を持っていたようだからである。そして、先に凝然『五教章通路記』によって引いた古徳の『私記』のうちには「智璟大徳云ひたまはく〈『五教記』〉、『香象は『華厳疏』二十巻と、『密厳疏』三巻とを作る」といひたまふ」という記述があり、それによると、智璟は法蔵の『密厳経疏』が三巻本であると認識していたらしい。すなわち、『密厳経疏』に四巻本と三巻本とがあったうち、三巻本が法蔵自撰の『密厳経疏』であって、それは早くに散逸し、別人が作った四巻本のほうが、法蔵の作と見なされて、後世に伝わったのではあるまいか。

『密厳経疏』はおそらく地論宗最後期の著作であって、『解深密経』を引き、阿頼耶識の名を用いるなど、新訳仏教に対応した部分を有する。それが法蔵の著作と混同された理由でもあろうが、初期華厳教学と同時代の地論教学を伝えるものとして興味ぶかく、今後の研究が望まれる。

付録　その他の逸文

以下に紹介するのは日本華厳宗の文献から回収された現存の『密厳経疏』巻一の佚文である。ただし、すでに上において紹介された佚文は省かれている。

① 経文「与諸隣極修観行者十億仏土微塵数菩薩摩訶薩倶」(T16:723b)。
同疏一云。「与」者、行徳不相違背、説之為「与」。「倶」者、身到一処、共集無前後義、名之為「倶」。〈文〉（順高『起信論本疏聴集記』巻八本。DBZ92:352ab）

② 経文「転於所依」(T16:723b)。
同疏第一云。所依二義。一生死法所依梨耶。於十地中、漸漸転捨、至金剛心、一時頓尽。是故説為「転於所依」。「転」者訓滅、「転」者訓成、是故説為「転於所依」。〈已上〉（湛睿『起信論義記教理抄』巻十六。DBZ94:316b）

③ 経文「虚妄臆度」(T16:724a)。
『密厳疏』第一云。分別之心、理外籌度、妄有所立。以是故説「虚妄臆度」也。〈已上〉（湛睿『五教章纂釈』巻一。DBZ11:325a）

④ 経文「善哉仏子。汝能善入甚深法界」(T16:724b)。
『密厳疏』第一云。「入」者能也、亦名証也、亦名達也、亦名会也。〈已上〉（湛叡『演義鈔纂釈』巻十七。T57:177

c)

経文「漸次修行、超第八地、善巧積習、乃至法雲、資用如来広大威徳」(T16：724c)。

⑤A同疏第一云。言「漸次修行」、両釈不同。一義釈云、従十解上、乃至法雲、名為「漸次修行」之地。除其十信。但発信心、未起修行故。第二義釈、但取十地修道位中、不取見道及前方便。所然以正在見道時、見平等如、故不起修。前方便中、但望無相、亦不起修。以是義故、但取修道、名「漸次修行」。〈已上〉(湛睿『起信論義記教理抄』巻十八。DBZ94：378ab）

⑤B又『密厳疏』第一釈十信云。但発信心、未起修行。〈已上〉(湛睿『起信論義記教理抄』巻十一。DBZ94：224ab)。

経文「覚観所纏繞 如龍共盤結」(T16：725a)。

⑥『密厳疏』第一云。麁浮分名為「覚」。細審分名為「観」。由此「覚観所纏繞」故、心及心数、恒動不安、猶如二龍共相盤結也。〈已上〉(湛睿『演義鈔纂釈』巻一上一。T57：55c)。

経文「相好諸功徳 内外以荘厳」(T16：725b)。

⑦A『密厳疏』第一云。「相好諸功徳 内外以荘厳」者、若就法身論相好者、依修行増上力故、従可生性、生未曾有相好功徳。若論応化相好者、此即名為法身相好功徳。〈已上〉(湛睿『五教章纂釈』巻十五。DBZ12：337b)

⑦B『密厳疏』第一云。「相好諸功徳 内外以荘厳」者、若就法身論相好者、無始已来、如来蔵中、具有相好。今成菩提、以本願力、以報身等所有相好、随機麁細、示現前相、更無別法。

⑦C若（十就？）法身論相好者、無始已来、如来蔵中、具有相好。今成菩提、此即名為法身相好功徳。若就報身論相好者、由縁修行、従可生性、生未曾有相好功徳。若論応化相好徳者、以法身等所有相好、随機麁細、示現前相、更無別相。〈文〉（審乗『五教章聴抄』巻下。DBZ12：569ab）

⑧経文「朋友諸眷属」（T16：725b）。
『密厳疏』第一云。同心同業、名為「明（朋？）友」。同姓親戚、名為「眷属」。〈已上〉（湛睿『起信論義記教理抄』巻十六。DBZ94：327a）

⑨次『密厳経疏』第一云。心有二義。一中実義、二集起義。謂如来蔵、法中之実、故名為心。又如来蔵、随衆縁故、集起諸法、故亦名心。〈已上〉（湛睿『起信論義記教理抄』巻一。DBZ94：8a）

経文不明。

⑩『密厳経疏』〈香象作〉第二云。如『観経』、九品之人、皆得往生。准此経文、凡夫二乗及小乗、皆得往生。何故此『経』、分段生死、因果並尽、乃生密厳。此有何意。答云。有以『観経』所説是雑浄土、但発心者、皆得往生。以是義故、凡夫之人、不断煩悩、□（不？）離分段、但以発起並願心、即得往生。今此密厳、是他受用土中最勝、

付論4 『大乗密厳経疏』の著者問題　498

経文不明。

⑪A『蜜(密?)厳疏』第一云。彼『華厳』中、就四生死、分為三重。謂初二地為因縁生死。三四五地為方便生死。六七二地為有有生死。開此三死生、別有為三。無有生死、以(十為?)第七。故知両経開合雖異、(+其?)義不殊。弁諸仏土勝厳証也。〈文〉(聖詮『五教章深意鈔』巻六。T73：45a)

⑪B『密厳経疏』第一云。彼『花厳』中、就四生死、分為三重。謂初二地為因縁生死。三四五地為方便生死。六七二地為有有生死。開此三死生、別立為三。無有生死、以為第七。故知両教開合雖異、其義則不殊。〈文〉(審乗『五教章問答抄』巻下八。T72：751a)

⑪C『密厳疏』第一云。然国勝劣、略有三重、広則七重。略□□□(有三重?)者、一凡望(聖?)共生。如西方。二従初地至七地。三者八地已上。密厳土者、八地已上二(之?)地。広七重者、如『華厳』説、「娑婆世界一大僧祇、当極楽国一日一夜。乃至第六仏国一大劫、当彼第七八光明清浄仏土一日一夜」。〈已上取義〉〈自下全文〉如是両経開合雖異、其義不殊。今此『経』者、前三合為一。『華厳』開三。此『経』就彼、有効用行、故総摂彼七地以来所生浄土、為第二重。彼『華厳』中、就四生死、分明(一明?)為三重。謂初二地為因縁生死、三四五地為方便生死。六(十七?)二地為有有生死。開此三死、別立為三。無有生死、以為第七。故知両経開合雖異、其義則不殊。〈文〉(審乗『五教章問答抄』巻下八。T72：751a)

故七地以下諸菩薩等、雖離分段得受変易、而□(不?)得生密厳仏土。何況凡夫二乗之類。釈所捨談。(尊玄『華厳孔目章抄』巻四上。DBZ7：203b)

注

(1) 吉津宜英 [1991：136]「『法界無差別論疏』が本疏を引用しているから、それ以前の成立であろう」。正確には「引用している」のでなく、言及しているだけである。
(2) なお、西域出土の『摂大乗義章』巻四には「二能取妄心顛倒分別、説彼妄心、名分別性」(T85：1044a)とあり、『摂大乗義章』巻一には「六七心、麁分別□、名分別性」(T85：1016b)とあり、『摂大乗論抄』には「三分別性。識心了境、名分別。従義為名」(T85：1009a)とあるので、新訳以前にはこうした考えが少なくなかったことが知られる。
(3) 堀池春峰 [1980：424]。
(4) 東京帝国大学史料編纂掛 [1918：21]。

略号表

AKBh: *Abhidharmakośabhāṣya*. ed. by P. Pradhan, Patna 1975.
AS: *Abhidharmasamuccaya*. ed. by V. V. Gokhale, in: *Journal of the Bombay Branch, N. S. 23, Royal Asiatic Society*, London 1947.
ASBh: *Abhidharmasamuccayabhāṣya*. ed. by N. Tatia, Patna 1976.
BAS: *Sangs rgyas phal po che zhes bya ba shin tu rgyas pa'i mdo*. P 761, Yi, Ri, Li, Shi.
BoBh: *Bodhisattvabhūmi*. ed. by U. Wogihara, Tokyo 1930-1936.
BoBh ⟨D⟩: *Bodhisattvabhūmi*. ed. by N. Dutt, Patna 1966.
BuBhS: *'Phags pa sangs rgyas kyi sa zhes bya ba theg pa chen po'i mdo*, ed. by K. Nishio, in: *The Buddhabhūmisūtra and its Vyākhyāna*, Nagoya 1940.
CŚ: *bsTan bcos bzhi brgya pa*. D 3865, Tsha ; P 5246, Tsha.
D: Derge.
DBhS: *Daśabhūmīśvaro nāma mahāyānasūtram*. ed. by R. Kondo, Tokyo 1936.
DBhV: *'Phags pa sa bcu'i rnam par bshad pa*. P 5494, Ngi.
DBZ: 大日本仏教全書
GhVS: *'Phags pa rgyan stug po bkod pa zhes bya ba theg pa chen po'i mdo*. P 778, Cu.
K: 高麗大蔵経
LAS: *Laṅkāvatārasūtra*. ed. by B. Nanjio, Kyoto 1923.
MAV: *Madhyāntavibhāga*. ed. by G. M. Nagao, Tokyo 1964.
MAVṬ: *Madhyāntavibhāgaṭīkā*. ed. by S. Yamaguchi, Nagoya 1934.

MSA: *Mahāyānasūtrālaṃkāra*, ed. by S. Lévi, Paris 1907.
MSg: *Theg pa chen po bsdus pa*. in: 長尾雅人 [1982]『摂大乗論 和訳と注解 上』、長尾雅人 [1987]『摂大乗論 和訳と注解 下』講談社
MSgBh: *Theg pa chen po bsdus pa'i 'grel pa*. P 5551, Li; D 4050, Ri.
MSgU: *Theg pa chen po bsdus pa'i bshad sbyar*. P 5552, Li; D 4051, Ri.
P: Peking.
RGV: *Ratnagotravibhāga Mahāyānottaratantraśāstra*. ed. by E. H. Johnston, Patna 1950.
Saṃdh: *Saṃdhinirmocanasūtra*. ed. by E. Lamotte, Louvain 1935.
Sāratamā: *Sāratamā*. ed. by P. S. Jaini, Patna 1979.
ShingZ: 真言宗全書
SPS: *Saddharmapuṇḍarīkasūtra*. ed. by U. Wogihara and C. Tsuchida, Tokyo 1934–1935.
ŚS: *Śikṣāsamuccaya*. ed. by C. Bendall, St. Petersburg 1897–1902.
SmSV: *The smaller Sukhāvatīvyūha*. ed. by F. M. Muller and B. Nanjio, in: *Buddhist Texts from Japan*, Oxford 1883.
T: 大正新脩大蔵経
TendZ: 天台宗全書
TrBh: *Triṃśikābhāṣya*. ed. by S. Lévi, in: *Vijñaptimātratāsiddhi*, Paris 1925.
TrK: *Triṃśikākārikā*. ed. by S. Lévi, in: *Vijñaptimātratāsiddhi*, Paris 1925.
Wu: 鎌田茂雄 [1979]『仏典講座28 華厳五教章』(大蔵出版)

引用文献目録

青木隆 [1996]「敦煌出土地論宗文献『法界図』について──資料の紹介と翻刻──」(『東洋の思想と宗教』13)
青木隆 [2000]「地論宗の融即説と縁起説」(荒牧典俊編著『北朝隋唐中国仏教思想史』法蔵館)
石井公成 [1996]『華厳思想の研究』(春秋社)

石井公成［2000］「随縁の思想」（荒牧典俊編著『北朝隋唐中国仏教思想史』法蔵館
石井修道［1985］『華厳禅の思想史的研究』（駒沢大学仏教学部論集』16
池田魯参［1992］「吉津宜英著『華厳一乗思想の研究』」（駒沢大学仏教学部論集』25
石田茂作［1930］『写経より見たる奈良朝仏教の研究』（東洋文庫）
一色順心［1985］「吉津宜英『華厳禅の思想史的研究』」（仏教学セミナー』42
宇井伯寿［1923］『印度哲学研究第一』（甲子社書房）
宇井伯寿［1930］『印度哲学研究第六』（甲子社書房）
宇井伯寿［1935］『摂大乗論研究』（岩波書店）
宇井伯寿［1952］『安慧護法唯識三十頌釈論』（岩波書店）
上田義文［1958］『仏教思想史研究』（永田文昌堂）
江島恵教［1992］「Bhāviveka の言語観管見」（『仏教の真理表現における言語の機能』昭和63・平成1・2年度科学研究費補助金（総合研究A）研究成果報告書）
大竹晋［1998］「如心偈を事事無礙と見る解釈のこと」（『印度学仏教学研究』47/1
大竹晋［2000］「因の哲学——初期華厳教学の論理構造——」（『南都仏教』79
奥野光賢［1996］「石井公成著『華厳思想の研究』」（『駒沢短期大学仏教論集』2
織田顕祐［1990］「敦煌本『摂大乗論抄』について」（『印度学仏教学研究』38/2
織田顕祐［1993］「吉津宜英『華厳一乗思想の研究』」（『仏教学セミナー』57
織田顕祐［1996］「石井公成『華厳思想の研究』」（『仏教学セミナー』64
梶山雄一［1978］「中観哲学と因果論——ナーガールジュナを中心として——」（『仏教思想3　因果』平楽寺書店）
片野道雄［1975］『インド仏教における唯識思想の研究』（文栄堂）
片野道雄［1978］『無性造「摂大乗論註」序章の解読』（山喜房仏書林）
勝又俊教［1961］『仏教における心識説の研究』（山喜房仏書林）
神奈川県立金沢文庫［1975］『金沢文庫資料全書第二巻　華厳篇』（神奈川県立金沢文庫）
鎌田茂雄［1965］『中国華厳思想史の研究』（東京大学東洋文化研究所）
鎌田茂雄［1979a］「国訳華厳一乗法界図」（『国訳一切経　和漢撰述部・諸宗部四上』大東出版社）

鎌田茂雄 [1979b]『仏典講座28 華厳五教章』(大蔵出版)
金知見 [1997]「法界図記のテキスト再考──因陀羅尼の表記について──」(『東方』13)
木村清孝 [1975]『初期中国華厳思想の研究』(春秋社)
木村清孝 [1989]「智儼の浄土思想」(『藤田宏達博士還暦記念論集 インド哲学と仏教』平楽寺書店)
桑山正進・袴谷憲昭 [1981]『人物中国の仏教 玄奘』(大蔵出版)
三枝充悳 [2000]『中論偈頌総覧』(第三文明社)
佐伯良謙 [1991]「法相宗教理の概観」(『性相・慈恩大師奉讃』)
坂本幸男 [1936]『華厳経探玄記』一(大東出版社、国訳一切経・和漢撰述部・経疏部六)
坂本幸男 [1956]『華厳教学の研究』(平楽寺書店)
佐久間秀範 [1983]「四智と八識との結合関係」(『印度学仏教学研究』32/2 原載。『性相・法隆寺研究』春秋社)
佐藤俊哉 [1998]「平等性智考──瑜伽行唯識派の説を中心に──」(『佐藤隆賢博士古稀記念論文集 仏教教理思想の研究』山喜房仏書林)
柴田泰 [1993]「木村清孝著『中国華厳思想史』」(『北海道印度学仏教学』8)
島地大等 [1918]「国訳大蔵経 論部十」(国民文庫刊行会)
島地大等 [1980a]「唯心と如来蔵」(『仏教学』9・10合併)
上海古籍出版社 [1999]『法蔵敦煌西域文献⑩』(上海古籍出版社)
白井成允 [1933]『島地大等和尚行実』(明治書院)
高崎直道 [1964]「真諦訳・摂大乗論世親釈における如来蔵説──宝性論との関連──」(『結城教授頌寿記念仏教思想史論集』大蔵出版)
高崎直道 [1980b]『楞伽経』(大蔵出版)
高崎直道 [1988]『如来蔵思想Ⅰ』(法蔵館)
高崎直道 [1989]『宝性論』(講談社)
高崎直道 [1993]「〈無始時来の界〉再考」(『勝呂信静博士古稀記念論文集』山喜房仏書林)
高峯了州 [1964]『華厳孔目章解説』(南都仏教研究会)

竹村牧男 [1995]『唯識三性説の研究』(春秋社)
武邑尚邦 [1977]『仏性論研究』(百華苑)
立川武蔵 [1994]『中論の思想』(法蔵館)
舘野正生 [1994]「因分果分をめぐる法蔵教学の推移」(『駒沢大学仏教学部論集』25)
舘野正生 [1997a]「因果の用例より見た『五教章』に於ける法蔵の思想的立場」(『駒沢大学仏教学部論集』28)
舘野正生 [1997b]「法蔵華厳思想形成上に於ける『華厳経旨帰』の位置」(鎌田茂雄博士古稀記念会編『華厳学論集』大蔵出版)
舘野正生 [1999]「『華厳発菩提心章』と法蔵撰『華厳三昧観』に関する一考察」(『宗教研究』320)
田中順照 [1968]『空観と唯識観』(永田文昌堂)
朝鮮総督府 [1919]『朝鮮金石総覧 上』(朝鮮総督府)
東京帝国大学史料編纂掛 [1918]『大日本古文書 巻之十二』(東京帝国大学史料編纂掛)
常盤大定 [1930]『仏性の研究』(丙午出版社)
長尾雅人 [1931]「『成唯識論』の造論意趣について」(『宗教研究』2/4)
長尾雅人 [1940]「異門(paryāya)ということば」(『東方学報』京都 9)
長尾雅人 [1956]「法蔵の三性説に対する若干の疑問」(『五十周年記念論集』京都大学文学部)
長尾雅人 [1978]『中観と唯識』(岩波書店)
長尾雅人 [1987]『摂大乗論 和訳と注解 下』(講談社)
中村元 [1965]「『中論』における縁起の意義」(『密教文化』71・72合併)
中村元 [1981]『仏教思想6 空』(平楽寺書店)
西尾京雄 [1936]「摂大乗論の一意識論者に就て」(『宗教研究』98)
根無一力 [1986]「一乗仏性究竟論の撰述と時代的背景」(『叡山学院研究紀要』9)
袴谷憲昭 [1978]「*Mahāyānasaṃgraha における心意識説」(『東京大学東洋文化研究所紀要』76)
袴谷憲昭 [1979]「Viniścayasaṃgrahaṇī におけるアーラヤ識の規定」(『東京大学東洋文化研究所紀要』79)
袴谷憲昭 [1999]「別時意説考」(『駒沢短期大学仏教論集』5)
原田和宗 [1999]「『唯識二十論』ノート(1)」(『仏教文化』9)

兵藤一夫［1993］「二種の生死について」（『仏教学セミナー』58）

平川彰［1989］「縁起と性起――華厳の唯心偈をめぐって――」（『南都仏教』61・62合併）

平川彰［1991］『平川彰著作集8 日本仏教と中国仏教』（春秋社）

深浦正文［1951］『倶舎学概論』（百華苑）

深浦正文［1954］『唯識学研究 下巻』（永田文昌堂）

藤丸要［1992］「『新訳華厳経七処九会頌釈章』をめぐる諸問題」（『仏教学研究』48）

船山徹［1992］「疑経『梵網経』成立の諸問題」（『仏教史学研究』39/1）

船山徹［2000］「地論宗と南朝教学」（荒牧典俊編著『北朝隋唐中国仏教思想史』法蔵館）

堀池春峰［1980］『南都仏教史の研究 上』（法蔵館）

松田和信［1982］「*Yogācārabhūmi-vyākhyā* におけるアーラヤ識とマナスの教証について」（『印度学仏教学研究』30/2）

水野弘元［1964］「縁について」（『結城教授頌寿記念仏教思想史論集』大蔵出版）

水野弘元［1966］「『舎利弗阿毘曇論』について」（『金倉博士古稀記念仏教学論集』平楽寺書店）

水野弘元［1984］「五十二位の菩薩階位説」（『仏教学』Ⅱ）

水野弘元［1999］『水野弘元著作選集 第一巻 仏教文献研究』（春秋社）

望月信亨［1942］『中国浄土教理史』（法蔵館）

山口益・野沢静証［1953］『世親唯識の原典解明』（法蔵館）

山田史生［1999］「渾沌への視座――哲学としての華厳仏教」（春秋社）

山部能宜［1989］「種子の本有と新薫の問題について」（『日本仏教学会年報』54）

山部能宜［1990］「真如所縁縁種子について」（『北畠典生博士還暦記念論集 日本の仏教と文化』永田文昌堂）

山部能宜［1992］「種子の本有と新薫の問題について（Ⅱ）」（『仏教学研究』47）

山部能宜［2000］「『瑜伽師地論』における善悪因果説の一側面」（『日本仏教学会年報』65）

結城令聞［1931］「曇曠の唯識思想と唐代の唯識諸派との関係」（『宗教研究』新8/1）

結城令聞［1960］「隋・西京禅定道場釈曇遷の研究――中国仏教形成の一課題として――」（『福井教授頌寿記念東洋学論集』福井教授頌寿記念論文集刊行会）

結城令聞［1999］『結城令聞著作選集 第二巻 華厳思想』（春秋社）

湯次了栄 [1932]『華厳五教章講義』(東方書院)
吉川忠夫 [2000]『六朝末隋唐初の儒林と仏教』(荒牧典俊編著『北朝隋唐中国仏教思想史』法蔵館)
吉津宜英 [1978]『木村清孝著『初期中国華厳思想の研究』』(『駒沢大学仏教学部論集』9)
吉津宜英 [1985]『華厳禅の思想史的研究』(大東出版社)
吉津宜英 [1991]『華厳一乗思想の研究』(大東出版社)
吉津宜英 [1996]『華厳経』「明難品」の縁起甚深について』(『中村璋八博士古稀記念東洋学論集』汲古書院)
吉津宜英 [2000]『大乗止観法門』の再検討」(『印度学仏教学研究』48／2)
李恵英 [2000]『慧苑『続華厳経略疏刊定記』の基礎的研究』(同朋舎)
Noriaki Hakamaya [1973]: Mahāyānasaṃgrahopanibandhana (I)(『駒沢大学仏教学部研究紀要』31)
Lambert Schmithausen [1969]: Der Nirvāṇa-Abschnitt in der Viniścayasaṃgrahaṇī der Yogācārabhūmiḥ (Österreichische Akademie der Wissenschaften)
Lambert Schmidthausen [1987]: Ālayavijñāna part I, The International Institute for Buddhist Studies.
Alex Wayman [1961]: Analysis of the Śrāvakabhūmi Manuscript, University of California Press.

法性浄土　66
〔法〕性〔浄土〕　65
　法性土　66
法上　472
法常　140, 146, 275, 291
法琳　472
宝性論　87, 89
　宝性　45
本有仏性　36
本識唯識　390

【ま】
未得退　60
密厳〔経〕　45
妙法蓮華経玄賛（基）　75, 145
無性摂論　34, 43, 172, 186, 187, 198, 199, 201, 202
無尽の縁起　323
無尽の大縁起　326
無相論　91, 187, 356
無分別　246, 299, 300, 313
滅退　61
亡是非論（曇遷）　230

【や】
瑜伽論　85, 155, 160, 161, 216

瑜伽　34, 35, 44, 45, 85, 89, 160, 165, 167, 180, 192
瑜伽論記（遁倫）　84, 93, 99
維摩〔経〕　29
維摩経義記（慧遠）　487, 488
維摩経疏菴羅記（凝然）　66, 67, 72
宥快　448
融順　41
融即相無性論　257, 315
余習変易三界　109

【ら】
頼瑜　446, 447
理事相即　456
理理円融　441
離分別菩提心　349, 363
梨耶唯識　390, 407
亮海　449
楞伽経　359, 396, 412
　楞伽　45
楞伽経疏（曇遷）　250
霊潤　159, 194, 260, 272, 273, 285
霊弁　273
憬　351
林徳（神琳）　41

大品経　30, 36, 152, 474
湛睿　496, 497, 498
智璟　482, 483, 495
智正　272, 273
智周　75
智通記　22, 75
中論　44, 45
長載　483
珍海　159
通観　139
天台法華玄義釈籤要決（道邃）　92, 158
天台名目類聚鈔（貞舜）　457
東徳　494
道基　67, 175
道身章　22, 125, 282, 284, 314, 315, 408, 410, 412
道邃　92, 158
道世　256
道宣　2, 159, 272, 472
道雄　445
同体依持　354
得退　60
遁倫　84, 93, 99
曇遷　158, 230, 231, 241, 250, 254, 256, 257, 258, 260, 272, 273

【な】
二事相即　457
二理相即　456
二帖抄見聞（尊舜）　443
日照　466
如実唯識意言　139
仁王〔般若経〕　29
仁王経疏（円測）　367
念〔退〕　59

【は】
廃退　61

八識義章研習抄（珍海）　159
般若〔経〕　44, 45
般若心経秘鍵（空海）　444, 449
般若心経秘鍵開蔵鈔（頼瑜）　446
般若心経秘鍵開門訣（斉暹）　445
般若心経秘鍵聞書（杲宝口・賢宝記）　447
般若心経秘鍵鈔（宥快）　448
秘密曼荼羅十住心論（空海）　444
毘尼心　350
白浄無記識　41
百法〔明門論〕　216
百論 → 大乗広百論釈論
表員　351
不繋業分段三界　109
不捨世間変易三界　110
不染にして而も染　46
不増不減経　374
浮石寺円融国師碑　76
仏地経　198
仏蔵〔経〕　29
別時意　68
弁正論（法琳）　472
弁相　158, 159, 170, 260
菩薩一闡提　359
菩薩地持経
　地持論　93
　地持　87
法苑珠林（道世）　256
法界因陀羅識　41
法界図記叢髄録　41, 75, 284, 288, 312, 314, 408, 410, 412, 454
法鏡論（憬）　351
法華義疏（吉蔵）　59, 146
法華経　118, 135, 141
　法華　143
法華経疏（竺道生）　464
法華玄論（吉蔵）　463
法華秀句（最澄）　144, 194

性起識　41
聖憲　498
聖詮　446, 499
摂大乗義章　291, 500
摂大乗義章（道基）　67, 175
摂大乗論
　摂論　37, 66, 85, 87, 91, 223, 269, 281,
　　341, 356, 373
　梁の摂論　48, 85, 86, 98, 99, 103, 116
　論　269, 281, 320, 473
摂大乗論義疏（真諦）　157, 158, 175
　記　157
摂大乗論義疏（霊潤）　159
摂大乗論玄章（霊潤）　159
摂大乗論釈
　論　268
摂大乗論疏（弁相）　159, 170
摂大乗論疏（法常）　275, 291
摂大乗論抄　291, 500
摂大乗論章　291, 500
摂論 → 摂大乗論
勝天王〔般若波羅蜜経〕　29
勝鬘経　42
勝鬘宝窟（吉蔵）　110
貞舜　457
定賓　147
成唯識論　204
　成唯識　233
　唯識論　308
成唯識論疏（円測）　146
成唯識論述記（基）　98, 103, 104, 106, 108,
　176, 214, 217, 218, 286, 287
成唯識論本文抄　147, 194
成唯識論了義燈（慧沼）　75, 98, 99, 146,
　217
審祥　494, 495
審乗　141, 498, 499
真諦　99, 157, 158, 175, 214

神僧伝　472
神泰　194
神琳　41
染にして而も不染　46
荘子郭象注　329
相即相融　312
雑集論　103, 155, 234
続高僧伝（道宣）　2, 159, 256, 272, 273, 472
尊玄　499
尊舜　443

【た】
第一義無性性　268
大乗起信論
　起信論　35, 160, 251
　起信　45, 87, 160, 244, 251
　論　36, 166, 223
大乗起信論疏（曇遷）　250
大乗義章（慧遠）　124, 145, 486, 489, 492
大乗玄論（吉蔵）　130
大乗広百論釈論
　十巻の百論　182, 202
　百論　183, 203
　論　182, 202
大乗止観法門　231, 254, 255, 256, 257, 258,
　260, 409, 416, 423
大乗四論玄義（慧均）　76
大乗大義章　123
大乗入道次第（智周）　75
大乗涅槃経　130
　涅槃経　30, 36, 130, 152, 474
大乗法苑義林章（基）
　三身義林　71, 77
　諸蔵章　98
　断障章　188, 189, 194, 195
　仏土章　72
大般涅槃経義記（慧遠）　146, 488
大般涅槃経疏（竺道生）　464

繋業分段三界　109
華厳経
　経　62, 140, 336, 348, 364, 474
華厳経明難品玄解（曇遷）　230, 231, 250, 256, 258, 260
華厳経文義要決問答（表員）　351
華厳経問答　22, 26, 41, 44, 75, 127, 141, 251, 258, 314, 315, 325, 359, 363, 364, 365, 407, 411, 412, 457, 481
華厳孔目章抄（尊玄）　499
華厳孔目章発悟記（凝然）　470
華厳三論両宗論題　445, 446
華厳宗経論章疏目録　447
華厳宗所立五教十宗大意略抄　445, 447
華厳論草（景雅）　387, 441, 442, 443, 446
化浄土　65, 66
　化〔浄土〕　65
解深密経　35, 165
　深密　44, 45
解深密経疏（円測）　157, 214, 368
景雅　387, 441, 446
賢宝　447
玄奘　272
五教章聴書（頼瑜）　446
五教章纂釈（湛睿）　496, 497
五教章集成記（希迪）　308
五教章深意鈔（聖詮）　446, 499
五教章聴抄（聖憲）　498
五教章通路記（凝然）　123, 140, 308, 481, 493
五教章問答抄（審乗）　141, 498, 499
五門論者　315, 359, 457, 458
杲宝　447
高僧伝　463
光得意言定　32, 138
金光明疏（真諦）　99
金剛般若〔経〕　29, 473, 474

【さ】
斉運　445
最澄　144, 194
四分律飾宗義記（定賓）　147
思益〔梵天所問経〕　29
事事円融　441
事浄土　65, 66
　事〔浄土〕　65
事相即　456
事理円融　441
地持論 → 菩薩地持経
地論 → 十地経論
自性を守らざる（不守自性）　247, 313
自性を守らず（不守自性）　246
自体因果　350
自体円明究竟因果　350
竺道生　464, 465
失退　61
実英　448
実報浄土　66
　実報土　66
　〔実〕報〔浄土〕　65
釈華厳教分記円通鈔（均如）　151, 158, 159, 171, 269, 275, 291
十悪懺文（曇遷）　256
十四門義（霊潤）　194
十地経論
　地論　69, 98, 174, 298, 336, 348, 364, 370, 371, 396, 397, 411, 474
　経　312, 361, 409
　釈論　174
　論　304
十地経論義記（慧遠）　488
十住経　97, 98
集古今仏道論衡（道宣）　472
習行退　60
順高　36, 54, 155, 486, 496
諸宗教理同異釈（頼瑜）　446

索　引

凡　例
語句の採集に当たっては以下を方針とした。
1　本書が引用した中国撰述華厳宗文献において出現するインド中国撰述非華厳宗文献の名前を収録する。
2　本書が引用した中国撰述華厳宗文献において出現する特徴ある用語を収録する。
3　本書が引用あるいは言及した中国撰述非華厳宗文献の名前を収録する。
4　本書が引用あるいは言及した朝鮮日本撰述華厳宗文献の名前を収録する。
5　本書が引用あるいは言及した朝鮮日本撰述非華厳宗文献の名前を収録する。
6　本書が言及した中国非華厳宗徒の名前を収録する。
7　本書が言及した義湘以外の朝鮮日本華厳宗徒非華厳宗徒の名前を収録する。

【あ】
阿摩羅識　41
位〔退〕　59
意言無分別定　32, 138
意識唯識　390, 407
一巻章（神泰）　194
一乗通教　62
一乗通宗　63
一乗問答　22
一無分別　279, 362
一無分別智定　350
因陀羅尼法　41
因分可説、果分不可説　370, 371
慧遠　124, 145, 146, 158, 486, 487, 488, 489, 490, 491, 492
慧均　76
慧思　254
慧沼　75, 98, 99, 146, 217
S613V　257, 292
演義鈔纂釈（湛睿）　496, 497
縁起相即　35, 160
円測　146, 157, 214, 367, 368

応得不得〔退〕　59

【か】
迦葉（宝積経迦葉品？）　29
海東記　308
元暁　462
基　71, 72, 75, 77, 98, 103, 104, 106, 108, 145, 176, 188, 189, 194, 214, 217, 218, 286
起信論 → 大乗起信論
起信論義記教理抄（湛睿）　496, 497, 498
起信論本疏聴集記（順高）　36, 54, 155, 486, 496
希迪　308
吉蔵　59, 110, 130, 146, 463
行性　36, 130
　行〔性〕　59
行善性　131
凝然　66, 67, 72, 123, 140, 308, 447, 470, 481, 493
均如　151, 158, 159, 171, 269, 275, 291
空有の論争　285, 302
空海　444, 445, 449

In Appendix 1, entitled "The "Mutual Identity of the Absolute with the Absolute" (*li li xiang ji* 理理相即) and the "Complete Interfusion of the Absolute with the Absolute" (*li li yuan rong* 理理圓融)", I trace the circulation of the *Huayan zhiguan shi* 花嚴止觀釋 in Japan. This text, which contains the attractive idea of "complete interfusion of the absolute and the absolute", is no longer extant except for some fragments, but seems to have been attributed to Fazang. By comparing it with Uisang's famous notion of "mutual identity of the absolute with the absolute", I show that the "mutual identity of the absolute with the absolute" and "complete interfusion of the absolute with the absolute" are different and have no relationship with each other.

In Appendix 2, entitled "Problems with the Authorship of the *Huayanjing guanmo yi ji* 華嚴經關脈義記", I show that the *Huayanjing guanmo yi ji* attributed to Fazang is not his work, but that of one of his disciples, most probably Wenchao 文超.

In Appendix 3, entitled "Problems with the Authorship of the *Jingang banruo boluomi jing lüe shu* 金剛般若波羅蜜經略疏", I discuss the authorship of a Chinese commentary on the *Vajracchedikā prajñāpāramitā* (Diamond-cutter sūtra), attributed to Zhiyan.

In Appendix 4, entitled "Problems with the Authorship of the *Dasheng miyanjing shu* 大乘密嚴經疏", I show that the only commentary on the *Ghanavyūhasūtra* in China, which is attributed to Fazang, is not really his work, but a work of the Dilun school.

the pure mind of the sentient being, Zhiyan, Uisang and Fazang think that all defilements are mere impure *functions* of pure mind, and do not have their own impure substance. All defilements are never diminished, for they have no substances to be diminished. However, if one were to realize suchness, these impure functions would change into pure functions, i.e., wisdoms. The above-mentioned theory of purification is based on Paramārtha's theory of the three self-natures. According to his theory, suchness is the non-existence of definite self-natures of "(the) existent(s)" (*bhāva*) and of "(the) non-existent" (*abhāva*). That is to say, (the) existent(s) are (or is) never diminished, although they (it) go(es) from being impure to being pure. Zhiyan expounds his theory of purification by using the following two notions: "consciousness-only as the object of understanding" (*jie weishi* 解唯識) and "consciousness-only as the object of practice" (*xing weishi* 行唯識), both corresponding to the three self-natures as the objects of understanding and the three self-natures as the objects of practice respectively. However Uisang and Fazang do not refer to either of these notions. This shows that they have no interest in the MSgBh and the Buddhism of Dilun-Shelun school.

In the general conclusion, I conclude that early Huayan Buddhism as founded by Zhiyan is essentially a revised version of the Buddhism of Dilun-Shelun school, which was revised by placing a strong stress on inexhaustibleness. In fact, Zhiyan was nothing but a member of the Dilun-Shelun school, who, under the influence of Huiguan, one of the earliest leaders of the Dilun school, admired the BAS, and tried to interpret the notion of "inexhaustibleness" in the BAS by using the consciousness-only theory of the Shelun school. Although Zhiyan is regarded as the founder of Huayan Buddhism, he himself must have had no idea that he founded a new Buddhism called Huayan Buddhism. The figures who first declared the originality of Huayan Buddhism and regarded Zhiyan as its founder are Uisang and Fazang, both of whom swept away the heritage of the Dilun-Shelun school from Zhiyan's thought, and made Zhiyan's school independent from the Dilun-Shelun school.

changes. In other words, the absolute lacks obstruction between cause and result. On the basis of such a lack of obstruction, the final and sudden teachings teach that from the viewpoint of the absolute, an ordinary man is himself a Buddha. In opposition to these teachings, the special teaching teaches that an ordinary man is himself a Buddha even from the viewpoint of the phenomenal, because, as is shown in Part III, Chapter II, according to the complete teaching the phenomenal is itself the absolute. This is nothing other than the negation of causality in the phenomenal world; however Zhiyan never says that there is no cause and result. He expresses the negation of causality in the phenomenal by saying that only cause or only result exists. In other words, a man is regarded as an ordinary man and a Buddha simultaneously. When he is regarded as an ordinary man, he remains eternally an ordinary man and never become a Buddha, and when he is regarded as a Buddha, he is originally a Buddha and has never been an ordinary man. When one exists, the other does not exist and is considered to be contained by the one. This is called mutual penetration and mutual identity of cause and result. Although this mutual penetration and mutual identity is beginning-less and endless, Zhiyan says that an ordinary man should never be called Buddha until he realizes suchness (i.e. the non-differentiation between the phenomenal and the absolute) at the end of the ten faiths (*shixin* 十信) and enters the stage of non-regression. By realizing suchness, the absolute itself comes to arise in the phenomenal. This is the very origin of the famous idea of Huayan Buddhism, "nature arising" (*xing qi* 性起). When an ordinary man realizes suchness, then he is said to have been a Buddha from the past and is said to be a Buddha in every moment of the present. And at the same time he is said to be an ordinary man as well. Thus Zhiyan negates causality in the phenomenal with reference to the idea that everything is cause-only or result-only simultaneously. On this point, Uisang and Fazang basically follow Zhiyan. I also point out that their way of negating causality is a reversed version of the Mādhyamika negation of causality.

In Chapter V, entitled "Huayan Theories of the Cessation of Defilements", I discuss how purification is achieved. Based on their strong beliefs in phenomenal, result arises in dependence on cause and condition. This is called dependent co-arising. Since, in dependent co-arising, the phenomenal is categorized as cause, condition and result, non-obstruction between the phenomenal and the phenomenal is divided into the following two aspects: (1) non-obstruction between cause and condition and (2) non-obstruction between cause and result. In this chapter I discuss the former. As is shown in Part I, Chapter III, condition never produces result without cause, and cause never produces result without condition. This means, according to Zhiyan, that cause alone or condition alone has all the power to produce result; the power of cause and the power of condition never co-exist. When the one has all the power to produce result, power of the other is considered to be contained in that one's power. The power of cause and the power of condition contain each other simultaneously. This is called the "mutual penetration" (*xiang ru* 相入) of powers. Since power is an inseparable function of substance, when the power of cause and the power of condition contain each other simultaneously, the substance of cause and the substance of condition also contain each other simultaneously. This is called the "mutual identity" (*xiang ji* 相即) of substances. By using these theories of mutual penetration and mutual identity, Zhiyan explains that the phenomenal and the phenomenal have, like the absolute, no obstruction between them. On this point, Uisang basically follows Zhiyan, though he does not make positive use of the theories of mutual penetration and mutual identity. Rather, Zhiyan says that all things that are categorized as cause and condition include each other. One contains all the others, and each of the contained others also contains the one. In this manner, containing is inexhaustible. Fazang calls this "inexhaustible dependent co-arising" (*wujin yuanqi* 無盡縁起). Thus early Huayan Buddhism explains inexhaustibleness, which is the particular characteristic of the special teaching.

In Chapter IV, entitled "Huayan Theories of Causality", I clarify non-obstruction between cause and result. Both cause and result are conceptions which explain the change of the phenomenal over the course of time. However, in the absolute, there are no cause and result, because the absolute never nature in characteristics and the absence of self-nature in production. All phenomena are thus neither existent(s) nor non-existent. This non-existence of definite self-natures of "(the) existent(s)" (*bhāva*) and of "(the) non-existent" (*abhāva*) is called the "absence of self-nature in the highest meaning" (*paramārtha-niḥsvabhāvatā*), and Paramārtha defines it as suchness.

Relying on the MSgBh, Zhiyan divides Paramārtha's theory of the three self-natures into the following two aspects: the "three self-natures as the objects of understanding" (*jie sanxing* 解三性) and the "three self-natures as the objects of practice" (*xing sanxing* 行三性). I point out that this division is taken from Lingrun's 靈潤 (?-664-?) commentary on the MSgBh (Lingrun was a disciple of Bianxiang, whose teacher was Tanqian). By entering into the three self-natures as the objects of practice, one realizes suchness (the true state of all phenomena), which means that all phenomena are neither existent(s) nor non-existent. Zhiyan replaces the words "existent" and "non-existent" with the words "the phenomenal" (*shi* 事) and "the absolute" (*li* 理) respectively, and defines suchness in the complete teaching as non-differentiation between the phenomenal and the absolute. In non-differentiation between the phenomenal and the absolute, the phenomenal is itself the absolute; therefore there is also no obstruction between the phenomenal and the phenomenal. This is the very origin of the famous idea of Huayan Buddhism, "non-obstruction between the phenomenal and the phenomenal" (*shi shi wuai* 事事無礙). On this point, Uisang and Fazang basically follow Zhiyan, although they do not refer to the MSgBh positively.

Strictly speaking, however, though Zhiyan and his disciples, by using their three self-natures theories, explain that the phenomenal is itself the absolute, they do not yet explain how the phenomenal and the phenomenal have, like the absolute, no obstruction between them. Rather, the actual theories by which Zhiyan and his disciples explain this point are the Huayan theories of dependent co-arising, which I clarify in the next chapter.

In Chapter III, entitled "Huayan Theories of Dependent Co-arising", I clarify how the phenomenal and the phenomenal have, like the absolute, no obstruction between them. As is well known, Buddhist thinkers think that, in the regards the "profundity of dependent co-arising" as referring to the "mutual fusion" (*xiang rong* 相融) of suchness with ignorance, which means that suchness and ignorance contain each other. His understanding is very close to the *Dasheng zhiguan famen*'s 大乘止觀法門 understanding of the "profundity of acts" (*ye shenshen* 業甚深), the third profundity of the ten profundities. This text, which contains a large number of quotations from the "Questions Like Light" chapter, is usually attributed to Huisi 慧思 of the Tiantai school on the one hand, but is also ascribed to Tanqian by old Japanese records on the other hand. Since Uisang's *Huayan yisheng fajie tu* 華嚴一乘法界圖 shares a passage with the *Dasheng zhiguan famen*, it seems quite probable that this text was indeed written by Tanqian, and that Uisang's understanding of this chapter is also influenced by Tanqian.

In Chapter II, entitled "Huayan Theories of the Three Self-natures", I trace the history of the reception of the Yogācāra theory of the three self-natures in China, from Paramārtha to Fazang. In his translations of Yogācāra texts, Paramārtha altered the theory of the three self-natures from the original. According to his translation, the "other-dependent self-nature" (*paratantra-svabhāva*) is a self-nature dependent upon the "conceptually-imagined self-nature" (*parikalpita-svabhāva*). The conceptually-imagined self-nature, however, is merely a product of false imagination, and therefore does not exist ontologically. This non-existence of the conceptually-imagined self-nature is called the "absence of self-nature in characteristics" (*lakṣaṇa-niḥsvabhāvatā*). Since the conceptually-imagined self-nature does not exist, however, the other-dependent self-nature, which depends on the conceptually-imagined self-nature, also does not exist. The non-existence of the other-dependent self-nature is called the "absence of self-nature in production" (*upapatti-niḥsvabhāvatā*). This non-existence of both the conceptually-imagined self-nature and the other-dependent self-nature is the "perfected self-nature" (*pariniṣpanna-svabhāva*). All phenomena are considered to be existent(s), because they have conceptually-imagined self-nature or other-dependent self-nature, while at the same time they are also considered to be non-existent, because they have the absence of self-consciousness in the initial teaching and, relying on the *Awakening of Faith in the Great Vehicle* and suchlike treatises based on *tathāgatagarbha* thought, asserts that in the final teaching the number of mental associates is never explained in detail. Yet again, we see that Fazang's abrogation of the relationship between the initial and final teachings seems to disregard the continuity between the five teachings.

In general, while Zhiyan highly values the MSgBh (or the MSgUb), which preserves the relationship of the initial teaching with the final teaching, Fazang does not refer to the MSgBh positively and highly values only the *Awakening of Faith in the Great Vehicle*, which represents the final teaching.

In Part III, entitled "The System of the Special Teaching of the Unique Vehicle", I discuss the theories of inexhaustibleness, which are the particular characteristic of the special teaching. According to early Huayan Buddhism, inexhaustibleness is based on "mutual penetration" (*xiang ru* 相入) and "mutual identity" (*xiang ji* 相即).

In Chapter I, entitled "The Storehouse Consciousness (*ālayavijñāna*) Theory, Mutual Penetration and Mutual Identity", I discuss how storehouse consciousness theory is brought to completion as the theory of mutual penetration and mutual identity in the special teaching. When commenting on the "Questions Like Light" chapter (*Ming nan pin* 明難品) of the BAS, Zhiyan, Uisang and Fazang divide it into the ten profundities (*shishenshen* 十甚深). According to Fazang, this division was originally made by Tanqian in his commentary on the chapter concerned. As to the first profundity, "profundity of dependent co-arising" (*yuanqi shenshen* 縁起甚深), Zhiyan and Fazang regard it as referring to the mutual penetration and mutual identity of storehouse consciousness with all phenomena. Their understanding is based on a verse of the *Abhidharmasūtra* quoted in the MSgBh, which says that storehouse consciousness and all phenomena contain each other. Since their division of the chapter follows Tanqian's commentary, it seems quite probable that their understandings are also taken from Tanqian's commentary. On the other hand, Uisang wisdoms associated with consciousnesses increase, and transmute the eight consciousnesses into the four kinds of knowledge: "knowledge like a mirror" (*ādarśajñāna*), "knowledge of sameness" (*samatājñāna*), "knowledge of observation" (*pratyavekṣaṇajñāna*) and "knowledge of task-achievement" (*kṛtyānuṣṭhānajñāna*). On the basis of the MSgUb, Zhiyan asserts that the four kinds of knowledge are transmuted equally from thought consciousness. Although the *Siddhi* asserts that the four kinds of knowledge are transmuted from the eight consciousnesses, Zhiyan regard this as a mere skillful means of the conversion teaching of the initial teaching which, for the purpose of converting people in the lesser vehicle to the great vehicle, informs them about the existence of the eight consciousnesses. He holds that in truth, however, as is said in both the direct teaching of the initial teaching and the final teaching, the four kinds of knowledge are transmuted equally from thought consciousness. In contrast, Fazang asserts that according to the initial teaching represented by the *Siddhi*, the four kinds of knowledge are transmuted from the eight consciousnesses, while according to the final teaching represented by the *Awakening of Faith in the Great Vehicle*, the four kinds of knowledge are transmuted equally from storehouse consciousness. In this case, also, Fazang's abrogation of the relationship between the initial and final teachings seems yet again to disregard the continuity between the five teachings.

In Chapter IV, entitled "Mental Associates (*caitta*) in the Initial and Final Teachings", I compare Zhiyan's and Fazang's views on mental associates. As is well known, the Yogācāra school includes the idea that every consciousness is connected with mental associates, such as knowledge and so on. By using both the MSgBh and Paramārtha's *Zhuanshi lun*, Zhiyan defines the number of mental associates connected with each different consciousness in the initial teaching and, relying on the MSgBh, asserts that in the final teaching every consciousness is connected with all mental associates. That is to say, according to Zhiyan, both the initial and final teachings are represented by the MSgBh and have a close relationship with each other. On the contrary, by using the *Siddhi*, Fazang defines the number of mental associates connected with each different ship between the initial and final teachings seems to disregard the continuity between the five teachings.

In Chapter II, entitled "Thought [Defiled by Innate Egoism etc.] ([kliṣṭa] manas) in the Initial and Final Teachings", I compare Zhiyan's and Fazang's views on the conciousness-only concept of "thought [defiled by innate egoism etc.]". Relying on the MSgUb, Zhiyan asserts that defiled thought is diminished at the first stage of the ten stages (shidi 十地). I point out that this kind of view, that defiled thought does not exist at the stage of Buddha, is shared with Paramārtha's commentary on the MSgBh and also with Sthiramati. Although Dharmapāla in the Siddhi asserts that undefiled thought exists even at the stage of Buddha, Zhiyan regards this as a mere skillful means of the conversion teaching of the initial teaching which, for the purpose of converting people in the lesser vehicle to the great vehicle, informs them about the existence of the seventh consciousness. He holds that in truth, however, as is said in both the direct teaching of the initial teaching and the final teaching, defiled thought is diminished at the first stage. By contrast, the young Fazang, though basing himself on Zhiyan, does not allow that both the initial and final teachings teach the same truth, and asserts that according to the initial teaching represented by the Siddhi, undefiled thought exists even at the stage of Buddha, while according to the final teaching represented by the MSgUb and Paramārtha's Zhuanshi lun 轉識論, defiled thought is diminished at the first stage. Fazang afterward came to assert that according to the initial teaching represented by the Siddhi, undefiled thought exists even at the stage of Buddha, while according to the final teaching represented by the Awakening of Faith in the Great Vehicle defiled thought is diminished at the end of the tenth stage. However, in this case, once more, Fazang's abrogation of the relationship between the initial and final teachings seems to disregard the continuity between the five teachings.

In Chapter III, entitled "Thought Consciousness (manovijñāna) in the Initial and Final Teachings", I compare Zhiyan's and Fazang's views on the consciousness-only concept of "thought consciousness". As is well known, the Yogācāra school incorporates the idea that when enlightenment is attained, the

522

teachings, which are shared also by the complete teaching and form the basis of the consciousness-only doctrine of the special teaching. Through this discussion, I show that Zhiyan is of the view that both the initial and final teachings are included in the MSgBh and teach the same truth, while Fazang is of the view that the initial teaching is represented by the *Vijñptimātratāsiddhi* (*Siddhi*; *Cheng weishi lun* 成唯識論) and does not teach the truth, while the final teaching is represented by the *Awakening of Faith in the Great Vehicle* and does teach the truth.

In Chapter I, entitled "Storehouse Consciousness (*ālayavijñāna*) in the Initial and Final Teachings", I compare Zhiyan's and Fazang's views on the storehouse consciousness. Relying on the MSgBh, Zhiyan asserts that there are two aspects to the storehouse consciousness: *vipāka* (result of the deeds of past life) and *tathāgatagarbha* ("matrix of Tathāgata", i.e. Buddha-nature). He also asserts that, according to the *Saṃdhinirmocanasūtra* as quoted in the MSgBh, *vipāka* is untrue and *tathāgatagarbha* is true. I point out that the negative evaluation of *vipāka* using the *Saṃdhinirmocanasūtra* originates from Paramā-rtha's commentary on the MSgBh, and that the view which takes *vipāka* as untrue and *tathāgatagarbha* as true is also shared by Bianxiang's 辯相 (555-627) commentary on the MSgBh (Bianxiang was one of the disciples of Tanqian). Of these two aspects of the storehouse consciousness, the final teaching teaches only *tathāgatagarbha*; the initial teaching, however, teaches *vipāka* on the one hand, but also teaches the negative evaluation of *vipāka* on the other hand, and thereby allows the *bodhisattva*s in the initial teaching to convert to the final teaching in which *tathāgatagarbha* is taught. That is to say, according to Zhiyan, the initial and final teachings, both represented by the MSgBh, have a close relationship with each other and teach the same truth. In opposition to Zhiyan, Fazang severs the relationship between the two teachings and asserts that the initial teaching, represented by the *Siddhi*, never teaches the negative evaluation of *vipāka*, and therefore never lets people know about *tathāgatagarbha*, while the final teaching represented by the *Awakening of Faith in the Great Vehicle* teaches *tathāgatagarbha* immediately. However, his abrogation of the relation-

In Chapter IV, entitled "Death in the Initial, Final and Special Teachings", I discuss Zhiyan's and Fazang's understandings of death. According to the Yogācāra school, there are two kinds of death: "death as the interruption of flowing" (*rgyun chad pa'i 'chi 'pho*; **paricchinnā cyutiḥ*) and "death as inconceivable transformation" (*acintyā pāriṇāmikī cyutiḥ*). The former is the death of ordinary sentient beings, while the latter is a kind of death in which saints continue spiritual practices. Zhiyan says that the initial and special teachings teach only death as the interruption of flowing, while the final teaching teaches both deaths. According to him, death as inconceivable transformation is merely a subtle version of death as the interruption of flowing, and there is no difference between the two. The only reason why the final teaching teaches death as inconceivable transformation is to show its difference from the initial teaching. The special teaching shows its difference from the final teaching, in turn, by giving up death as inconceivable transformation and returning to the teaching of death as the interruption of flowing only. Once more, Fazang basically follows Zhiyan.

In Chapter V, entitled "The Entrance into the Special Teaching from the Initial and Final Teachings", I discuss how *bodhisattva*s who have practiced under the initial and final teachings enter the special teaching. According to Zhiyan and his disciples, *icchantika*s, *śrāvaka*s and *pratyekabuddha*s cannot enter the special teaching immediately; they enter the initial or final or sudden teachings at first for the purpose of becoming *bodhisattva*s, and then enter the special teaching. Zhiyan and Fazang say that *bodhisattva*s who practiced under the initial and final teachings enter the special teaching definitely before they reach the first stage of the ten stages (*shidi* 十地). However Uisang says that the most weak-minded *bodhisattva*s enter the special teaching after they become Buddhas of the first, lower rank under the initial teaching or the final teaching. Uisang's opinion is based on the doctrine of the Dilun school.

In Part II, entitled "The System of the Initial and Final Teachings of the Great Vehicle", I discuss the consciousness-only doctrines of the initial and final

(14) OUTLINE OF THE PRESENT STUDY

However both Uisang and Fazang do not refer to the role of Sukhāvatī. Their neglect of Sukhāvatī is one of the several respects in which they seem to disregard the continuity between the five teachings.

In Chapter III, entitled "Gotra in the Initial and Final Teachings", I discuss Zhiyan's and Fazang's understandings of *gotra* ("capacity for enlightenment"). According to the Yogācāra school, there are two kinds of *gotra* : innate (*prakṛtistha*) *gotra* and acquired (*samudānita*) *gotra*. Zhiyan regards the innate and acquired *gotras* as cause (*hetu*) and condition (*pratyaya*) respectively. He holds further that without cause, condition never produces result. Therefore Zhiyan considers that cause alone has all the power to produce result, while condition has no such power. Conversely, however, it is also true that without condition, cause never produces result. Therefore Zhiyan also considers that condition alone has all the power to produce result, while cause has no such power. In short, according to Zhiyan, either cause alone or condition alone has all the power to produce result ; that is to say, the power of cause and the power of condition never co-exist. When the one has power, the power of the other is considered to be contained in the power of the first. Since power is an inseparable function of substance, when the power of the one is considered to be contained in the power of the other, the substance of the one is also considered to be contained in the substance of the other. For example, when the power of cause is considered to be contained in the power of condition, cause itself is considered to be included in condition, and therefore does not exist at all. This means that until acquired *gotra* appears through spiritual practices, innate *gotra* does not exist (i.e. is not innate) at all. When acquired *gotra* appears, then innate *gotra* also appears. Therefore one should engage in spiritual practices for the purpose of attaining enlightenment. Although Yogācāra texts say that there is a kind of person who has no innate *gotra* and therefore cannot attain enlightenment, according to early Huayan Buddhism, this saying means that until acquired *gotra* appears through spiritual practices, innate *gotra* never exists ; if spiritual practices are achieved, however, everyone can attain enlightenment. Fazang basically follows Zhiyan on this point.

sion teaching of the initial teaching. Such an alteration seems to disregard the continuity between the five teachings; (2) With the exception of the lesser vehicle, all the teachings, that is, all the four teachings of the great vehicle, are consciousness-only doctrines; (3) In every teaching, the substance of consciousness is regarded as *tathāgatagarbha* (the "matrix of the Tathāgata", i.e. Buddhanature); (4) While both the initial and final teachings define the number of consciousnesses as eight etc., the complete teaching does not define any number for consciousness at all, because the ways of counting consciousnesses are inexhaustible. On the other hand, although the complete teaching teaches inexhaustible consciousnesses, they are based on the eight consciousness theory, because the inexhaustible consciousnesses are in fact provisionally-granted existences as depending on the eight consciousnesses which are, according to Zhiyan and his disciples, included in one storehouse consciousness (*ālayavijñāna*); (5) The initial, final and complete teachings teach the same consciousnesses (in fact *tathāgatagarbha*) from different viewpoints, and most parts of the complete teaching are also shared by both the initial and final teachings. The special teaching, i.e., the feature of the complete teaching not common to the other teachings, is the teaching of "inexhaustibleness" (*wujin* 無盡).

In Chapter II, entitled "Stages of Practice in the Initial, Final and Special Teachings", I compare the stages of practice in the three teachings. All the three teachings follow the fifty stages theory of Chinese Buddhism, which consists of the "ten faiths" (*shixin* 十信), the "ten states" (*shizhu* 十住), the "ten practices" (*shixing* 十行), the "ten merit-transferences" (*shihuixiang* 十迴向) and the "ten stages" (*shidi* 十地). The stages of non-regression in the initial, final and the complete teachings are respectively the ten merit-transferences, the ten states and the ten states. *Bodhisattvas* go to the pure lands when they attain the stage of non-regression. As for the pure lands taught in the initial and final teachings, Zhiyan follows Fachang's fourfold classification of the pure lands, and, on the basis of the "Life Span" chapter (*shouming pin* 壽命品) of the BAS, considers that among the pure lands of the initial and final teachings, Sukhāvatī is the place from which *bodhisattvas* enter the pure lands of the special teaching.

rare fragments from Zhiyan's lost commentary on Asvabhāva's *Mahāyānasaṃgrahopanibandhana* (MSgUb) and also from the lost works of the Dilun and Shelun schools, I try to find missing links between the Yogācāra, Dilun, Shelun and Huayan schools, and also try to make visible a new perspective on the history of consciousness-only doctrine.

In the Japanese Buddhist tradition, early Huayan Buddhism has tended to be regarded as a *negation* of consciousness-only doctrine, for the reason that in the Huayan fivefold classification of teachings, Yogācāra texts which mention consciousness-only doctrine are regarded as the initial or final teachings of the great vehicle, while the BAS admired by the Huayan school is regarded as the complete teaching. However, this is not a plausible view. In the present study I show that early Huayan Buddhism as a whole *itself is* essentially a consciousness-only doctrine, and that the consciousness-only doctrine of early Huayan Buddhism has a large number of parallelisms with the consciousness-only doctrines of the Dilun school, of the Shelun school, and of Wonchuk 圓測 who learned the MSgBh with Zhiyan in Fachang's lectures and converted to the Faxiang school subsequently.

In Part I, entitled "The Structure Comprised by the Initial Teaching of the Great Vehicle, the Final Teaching of the Great Vehicle and the Special Teaching of the Unique Vehicle", I discuss general problems relating to the three teachings.

In Chapter I, entitled "The Relationship between the Initial, Final and Special Teachings", I point out the following important facts, which form the basis of the present study: (1) The fivefold classification of teachings appeared already in Zhiyan's commentary on the BAS, which was written when he was 27 and is the very origin of Huayan Buddhism. Zhiyan regards the *Awakening of Faith in the Great Vehicle* (*Dasheng qixin lun* 大乗起信論) as the direct teaching of the initial teaching, because this treatise is not for *śrāvaka*s and *pratyekabuddha*s. However Fazang regards it as the final teaching. This means that Fazang regards Zhiyan's direct teaching as the final teaching, and neglects the relationship between Zhiyan's final teaching, the lesser vehicle and the conver-

527

entered in the great vehicle from the lesser vehicle by themselves or who have already been converted to the great vehicle by the conversion teaching of the initial teaching. The sudden teaching is a non-verbal teaching (i.e. the basis of Zen Buddhism). The complete teaching is the BAS, which contains all the other four teachings on the one hand, and also contains the "special teaching" (*biejiao* 別教) not common to the other four teachings on the other hand. Those who practice under these first four teachings come to believe in the complete teaching afterward; therefore there is a continuity between the five teachings.

From the point of view of their contents, except for the lesser vehicle, all the four teachings of the great vehicle are equally consciousness-only doctrines. However, the contents of the lesser vehicle are also incorporated into the conversion teaching of the initial teaching for the purpose of converting those who believe in the lesser vehicle to the great vehicle. Further, the sudden teaching teaches the same contents as the final teaching by using non-verbal expression. Therefore the five teachings are, in fact, integrated into three teachings: the initial teaching, the final teaching and the special teaching. For this reason, in the present study I attempt to investigate early Huayan Buddhism by examining the three teachings.

As is shown by the words of Huiguang, "inexhaustible dependent co-arising in the special teaching of the unique vehicle", the special teaching is special because it teaches inexhaustibleness (*wujin* 無盡), unlike the other four teachings. Further, as is shown by the words of the *Further Biographies of Eminent Monks* (*Xu gaoseng zhuan* 續高僧傳) stating that "Zhiyan lectured always on the BAS and the MSgBh" (*huayan shelun xunchang jiangshuo* 華嚴攝論尋常講説), Zhiyan highly esteemed the MSgBh, which falls into both the initial and final teachings in the fivefold classification of teachings, and tried to interpret the inexhaustibleness taught in the special teaching of the BAS by using the consciousness-only doctrine taught in the MSgBh. In short, early Huayan Buddhism as founded by Zhiyan is a system which supports the Dilun school's early understanding of the BAS, based on the DBhV, by using the Shelun school's detailed consciousness-only doctrine based on the MSgBh. Using

BAS.

The figure who first unified the Dilun and Shelun schools was Tanqian 曇遷 (542-607), a monk in northern China. He originally belonged to the Dilun school. However, when emperor Wu 武 of the Zhou 周 dynasty in northern China persecuted Buddhism, he fled to southern China and studied the MSgBh with the Shelun school. When the persecution ended, he returned to northern China and began to teach the MSgBh. He composed a commentary on the "Questions Like Light" chapter (*Ming nan pin* 明難品) of the BAS as well. Tanqian's lineage formed a new Shelun school, namely, a school which received Shelun Buddhism on the basis of Dilun Buddhism. In this study I call this new Shelun school the "Dilun-Shelun" school (i.e. the Shelun school of Dilun descent).

As a student who learned consciousness-only doctrine in northern China, Zhiyan, the founder of Huayan Buddhism, learned the DBhV from Zhizheng 智正 (559-639), one of the schoolmates of Tanqian in the Dilun school, and learned the MSgBh from Fachang 法常 (567-645), one of the disciples of Tanqian in the Dilun-Shelun school. Both Zhizheng and Fachang composed commentaries on the BAS. According to Fazang's *Record of the Transmission of the BAS* (*Huayanjing zhuanji* 華嚴經傳記), Zhiyan had not been content with Zhizheng's understanding of the BAS, and thereby founded Huayan Buddhism under the inspiration of the words "inexhaustible dependent co-arising in the special teaching of the unique vehicle" (*biejiao yisheng wujin yuanqi* 別教一乘無盡縁起), a formula first proposed by Huiguang in his commentary on the BAS.

Zhiyan classifies all the discourses of Buddhism into the following five teachings: the "lesser vehicle" (*xiaosheng* 小乘), the "initial teaching" (*shijiao* 始教) of the great vehicle, the "final teaching" (*zhongjiao* 終教) of the great vehicle, the "sudden teaching" (*dunjiao* 頓教) of the great vehicle and the "complete teaching" (*yuanjiao* 圓教) of the unique vehicle. The initial teaching falls into the following two teachings: the "direct teaching" (*zhijinjiao* 直進教), which is for *bodhisattva*s who enter the great vehicle directly, and the "conversion teaching" (*huixinjiao* 迴心教), which converts *śrāvaka*s and *pratyekabuddha*s to the great vehicle. The final teaching is for *bodhisattva*s who have already

OUTLINE OF THE PRESENT STUDY

Prior to the Sui 隋 and Tang 唐 dynasties, China had accepted the consciousness-only doctrine of Indian Buddhism mainly from two works of Vasubandhu. The first of these texts was the *Daśabhūmivyākhyāna* (DBhV ; *Shidijing lun* 十地經論), a commentary on the *Daśabhūmikasūtra* corresponding to the "Ten Stages" chapter (*Shidi pin* 十地品) of the *Buddhāvataṃsakasūtra* (BAS). This commentary was translated by the Indian missionary Bodhiruci (?-508-535-?) in the Wei 魏 dynasty (in northern China), and formed the Dilun 地論 school, which was centered on the study of this text and was active in the north. The other was the *Mahāyānasaṃgrahabhāṣya* (MSgBh ; *She dasheng lun shi* 攝大乘論釋), a commentary on the *Mahāyānasaṃgraha*. This commentary was translated by the Indian missionary Paramārtha (499-569) in the Chen 陳 dynasty (in southern China), and formed the Shelun 攝論 school, which studied that text in the south. The present study aims to show that early Huayan Buddhism, founded by Zhiyan 智儼 (602-668) and transmitted by his disciples Uisang 義湘 (625-702) and Fazang 法藏 (643-712) in the Tang dynasty, was in fact a variety of consciousness-only doctrine, having its roots in the Indian ideas that came to the Huayan school via developments at the hands of these Dilun and Shelun schools.

In the general introduction to this book, I discuss some problems with previous studies of early Huayan Buddhism and declare my own opinion that early Huayan Buddhism should be investigated in comparison with the consciousness-only doctrines of such schools as Indian Yogācāra, Chinese Dilun and Shelun, and the Faxiang 法相 school, which was founded by disciples of the famous Tripitaka master Xuanzang 玄奘 (600-664).

As is clearly shown by the fact that Huiguang 慧光 (468-537), one of the earliest leaders of the Dilun school, made a commentary on the BAS, the majority of the Dilun school had traditionally studied the BAS, for their main canonical text, the DBhV, is a commentary on the "Ten Stages" chapter of the

Section 4: Fazang's Theory of Causality ·······365
 α. Fazang's Theory of Suchness ·······366
 β. Fazang's Theory of Causality·······373
Section 5: Conclusion ·······384
Chapter V: Huayan Theories of the Cessation of Defilements ·······389
Section 1: Introduction ·······389
Section 2: Zhiyan's Theory of the Cessation of Defilements ·······390
Section 3: Uisang's Theory of the Cessation of Defilements ·······407
Section 4: Fazang's Theory of the Cessation of Defilements ·······415
Section 5: Conclusion ·······420

General Conclusion ·······425
Section 1: Introduction ·······425
Section 2: Early Huayan Buddhism as Seen from the Viewpoint
 of the History of Chinese Buddhism ·······434
Section 3: Early Huayan Buddhism as Seen from the Viewpoint
 of the History of Buddhism in General·······436
Section 4: Prospects for Future Research ·······437
Section 5: Conclusion ·······439

Appendix 1: The "Mutual Identity of the Absolute
 with the Absolute" (*li li xiang ji* 理理相即)
 and The "Complete Interfusion of the Absolute
 and the Absolute" (*li li yuan rong* 理理圓融):
 A Study of the *Huayan zhiguan shi* 花嚴止觀釋·······441
Appendix 2: Problems with the Authorship
 of the *Huayanjing guanmo yi ji* 華嚴經關脈義記 ·······461
Appendix 3: Problems with the Authorship
 of the *Jingang banruo boluomi jing lüe shu*
 金剛般若波羅蜜經略疏·······470
Appendix 4: Problems with the Authorship
 of the *Dasheng miyanjing shu* 大乘密嚴經疏 ·······477

Index ·······(27-31)·····512
Outline of the Present Study ·······(9-25)·····530
Table of Contents ·······(3- 7)·····536

in the *Buddhāvataṃsakasūtra*
and the *Mahāyānasaṃgraha* ·······································230
Section 1 : Introduction ··230
Section 2 : The "Questions Like Light" Chapter in the
Buddhāvataṃsakasūtra and the *Mahāyānasaṃgraha*
for Zhiyan ···231
Section 3 : The "Questions Like Light" Chapter
in the *Buddhāvataṃsakasūtra*
and the *Mahāyānasaṃgraha* for Uisang····················251
Section 4 : The "Questions Like Light" Chapter
in the *Buddhāvataṃsakasūtra*
and the *Mahāyānasaṃgraha* for Fazang ·····················258
Section 5 : Conclusion ··260
Chapter II : Huayan Theories of the Three Self-natures:
The Three Self-Natures as Objects of Understanding
and the Three Self-Natures as Objects of Practice············264
Section 1 : Introduction ··264
Section 2 : Parāmartha's Three Self-Natures Theory ···················265
Section 3 : Zhiyan's Three Self-Natures Theory·······················268
Section 4 : Uisang's Three Self-Natures Theory·······················278
Section 5 : Fazang's Three Self-Natures Theory ·······················283
Section 6 : Conclusion ··290
Chapter III : Huayan Theories of Dependent Co-arising:
The Six Aspects of Cause ···294
Section 1 : Introduction ··294
Section 2 : Cause (*hetu*), Condition (*pratyaya*) and Result (*phala*)
in Dependent Co-arising··296
Section 3 : The Six Aspects of Cause According to Zhiyan ········298
Section 4 : The Six Aspects of Cause According to Uisang ········312
Section 5 : The Six Aspects of Cause According to Fazang ········317
Section 6 : Conclusion ··328
Chapter IV : Huayan Theories of Causality : The Theory
of Nature-Arising (*xing qi* 性起)
and the *Mādhyamika* Theory of Causality ·······················331
Section 1 : Introduction ··331
Section 2 : Zhiyan's Theory of Causality ·······························333
α. Zhiyan's Theory of Suchness ···································333
β. Zhiyan's Theory of Causality ···································345
Section 3 : Uisang's Theory of Causality ·······························359
α. Uisang's Theory of Suchness ···································359
β. Uisang's Theory of Causality ···································360

Section 6: Conclusion ·············144

Part II: The System of the Initial and Final Teachings
 of the Great Vehicle ·············149
 Chapter I: Storehouse Consciousness (*ālayavijñāna*) in the Initial
  and Final Teachings ·············150
  Section 1: Introduction ·············150
  Section 2: Storehouse Consciousness in the Initial
   and Final Teachings According to Zhiyan ·············151
  Section 3: Storehouse Consciousness in the Initial
   and Final Teachings According to Fazang ·············165
  Section 4: Conclusion ·············169
 Chapter II: Thought [Defiled by Innate Egoism etc.] ([*kliṣṭa*] *manas*)
  in the Initial and Final Teachings ·············172
  Section 1: Introduction ·············172
  Section 2: Thought [Defiled by Innate Egoism etc.] in the Initial
   and Final Teachings According to Zhiyan ·············172
  Section 3: Thought [Defiled by Innate Egoism etc.] in the Initial
   and Final Teachings According to Fazang ·············184
  Section 4: Conclusion ·············192
 Chapter III: Thought Consciousness (*manovijñāna*) in the Initial
  and Final Teachings ·············196
  Section 1: Introduction ·············196
  Section 2: Thought Consciousness in the Initial
   and Final Teachings According to Zhiyan ·············196
  Section 3: Thought Consciousness in the Initial
   and Final Teachings According to Fazang ·············205
  Section 4: Conclusion ·············207
 Chapter IV: Mental Associates (*caitta*) in the Initial
  and Final Teachings ·············210
  Section 1: Introduction ·············210
  Section 2: Mental Associates in the Initial and Final Teachings
   According to Zhiyan ·············210
  Section 3: Mental Associates in the Initial and Final Teachings
   According to Fazang ·············221
  Section 4: Conclusion ·············224

Part III: The System of the Special Teaching of the Unique Vehicle·······229
 Chapter I: The Storehouse Consciousness (*ālayavijñāna*) Theory,
  Mutual Penetration and Mutual Identity:
  The "Questions Like Light" Chapter (*Ming nan pin* 明難品)

Section 1: Introduction ···55
Section 2: The Stages of Practice According to Zhiyan, Uisang and Fazang ···55
Section 3: The Stage of Non-Regression According to Zhiyan and Fazang ···57
Section 4: The Pure Lands According to Zhiyan ···63
Section 5: The Pure Lands According to Fazang ···70
Section 6: Conclusion ···74
Chapter III: Gotra in the Initial and Final Teachings ···78
Section 1: Introduction ···78
Section 2: Gotra According to Zhiyan ···79
Section 3: Gotra According to Fazang ···85
Section 4: Conclusion ···90
Chapter IV: Death in the Initial, Final and Special Teachings ···95
Section 1: Introduction ···95
Section 2: Definition of the Two Kinds of Death According to Zhiyan ···97
Section 3: Death as the Interruption of Flowing in the Initial Teaching According to Zhiyan ···101
Section 4: Death as the Interruption of Flowing in the Initial Teaching According to Fazang ···102
Section 5: The Two Kinds of Death in the Final Teaching According to Zhiyan ···108
Section 6: The Two Kinds of Death in the Final Teaching According to Fazang ···113
Section 7: Death as the Interruption of Flowing in the Special Teaching According to Zhiyan ···118
Section 8: Death as the Interruption of Flowing in the Special Teaching According to Fazang ···120
Section 9: Conclusion ···122
Chapter V: The Entrance into the Special Teaching from the Initial and Final Teachings ···125
Section 1: Introduction ···125
Section 2: The Principle of the Entrance According to Zhiyan, Uisang and Fazang ···125
Section 3: The Entrance of the *Icchantika* According to Zhiyan ···128
Section 4: The Entrance of the *Śrāvaka* and the *Pratyekabuddha* According to Zhiyan and Fazang ···133
Section 5: The Entrance of the *Bodhisattva* According to Zhiyan, Uisang and Fazang ···137

TABLE OF CONTENTS

Preface ··i-xii

General Introduction ·· 1
   Section 1: Introduction·· 1
   Section 2: Periodization in the History of Huayan Buddhism ········ 2
   Section 3: Previous Studies of Early Huayan Buddhism ··············· 4
   Section 4: Methods of the Present Study ···································10
   Section 5: Structure of the Present Study ···································14
   Section 6: The Method of Exposition in the Present Study ············17
   Section 7: Exclusion of the Lesser Vehicle and
            the Sudden Teaching (dunjiao 頓教)
            of the Great Vehicle from the Present Study ···············19
   Section 8: Conclusion ··20
   Appendix: A Survey of the Huayan Texts used
            in the Present Study ··21

Part I: The Structure Comprised by the Initial Teaching (shijiao 始教)
       of the Great Vehicle, the Final Teaching (zhongjiao 終教)
       of the Great Vehicle and the Special Teaching (biejiao 別教)
       of the Unique Vehicle ···27
   Chapter I: The Relationship between the Initial, Final
              and Special Teachings ··28
   Section 1: Introduction··28
   Section 2: The Formation of the Huayan Fivefold Classification
            of Teachings ··29
   Section 3: The Initial and Final Teachings
            as Consciousness-only Doctrines ···································33
   Section 4: The Number of Consciousnesses in the Initial, Final
            and Special Teachings ··39
   Section 5: The Substance of Consciousness in the Initial, Final
            and Special Teachings ··42
   Section 6: The Consummation of the Consciousness-Only Doctrine
            of the Initial and Final Teachings
            in the Consciousness-Only Doctrine
            of the Special Teaching ··46
   Section 7: Conclusion ··51
   Chapter II: Stages of Practice in the Initial, Final
              and Special Teachings ··55

A STUDY OF EARLY HUAYAN BUDDHISM:
WITH SPECIAL REFERENCE TO CONSCIOUSNESS-ONLY DOCTRINE

by

ŌTAKE SUSUMU, Litt. D

Part-time lecturer, Kyoto University and Hanazono University

DAIZŌ-SHUPPAN
TOKYO
2007

著者略歴

大 竹　　晋（おおたけ・すすむ）

1974年，岐阜県生まれ。筑波大学卒。
現在，京都大学人文科学研究所非常勤講師，
花園大学非常勤講師。

主要著書
『金剛仙論 上』『金剛仙論 下』（共著，大蔵出版）
『十地経論 I』『十地経論 II』（大蔵出版）

唯識説を中心とした初期華厳教学の研究──智儼・義湘から法蔵へ──

2007年6月25日　初版第1刷発行

著　者　　大　竹　　　晋
発行者　　青　山　賢　治
発行所　　大蔵出版株式会社
　　　　　〒113-0033　東京都文京区本郷3-24-6　本郷サンハイツ404
　　　　　TEL. 03-5805-1203　FAX. 03-5805-1204
　　　　　http://www.daizoshuppan.jp/
印刷所　　中央印刷㈱
製本所　　㈱関山製本
装　幀　　㈱ニューロン

ⓒ 2007 Susumu Ōtake　ISBN 978-4-8043-0567-7 C3015